国家出版基金项目

分卷主编　李廷江　陈开科

中华民国时期
外交文献汇编

1911—1949

第一卷

上

中华书局

图书在版编目（CIP）数据

中华民国时期外交文献汇编 1911—1949：全 24 册/王建朗主编. —北京：中华书局，2015.12
ISBN 978-7-101-10985-6

Ⅰ.中… Ⅱ.王… Ⅲ.外交史–史料–汇编–中国–1911～1949 Ⅳ.D829

中国版本图书馆 CIP 数据核字（2015）第 116342 号

书　名	中华民国时期外交文献汇编 1911—1949（全 24 册）
主　编	王建朗
责任编辑	欧阳红　张荣国　吴爱兰　潘　鸣　张玉亮
出版发行	中华书局
	（北京市丰台区太平桥西里 38 号　100073）
	http://www.zhbc.com.cn
	E-mail：zhbc@zhbc.com.cn
印　刷	北京市白帆印务有限公司
版　次	2015 年 12 月北京第 1 版
	2015 年 12 月北京第 1 次印刷
规　格	开本/880×1230 毫米　1/32
	印张 400¼　插页 48　字数 10300 千字
印　数	1-1200 册
国际书号	ISBN 978-7-101-10985-6
定　价	2680.00 元

前　言

　　《中华民国时期外交文献汇编 1911—1949》（以下简称《汇编》）全面系统地搜集了涉及民国外交的档案和史料，分期分类编纂，内容涵盖民国各个历史时期，旨在全面反映民国外交的发展过程。

　　文献资料集有多种编法，各有其利弊。《汇编》的编选方法应该是属于吃力而不一定讨好的那种。编者将从各方面努力搜寻来的史料精心挑选后，按照专题分节编排，并在前面加上简要的导读说明。这种编法对编者来说颇费些功夫，但一个显而易见的好处是方便读者。读者可以在一个专题下集中阅读相关史料，而不必再去辛苦地爬梳整理。

　　《汇编》分为十卷，基本以历史发展的时间为序来编排。各卷之间的时间分段，并不具有严格的历史分期意义，只是为了方便展现历史发展的过程罢了。在我看来，如要将《汇编》分为 6 卷、8 卷或 12 卷，皆未尝不可。重要的是，任何一种分断必须有它可以言说的逻辑依据。《汇编》各卷依次展现了民国政府在不同时期的外交政策和外交活动。

　　《汇编》第一卷收录了自辛亥革命至第一次世界大战结束即 1911年—1918 年间的外交史料。民国初年，中国外交仍处于困境之中。民初政府继承了晚清的外交格局，这个外交格局是民国政府不得不面对、不得不继承的。无论是南京临时政府还是北京政府，都宣示承认清政府签订的不平等条约。当然，这两种承认在动机和性质上有所不同。民国初期，中国的边疆危机有所加剧。在外蒙和西藏都出现了"独立"活动，其背后都有列强的身影。边疆危机的发展结果是：外蒙古名义上仍留在中华民国的领土之内，但中央政府不能干预内政，不能驻军；西藏虽未形成独立的局面，但中央在西藏的主权受到了严重的削弱。第一次世界大战爆发后，日本借口对德宣战占领了中国的胶东半岛，其后向中国提出"二十一条",在"二十一条"的基础上逼签了"民四条约"。"民四条约"是民国以后订立的最为耻辱的条约。

第一次世界大战给了中国外交一个缓慢抬头的机会,这个机会就是中国的参战。"一战"爆发后,中国起初宣布中立。但事态的发展表明,中国的中立权并未得到尊重。1917年,中国开始考虑对德宣战。对于参战与否,中国国内发生了很大的政争,甚至引发了张勋复辟这样的闹剧。最终,中国决定对德宣战。通过宣战,中国废除了与德国订立的不平等条约,取消了德国在华治外法权,德国在华军队也被解除武装。宣战还使中国获得了以战胜国身份参加战后和会的机会。宣布参战是中国第一次主动地参与世界事务,意义重大。

《汇编》第二卷收录了"一战"后1918年—1925年间北京政府方面的外交史料。在参加巴黎和会时,中国政府和民众对和会怀有较高期待。中国不仅向和会提出了和战争有关的问题,而且还提出了和战争没有直接关系的问题。中国要求收回德国的租借地及德国在山东享有的特权,要求废除中国与日本签订的"民四条约",要求废除列强在华享有的若干不平等特权。但和会结果令人大失所望,就连收回德国租借地这样的基本要求也未被和会所接受。巴黎和会的这一消息传回国内后,引起了轩然大波,激发了五四爱国运动。中国代表团最终没有在和约上签字。这在中国外交史上是十分罕见的。中国在和会上提出废除列强若干特权的要求,可以视为日后开展的修订不平等条约运动的起点。

在华盛顿会议上,中国再次提出废除不平等特权的要求。对中国的关税自主、废除在华治外法权的要求,会议表示同情,决定三个月后在中国召开专门的关税会议和特别法权会议进行讨论。通过会外交涉,中日在1922年2月签署了《关于解决山东悬案的条约》。华盛顿会议通过了《九国公约》,其总原则的第一条要求尊重中国的主权、领土和行政完整,具有进步意义。巴黎和会和华盛顿会议虽未能如中国所愿,但它促发了中国的反帝爱国运动,对20年代中国民族主义运动的高涨产生了巨大影响。面对这一形势，为了缓和矛盾，列强开始考虑将部分租借地、租界交还中国，放弃庚子赔款余额等。中国开始收回部分主权。这一时期，中国积极参与国际事务，努力融入国际社会。

《汇编》第三卷收录了北京政府后期（1924 年—1928 年）的外交史料。在中国为恢复国家主权与英、美、法等国进行艰难谈判且进展甚微之时，十月革命胜利后建立的苏俄对中国作出了一个相较于列强而言颇为慷慨的决定。苏俄主动宣布废除旧的沙俄政府在中国取得的若干特权，甚至表示要无条件放弃中东铁路，等等。苏俄主动放弃在华特权的姿态，不仅对当时的中国外交产生了很大影响，而且对中国社会的走向也产生了很重要的影响。后来，苏俄的外交局面有所好转，其放弃在华特权的立场发生了变化。中苏之间关于这一问题的谈判仍然比较艰苦，1924 年达成《中俄解决悬案大纲协定》。

1925 年，北京政府发起修订不平等条约运动。这一运动大致由两个方面组成：一方面是关税会议和法权会议这样的多边会议，另一方面是中国政府与单个国家的双边交涉。关税会议初步达成协议，列强承诺在 1929 年同意中国实现关税自主，同意中国现行关税可由 5% 提高到 7.5%，中国政府承诺取消厘金制度。但关税会议进行之时，中国政局动荡不安，会议遂不了了之。法权会议可以说是毫无进展。会议对中国司法状况进行了调查，其结论是：中国的司法状况不如人意，须待中国现代司法制度比较完善时再讨论废除治外法权问题。与此同时，中国展开了对单个国家的双边谈判。中国政府向条约到期国家发出照会，要求订立平等新约。在修约谈判中，面对相关国家的抵制，北京政府曾单方面宣布废除与比利时、西班牙的条约。中国敢于单方面废除不平等条约，这在中国近代史上前所未有。罢免中国海关的英籍总税务司安格联，也体现了中国外交的勇气。

《汇编》第四卷收录了南方政府的外交史料，时间跨度从 1917 年孙中山南下护法在广州建立政权，到 1928 年南京国民政府统一中国。孙中山在广州建立政权初期，曾努力争取列强承认与获取列强支持，但收效甚微。南方政府与列强之间发生了种种冲突,并多次发起反帝爱国运动,如围绕收回海关关余而与列强展开的交涉与斗争、反对英国插手商团事件的斗争、省港大罢工等。在争取获得列强支持而不可得的情况下,孙中山改行联俄外交,推动实现国共合作,确立了反帝外交政策。孙中山去世后,国共合作的广州政府于1926年发起了北伐战争。

尽管北京政府此时开始了修订不平等条约的活动,但在南方政府看来这远远不够。他们认为不平等条约不应该修订而应该废除,应实行"革命外交"。南方政府提出了两大口号:"打倒军阀,打倒列强",采取了比北方政府激进的外交方针。以群众运动为前导,以北伐军部队为后盾,汉口、九江的英租界通过街头冲突、中国军警开进、谈判解决的三部曲而收回。在镇江,英国在北伐军到来之时主动提出交还镇江英租界。这一时期,中日关系日益恶化,日本干扰国民革命军北伐,济南惨案、皇姑屯事件与阻止"东北易帜"等,使其公开地站到了中国的对立面。

《汇编》第五卷收录了1928年国民政府成立至1931年"九一八"事变前的外交史料。南京国民政府统一全国后,采取各种措施争取收回因不平等条约而失去的利权。国民党人将这一时期的外交称为"革命外交"。南京政府首先在关税自主问题上取得了突破。1928年7月,中美关税新约订立,美国率先承认中国关税自主。到1928年底,中国与除日本以外的其他国家分别签约,获得关税自主权。与日本的谈判比较复杂,涉及中日之间的若干悬案谈判。1930年5月,中日签订关税条约,中国至此完全实现了关税自主。撤废治外法权的谈判比较曲折,但南京政府还是于1931年夏先后与英美达成初步协议。遗憾的是,"九一八"事变的爆发中断了国民政府废弃领事裁判权的交涉进程。"革命外交"中,国民政府最终收回了威海卫租借地、镇江英租界、天津比租界及厦门英租界。

这一时期,中苏关系急剧恶化。南京政府在全国范围内查抄、关闭苏联领事馆,中苏关系几至决裂。1929年,东北当局武力接管中东路,引发"中东路事件"。苏军重创东北军,中东路恢复原状。在国民政府发起的"革命外交"中,日本在关税自主和废除治外法权的问题上顽固抵制中国恢复主权的要求。不仅如此,日本在这一时期还加紧了向中国东北地区的扩张,先后制造了"万宝山事件"和"中村事件"。这是日本阴谋侵占中国东北的两个重要事件,也是"九一八"事变的前奏和预演。

《汇编》第六卷收录了从"九一八"事变到"七七"事变即 1931 年—1937 年间的外交史料。1931 年 9 月 18 日,日本关东军制造柳条湖事件,进而发动侵占中国东北三省的侵略战争。此后,日军在上海地区挑起"一二八"事变。不久,日本在东北地区扶植建立了"满洲国"傀儡政权。1933 年初,日军攻占热河省,进攻长城地区。1935 年,日军又在华北地区制造事端,策划所谓"自治运动"。最终,1937 年发动了一场全面的侵华战争。从"九一八"到"七七",可以看出日本军国主义走向全面侵华战争是一个必然的连续的过程。这一时期,国民政府对日本采取了"一面抵抗、一面交涉"的方针。国民政府一方面组织了淞沪抗战、长城抗战等抵抗作战,一方面又与日本签订了"塘沽协定"、"何梅协定"与"秦土协定"。在作出对日妥协的同时,国民政府也在加强抗战的准备工作。

"九一八"事变后,国民政府对外战略进行了重大调整。中苏两国恢复了外交关系,并为签订两国互不侵犯条约和商约展开谈判。中苏关系的逐步改善,无疑也为抗战爆发后苏联大力援华奠定了基础。中德关系在这一时期发展迅速。两国间经贸往来进入一个新阶段,中国不但通过出口原料换来德国大批工业品和军火,而且在军事和工业发展方面得到了德国的许多帮助。国民政府尤其注意加强与英美的合作。1933 年时任行政院副院长兼财政部长的宋子文对欧美进行了长达四个月之久的访问。中美签署了 5000 万元的棉麦借款协议,密切了经济关系。国民政府进行币制改革,英国给予了支持。中美签订白银协定,以稳定币制改革后的国内金融秩序。这一时期,中国有效调整了和英美的关系,逐步得到了英美的同情和支持。

《汇编》第七卷收录了抗日战争前期即 1937 年—1941 年间的外交史料。这一时期,中国外交的主要任务是争取国际社会对中国的支持。中国先后向国际联盟、九国公约会议提出申诉。这两个会议给中国以道义支持,但未采取援华制日的实质性措施。中国积极展开双边外交。中国竭力争取德国保持中立。抗战初期,德国继续维持对中国的军火供应,德国驻华军事顾问仍继续活动。陶德曼调停失败后,德国政策开始发生逆转,但对华禁运军事物资的命令并未严格执行。中苏关系迅速调整,中苏签订互不侵犯条约后,苏联分三批向中国提供了 2.5 亿美元的巨额贷款,先后派遣 2000 名空军志愿队员来华作战。抗战初期,英美法对日的妥协倾向严重,但国民政府依然把依靠英美尤其是美国作为其外交主要方针。随着日本野心的逐渐暴露,英美逐渐走上援华制日的道路,多次向中国提供贷款援助。中国和英国开始进行军事合作的初步磋商。美国宣布向中国提供租借援助,派出以马格鲁德将军为团长的军事代表团,并同意美军人员辞职后来华加入空军志愿队。

抗日战争前期,中日之间的秘密接触极其频繁。这些渠道既有分别为蒋介石及孔祥熙、何应钦等国民政府高官所控制的或知情的,也有中下层人员与日方的试探性接触。这些接触目的各异,既有试探对方诚意、试图寻找议和机会的,也有为缓解战场军事压力或推迟日本承认汪伪政权而进行的策略性行动。1941 年前,国民政府对于中日议和多少有些幻想,但随着英美援华态度的明确,其立场逐渐强硬,不再积极寻求与日方的接触。

《汇编》第八卷收录了抗日战争后期即 1941 年底至 1945 年间的外交史料。这一时期,积极参与国际事务,争取大国地位,是中国外交的主要任务之一。中国积极推动国际反法西斯阵线的形成。两度派出远征部队入缅作战,最终解放了缅北大片地区。积极支持周边国家的抗日活动,成为朝鲜和越南抗日力量的庇护所和大本营。蒋介石一行出访印度,努力调解英印当局与国大党之间的矛盾。中国在国际政治舞台上崭露头角,积极参与战时问题的讨论和战后秩序的设计,为创立联合国和建立公平合理的战后秩序作出了独特的贡献。抗战后期,中国的国际地位有了显著提高。中国不仅废除了束缚中国达百年之久的不平等条约,成为一个在世界民族之林中享有平等地位的国家,还担任了联合国安理会的常任理事国,成为一个对国际事务享有重要发言权的国家。另一方面,中国与其他三强之间仍有较大差距,《雅尔塔协定》与中苏条约谈判便反映了中国与其他三强实际上仍不能平起平坐。抗战后期,中美关系空前紧密,但随着战争的进行,中美之间的矛盾也逐渐显露和加剧,最后爆发了"史迪威事件"。

抗战时期,中国共产党的外交日益成熟。苏德战争爆发后,中共明确提出了联合英美共同反对德意日的方针。太平洋战争爆发后,中共最终确立了建立反法西斯国际统一战线的方针。中共积极开展对美外交,努力争取美国对中共的了解和支持,美军观察组得以进驻延安。观察组成员与美国驻华外交官撰写的报告认为,中共已获得人民支持,将对战后中国前途产生重要影响,主张发展与中共的关系。赫尔利来华后,介入国共谈判。赫尔利在劝蒋无效后,采取了明确支持蒋介石的立场,美国对华政策由最初的中立走向亲蒋限共。中共对赫尔利的态度及对美政策亦随之作出相应改变。

《汇编》第九卷收录了1945年抗日战争结束后数年间的中国善后外交史料。除了主持中国战场的受降外,中国还参加了香港的受降,主导了印度支那北部地区的受降。境外受降的交涉反映了战后盟国间的复杂关系。日本宣布接受无条件投降时,分散在中国各地的日军官兵和侨民有300万左右。在国共双方的共同努力下,分散各地的日侨、日俘集中到沿海城市,分批遣返日本。战后,由11个对日战胜国组成了远东委员会。远东委员会下设战犯工作委员会,负责制定惩治日本战犯的政策法规。盟国在日本建立远东国际军事法庭,审判甲级战犯。中国等其他被侵略国家组织国内军事法庭,审判乙级和丙级战犯。战争结束后,日本在海外的资产被相关盟国接收。这些财产是否应该算入接收国的赔偿份额?苏联声称中国东北的日办企业都是其战利品,从东北搬走大量机器设备,苏联的做法是否合法? 这些问题都曾成为战后日本赔偿问题的争论焦点。由于各国在赔偿份额问题上互不相让,加之美国对日政策开始发生变化,远东委员会最终没有解决对日索赔问题。美国主导了对日和约的谈判,最终,旧金山和会不仅排除了新中国,败退台湾的国民党政权也无缘参加。

战后,苏联不仅获得了中长铁路共管、大连港优越权益、旅顺口海军基地等特权,还获得了在东北实行垄断性经济合作的特权。中苏战后交涉的工作围绕东北问题和外蒙古独立两方面展开。国民政府被迫做出许多让步。1945 年 12 月,美国前参谋总长马歇尔奉命来华,试图调解国共军事冲突。尽管马歇尔作出了一些努力,但美国的对华政策本身存在着难以保持中立的特性,支持国民党主导的国民政府是其难以改变的基本立场。最终,马歇尔无功而返。

《汇编》第十卷收录了抗战胜利后至中华人民共和国成立即 1945 年—1949 年间的外交史料。这一时期,以美苏为中心的冷战国际格局已露端倪,两大阵营的斗争影响着中国政局的发展。一方面,美国为了对抗苏联,阻止中国共产党获胜,从政治上、经济上、军事上支持国民党;另一方面,苏联虽然表面上采取中立态度,但暗中仍然积极援助中国共产党。这一时期,中美订立了新的商约及其他一系列条约,美国的政治经济势力前所未有地扩展到全中国。然而,国民党民心已失,难挽颓势。随着国民党退出大陆,美国失去中国。这一时期的中苏之间冲突不断。在新疆,苏联介入了新疆内部的民族矛盾与冲突,中蒙军队还在边境地区发生了严重的军事冲突。解放战争后期,共产党逐渐确立了向苏联一边倒的外交政策。

战后,随着以美、苏两国为主导的两大阵营的形成,英、法、德等传统大国与中国关系的重要性有所降低,但内容仍很丰富。发生在长江中的"紫石英号"事件,典型地反映了呈现下降态势的英国面对处于上升态势的中国革命势力的尴尬境地。战后,亚非拉许多国家爆发了民族独立解放运动,中国政府与周边独立国家发生了广泛的外交关系。

　　《汇编》的史料主要由三大方面构成。一是广泛辑录各类已刊专题档案资料集、政府公报、外交公报、报刊杂志报道、当事人日记、回忆录及未刊档案文献；二是中国第二历史档案馆等档案馆集中提供的馆藏民国时期各类外交档案，总量在200万字以上，其中有大量档案系第一次公开发表；三是大量翻译各国已刊外交文件集及未刊档案，如《美国外交文件》、《英国外交文件》、《法国外交文件》、《德国外交文件》、《苏联对外政策文件集》、《日本外交文书》，以及收藏于英国、美国、俄罗斯、日本等国各相关档案馆的档案文献。大批量未刊档案的选录和各国外交文件的选译，相信将为受各种资料条件和语言条件限制的研究者提供极大的方便。

　　《汇编》由王建朗主编，马振犊、张俊义任副主编。各卷主编分工如下：

　　第一卷主编：李廷江、陈开科

　　第二卷主编：葛夫平

　　第三卷主编：张　丽

　　第四卷主编：张俊义

　　第五卷主编：杜继东

　　第六卷主编：臧运祜

　　第七卷主编：王建朗

　　第八卷主编：王建朗

　　第九卷主编：杜继东

　　第十卷主编：陈开科

　　近代史研究所中外关系研究室承担了《汇编》的主要工作，除上列各卷主编外，侯中军、张志勇、李珊参加了《汇编》架构的讨论，承担了大量的编选工作和辅助工作。所内同事罗敏、杨婉蓉、徐志民、冯琳、吕迅、陈春华，以及所外同行李兆祥、贾俐、邱海燕、赵玲燕等参加了本书的编选工作。

　　感谢中国第二历史档案馆马振犊、郭必强所领导的团队，戚厚杰、王晓华、李琴芳、陈宝珠、张海梅、孙秋浦、任骏、夏军、李宁等积极参与了档案史料辑录工作，他们提供了该馆所藏的外交档案资料，为《汇编》增色不少。

感谢中华书局欧阳红所领导的团队，他们为《汇编》付出了极大精力，其认真敬业的精神给我们留下了深刻的印象。没有他们的催促和把关，《汇编》不可能在现在以这样的质量呈现在读者面前。

近代史研究所中外关系研究室已故主任栾景河研究员承担了《汇编》的前期组织工作，不幸英年早逝。《汇编》凝聚着他的心血，谨以此书寄托我们的一片哀思。《汇编》的问世，也是对他最好的纪念。

王建朗
2015 年 8 月

本卷说明

本卷收录的资料系指自辛亥革命至"一战"结束（1911—1918）时期的中外关系史资料。这个时段虽然时间跨度不大，但是，其时中国社会处于承先启后——清末民初的关键变革时期：一方面，当时中国社会许多问题尤其是中外关系问题不可避免地存在一种历史的延续，民国时期的许多中外关系问题都是清代中外关系问题的顺延；另一方面，中国革命党人首义武昌，举行辛亥革命，推翻清朝，新建立的中华民国政府又不可避免地要构建具有资产阶级特色的崭新的中外关系新格局。所以，民国政府的外交政策，既有清季媚外的无奈，也存在某种有限抗争。鉴于当时中国社会处于建构内政秩序的散弱时刻，各列强虽然内斗激烈，但不忘一致对孱弱的中国趁火打劫，使这个短短历史时期的中外关系史料十分丰富，包括辛亥革命初期各地军政府的对外关系、列强干预民初变局的影响、中俄外蒙问题交涉、中外（英、俄）西藏问题交涉、中日满蒙问题交涉、中日"二十一条"交涉、日本加强在华影响、中国参与第一次世界大战的交涉、民国政府初期的外交制度的建构等问题。

基于以往学界对这个阶段中外关系史的特殊关注，已经整理出版的史料较为丰富，因此，本卷收录的资料大多数选自已出版的各种资料集，包括著名人物如孙中山、黄兴、宋教仁等人的文集，各地军政府如武昌军政府的相关史料集，民国政府的各类政治文件集如《政府公报》和《外交公报》，某些学者所编辑的专门史料集如李毓澍等编《中日关系史料》等，第二历史档案馆所编系列《中华民国史档案资料汇编》，程道德等编《中华民国外交史资料选编》等；至于某些当时的政府宣言、公告等部分选自当时的报刊杂志如《民立报》《东方杂志》等；外文史料主要选自胡滨译《英国蓝皮书有关辛亥革命资料选译》、邹念之等编译的《日本外交文书选译——关于辛亥革命》、陈春华等译《俄国外交文书选译(有关中国部分1911.5—1912.5)》、张蓉初译《红档杂志有关中国交涉史料选译》等。这些资料过去虽已整理出版,但都比较分散,本资料集将这些资料荟集起来,给研究者提供了极大便利。当然,本卷也有相当一部分资料来自第二历史档案馆未刊档案资料、收藏本所档案馆的一些未刊档案如(甲350—207)张国淦档案《外交宣战案件》卷,等等,弥足珍贵。同时,胡连成先生还从日外务省编纂《日本外交年表并主要文书》(1840—1921)(上),蔡凤林、陈春华先生从《日本外交文书》中新翻译了一些资料,对说明某些问题具有重要的作用。需要说明的是,鉴于民国初期某些中外关系问题的历史顺延特点,某些资料可能涉及清末,未必拘泥于民国时段的限制。

参加本卷编辑的有中国第二历史档案馆的戚厚杰,主要负责二档馆藏资料的搜集整理;近代史所中外关系研究室侯中军博士编辑了"中国决定参战"一节,其余内容则由李廷江、陈开科收集、整理、编辑。

本卷资料,均于每条资料后注明来源出处。但来源出处的详细出版信息仅于各大问题的"主要资料来源"中说明,每条资料后的资料来源说明不再重复出版信息。

由于编者水平及掌握资料的局限性,书中未尽妥善之处在所难免,敬请读者批评指正,以便以后修订时使本书更臻完善。

目 录

一、临时政府的外交

说明：早在辛亥革命以前，以孙中山为代表的革命党人在建构自己的民国理想时，就已经对中外关系有了自己的认识。孙中山等革命党人长期在日本、美国、欧洲诸国活动，筹款、寻求各国友人和政府帮助革命党，慢慢形成了自己的具有中国资产阶级特色的外交思想；1911年10月10日，武昌首义，爆发辛亥革命。紧接着，南方诸省陆续响应，纷纷成立了资产阶级的军政府。各地军政府如湖北、上海军政府等，为了取得"中立"列强的支持，都纷纷发布自己的"友好"外交政策；1912年1月1日，南京临时政府成立，孙中山任大总统。临时政府采取积极的外交策略，举借外债，积极维护华侨利益，并试图争取列强对临时政府的承认。

本章主要资料来源：

广东省社会科学院历史研究室、中国社会科学院近代史研究所中华民国史研究室、中山大学历史系孙中山研究室合编：《孙中山全集》第1、2卷，中华书局，1981、1982年

冯自由：《革命逸史》（上），新星出版社，2009年

陈旭麓主编：《宋教仁集》，中华书局，1981年

湖南省社会科学院编：《黄兴集》，中华书局，1981年

辛亥革命武昌起义纪念馆、政协湖北省委员会文史资料研究委员会合编：《湖北军政府文献资料汇编》，武汉大学出版社，1986年

上海社会科学院历史研究所编：《辛亥革命在上海史料选辑》（增订版），上海人民出版社，2011年

《申报》，1911年11—12月

胡滨译：《英国蓝皮书有关辛亥革命资料选译》，中华书局，1984年

中国第二历史档案馆编:《中华民国史档案资料汇编》第二辑《南京临时政府》,江苏古籍出版社,1991年

邹念之等译:《日本外交文书选译——关于辛亥革命》,中国社会科学出版社,1980年

陈春华、郭兴仁、王远大译:《俄国外交文书选译(有关中国部分1911.5—1912.5)》,中华书局,1988年

张蓉初译:《红档杂志有关中国交涉史料选译》,三联书店,1957年。

(一)辛亥革命前革命党人的外交思想及涉外活动

说明:辛亥革命前,革命党人一直在策划革命以推翻满清封建政权,为此,他们活动于欧美及日本、东南亚各国,一方面,争取运动各国同情革命的华侨捐款资助革命;另一方面,革命党人利用私人关系,说服各国政要支持中国革命。正是在这个过程中,革命党人萌发了自己的外交思想,初步形成了日后革命政权的外交政策。

孙中山与宫崎寅藏等笔谈
1897年8月至1898年8月间

宫崎:使贵国同志深知我辈之意。

此书①论满清政府之末路,说中国在野志士之有望。此书有汉之本否?所谓兴清之说;论中国志士与日本国提携。此书著者(元)〔原〕陆军大尉②,久在清国,六年前兴日清贸易研究所于上海。昨③没于

---

① 此书:指《对清意见》或《对清辩妄》。
② 指荒尾精。
③ 即去年。

台湾。

宫崎：陈白①先生之事，弟从亡兄弥藏②之书信闻之。弟着横滨之时，家兄已逝，亦不可寻。陈白先生之事，弟心窃求陈白先生而不得，适渡清之前数日面曾根俊虎君，此人绍介陈白兄。后闻曾根氏之风闻，弟心甚痛之。

孙：共与陈君见过几次？

宫崎：二次。

孙：有谈及亚洲大局否？

宫崎：然。

孙：有谈及现与弟议之事否？

宫崎：陈先生示先生之著书③。弟先略闻先生之事，是赖家兄之书信。

孙：先生有对陈君言过贵政府欲相助之意否？

宫崎：不敢言，唯绍介于犬养④君。今依犬养君闻之，陈君未遇犬养君。

孙：弟意欲招陈君回来共商此事，先生以为如何？

宫崎：甚是。

孙：他日举事，弟必亲督士卒攻城袭〔地〕，而陈君当留日本与贵政府商办各事。

宫崎：甚可也。

犬养君曰："设广东语学堂甚可也。"必不可不设之，唯曰广东语学堂，清人或觉有心广东，故表曰中国语学堂，里实学广东语亦〔可〕也。

孙：甚好，陈白君优于办此等之事。如其有意，弟当早招之回日，克

---

① 陈白，号少白。

② 宫崎弥藏。

③ 指孙中山所著《伦敦被难记》英文本。宫崎以《幽囚录》为题将该书译成日文，连载于1898年5月10日至7月16日福冈《九州日报》。

④ 犬养毅。

日举办。

宫崎:犬养君曰:"设学堂之事,中日孰可?"

孙:以日为妥。唯举事之便有设于中国,然少不稳当。

宫崎:诚然。

孙:但欲学广东〔语〕,则必设于广东。惟如犬君之所虑,则有不宜也。

又前贵国人士设商业学堂于上海,清人皆传此实日本欲侦探清国之情形起见,今又步其后尘,则必生疑矣。弟等又有意于兹。

宫崎:此学堂主即是荒尾精君,昨日先生见其书,可见其志。唯多数人不知其深意,而疑惧之矣。可慎也。

孙:学堂设于东京甚好。因可招我辈同志过来,名为教习,内可商议举事之策。

宫崎:甚可也,甚可也。

孙:望对犬养君言此意。

宫崎:敬承,敬承。

曾根君曾谋弟于学堂之事,弟就二三友人谈之,皆可其说,而不可其人。弟(知于是)〔于是知〕撰人之要。

孙:正是。

宫崎:现时曾君名望坠地,弟甚痛之,唯当事用之,亦有用之人物也。曾君之意,想是承陈君所嘱;陈君久有此志,因限于力,故谋及曾君也。

孙:或然,非预谋之人。

宫崎:先生之心事,弟等(肘)〔忖〕度之,唯少忍而(侍)〔待〕机可也。弟等举全力尽先生之事,先生之事东洋之事,东洋之事则世界人权之问题也。先生负此重任,须持重也。"德不孤,必有邻也。"诚哉言也!

宫崎：犬养君曰："说大臣大隈①甚容易。"故不要急。唯陆军参谋长同意之，则可谓事成也。犬养曰："我未见大隈。"然以其语气察之，犬养君既如经与大臣大隈商议，其不公言之，弟等者（？）想慎其秘密者，先生亦宜谅之。

宫崎（？）：何若政府不能助者，结合民间之侠士尤易。未知诸同志之意如之何？又先生之高虑如之何？

孙：弟入东京住，欲觅一通汉文及善书写之婢，以代抄写及教日语，可否有其人？

宫崎：婢皆是无有文字者，男或可得钦。

孙：男薪水如何？

宫崎：有文字而在他家者，多是食客的也，不便薪水则食客也。

春秋战国之时，信陵君有食客三千人，食客此类也。从薪水之劳者雇一人，而弟等一人居之。而先生学日语，弟等学广东语，为甚便。雇有文字者甚难。少有文字之少年，多是食客，不为一事而徒食而已。

孙：工价工钱？

宫崎：从薪水之劳者，一个月壹圆五拾钱，男女一样。唯无文字，无此则不通言语也。

宫崎：万无止、弟等同居，与先生采薪水之劳可也。弟等唯胸中有大事而已，因不厌薪水之劳也。

孙：同居甚好，而下一说则不敢当也。若陈君同住则甚便，彼略晓日语也。弟在横滨已四觅华童而晓日语者，皆不得也。

弟昔在广东之日，亦有此百数十人。何时可寻得一屋，弟当定日迁来也。

陈白君甚好诗才。弟不能为诗，盖无风流天性也。

邮　陈白

---

① 大隈重信，日本进步党领袖。1897 年 11 月以前在松方内阁中任外务大臣；1898 年 6 月组阁，自任总理大臣兼外务大臣。

百十九服部二郎方　孙逸仙

宫崎：若有可怪者则开封。关国事者,则邮便局政府许开封。不可不慎也。

我政府幸允先生之所思,先使长军事之人侦察彼地情况,为作战计画,是第一之急务也。

孙：此是必然之理。比时贵国同志一人从之可也。

弟近欲发信上海,请梁启超或其亲信一人到此一游,同商大事。他敢来与否,弟尚不能料。

宫崎：先生书信所欲言不知何事,唯载大事于书信,之为可慎矣。

孙：吾辈另有秘语,非局外人所能知。

宫崎：大可也。我国政府助先生之事,不言为可也。

孙：自然不言此。弟惟言有急务,欲见之耳。

宫崎：是也。康先生或梁先生此两人中一人来此地与先生商议,万事可望也。

孙：康断不能来。因他在中国亦未有公然出名,此指新闻纸而言。若他来此,必大招物议,因弟在此也。梁氏或别位已可。弟不过欲彼到来报知中国现在情形耳,因弟离国已有二年,各事已有多变矣。

宫崎：康先生何时回来广东？

孙：康之所行,欲学战国之鬼谷子,多使其门弟子出来办事,而彼则隐其名。

孙：何君①信内所陈之意,必商之同志多人,并为康先生所许,方敢发此言也。是则此意非一人之私,实中国群贤之公意也。彼胆小心细,弟深知此等之意非彼一人所敢言也。

宫崎：何树龄与先生前年之变否？

孙：未与。彼无此等胆略,但甚有心耳。

孙：湖南一省昔号为最守旧之地,今亦改变如此,真大奇也。

----

① 何树龄。

宫崎:就先生旅行券之事,犬养、尾崎①、小村②三君商议,今清国公使恐先生甚,严侦查其举动,故先生远入内地非得策。暂定住京地,慎交通来往,使清国公使安心,而后宜待时入内地。今甚不便,唯先生住东京任其自由也。

孙:清公使侦查之事,由何而知?

宫崎:自警视厅报告外务省。

孙:清国有无行文到贵国政府论及弟事?

宫崎:犹未有。

孙:有无在此雇侦探窥伺弟之行踪?

宫崎:日清战争后此类之人甚多,有侦查先生之行迹者亦难测,故虽日人不可安心,犬养君甚望先生之注意。犬养君亦曰:"书函往复,尤不可不慎。"

孙:可否命警视厅探查何人受清公使之雇,而设法阻之?

宫崎:受清公使之雇而探查者,素秘密之雇,不能得其证,故虽知其人,不能捕拿之。无阻之法。故警视厅亦严探查其人而已。

孙:君度有无清公使用重贿买人加害之虞?

宫崎:中东合同,以为亚洲之盟主。兴灭国,继绝世,用其方新之力阻遏西势东渐之凶锋者,天理人心之所会也。断而行之,今之时为然,一日不可宽。

孙:极是,极是。惟不可先露其机,以招欧人之忌,则志无不成也。吾合彼亦合,势必然也。惟先合者必胜也。

孙:且数处齐起者,不只惊动清虏,且震恐天下。则不只俄人力任救清之责,吾辈亦恐蹈纳波伦之履辙,惹欧洲联盟而制我也。盖贵国维新而兴,已大犯欧人之所忌矣。中国今欲步贵国之后尘,初必不能太露头角也。

---

① 尾崎行雄。
② 小村寿太郎。

宫崎:虽曰不露头角,而事一发,则不能瞒欧洲明眼人之耳目也。

孙:万一不幸欧洲有联之举,鄙意必先分立各省为自主之国,各请欧洲一国为保护,以散其盟;彼盟一散,然后我从而复合之。其法以广东请英保护,广西请法保护,福建请德保护,两湖、四川、中原为独立之国。法德一入我圈套,则必自解其与俄之从。然后我得以利啖之,使专拒俄,或联东西成一大从,以压俄人东向之志。俄势一孤,我可优游以图治。内治一定,则以一中华亦足以衡天下矣。此余一人之见也。足下以为如何?

宫崎:倘此事为俄主张,使独人先发手,则中国危矣。分割之机,或兆于此也。我辈为之奈何?

孙:瓜分之机已兆,则我辈须静观清政府之所为如何,暗结日英两国为后劲,我同志之士相率潜入内地,收揽所在之英雄,先据有一二省为根本,以为割据之势,而后张势威于四方,奠定大局也。

宫崎:机事不密,则害成者易之,大戒也。及今之时,须在清国南北之要会设法,务收揽所在英雄之心,妥为布置,可以占有为之地步。是为目前之至要。

孙:欧洲联盟制我之事,或未必有,然不可不为之防。道在我有不可攻,不恃人之不我攻也。

阁下到中国各处结纳有志之士如此之众,其中有雄才大略可以独当一面者有几人?可得详而名之乎?

宫崎:之者多在重庆及河南、山东之三处,才略兼备任大事者才有四人。

孙:现在何处?是何姓名?

宫崎:其他精明强悍充方面之任者,约二十七八人。

孙:在何处为多?

宫崎:四川、河南、山东、江苏交界之地,可举二万之众。四川廖英初,河南郑、梁、胡、王,江西李,此六员有为之才也。其外二十七八人。

孙:阁下何不一游广东惠、潮、嘉三府之地?往年英法入北京,亦在此地招额外之兵。

宫崎：弟周游贵国，与真士大夫上下议论，先自兴亚之策而入。兴亚之第一着在中东之提携，而欲举中东合同之实，非一洗满清之弊政不可。是故所说无不合也。

孙：上说之三府，其人民十居八九已入反清复明之会，其人亦最强悍，官府不敢追究之。弟意此地亦可作起点之区，因与台湾密迩，便于接济军火。阁下此到中国，务宜留心此地。

往见两湖张督①，可直以兴亚之策说他。多是粗蛮之人，虽富豪子弟，亦不读书。多尚拳勇之徒。

孙：阁下迟数日再往中国，弟意以为不必泛多。只宜往一近海口之处，联络同志，为发轫之处可以。盖以弟意所知者，今日有是志者到处皆是，惟不敢言而矣。是以吾辈不忧无同志，只恐不能发一起点而矣。有一起点，即如置一星之火于枯木之山矣，不必虑其不焚也。惟此起点之地，阁下以何为最善？前者弟以广东为最善，因人地合宜也。在广地，一月之内必可集山林慓悍之徒三四十万。但有前年之失，当地之官已如惊弓之鸟，到处提防，我辈举动较前略难矣。是广东者，今日非善矣。不先择定一地，则无由定经略之策也。

宫崎：还是以四川为负嵎之地，在张羽翼于湘、楚、汴梁之郊而耳。

孙：但四川不近海口，接济军火为难，为之奈何？

宫崎：军火一项，虽近海口亦所难。无已，开接济之道于浙东之沿岸乎？

孙：是亦失太远。

宫崎：诚如前之所言，在山东、河南、江苏交界可招二三万众，则以江苏之海州为最善矣。盖起点之地，必先求得人，其次接济军火之道，其三不近通商口岸，免各国借口牵制。海州之地，于此三者皆得，且可握运河，绝漕米，此亦制北京之死命。

---

① 张之洞。

孙:取道于海州之事,弟已于十余年前思量之。曾到彼地盘桓七八天,细看海口之形势,不便入巨船。只离州城二十里,云台山在海中有可靠大船耳。且州城有厘金,每小船通过稽查甚严。

宫崎:到此时不怕厘金卡矣。弟所谓起点者,则先夺取之区,而意亦并指云台山也。

孙:先夺云台结束,已成而入州城,或事可集。然是亦不得谓恰好之地。

孙:盖起点之地,不拘形势,总求急于聚人,利于接济,快于进取而矣。在海州,则进取、接济亦利于广东矣,惟聚人,则弟于此毫无把握。盖万端仍以聚人为第一着,故别处虽有形势,虽便接济,而心仍不能舍广东者,则以吾人之所在也。如阁下云此地可招二三万众,亦可集事矣,盖海州既有两便,又有其人,则北可进据山东以窥北京,南可夺取(淮杨)〔淮扬〕以通大江,则粮食无忧也。有人,有粮,有器,则成败在乎运筹指挥之策耳。

宫崎:从海州到河南,山东之交界约要十数天,此间一带之地,土赤民贫,无粮粮之可续。我数千之众,逡巡之间,或为敌之所乘。弟故以为起点之地,先要撰形胜之区。有敝友立说曰:"以台湾南角之火烧岛为军火(顿)〔屯〕积之处,用小船暗送运闽越之海口,可以开接济之道。"此说以为何如?

孙:此说颇有理。惟以小船送运,恐有绝夺之虞。

宫崎:用小船送运者,避人之指目也。

孙:虽然,但小船不能与厘卡抗衡,故不稳也。

宫崎:弟之意独有一策,欲在外集人千数,备足军火,暗入中国,袭夺一大名城。入此则用小船送运军火,亦可充用。

孙:必用大船作一起齐到方可。若小船必分百数次,则先到者已擒,而在后者亦不能助,而不能知也。

小船运军火之法,广东前年之事则用之也,甚有成效,运过数十次,关卡毫无知觉。后用大汽船所运者,反被搜出。虽然,小船前则有效,今必不能用矣，因彼已知所防也。阁下所言小船之法亦甚是也，可知英雄所见略同，惟余辈有前失耳。

宫崎："扰乱省城，……借名招勇，每人每日，十块洋〔元〕〔钱〕。乡愚贪利，应募纷纷。"

孙：当时弟已领千二百壮士进了内城（九月一日），已足发手。后有人止之，谓此数不足弹压乱民，恐有劫掠之虞。后再向潮州调潮人三千名为弹压地方，候至初九仍未见到。各人会议，定策改期。是午后二时发电下港，止二队人不来。不料该头目无决断，至四时仍任六百之众赴夜船而来。我在城之众于九日午已散入内地，而港队于十日早到城，已两不相值，遂被擒五十余人。

当时在粤城有安勇三千人，有督标、抚标各营之兵，已有意一起事时即降附我众；及在广河之水师兵轮亦然。后失事，兵轮统带①被囚，安勇统带自缢。

其失则全在香港之队到来，使有证据，而其不来则无据可执也。因当日已合全省绅民反案，因左证确实，遂不能移。

孙：食在广州，着在苏州。

建都，仆常持一都四京之说：武汉（都）。西京（重庆），东京（江宁）。广州（南京），顺天（北京）。

《孙中山全集》第 1 卷，第 175—186 页

《支那现势地图》跋
1899 年 12 月 22 日

迩来中国有志之士，感慨风云，悲愤时局，忧山河之破碎，惧种族之沦亡，多欲发奋为雄，乘时报国，舍科第之辞章，而讲治平之实学者矣。

然实学之要，首在通晓舆图，尤首在通晓本国之舆图。萧何入关，先收图籍，所以能运筹帷幄之中，而决胜千里之外；卒佐汉高以成帝业

---

① 指程奎光。

者,多在此云。然则舆图之学古昔尚矣,后世学者弃而不讲,故虽《大清一统志》之富,《郡国利病书》之详,亦有其说而无善图。康熙之时,曾派天主教士往各省测绘,制有十八省图,经纬颇准;然山脉河流,仍多错误。坊间仿本更不足征。方今风气既开,好学(心)〔忧〕时之士,欲求一佳图以资考鉴,亦不可得,诚为憾事。

中国舆图,以俄人所测绘者为精审。盖俄人早具萧何之智,久已视此中华土地为彼囊中之物矣。故其考察支那之山川、险要、城郭、人民,较之他国舆地家尤为留意。近年俄京刊有中国东北七省图及中国十八省图,较之以前所有者,精粗悬绝矣。德国烈支多芬所测绘之北省地文、地质图各十二幅,甚为精细。法国殖民局本年所刊之南省图,亦属佳制。此图从俄、德、法三图及英人海图辑绘而成,惟编幅所限,仅能撮取大要,精详之作尚待分图。至于道路、铁路、江河、航路、山原高低,则从最近游历家所测绘各地专图加入。其已割之岩疆,已分之铁路,则用着色表明,以便览者触目警心云。昔人诗曰:"阴平穷寇非难御,如此江山坐付人。"(携)〔掷〕笔不禁太息久之。

时在己亥冬节　孙文逸仙识

《孙中山全集》第 1 卷,第 187—188 页

孙中山致卜力书

1900 年 6 月—7 月间

中国南方志士谨上书香港总督大人台前:窃士等十数年来,早虑满政府庸懦失政,既害本国,延及友邦,倘仍安厥故常,呆守小节,祸恐靡既。用是不惮劳悴,先事预筹,力谋变正,以杜后患。不期果有今日之祸。当此北方肇事,大局已摇,各省地方势将糜烂,受其害者不特华人也。天下安危,匹夫有责,先知先觉,义岂容辞!士等睹此时艰,亟思挽救,窃恐势力微弱,奏效为难;政府冥顽,转圜不易;疆臣重吏,观望依违;定乱苏民,究将谁属?深知贵国素敦友谊,保中为心,且商务教堂,遍于内地。故士等不嫌越分,呈请助力,以襄厥成,愿借殊勋,改造中

国,则内无反侧,外固邦交,受其利者又不特华人已也。一害一利,相去如斯,望贵国其慎裁之。否则恐各省华人望治心切,过为失望,势将自谋,祸变之来,殆难逆料,此固非士等所愿,当亦非贵国之所愿也。

时不可失,合则有成。如谓满政府虽失政于先,或补给于后,则请将其平素之积弊及现在之凶顽,略为陈之:朝廷要务,决于满臣,紊政弄权,惟以贵选,是谓任私人。文武两途,专以贿进,能员循吏,转在下僚,是谓屈俊杰。失势则媚,得势则骄,面从心违,交邻惯技,是谓尚诈术。较量强弱,恩可为仇,朝得新欢,夕忘旧好,是谓渎邦交。外和内很,匿怨计嫌,酿祸伏机,屡思报复,是谓嫉外人。上下交征,纵情滥耗,民膏民血,叠剥应需,是谓虐民庶。锻炼党罪,杀戮忠臣,杜绝新机,闭塞言路,是谓仇志士。严刑取供,狱多瘐毙,宁枉毋纵,多杀示威,是谓尚残刑。此积弊也。至于现在之凶顽,此后尚无涯涘,而就现在之已见者记,则如:妖言惑众,煽乱危邦,酿祸奸民,褒以忠义,是谓诲民变。东乱既起,不即剿平,又借元凶,命为前导,是谓挑边衅。教异理同,传道何罪,唆耸民庶,屠戮逞心,是谓仇教士。通商有约,保护宜周,乃种祸根,荡其物业,是谓害洋商。睦邻遣使,国体攸关,移炮环攻,如待强敌,是谓戕使命。书未绝交,使犹滞境,围困使署,囚禁外臣,是谓背公法。平匪全交,乃为至理,竟因忠谏,惨杀无辜,是谓戮忠臣。启衅贪功,觊觎大位,不加诛伐,反授兵权,是谓用偾师。裂土瓜分,群雄眈视,暗受调护,漠不知恩,是谓忘大德。民教失欢,原易排解,偏为挑拨,遂启祸端,是谓修小怨。凡此皆满政府之的确罪状,苟不反正,为祸何极!我南人求治之忱,良为此矣。

士等深知今日为中外安危之所关,满汉存亡之所系,是用力陈利弊,曲慰同人,南省乱萌,借兹稍缓,事宜借力,谋戒轻心,上国远图,或蒙取录。兹谨拟平治章程六则呈览,恳贵国转商同志之国,极力赞成,除去祸根,聿昭新治,事无偏益,利溥大同。惟是局紧机危,时刻可虑,望早赐复,以定人心,不胜翘企待命之至。

计开：

一、迁都于适中之地。

如南京、汉口等处，择而都之，以便办理交涉及各省往来之程。

二、于都内立一中央政府，以总其成；于各省立一自治政府，以资分理。

所谓中央政府者，举民望所归之人为之首，统辖水陆各军，宰理交涉事务。惟其主权仍在宪法权限之内，设立议会，由各省贡士若干名以充议员，以驻京公使为暂时顾问局员。

所谓自治政府者，由中央政府选派驻省总督一人，以为一省之首。设立省议会，由各县贡士若干名以为议员。所有该省之一切政治、征收、正供，皆有全权自理，不受中央政府遥制。惟于年中所入之款，按额拨解中央政府，以为清洋债、供军饷及宫中府中费用。省内之民兵队及警察部，俱归自治政府节制。以本省人为本省官，然必由省议会内公举。至于会内之代议士，本由民间选定；惟新定之始，法未大备，暂由自治政府择之，俟至若干年始归民间选举。以目前各国之总领事，为暂时顾问局员。

三、公权利于天下。

如关税等类，如有增改，必先与别国妥议而行。又如铁路、矿产、船政、工商各业，均宜分沾利权。教士、旅店，一体保护。

四、增添文武官俸。

内外各官，廪禄从丰，自能廉洁持躬，公忠体国。其有及年致仕者，给以年俸，视在官之久暂，定恩额之多少。若为国捐躯，则抚养其身后。

五、平其政刑。

大小讼务，仿欧美之法，立陪审人员，许律师代理，务为平允。不以残刑致死，不以拷打取供。

六、变科举为专门之学。

如文学、科学、律学等，俱分门教授，学成之后，因材器使，毋杂毋滥。

《孙中山全集》第1卷，第191—194页

孙中山致犬养毅函

1900 年 10 月 21 日

木堂先生足下：

十月六日郑军起惠州，前经电达，想得尊览。自起事以来，连获胜利，所向无敌，势如破竹。今已据有惠州，为进取之地。此外，陈军起海丰、陆丰，而进取潮、嘉二州；吴君起香山、顺德二县，而进迫广东省城，以牵制清兵；史君起西江，以窥梧州、肇庆；邓君起阳江、阳春，而据高、雷等府。清兵处处败北，吾徒人心大振。

惟当草创之初，百事未备。徒手奋起，铳炮弹药皆从清兵夺来而用，初未尝如他人之有资财数十万而运用之也，所恃者人心勇敢而已。敌兵败后，举国兴师，南省大兵已陆续云集。清朝虽颓，犹俨然一大帝国；北地虽糜烂，而南部尚金汤无缺。广州城内之铳炮弹药，犹有取不尽而用不竭之多。吾徒人心虽勇，而兵器弹药尚乏接济之源。久持非计，不得不先作未雨之筹谋。敢乞先生一为尽力，游说政府，为吾人借一臂之助。若今得洋铳万杆、野炮十门，则取广州省城如反掌之易耳。广州既得，则长江以南为吾人囊中物也；时不再来，机不可失，支那兴亡，在此一举。贵政府如允济弱扶危，则各物可从台湾密送，文当划一切施行之策，可保无虞。如何之处，务乞早示佳音。专此谨托，即候道安不备

弟孙文拜启　十月廿一日书

《孙中山全集》第 1 卷，第 200 页

青年会与拒俄义勇队

1903 年

癸卯春，俄国进兵东三省，且向清廷提出七项新要求，留东学生闻之大愤，各省同乡会纷纷开会研究对策。钮永建（惕生）时在东京，忽发奇想，欲发起拒俄义勇队，走告留学生会馆干事章宗祥、曹雨霖等，请其以会馆名义召集全体学生组织学生军，以拒俄人侵略。章、曹等以学

生手无斧柯、决无所成,且易引起政府之疑忌,拒绝其请。叶澜闻之,乃话同乡秦毓鎏等曰:青年会揭橥民族主义,留学界中赞成者极为少数,欲图扩张,至为不易,吾人盍赞成惕生组织拒俄义勇队之主张,借此题目结一大团体,以灌输民族主义乎。青年会员均以为然,惕生既说章、曹等失败,愤懑不胜,一日访秦毓鎏,滔滔述其主张,秦及叶澜等赞成之,且允联名为发起人。永建大喜,即在秦寓草传单,定期开大会于神田锦辉馆,各省学生到者五百余人,有蒯寿枢(若木)、钮永建、叶澜、林长民、王璟芳等演说,激昂慷慨,鼓掌如雷。全体通过组织拒俄义勇队,举陆军士官学生蓝天蔚为队长,日日操练,备赴疆场,先致电于北洋大臣袁世凯,请其拒绝俄人,否则与之决绝,且告以学生军之组织,请隶其麾下,求其援助。今录其所订立规条如左:

第一　定名　学生军

第二　目的　拒俄

第三　性质　(甲)代表国民公愤　(乙)担荷主战义务

第四　体制　在政府统治之下

第五　组织　(甲)本部职员　(乙)队中职员

本部职员　部长一人经理科长一人书记科长一人运动科长一人参议科长一人其余运动员经理员会计书记参议等均无定员

队中职员　队长一人副队长一人分队长三人特务长一人参谋员每十人选一人计编全队为一中队

第六　会议　为全军之总机关其议员以二种人员组织之　(甲)本部部长及诸科长　(乙)队中队长副队长分队长及特务长会议中应立议长一人临时选定

第七　军纪　(甲)谨守秩序　(乙)服从命令

第八　筹款　(甲)出版款项预先运动临时取款　(乙)寻常款项学生义务捐特别捐

第九　讲习　(甲)操习　(乙)讲课每日均各一时以上

第十　出发　俟特派员得确实警信复信之后即行出发

　　第十一　解队　（甲）目的已达　（乙）目的消灭

　　第十二　附则　（甲）编队秩序每日照常在校上课课余编班至讲习所讲习　（乙）退校次序出发既有定期即当报告监督及校长退学。

　　规程公布后，复通电本国各省，唤起国人同情，并公推钮永建、汤尔和二人为特派员，回国说袁世凯出兵抗敌。上海学生亦开会响应，有湖北学生王璟芳，阳表同情，阴向驻日清公使蔡钧告密，谓义勇队名为拒俄，实则革命。蔡钧据报，乃致江督端方电云："东京留学生结义勇队，计有二百余人，名为拒俄，实则革命，现已奔赴内地，务饬各州县严密查拿。"又清廷密谕各督抚云："前据御史参奏，东京留学生已尽化为革命党，不可不加防备。又日本蔡钧来奏，此间革命业已组成军队，将托拒俄一事分奔各地，前岁汉口唐才常一事，则托勤王以谋革命，此间则托拒俄以谋革命，其用意与唐才常相似。而党羽较密，编练尤严各语，不胜诧异。国家养士数百载，自祖宗以来，深仁厚泽，姑置勿论，即如近年各直省地方，遇有水旱偏灾，无不立沛恩施，普行赈济，顷者乱离虽构，而乡会试亦不忍遽停，况本年于复试以后，又创行经济特科，国家待士既优，予以进身，又欲广其登庸之路，凡在食毛践土，具有天良，而乃不思报称，以言革命，似此则国家果何所负于该革命党？前已饬蔡钧、汪大燮，于在日本东京留学生举动，务加详察。各直省地方官于留学生之返国者，亦暗为防堵，遍布耳目。昨据袁世凯密折，内言东京留学生若干人编练数军，希图革命，其电该督臣之意，则又诡言俄患日深，求该督助其军火，在日本东京各学生便可至东三省与俄人决战。情形叵测，就使本为忠义，然距义和团之日未久，亦深虞其有碍邦交。朕以为该学生等既反叛朝廷，朝廷亦不得妄为姑息，蔡钧、汪大燮与在日本东京留学生，即可时侦动静。地方督抚于各学生回国者，遇有行踪诡秘，访闻有革命本心者，即可随时获到，就地正法。然亦须分别首从，不得诬陷善良，此为朕万不得已，保全国本以固邦交至意云云。"于是蔡钧乃请日政府勒令解散义勇队，制止留学生练习兵操，学生等以报国无路，莫不义愤填膺，痛哭流泪。至是青年会同志乃分向各省同乡会大倡革命排满之说,由秦毓鎏起草意见书发挥民族主义,痛诋清廷之媚外虐民,义勇队员咸为感动。叶澜、董鸿祎、程家柽、秦毓鎏等更联合队员中之宗旨坚定者,秘密改组为军国民教育会,是为拒俄义勇队之变相。

《革命逸史》(上),第 85—86 页

壬癸两年之政治集会

壬寅癸卯(一九〇二至一九〇三)两年间,沪上人士之国家观念,日渐激发,如桂抚王之春有借法款假法款以平乱之议,及俄人要求签订满洲退兵新约。寓沪各省绅商志士辄在张园开会反对,或联电北京政府抗争,或请政府惩革负责官吏,或主张罢市罢工,以民气为后盾,或乘机向异族政府请愿实行立宪,以御外侮。慷慨激昂,汹动一世。癸卯四月各省绅商志士初在张园召集拒俄大会,有主张编练义勇队以响应日本留学界者。及闻清廷密电各督抚查拿义勇队代表,群以愤无可泄,一般舆论遂日趋激烈,革命排满之声浪,因而响彻云表。其初各界人士自发起拒俄大会后,旋即组织四民公会以资号召,继乃易名国民公会。最初主动者为吴敬恒、冯镜如、陈范、龙泽厚、邹容、黄宗仰诸人,凡维新志士多列名焉。原无所谓派别。至五月间康徒龙泽厚忽倡议易名曰国民议政会,主张乘势向清廷请愿立宪,于是冯镜如首陈意见脱会,邹容、吴敬恒及爱国学社诸人皆表示不肯加入,而国民议政会遂成无形的解散。然是时清吏对于预会诸人,固一律目为革命党,并无缓进急激之分。未几清商约大臣吕海寰函告苏抚恩寿,谓上海租界有所谓热心少年者在张园聚众滋事,名为拒法拒俄,实则希图作乱,请迅将为首之人密拿严办等语。苏抚乃饬上海道向各国领事照会拿人,各国领事已签名认可;惟公共租界工部局不予赞成。故此案得以暂时延搁。

《革命逸史》(上),第 241 页

孙总理癸卯游美补述

孙总理于癸卯甲辰(一九〇三至一九〇四)两年间第二次游历美

国情形,余前于《中华民国开国前革命史》上编及《革命逸史》二书先后叙述颇详,世之编史者以余当时为总理驻日代表并兼任香港《中国日报》及旧金山《大同日报》通信记者,见闻较任何人为翔实,故多采用余著为蓝本。惟余近获久居檀香山及旧金山两处老友之各种纪录,乃知往日所载犹未详尽,应有补正之必要。就中亟宜补述者,有檀香山之党务运动,及总理抵旧金山被税关羁留时基督教徒伍盘照等仗义协助入境之事实。其应订正及声明者,则有总理所持之入美护照,为夏威夷岛土生证书,及被美海关羁留木屋多日二事。盖余昔年以事关总理尊严,且易发生误会,故关于利用夏威夷土生证书事,未便率尔直述,而被海关羁留时限,亦讳言为只一二日。今据当年协助总理入美之旧金山《中西日报》民二十四年六月九日版所载,则对于总理利用夏威夷土生证书事已明白记述,且援孔子微服过宋之义。总理生平为救国而奔走革命事业,从权行事,不止一次。如戊申(一九○八)年总理游暹罗时,暹政府令其即日离境。赖美国公使出面斡旋,得改为一星期,即利用此土生证书之效果也。至羁留海关木屋多日事,乃美人对于一般华侨之苛例,是为吾国人之莫大耻辱,固非为总理一人而设。事实具在,无庸曲讳。爰补述及订正当日事实如后,亦史家应有之责也。

檀香山党务之复兴

癸卯年(一九○三)夏秋间,孙总理自越南抵日本横滨,时距东京拒俄义勇队及上海《苏报》案风潮未远,与此案有关之陈范、黄宗仰、陈撷芬诸人及各省激烈分子,多逃亡至日,咸就总理商讨革命进行方针。总理以国内民智日开,机会渐臻成熟,乃于东京青山创设革命军事学校,以收容各省有志军事之青年,并决计再游美国,筹措饷糈,以备大举发难。是岁秋冬间,从日本抵檀香山。此地为其多年旧游及兴中会发源之地,其兄德彰向在邻近之茂宜岛经营畜牧,故亲朋故旧至伙。惟是处党务自经己亥年(一八九九)梁启超到此提倡保皇会之后,兴中会员以梁持总理介绍函为饵,多为所惑(事详拙著《中华民国开国前革命史》上编),投身保皇会籍者,颇不乏人。因是兴中会之团体,久已荡然无存,会员中能终始不变者只有郑金、郑照、李昌、程蔚南、许直臣、何宽、李安邦等十数人,然亦慑于保皇会之声势,莫敢或抗,惟缄口结舌,以期待总理重来而已。总理在乙未年(一八九五)冬间广州失败后,只来檀一次,故此度重来,已相隔九载,大有今非昔比之感。时保皇会有机关报名《新中国报》,其主笔为前澳门《知新报》记者陈继俨,号仪侃,康有为之高足弟子也。闻总理之来,恐保皇会之基础为之动摇,乃于报上丑诋革命党,且及总理个人,旧兴中会员郑金、李昌等异常愤激。程蔚南与总理旧有戚谊,时在檀主办一毫无宗旨之旧式报纸,名《隆记报》,又名《檀山新报》。总理乃使程改组该报为党报,以笔政乏人,遂亲自撰文与《新中国报》大开笔战,并致书冯自由,使代延聘前香港《中国日报》记者陈诗仲来檀任总编辑。檀岛党人自有此报为喉舌,旗垒为之一新,而会务亦稍稍复振。

希炉埠党部之成立

夏威夷群岛除檀香山正埠外,以希炉埠为较巨,其地以有火山之名胜,游客至众,商业亦颇繁盛。华人居此者约数千人,就中属基督教徒者不少。有华人基督教礼拜堂一,主持者为宣教师毛文明(原名文敏)。庚子年(一九〇〇)九月轰炸广东督署一役,尝与史坚如共学之兴中会员也。时在该埠任职播道,间或宣传革命,深得华侨信仰。闻总理抵檀,乃发起欢迎会,请总理来埠讲演国事。总理欣然莅止,文明与该埠著名农业家黎协假日本戏院请总理演说,华侨听者数百人,座无余隙。旋由文明介绍黎协、黄振、卢球、李华根、古贺、刘安、杨吉、郑仲、黄义、郑鎏、林弼南、唐安诸人入会,将原日之演说会改为党部,希炉埠之有革命团体自此始。

孙总理之驳保皇报文

总理自希炉返檀后,会务日见起色,时任檀埠基督教礼拜堂牧师者为黄旭升,向有志革命,与毛文明有戚谊,总理至是大得其助。李昌、郑金等乃假西人戏院请总理演讲三日,听者异常踊跃,先后得新会员杨锐、曾长福等多人。前时误入保皇会之兴中会员多觉悟来归,保皇党势力因之大受影响。陈仪侃为挽回颓势计,乃日在《新中国报》造作诽语,向革命党挑战。时《隆记报》所聘记者尚未抵檀,总理于是汇集《新中国报》两月来排斥革命之口实,撰一驳保皇报文以斥之。是为总理生平在报上撰作长文之开始,兹觅得民元前九年之《隆记报》录载如下:

驳保皇报(载癸卯年冬檀香山《隆记报》)

阳历十二月二十九日檀埠保皇报刊有《敬告保皇会同志书》,此书出于该报主笔陈仪侃之手,而托他人之名,欲间接而驳仆日前之书也。书中所载语无伦次,义相矛盾,可知作者于论理学(Logic)一无所知,于政治学更懵然罔觉。所言事实多有不符,所引西事牵强附会,本不欲推求详辩。然其似是而非之理,最易惑人,故条驳之,以塞毒焰,而辟谬论。彼开口便曰爱国,试问其所爱之国,为大清国乎?抑中华国乎?若所爱之国为大清国,则不当有"今则驱除异族谓之光复"之一语,自其口出。若彼所爱之国为中华国,则不当以保皇为爱国之政策,盖保异种而奴中华,非爱国,实害国也。彼又曰"中国之瓜分在于旦夕,外人窥伺,乘间即发。各国指认之地,照会政府不得让与别人"云云。曾亦知瓜分之原因乎?政府无振作也,人民不奋发也。政府若有振作,则强横如俄罗斯,残暴如土耳其,外人不敢侧目也。人民能奋发,则微小如巴拿马,激烈如苏威亚,列强向之承认也。盖今日国际惟有势力强权,不讲道德仁义也。满清政府今日已矣,要害之区尽失,发祥之地已亡,寖而日削百里,月失数城,终底于尽而已。尚有一线生机之可望者,惟人民之发奋耳。若人心日醒,发奋为雄,大举革命,一起而倒此残腐将死之满清政府,则列国将钦我敬我之不暇,尚何有窥伺瓜分之事哉!既识引管子之作内政以寄军令,何以偏阻汉人行革命复祖邦?今日之作内政,从何下手,必先驱除客帝,复我政权,始能免其今日签一约割山东,明日押一款卖两广也?彼满清政府不特签约款以割我卖我也,且为外人平靖地方,然后送之,广东之新安县广州湾,已然之事也。倘无满清政府为之助桀为虐,吾民犹得便宜行事,可以拼一死以殉吾之桑梓。彼外国知吾民之不易与，不能垂手而得尺寸之地，则彼虽贪欲无厌，犹有戒心也。今有满清政府为之鹰犬，则彼外国者，欲取我土地，有予取予携之便矣。故欲免瓜分，非先倒满洲政府，则无挽救之法也。乃彼书生之见，畏葸存心，不识时势，不达事体，动辄恐逢人之怒。不知我愈畏缩，则彼愈窥伺，我能发奋，则彼反敬畏，岂有逢人之怒之理哉？如其不信，吾请陈仪侃日日向外人叩头，日日向外人乞怜，试能止外人之不照会清廷以索地否？清国帝后今日日媚外人矣，日日宴会公使及其夫人矣，媚外人之中，又与俄国为最亲媟矣。然而据其发祥之地者则俄也，不逢人之怒莫过于今日之清帝后，以仪侃之见解，则必能免于瓜分矣。信乎否乎？既知中华亡国二百六十年矣，不图恢复，犹竭力以阻人之言恢复，言革命，是诚何心哉？彼固立心以殉清朝之节，清亡与亡，清奴与奴，洵大清之忠臣义士矣，其如汉族何！而犹嚣嚣然执毋宁二字以骂人为白奴，是真强词夺理矣。彼曰"革命之说原本大易"，又曰"中国固始终不能免于革命"，其言是矣，其乃何以又曰"中国今为民智萌芽时代"。夫大易者，中国最古之书，孔子系词称汤武革命，顺乎天也，岂由汤武至于今，历二十余期之革命，而犹得谓之萌芽时代耶？其所引法国三大革命曰："经卢骚、达尔文、福禄特尔诸大哲提倡建设。"而不知达尔文乃英人，当法国第一次革命之时，彼尚未出世。当第二次革命之时，彼尚未成学，当第三次革命之时，彼尚未闻名于世。其第一次出版之著作名曰《生物本源》，出版在一千八百五十九年，当时英国博物家尚多非其说之不经，十余年后始见重于英之学者，又十余年后始见称于世人。今该主笔特大书曰："达尔文有与提倡法国三次革命之功。"彼所指之达尔文，是达尔文之前身乎？想该主笔必精通三世书矣，否则何以知之耶？又云："法国死于革命者一千二百万人。"该主笔常讥吾人革命不起于京师，想亦熟闻法国之三大革命皆发于巴黎矣。而巴黎之外无死于革命者，试问巴黎当时人口几何，作者知之乎？且巴黎虽经三次之革命，而未遇扬州十日之屠，无广州洗城之惨，就使巴黎全城之民皆死于革命，三次计之，亦不足此数，毋乃该主笔以一人轮转数十次计之乎！若此，则非吾所敢知也。彼既曰："革命之结果为民主政体也。"胡又曰"有建设者谓之有意识之破坏，无建设者谓之无意识之破坏，彼等是否有建设吾不敢知"云云。夫革命者，破坏也。民主政体者，建设也。既明于革命之后，定为民主政体矣，非意识而何？曰"政"，曰"体"，非建设而何？该主笔以一手之笔，一时之言，其矛盾有如是，斯亦奇矣！彼又尝谓中国人无自由民权之性质，仆曾力斥其谬，引中国乡族之自治，如自行断讼，自行保卫，自行教育，自行修理道路等事。虽不及西政之美，然可证中国人禀有民权之性质也。又中国之民向来不受政府之干涉，来往自如，出入不问，婚姻生死不报于官，户口门牌鲜注于册，甚至两乡械斗，为所欲为，此本于自由之性质也。彼则反唇相稽曰："此野蛮之自由，非文明之自由也。"此又何待乎彼言。彼既云"性质矣，夫天生自然谓之'性'，纯朴不文谓之'质'，有此野蛮之自由则便有自由性质也，何得谓无"。夫性质与事体异，发现于外谓之事体，禀赋于中谓之性质，中国民权自由之事体，未及西国之有条不紊，界限秩然，然何得概谓之无自由民权之性质乎？惟中国今日富于此野蛮之自由，则他日容易变为文明之自由，倘无此性质何由而蛮，是犹琢玉必其具有玉质，乃能琢之成玉器，若无其质，虽琢无成也。彼又曰："中国人富于服从权势之性质，而非富于服从法律之性质。"试问无权势何以行法律乎？今如檀岛，若政府无权势以拘禁处罚犯法之人，其法律尚成为法律乎？夫法律者，治之体也，权势者，治之用也。体用相因，不相悖也，今该主笔强别服从法律与服从权势而为二事，是可知彼于政治之学毫无所知。彼又曰："立宪者过渡之时代也，共和者最后之结果也。"此又可见彼不知立宪为何物，而牵强附会也。夫宪法者，西语曰Constitution，乃一定不易之常经，非革命不能改也。过渡者，西语曰Transition，乃变更之谓也，此二名谓皆从西文译出。中国无此成语也。该主笔强不知以为知，而妄曰Constitution乃Transition时代，一何可笑也！推彼之语，必当先经立宪君主而后可成立宪民主，乃合进化之次序也。而不知天下之事，其为破天荒者则焉耳，若世间已有其事，且行已收大效者,则我可以取法而为后来居上也。试观中国向未有火车,近日始兴建,皆取最新之式者,若照彼之意,则中国今日为火车萌芽之时代,当用英美数十年前之旧物,然后渐渐更换新物,至最终之结果。乃可用今日之新式火车,方合进化之次序也。世上有如是之理乎?人间有如是之愚乎!今彼以君主立宪为过渡之时代,以民主立宪为最终之结果,是要行二次之破坏,而始得至于民主之域也,以其行二次,何如行一次之为便耶?夫破坏者,非得已之事也,一次已嫌其多矣,又何必故意以行二次。夫今日专制之时代也,必先破坏此专制,乃得行君主或民主之立宪也;既有力以破坏之,则君主民主随我所择,如过渡焉,以其滞乎中流,何不一棹而登彼岸,为一劳永逸之计也。使该主笔若不知民主为最终之结果,其倡君主立宪犹可说也,乃彼既知为美政,而又认为最终之结果,胡为如此矫强支离多端辩难也。得勿以此事虽善,诚为救中国之良剂。但其始不倡于吾师,其终亦不成于吾手,天下上等之事,必不让他人为之,故必竭力阻止,以致不成而后已,是重私心而忘公义也。彼又曰"会外人意,革命党非洪门会中人何以图羊城,谋惠州,而利用洪门之势力"。不知革命党与洪门志同道合,声应气求,合力举义,责有应尽,非同利用,如彼等欲暗改洪门之宗旨,而令洪门之人,以助其保救大清皇帝也。又仆前书所指以满洲之野番,尚能享皇帝之权,而彼则曰"岂不见各国宪法之"云云。仆所指乃当今清国专制之皇权,而彼引各国宪法以答,真强为比例,拟于不伦矣。彼又曰"所谓保皇者,自我保之,主权在我,非彼保我也,不得为满奴"云云,此真梦梦也。今光绪皇帝俨然在北京,日日诏见臣工,日日宴会公使,有时游颐和园,有时看西洋戏,何尝受彼之保,其言之离事实,何相远之甚也。彼又曰:"今则驱除异族谓之光复旧物,不得谓之革命。"此拾人之唾余,知其一不得其二者也。其书中最得力者,为托某氏之言,曰"弟前十年固为彼会中人,今已改入保皇会矣"云云,其是否属实,姑毋庸辩。但据其所述誓词,则知彼门外汉,亦升堂而入于室者也。不然,岂有下乔木而入幽谷者哉,不观其他之入保皇会者乎?多以保皇为借名而误入者也。该主笔又从而引申其说曰"蒙古与满洲且不辨"云云。仆等虽目不识丁,而地舆之学,敢信尚不至此。惟见彼有"蒙满东三省诸地在俄人势力范围"云云,蒙者蒙古也,满者满洲也,岂于蒙满之外更有一东三省乎?该主笔自称深通于五洲大势,何以于彼清国之形势,尚有此言也。可知其平日荒唐谬妄,强不知以为知,夜郎自大,目中无人,真不值识者一哂。仆非文士,本不欲与八股书生争一日之长,兴笔墨之战。但以彼无根之学,以讹传讹,惑世诬民,遗害非浅,故不得已而驳斥之。倘彼具有天良,当知惭愧,早自悔悟,毋再现其丑也。又其人存心刻忍,观其所论《苏报》之案,落井下石,大有幸灾乐祸之心,毫无拯弱扶危之念,与保皇会友刻前打电求救之意,亦大相背反。其手段之酷,心地之毒,门户之见,胸度之狭,于此可见一斑。今特揭而出之,以质诸世之公论者。

入美手续之筹备

　　总理时于党务余暇,特至茂宜岛牧场,谒其母杨太夫人及乃兄德彰等,九年阔别,一家团聚,喜可知也。惟是时德彰所经营之牧场,因夏威夷政府修改土地法,取消私有制度之故,大受损失,已不若往年之丰裕。故对于总理游美之旅费,不能多所供给,惟赠以龙涎香一枝,备旅途中困乏时需要而已。其母舅杨文纳以总理丙申年(一八九六)第一次游美,成绩不佳,实由缺乏同志相助,因力劝总理在檀加入洪门会党,加强革命党之势力。且谓现时保皇党机关林立于美洲各埠,倘不与洪门人士合作,势难与之抗衡。尤可虑者,在檀康徒陈仪侃等挟近来两报笔战之嫌,难免设法运动美国关员妨阻登陆,故宜取得一夏威夷土生证书,以备不虞等语。德彰亦以为然。总理久有参加洪门之心,对此毫无异议,惟于取用土生证书一节,颇以为不当。文纳谓"古人成大事者多能通权达变,如伍员乔装出关,孔子微服过宋,皆是此意。此举以救国为目的,何必拘泥"云云。总理卒从其言。乃由德彰转托老年同乡数人,向茂宜岛当局代为证明,并取得此项证书为入美登岸之需。及总理重莅檀岛,遂浼洪门前辈叔父钟水养向洪门致公堂介绍入闱(著者按,洪门称入会曰入闱)。致公堂职员中有身跨保皇会籍者,对于总理之加盟,表示反对。钟水养曰:"洪门宗旨,在于反清复明。孙某未入洪门,已实行洪门宗旨多年,此等人应招纳之不暇,何可拒之门外。"反对者不能对,致公堂于是择日为总理演特别开台戏(洪门称拜盟曰演戏)。同时拜盟者六十余人。由主盟员某大佬封总理为洪棍。洪门军职,例分洪棍、纸扇、草鞋三级。洪棍,即元帅之别名也。总理拜盟后十余日,即首途赴美,濒行时遗书陈少白冯自由二人,使在香港、日本二地多寄文稿于《隆记报》,以助其声势。其后陈诗仲因驻香港美领事拒发入檀之主笔护照,改就新加坡《图南日报》之聘。《隆记报》始终未得国内文人来主笔政,仅由旅檀之华侨学校同志教员代理编辑而已。后一年,在檀党员曾长福等更将该报大加扩充,改名《民生日报》,延张泽黎(号孺伯)充任记者,与《新中国报》记者梁文卿(号秋水)续开笔战,是时檀埠之革命党势已蒸蒸日上,迥非二三年前之比矣。

旧金山登陆时之被阻

是岁腊月总理舟抵美国旧金山港,关员登轮查验旅客护照。见有孙逸仙之名,即谓此人为中国乱党,应暂留船上听候讯问,不得登岸。据美海关事例,凡华人旅客所持入境护照有疑问者,关员先令羁留原船候讯,讯后认为不正当者,即令由原船拨回出发地点;其仍有疑问者,则于原船开行时改禁码头上海关附设之木屋。经关员二次审讯,乃定准许入境与否,如判决拨回,始由移民局长明告本人以拨回之原因,并限本人于十日内向华盛顿工商部上诉。如本人败诉,则仍须候所搭之原船回美时,乃由原船拨回,故被禁华人往往羁留木屋至数月之久,是即美国对吾华人施行多年之特别苛例也。先是檀岛保皇党陈仪侃等探闻总理赴美有期,预通知旧金山同党使设法阻止总理入境,以为党争之报复。旧金山保皇党员以告清领事何祐(香港何启律师之亲族),何欲借此向清廷邀功,乃关照美海关,谓有中国乱党孙某将于某日搭某船抵美,请禁阻其入境,以全清美二国邦交等语。美关员惑其言,因有阻止总理登陆之举。及查总理所持护照为夏威夷土生证书,夏威夷为美属土,依律不得阻止入境。关员以告何祐,何力言孙某系生长广东香山县,所持护照,必为伪造,仍请美海关尽力禁阻。当总理被困船上时,船上海员多属惠州籍之洪门会员,闻总理遭难,咸为不平,群向总理慰问致敬,且馈赠食品不绝。故总理亦不觉其苦。及改羁码头上木屋,与陆上友朋消息隔绝,无法通信,深以为忧,其困状可想见矣。

基督教友及致公堂之助力

总理困居木屋数日,经移民局讯问后,竟被判令出境,候原船拨回檀岛,因之焦灼异常,徬徨无计。忽睹被禁乡人中所阅《中西日报》有总理伍盘照字样,偶忆盘照为著名之基督教学者,素以说教及办报蜚声于时。乙未年(一八九五)亡命出国时,粤中教友左斗山、杨襄甫二人尝作函为之介绍,此函尚存行箧未用,此时大可用之。乃草一函,求一卖报西童带往沙加缅都街《中西日报》,外书伍盘照博士收启。另有英文"到奉带书人七角五分"字样,盘照拆视,内称"现有十万火急要事待商,请即来木屋相见勿延"之语。盘照久闻总理盛名,即往移民局请准当局,得入木屋晋谒总理。相见之下,握手甚欢。总理谓此来被清领事函报税关指为乱贼,如准之入美,有碍地方治安,因此被判出境。现距十日上诉之限期已近,特求各教友援手等语。并将多年前左斗山、杨襄甫等署名之介绍函交盘照带回,函面写司徒南达牧师伍盘照博士同启。内言"携此信之人,忠心为国,请尽力相助"云云。信末不书年月日,盘照当允在外设法,即持介函访司徒南达。南达认为是左、杨二人亲笔,遂招集各教友筹商营救方法。金谓各教友俱有家属在内地,此事只可暗助,不便明帮。孙君既言曾加入洪门团体,应即通知本埠致公堂,请其出名向美京工商部上诉。盘照谓此事既由何领事主动,我如上诉,彼必禀请公使出头横生阻力,不若我先往询何领事,并劝其不必再禀公使,免伤同乡感情云云。盖盘照是时兼充领事署顾问,年受领署夫马费一百元,何领事如有重要对外事件,多向其谘询办理也。及赴领事查询此事底蕴,何领事否认受人嘱托,讳称此举乃奉清政府命令而为。盘照曰,孙某系革命党,不能指为乱贼。现有同乡多人决定向美京上诉,请勿禀报公使,以免激动众怒。何领事曰,君言吾亦可行,但君为吾顾问,应小心行事。盘照遂往访致公堂英文书记唐琼昌,告以总理被美海关禁阻入境及羁留木屋之经过,并谓据总理谈话,自承为洪门会员,故致公堂宜即设法营救,以尽手足相助之谊等语。旧金山致公堂为全美各埠洪门分堂之总部,宗旨虽号称反清复明,然以代远年湮,会中分子多已丧失本来面目,其任事职员身跨保皇籍者亦不乏人,独总堂大佬(主盟员之称)黄三德及英文书记唐琼昌平日热心革命,尤钦佩总理学行。嗣闻总理入境受阻,大为愤激,琼昌即偕盘照同访致公堂顾问美律师那文,请其依法相助;复往木屋叩总理以此案详情。遂由那文向移民局声明即向华盛顿工商部上诉,并依五百元保证金之移民法例。当由致公堂以士波福街楼业向保单公司具保五百元,担保总理出外听候美京判决。同时致公堂职员及基督教徒之有志者多赴码头欢迎脱难,借表敬意,总理羁留木屋多日,至是始获恢复自由。自丙申年(一八九六)被困伦敦清使馆以来,此为第二次之蒙难。

办党及筹饷之成绩

总理脱难后,黄三德、唐琼昌等招待殷勤,即在致公堂会所下榻,日间则时至《中西日报》用膳,与致公堂职员及基督徒司徒南达、伍于衍、邝华汰、雷清学、邓幹隆诸人极为相得。三星期后,美工商部之判决文已到,略谓“孙某既持有夏威夷岛出生证书,当然取得美国公民所享受之居留权利,绝无可以拨送出境之理由”等语。于是清领事及保皇党徒之中伤计划因之粉碎无余矣。时《中西日报》司事伍于衍以该报缺乏驻香港访员,求总理推荐。总理以陈少白、郑贯公二人对。先是总理在檀时已预印就革命军需债券若干,为到美募饷之需。嗣抵旧金山,始知华侨风气尚极闭塞,其稍开通者非属保皇会员,即为基督教徒,乃商诸黄三德、伍盘照等,拟措资印刷邹容著《革命军》一万一千册,分寄美洲及南洋各地侨胞,以广宣传。黄伍等均表同情,并由《中西日报》担任排印,订价五百元。书成后,总理以所订五百元印费无从筹措,乃请致公堂报效寄书邮资,而《中西日报》则不收印费,作为捐赠。黄伍等慨然从之。全美华侨得此有力宣传品之启导,不及半载,知识为之大进,此书之力为多焉。同时总理更欲借此扩张党势,拟先从具有新思想之基督教徒入手,乃召集教友之有志者,假士作顿街长老会正道会所开救国会议。众推邝华汰博士为主席,邝为有名学者,娶美女为室,时任加省大学教授,对于总理主张异常倾倒。是日总理于说明革命主义之后,提议请座众购买革命军需债券,谓"此券规定实收美金十元,俟革命成功之日,凭券即还本息一百元。凡购券者即为兴中会员,成功后可享受国家各项优先利权"云云,各教友对于购券事,均甚赞成,惟闻凡购券者即为兴中会员一节,多谈虎色变。谓吾辈各有身家在内地,助款则可,入会则不必,总理乃谓此举志在筹饷,入会与否,一惟尊便。此项债券票面并不写姓名,可勿过虑。众无异言。于是各教友先后购券,得美金二千七百余元。就中以华生隆号司理雷清学所捐二百元为最多,福和号厨子刘伯所捐十元为最少。各债券均假《中西日报》内室填写号数,并由总理签署英文"孙逸仙"三字于下,右侧加盖"孙文之章"四字方印。第一号至第十号为伍盘照所得。未几邝华汰复在卜技利埠募得一千三百余元。其后总理偕黄三德周游美国各地,即恃此款为旅途之需。总理原欲在美奠立兴中会基础,惟结果所得,正式宣誓入会者只有邝华汰一人,殊非初意所及料。关于总理入美被阻及发售军需债券情况与债券样式,以《中西日报》经理伍于衍近日所报告为最详,爰节录于后,借资参考。

"自由先生惠鉴,承惠《中华民国开国前革命史》,并垂询中山先生一九〇三年抵美被困于码头木屋详情,不胜谢谢。查当年记载此事之报纸,因本埠地震灾劫,已荡然无存。一九三五年,本埠圣玛利公园所建孙公铜像举行开幕礼时,敝报尝有'四十年前禁入境而今享得像巍峨'之句。其时江尼古西报访员来询前事,愚以所能记忆者告之,该访员亦谓西报因震灾一无所存。愚所未忘者,孙公由檀到美被禁于码头木屋间,侨界无有知之者。孙公因素闻伍盘照之名,遂写一函托西童送来本报,函面写英文到奉银七毫五仙。愚得函即交盘照,内称'现被移民局批拨出境,请来木屋相见'字样。盘照乃向移民局讨情,得入木屋相见。据孙公云,被清领事指为乱党,有害地方治安,不准入境,并将左斗山、杨襄甫等签名之函交盘照带回。函面写司徒南达牧师伍盘照博士同启,内言携此信之人忠心为国请力助之等字,并不书年月日。愚与司徒牧师认明确是左君签笔,因即招集教友筹商。金称教会人士各有身家在内地,可以暗助,不可明帮。孙公既向盘照言已入洪门致公堂,应请致公堂出名上诉工商部为佳。盘照谓此事既由领事主动,我如上诉,彼必禀报公使,多生枝节。不如我先往询何领事,并劝其不必再禀公使云云。及盘照往领署,何领事对此事直认不讳,谓曾接政府来电,称孙氏某月日到檀,某月日由檀附某船来美,饬即知会海关勿令其登岸等语。盘照谓孙氏系革命党,属国事犯,不能指为乱贼。现有某大团体助其向美京上诉,请勿禀报公使,致将风潮扩大。何领事曰,此议可行。但君为吾顾问,应小心行事为要。盘照遂往访致公堂出番唐琼昌,告以一切经过。随偕往见该堂常年顾问那文律师,请其援手。那文于是同往木屋向孙公探询底蕴,即向移民局声明向工商部上诉。略谓'孙某乃檀香山籍民,因在中国提倡革命,故被本国政府指名通缉。今中国领事阻其入境,实属损害檀籍人居留美国之权利,及违背美国容留国事犯之法例'云云。当由致公堂以楼业向保单公司具保五百元保出候判。孙公于是每日传食于《中西日报》,夜则在致公堂会所寝宿,约越三星期,工商部始电令旧金山移民局放行。事后孙公仍居此间,曾委敝报刊印邹容《革命军》一万一千册,订明印费五百元,印就后,孙公谓分寄美洲南洋各埠之邮费及包纸已由致公堂担任报效,印费一项亦请《中西日报》捐助,共成美举。愚与盘照从之。孙公复向各教友发售革命军需债券,约得二千七百余金。该券号数即在敝报内房填写,由一号至十号为伍盘照,由二百六十九号至二百七十九号为伍于衍。因愚欲取最后之号券故也。其后在埠兴中会会长邝华汰又在卜技利埠募得一千三百余金,孙公复劝吾加捐以取最后之券。故四一四及四一五两号亦为吾所得。惟各人所得债券,有因惧政府搜获株连而不敢留存者,有经本埠地震巨灾而被毁者,吾所存四一四号及四一五号之二券,系放入'味根'书内携回中国,后复带之返美者,兹随函寄呈影印二份,亦一有价值之纪念品也。

尊著纪载周详,可称信史,读之获益良多。惟据愚所知,书中有数细则与当年微有不符,请条举为兄言之。第六章五十一页及第九章一四九页云'中山二次游美,保皇党嗾使同党之海关译员阻其登岸,被留烟治埃伦木屋者一日,幸赖美国致公总堂总理黄三德《大同日报》总理唐琼昌之助,以五千元保出候讯'。又第二十章一六〇页云'旧金山致公堂得檀香山致公堂电,谓孙大哥于某日搭某船来美,嘱郑重招待,黄三德、唐琼昌等前往接船,知被保皇党暗算,乃延律师那文以五千元向税关保出候讯'等语。关于孙被困木屋及各人营救情形,前已详述,可勿赘言。其应订正者,(一)美国移民律无五千元具保之条,只有具保不过五百元之句,故篇中五千元之句,当是五百元之误。(二)美移民局建筑新外人羁留所于烟治埃伦,又名天使岛者,始于一九一〇年,孙公于一九〇三年被困之木屋系在旧日码头原址,若干年后始移往烟治埃伦,故'烟治埃伦'一语似应删去。(三)阻止孙公登岸者,系清领事何祐,保皇党实无阻止他人之势力,尊著云云,未免太视保皇党势力过高。(四)尊著谓孙公被留木屋者逾日,其羁留若干时日,愚虽无从记忆,但美船惯例,至少停泊码头数日,然后开行。将行之日,始将待讯之船客拨上码头木屋。再经关员查讯,乃判定能否入境。如判令出境,又须由移民局长签字,并明告本人以拨送出境之原因,容限十日内向工商部上诉,否则须候所搭来美原船拨回出发地点。照此手续而言,决非一日或数日可以毕事,大约至少亦在一星期以外。此凡曾经被困木屋之华人,无不知之。故孙公羁留之时日若干,可以从此推断。(五)孙公于被判出境后,始函告伍盘照求助。可知事前在美华人并不知孙公之来,更可知檀香山致公堂并无电告旧金山致公堂,及黄三德、唐琼昌等得电后前往码头接船等事。黄唐等得盘照面告,始知其详,事实明甚。以上所陈,现黄君三德尚在罗省,那文律师亦在本埠,均可举而问之,因读尊序有云'其有短篇只字列举所知,以匡不逮,余引领望之'等语,谨援知无不言言无不尽之义，据实奉告，伏惟谅之。并候著安。伍于衍泐。

一九四〇年九月五日"

冯自由按：伍君此函洵足补充史实，为益非鲜。惟所称当日妨阻总理入境为清领事，而与保皇党无关一节，殊不尽然。盖余当日于事后所得总理通信及各方报告，均谓保皇党从中构陷所致。伍君谓保皇党无此势力，然该党对于美海关虽无直接之势力，若间接向清领事嘱托，及勾结关员上下其手，则固优优为之。且据清领事语伍君盘照，谓奉清政府命令而行。依清代外交官职权，外部对于海外侨民之行事，概由公使转达，从无直接命令领事之例。假令此举系出自清政府命令，则必经由驻美公使转饬领事办理，始符手续。今清领事既始终未提及公使，其为受人嘱托，自无疑义，且其时檀岛保皇党之衔恨总理，甚于敌国。日欲伺机报复，此事总理在檀已有所闻，故从权取得夏威夷出生证书，以备不虞。该党既侦得总理出发有期，及所乘何船，自必电知旧金山同党设法妨害登陆，在美彼党得电，遂预运动清领事及美关员，多方构陷，以致演此怪剧。不然，清领事何从预知总理行期，而此正式有效之夏威夷出生证书，美关员又岂敢冒昧否认之耶？管见如此，质诸伍君，以为何如？

《革命逸史》（上），第255—267页

支那问题真解

1904 年 8 月 31 日

今日全球之视线，集于远东。其近因为日露之战争，而其远因，亦以争为亚细亚主人翁者思伸其最后之势力于支那也。欧人营领土于亚非利加，其大势已定，无复余，故必更寻新地以施其殖民之政策。而支那久有"东方病夫"之称，以世界最良沃之大地，适投欧人之所好。虽亚米利加对于万国政策，表其孟罗主义，然谓其手段异于他国则可，谓其甘放弃权利则不可也。夫飞猎宾既受治于美，为支那近邻，支那之国情必不能相掩饰。且支那为美绝大之商场，美而不欲输出其工商各品于他国则已，苟其不然，则供美人贸易之资源，无有出于支那之右者。然则所谓远东问题，不能不特别注意于此国。

此问题中有无数利益冲突，故其解决甚难。即日露战争之结果，由种种方面思之，或有解决之道。由支那观之，则此时已处冲激之旋涡，而战争之止，且莫知所从。盖彼不过两国最高权之问题，而其他若英、美、德、法诸国将如何收其利益，其条件复杂，属于将来之解决，不能与战争为终始也。

吾辈欲研究其解决之点，必当察其困难之原因。或有从表面观亚细亚之内政，以为满洲政府腐败黑阇至于极点，故所为实足扰世界上势力平均之局者。其说难怪，而不能谓其无据，由日露战争观之而益信。盖日露战争非无可阻止之机，而满洲政府不能调和其间，且于冲突之初延引外力之侵入，而若自以为得计者也。

吾辈所谓满洲政府，盖与支那政府有别。支那今日固无政府，而两者界说实不能混，如直以满洲政府当之，则是法律上误定之名词耳。此言也，非极熟于支那之内政，鲜不以为怪。盖其间当取证于历史之观念，苟为述满洲之小史，则未有不释然者。

当满洲人之未入支那，不过黑龙江畔之野蛮游牧，常寇支那北方平和边境。乘明季内乱，长驱入关，据有燕京，如北狄之蹂躏罗马，其时则千六百四十四年也。支那人尔时不愿为之隶属，各谋反抗。而满洲人强欲压制，遂不得不为种种残忍之政策：鞭笞丁壮，及于老弱；火其居，夺其产；逼之从其服制。由剃发令之下，总其所杀戮以亿万计。其后更用多方野蛮伎俩，演流血惨剧，支那人乃不能不忍隐服从。然而满洲人更欲愚支那之民智，使其永永服事，凡支那文人著作有涉于满洲侵略暴虐事实者，皆焚毁绝灭，使后世无所考。又禁止支那人私结社会，干与国事。久之，支那人始消灭其爱国精神，而忘其寄于他人之宇下矣。

夫满洲生殖至今，其种人不及五百万，而支那则有四万万之众。故彼常惧所征服者一旦光复其祖国，勉思抵制，则不免用防御家贼之政策。此其对待支那人之大目的也。

外人往往谓支那人有排外思想，不乐交通。盖缘往者海岸未许通商，而生此缘说，则亦未尝熟支那之历史耳。历史盖予吾辈以可征之据，谓支那往昔常与外人交际，对于外国商人及其传教者未始有不善之感情。试取西安府景教碑读之，则知当七世纪外人已传教至支那。且欢迎佛教以入支那者为汉明帝，而国民亦热心信仰，迄于今世犹极庄严，为支那三大教之一。至于外国商人，亦得旅行于内地，自汉晋以来，史不绝书。降至明季，其相徐光启舍身以奉天主教，其挚友耶教徒利马窦亦至北京，受国人之崇敬，则支那人此时绝无排外思想可知矣。

至满洲兴盛而政策渐变，禁全国与外人通，放逐传教师于境外，戮民人之私奉外教者，著之为厉禁；士人迁徙于他国者，处以死刑。何者？满洲人恐支那人日与外人交接，吸其文明，而丕变夫故习，故极其权力之所至，鼓舞以排外思想。曩者千九百年拳匪之乱，即满洲人极端排外之结果也。今日举世所共知者，排外之党魁非他人，其天潢贵胄也。而所谓支那闭关主义者，亦不过行于彼愚民罔利之满洲一部，而不能例于多数之支那人也。故外人游历中国所著日记，皆常言支那人愈远官吏，则对外人之感情愈厚。

自拳匪变后，人人以为满洲政府得此时机，或遂更张国政。然徒见夫朝旨旁午，屡言变革，而不知仅为玩弄之具文，聊以欺元元之视听耳。盖满洲者断无有变其旧政之理，设其果变，则损彼实多。何也？支那人而群知改革之义，则满人将不能复享前兹所占之实权。且以贪鄙冥顽之官吏，专以迎合满人为宗旨，持其强力，放肆无忌。即如驻美公使，禁支那侨民开爱国会等，犯者幽其宗属于本国，或置极刑。以此野蛮举动，而出于所谓尝受教育之公使梁（成）〔诚〕。其他种种传说，莫非逢合政府，冀得信任。凡满人所置官吏如此，安望其能辅之以变革耶？

吾辈享鞑虏政府毒虐已二百六十余年，而其最惨酷重要者，则有十端：

（一）虏据政府以自利，而非以利民。

（二）阻止民人物质、思想之进化。

（三）驭吾人如隶圉，而尽夺一切之平等权及公权。

（四）侵害我不能售与之生命权及财产自由权。

（五）容纵官吏以虐民而朘削之。

（六）禁制吾人之言论自由。

（七）定极不规则之税则，而不待民人之认可。

（八）用极野蛮之刑以对囚犯，逼供定罪。

（九）不由法律而可以割夺吾人之权利。

（十）放弃其责任为吾人所托生命财产者。

我辈虽有种种不平，而犹欲勉与周旋，乃终不可得。是以支那人翻然欲改前失，建设东亚之平和，以为世界之平和，必当思适宜之方法以达其目的。所谓"欲得平和不可不以决裂者，亦时机掹逼之而出"者也。全国民之革命已熟，如千九百年惠州之举事，千九百二年广州之暗潮，其影响皆不细；而广西之运动者，尤日增势力。支那内地新闻杂志、新书出版，多共和政体之观念，此为学术界之变迁。

更进言之，如致公堂（支那爱国会）者，普通所知其为支那人自救之社会，其目的皆在于反清复明。此等有政治思想之秘会，建立已垂二百余年，其会友有十万人以上布于支那南方。支那人在此邦加盟于此会者，得有百分之八十。大抵支那人之持革命观念者，可分为三种：第一种占最多数，而不能过露宗旨，惧罹官吏之毒害；第二种以种族之思想，欲起而反抗满人；第三种则为有特别高尚之思想者。此三种人之手段不同，而渐次求达其目的，必得异日最良结果，是知满洲政府之推倒不过时日之问题而已。

于此有不完全之理想焉，以为支那地大物博，大有可为之资格，若一旦醒其渴睡，则世界必为之震惊；倘输进新文明于国内，将且酿法兰坎斯坦事故；现时最巧之政策，皆以共亡支那为目的，如倡"黄祸"论者是也。虽然，倡此义者其自谋非不忠，然无论由何方面观之，皆不能自完其说。夫一国之望他国亡灭，已离于道德之问题，而为政治上之狡策。况支那人为最平和勤勉、最守法律之民族，非强悍好侵略之民族也。其从事于战争，亦止自卫。使外人果能始终去其机械之心，则吾敢谓世界民族未有能及支那人之平和者也。更试由经济上观之，则支那而建设文明之政府，其利益不仅在于本邦，将旁及于世界。可使全国与外人通商，可使铁路推广敷设，可使天然物产日益发达，可使民族高尚，其资生之程度，可使外来物品销售愈多，而万国商业必百倍于畴昔。如此而犹以为祸，则是国民对于他国民将以孤立为长策，而与贫而愚者为邻，愈于与富且智者邻矣，有是理耶？ 然则此主义当坠地，而所谓黄祸者适得其反也。

外人之对于支那者有二政策，而曾不相容：其一主张支那瓜分，其一辩护支那独立。由前而观，则露西亚用之以有今之巨创，其主义为不祥；由后而观，则旧政府未去，必久而后能达其目的。然满清朝家宛如将倾之宅，其基址全坏，设有人强支以木欲保其不圮，吾恐非徒无益，且速之倾也。支那历代兴亡之历史如个人然，由生而长、而全盛、而衰老、而死亡；满洲政府在前世纪已为衰老时代，及今则其去死亡不远矣。如有发慈爱之念，表支那独立之同情，而犹思扶植满洲之祚，吾知其亦必无成也。

现时方生之问题，既扰世界之平和，必便更造文明之新政府以代其旧政府，则不止有益于支那，而他国之助之者亦蒙其利。夫使受高等教育之士翻于国中，自足以建设新政府而有余。且能使新政府小心翼翼，改良满洲往日专制政体，变为支那共和之政体。则当此普通人民渴望维新，拯之于水火，因利而善导之，燎火于政治之原，可由此而（遂）〔驱〕逐满洲政府。盖能者之建设伟大，有非寻常所可推测。如千九百年拳匪之乱，二万联军而陷取北京，吾人苟倍此数，不患不克，奚况爱国党之响应有千百倍于此者。抑更由屡次经验，而知满洲精兵在于战地均非吾人之敌，即如广西起事，亦其证也。彼距海岸甚远，军用品之转输不易，舍夺敌人之兵食外无他策，而能支持三载，屡败各省之兵。然则，孰谓倡议建设者之必不能扑满而去之也！ 支那人大目的已达，不止建新纪元之国家，而更可分其文明于全世界之人类。普通之平和，固可随之而苏复;社会主义经济主义之理想的世界,亦将现于实际。故吾人舍救护支那之外无责任。此问题为世界利益冲突所掩,而必犯难以求成,避无益之牺牲,挽回外力之错认与其淆混。

　　吾辈之希望美人表此同情,视希望世界一般文明人为尤切。盖以美为日本文明先导,为基督教之国民,为他日我新政府之师范。殆犹于拉花热德①其人者乎,吾谨为支那民族祷也。

据《国父全集》第二册转录孙逸仙著、公民俱乐部译《支那问题真解》

附:中国问题的真解决——向美国人民的呼吁

(另一译文)

　　全世界的注意力现在都集中在远东,这不仅是由于俄国与日本间正在进行着的战争,而且也由于这样的事实,即:中国终究要成为那些争夺亚洲霸权的国家之间的主要斗争场所。欧洲人在非洲的属地——迄今为止,这一直是欧洲列强之间斗争的焦点——现在大体上已经划定了,因而必须寻找一块新的地方,以供增大领土和扩展殖民地;长期以来被认为是"东亚病夫"的中国,自然而然地就成了这样一块用以满足欧洲野心的地方。美国在国际政治中虽然有其传统的孤立政策,但它在这方面绝不会漠不关心,虽则在方式上与其他各国多少有些不同。首先,菲律宾群岛转到美国的控制之下,就使美国成了中国最近的邻邦之一,因之它不可能对中国的情况闭目不理;其次,中国是美国货物的一个巨大市场,如果美国要把它的商业与工业活动扩展到世界其他各地,中国就是它必须注目的第一个国家。由此看来,所谓"远东问题",对这个国家是具有特殊的重要性的。

　　这个问题是重要的,同时又不易解决,因为其中牵涉到许多互相冲突的利害关系。已经有很多人认为,此次俄日战争的最后结局,可能使这个问题得到解决。但是,从中国的立场看来,这次战争所引起的纠

---

　　①　M. L. Lafayette,又译为辣斐德、拉法叶特、拉斐特,法国资产阶级革命家,1777 年志愿参加北美独立战争并担任将军,以实际行动帮助美国人民的民族解放斗争。

纷,要多于其所解决的纠纷;假如这次战争果真能解决任何问题的话,充其量它只能决定俄日两国之间的霸权问题。至于英、法、德、美等国的利益怎么样呢？对这些问题,这次战争是绝对无法解决的。

为了使整个问题得到满意的解决,我们必须找出所有这些纠纷的根源。即使对亚洲事务了解得最为肤浅的人,也会深信:这个根源乃在于满清政府的衰弱与腐败,它正是由于自身的衰弱,而有扰乱世界现存政治均衡局面之势。这种说法好像是说笑话,但不是没有根据的,我们只须指出这次俄日战争就可以作为一个例证。如果不是由于满清政府完全无力保持其在满洲的势力与主权,那么这次战争是可以避免的。然而,这次战争只不过是在中国问题上利害有关各国间势将发生的一系列冲突的开端而已。

我们说满清政府,而不说中国政府,这是有意识地这样说的。中国人现在并没有自己的政府,如果以"中国政府"一名来指中国现在的政府,那么这种称法是错误的。这也许会使那些对中国事务不熟悉的人感到惊异,但这乃是一个事实,是一个历史事实。为了使你们相信这一点,让我们向你们简单地叙述一下满清王朝建立的经过吧。

满洲人在与中国人发生接触以前,本是在黑龙江地区旷野中飘泊无定的游牧部落。他们时常沿着边界侵犯并抢劫和平的中国居民。明朝末叶,中国发生大内战,满洲人利用那个千载难逢的机会,用蛮族入侵罗马帝国的同一种方式突然袭来,占领了北京。这是一六四四年的事。中国人不甘心受外族的奴役,便向侵略者进行了最顽强的反抗。满洲人为要强迫中国人屈服,残酷地屠杀了数百万人民,其中有战斗人员与非战斗人员、青年与老人、妇女与儿童,焚烧了他们的住所,劫掠了他们的家室,并迫使他们采用满洲人的服饰。据估计,有数万人因不服从留发辫的命令而被杀戮。几经大规模流血与惨遭虐杀之后,中国人才终于屈服在满清的统治之下。

满洲人所采取的另一个措施,就是把所有涉及他们的对华关系与侵华事实的书籍文献加以焚烧销毁,藉以尽其可能地使被征服了的人民愚昧无知。他们又禁止人民结社集会以讨论公共事务。其目的乃是要扑灭中国人的爱国精神,从而使中国人经过一定时间之后,不再知道自己是处在异族的统治之下。现在,满洲人为数不过五百万,而中国人口则不下四万万,因此,他们经常害怕中国人有一天会奋起并恢复其祖国。为了防范这一点,已经采取了而且还正在采取着许多戒备手段。这一直是满洲人对中国人的政策。

西方人中有一种普遍的误会,以为中国人本性上是闭关自守的民族,不愿意与外界的人有所往来,只是在武力压迫之下,才在沿海开放了几个对外贸易的口岸。这种误会的主要原因,是由于对中国历史缺乏了解。历史可以提供充分的证据,证明从远古直到清朝的建立,中国人一直与邻国保有密切的关系,对于外国商人与教士从没有丝毫恶意歧视。西安府的景教碑提供我们一个绝妙的记录,说明早在公元第七世纪外国传教士在当地人民间所进行的传播福音的工作。再者,佛教乃是汉朝皇帝传入中国的,人民以很大的热情欢迎这个新宗教,此后它便日渐繁盛,现在已成为中国三大主要宗教中的一种。不仅教士,而且商人也被许可在帝国内部自由地纵横游历。甚至晚至明朝时,中国人中还没有丝毫排外精神的迹象,当时的大学士徐光启,其本人皈依了天主教,而他的密友、即在北京传教的耶稣会教士利玛窦,曾深得人民的尊敬。

随着满清王朝的建立,政策便逐渐改变:全国禁止对外贸易;驱除传教士;屠杀本国教民;不许中国人向国外移民,违者即予处死。这是什么缘故呢?这只是因为满洲人立意要由其管辖范围内将外国人排斥出去,并唆使中国人憎恨外国人,以免中国人因与外国人接触而受其启迪并唤醒自己的民族意识。满洲人所扶育起来的排外精神,终于在一九〇〇年的义和团骚动中达到最高峰。现在大家都知道了,义和团运动的首领不是别人,而正是皇室中的分子。由此就可以看出,中国的闭关自守政策,乃是满洲人自私自利的结果,并不能代表大多数中国人民的意志。在中国游历的外国人常可以看到这样的事实,即:凡受官方影响愈小的人民,比之那些受影响较大的人民,总是对外国人愈为友善。

自义和团战争以来,许多人为满清政府偶而发布的改革诏旨所迷惑,便相信那个政府已开始看到时代的征兆,其本身已开始改革以使国家进步。他们不知道,那些诏旨只不过是专门用以缓和民众骚动情绪的具文而已。由满洲人来将国家加以改革,那是绝对不可能的,因为改革意味着给他们以损害。实行改革,那他们就会被中国人民所吞没,就会丧失他们现在所享受的各种特权。若把官僚们的愚昧与腐化予以揭露出来,就会看到政府更为黑暗的一面。这些僵化了的、腐朽了的、毫无用处的官僚们,只知道怎样向满洲人谄媚行贿,藉以保全其地位去进行敲榨搜刮。下面就是一个非常显著的例证:中国驻华盛顿公使最近发布了一个布告,禁止住在这个国家之内的中国人与反满会党有任何往来,违者即将其在中国本土的家人及远族加以逮捕并处以格杀之重刑。像中国公使梁诚先生这样一个有教养的人所做的这种野蛮行为,除了可能认定他是想讨好政府以便保全其公使地位外,不能够有其他的解释。想由这样的政府及其官吏厉行改革,会有什么希望呢?

在满清二百六十年的统治之下,我们遭受到无数的虐待,举其主要者如下:

(一)满洲人的行政措施,都是为了他们的私利,并不是为了被统治者的利益。

(二)他们阻碍我们在智力方面和物质方面的发展。

(三)他们把我们作为被征服了的种族来对待,不给我们平等的权利与特权。

(四)他们侵犯我们不可让与的生存权、自由权和财产权。

(五)他们自己从事于、或纵容官场中的贪污与行贿。

(六)他们压制言论自由。

(七)他们禁止结社自由。

(八)他们不经我们的同意而向我们征收沉重的苛捐杂税。

(九)在审讯被指控为犯罪之人时,他们使用最野蛮的酷刑拷打,逼取口供。

（十）他们不依照适当的法律程序而剥夺我们的各种权利。

（十一）他们不能依责保护其管辖范围内所有居民的生命与财产。

虽然有这样多的痛苦，但我们曾用了一切方法以求与他们和好相安，结果却是徒劳无效。在这种情况之下，我们中国人民为了解除自己的痛苦，为了普遍地奠定远东与世界和平，业已下定决心，采取适当的手段以求达到那些目标，"可用和平手段即用和平手段，必须用强力时即以强力临之"。

全国革命的时机，现已成熟。我们可以看到，一九〇〇年有惠州起义，一九〇二年在广州曾图谋举义，而广西的运动现在犹以日益增大的威力与勇气在进行着。中国的报纸与近来出版的书刊中也都充满着民主思想。再者，还有致公堂（中国的反满会党）的存在，这个国家内一般都称之为中国共济会，其宗旨乃是"反清（满洲）复明（中国）"。这个政治团体已存在了二百多年，有数千万会员散布在整个华南；侨居这个国家之内的中国人中，约有百分之八十都属于这个会党。所有抱着革命思想的中国人，约略可分为三类：第一类人数最多，包括那些因官吏的勒索敲榨而无力谋生的人；第二类为愤于种族偏见而反对满清的人；第三类则为具有崇高思想与高超见识的人。这三种人殊途同归，终将以日益增大的威力与速度，达到预期的结果。由此显然可以看到，满清政府的垮台只是一个时间问题而已。

有人时常提出这样一种在表面上似乎有道理的论调，他们说：中国拥有众多的人口与丰厚的资源，如果它觉醒起来并采用西方方式与思想，就会是对全世界的一个威胁；如果外国帮助中国人民提高和开明起来，则这些国家将由此而自食恶果；对其他各国来说，他们所应遵循的最明智的政策，就是尽其可能地压抑阻碍中国人。一言以蔽之，这种论调的实质就是所谓"黄祸"论。这种论调似乎很动听，然而一加考察就会发现，不论从任何观点去衡量，它都是站不住脚的。这个问题除了道德的一面，即一国是否应该希望另一国衰亡之外，还有其政治的一面。

中国人的本性就是一个勤劳的、和平的、守法的民族,而绝不是好侵略的种族,如果他们确曾进行过战争,那只是为了自卫。只有当中国人被某一外国加以适当训练并被利用来作为满足该国本身野心的工具时,中国人才会成为对世界和平的威胁。如果中国人能够自主,他们即会证明是世界上最爱好和平的民族。再就经济的观点来看,中国的觉醒以及开明的政府之建立,不但对中国人、而且对全世界都有好处。全国即可开放对外贸易,铁路即可修建,天然资源即可开发,人民即可日渐富裕,他们的生活水准即可逐步提高,对外国货物的需求即可增多,而国际商务即可较现在增加百倍。能说这是灾祸吗? 国家与国家的关系,正像个人与个人的关系。从经济上看,一个人有一个穷苦愚昧的邻居还能比他有一个富裕聪明的邻居合算吗? 由此看来,上述的论调立即破产,我们可以确有把握地说:黄祸毕竟还可以变成黄福。

列强各国对中国有两种互相冲突的政策:一种是主张瓜分中国,开拓殖民地;另一种是拥护中国的完整与独立。对于固守前一种政策的人,我们无需乎去提醒他们那种政策是潜伏着危险与灾难的,俄国在满洲殖民的情况已表明了这一点。对于执行后一种政策的人,我们敢大胆预言:只要现政府存在,他们的目标便不可能实现。满清王朝可以比作一座即将倒塌的房屋,整个结构已从根本上彻底地腐朽了,难道有人只要用几根小柱子斜撑住外墙就能够使那座房屋免于倾倒吗? 我们恐怕这种支撑行为的本身反要加速其颠覆。历史表明,在中国,朝代的生命正像个人的生命一样,有其诞生、长大、成熟、衰老和死亡;当前的满清统治自十九世纪初叶即已开始衰微,现在则正迅速地走向死亡。因此我们认为,即使是维护中国的完整与独立的善意与义侠行为,如果像我们所了解的那样是指对目前摇摇欲坠的满清王室的支持,那么注定是要失败的。

显而易见,要想解决这个紧急的问题,消除妨害世界和平的根源,必须以一个新的、开明的、进步的政府来代替旧政府。这样一来,中国不但会自力更生,而且也就能解除其他国家维护中国的独立与完整的麻烦。在中国人民中有许多极有教养的能干人物,他们能够担当起组织新政府的任务;把过时的满清君主政体改变为"中华民国"的计划,经慎重考虑之后,早就制订出来了。广大的人民群众也都甘愿接受新秩序,渴望着情况改善,把他们从现在悲惨的生活境遇中解救出来。中国现今正处在一次伟大的民族运动的前夕,只要星星之火就能在政治上造成燎原之势,将满洲鞑子从我们的国土上驱逐出去。我们的任务确实是巨大的,但并不是无法实现。一九〇〇年义和团战争时,联军只需为数不足两万的军队就能击溃满清的抵抗,进军北京并夺取北京城;我们以两倍或者三倍于这个数目的人力,毫无疑义地也可以做到这一点,而且我们能够轻而易举地从我们的爱国分子中征募百倍千倍的更多的人。从最近的经验中可清楚地看到,满清军队在任何战场上都不足与我们匹敌,目前爱国分子在广西的起义就是一个明显的例证。他们距海岸非常遥远,武器弹药的供应没有任何来源,他们得到这些物资的惟一方法乃是完全依靠于从敌人方面去俘获;即使如此,他们业已连续进行了三年的战斗,并且一再打败由全国各地调来的官军对他们的屡次征讨。他们既然有出奇的战斗力,那末,如果给以足够的供应,谁还能说他们无法从中国消灭满清的势力呢?一旦我们革新中国的伟大目标得以完成,不但在我们的美丽的国家将会出现新纪元的曙光,整个人类也将得以共享更为光明的前景。普遍和平必将随中国的新生接踵而至,一个从来也梦想不到的宏伟场所,将要向文明世界的社会经济活动而敞开。

拯救中国完完全全是我们自己的责任,但由于这个问题近来已涉及全世界的利害关系,因此,为了确保我们的成功、便利我们的运动、避免不必要的牺牲、防止列强各国的误解与干涉,我们必须普遍地向文明世界的人民、特别是向美国的人民呼吁,要求你们在道义上与物质上给以同情和支援。因为你们是西方文明在日本的开拓者,因为你们是基督教的民族,因为我们要仿照你们的政府而缔造我们的新政府,尤其因为你们是自由与民主的战士。我们希望能在你们中间找到许多的辣斐德。

《孙中山全集》第 1 卷,第 243—255 页

俄人运动蒙古矿产
1905 年 8 月 23 日

上海某报之言曰:"俄使署前曾派一德人、一英人赴蒙古查勘矿苗,近日俄驻津倭提督遂派参谋柯布罗夫、副参谋费士汗得二人来京,谋承办蒙古矿产,已往谒某当轴,意图运动云。"

某报之言如此,其事之揭晓及其结果均不可得而知,然第就俄人之惯技论之,则亦对于清廷应有之事。

盖俄人者,视蒙古为其第二之满洲者也。自辽海战云日剧,俄人满洲之经营已如梦幻,如水泡,而其勃勃之野心仍发奇痒,不能自抑,乃掉头而向于蒙古方面,以为亡羊获免之计;又因时机未熟,不能即为军事上之侵略,则不得不用吸取主义,布宗教(现据俄人统计,蒙古人入俄国希腊教者,已三万七千二十余名),扩商务,谋揽铁道,私购土地,种种方法,不一而足,而攫得矿山采掘权,亦其一端,故尤极力设法运动之。噫,俄人之野心诚可畏哉!

或曰俄人非真有侵夺蒙古土地之野心者也,乃者俄国诸太公及诸贵族,尝组有采伐森林、开掘矿产之会社于东方,以为吸收东方宝藏之计,此举亦不过是等会社营利图富之利私谋而已。呜乎,信如此言,则俄人之是等会社固与英国之印度公司不同,而此举亦无足惊异矣,蒙古其或无虑乎? 虽然,吾特恐俄人不如是之易易耳。

《宋教仁集》,第 18—19 页

中国同盟会革命方略之对外宣言
1906 年秋冬间

中华国民军奉命驱除异族专制政府,建立民国;同时对于友邦各国益敦睦谊,以期维持世界之平和,增进人类之福祉。所有国民军对外之

行动,宣言如下:

一、所有中国前此与各国缔结之条约,皆继续有效。

二、偿款外债照旧担认,仍由各省洋关如数摊还。

三、所有外人之既得权利,一体保护。

四、保护外国居留军政府占领之域内人民财产。

五、所有清政府与各国所立条约、所许各国权利及与各国所借国债,其事件成立于此宣言之后者,军政府概不承认。

六、外人有加助清政府以妨害国民军政府者,概以敌视。

七、外人如有接济清政府以可为战争用之物品者,一概搜获没收。

《孙中山全集》第 1 卷,第 310—311 页

孙中山致宫崎寅藏函
1907 年 9 月 13 日

宫崎先生足下:

久未作书,以事方进行,无以告慰也。萱野①君归国把晤,当可畅谈一切。

近日西军已发,一举破防城县,众数千人,极得民心。现已全军北趋,以取南宁。黄君兴于同〔志〕方面,结合得一新势力,此时尚持重,俟机乃发。如一发则两军合并,广西不难定也。南来苦意经营数月,始得此结果。此军初起,而势力甚固,地位甚稳,专俟一取南宁,则革命军之基础已成,广东、长江等响应之师相继而起,事可大有为也。现时弟欲急筹妥军饷、军械、外交等事,始入内督师。

关于日本之运动,弟在东京时曾托足下全权办理,而足下谦让固辞。及弟去东京后,闻平山、北、和田②诸人与足下冲突,当时弟意以为诸人意见不合,非有大故,故于来书所述欲得全权办理之事,虑平山、

---

① 萱野长知。

② 指平山周、北一辉(北辉次郎)、和田三郎。

北、和田等既挟意见,不能和衷,故第五十四号函中有"于各人才力所及之范围内,各有全权"之语。不料平山、北、和田等不顾公义,为弟之所不及料,非惟无以维持团体之精神、增进团体之势力,且立意欲破坏团体,既将日本人的方面破坏无余,且进而侵入内部,几致全局为之瓦解。前托萱野君回国购械,与足下谋议,事已垂成,而机泄于此数人之手,凡此皆不法之举动、公义之蠹也。弟以后不复信任此数人,其关于日本之运动,当托足下全权办理。宜秘密行事,不特平山、北、和田数子不可使之闻知,即本部中人及民报社中人亦不必与之商议。专托足下一人力任其难,如有所商酌,可直接函电弟处。其在日本之助力,以犬养毅君为最适宜,今缮一函致犬养毅君,祈即转交,相与谋议。现时最急者军饷、军械两大宗,望悉力筹划,以相接济。钦州海面已为吾党势力所及,输运军械较前容易矣。专此奉托,即请

侠安

弟孙文谨启　九月十三日　八十八号

萱野君想已到东①,祈转告西军已发,东军之事②望速经营,至以为望。

《孙中山全集》第1卷,第342—343页

孙中山复池亨吉函
1908年2月8日

……一月十五日来翰敬悉。但兄于归途中由长崎投寄之函尚未收到,恐在弟已离河内后始寄达该处。英人□□氏的急电,前此已收悉。对兄的厚意,深为感谢。如兄得便晤见□□男爵,烦代达弟在远方的欣喜之情,并致问候。

□□的状态较兄与弟等同居时更为□□。兄赴东京后不久,河内

---

① 指到日本。
② 指购运兵械接济广东革命军的计划。

的秘密住所即被满洲政府的走狗所侦悉。北京当局立即点出甘必达街六十一号住所,向巴黎政府指控,许以重酬,要求将弟逐出安南。事已至此,弟不愿为法国总督带来烦扰,遂与印度支那暂别,更觅自由的新天地。于是飘然离开河内,重过沦落天涯的亡命生活。但留黄兴及胡氏兄弟,委以当地及广西一带的筹划事宜。黄兴君更为奋发,已进入某地点。尤以云南军着着准备,照其预定计划开展工作;但何时起事,现尚难以奉告。

……今闻一有趣之事,即北京政府比较日、英、法三国,以英为最强硬国家而抱畏惧,以法为强且智的国家而示尊敬,独以日本为易与且为最易受骗的国家而欺之,其理由实甚滑稽。北京政府认为孙文如在英属各地,不论使用何种手段对英政府提出要求,英政府亦将保护亡命客而拒之不理,故为最强硬的国家。法国则初表强硬,但如许以重酬,便渐可接受要求,如非强且智者断不能玩弄此等外交权术。日本则最易对付,只需我们一启口,它便不提任何条件,立将孙文驱逐,此非其外交拙劣,即为当局愚钝,兵力虽强,又何足惧!由此可见,以弟区区五尺贱躯,适成为比较世界三大列强的最好准尺,实不胜荣幸之至,一笑。(下略)

《孙中山全集》第 1 卷,第 358—359 页

孙中山致檀香山同盟会员函
1910 年 6 月中旬

同志公鉴:

弟以秘密离檀,故未能与各同志一一握别,幸为原谅。弟由檀正埠乘"蒙古"船,已于六月十号早平安抵日本,登岸无阻,可为告慰。兹将弟来日一事与日本政府交涉各情,详告如左:

近年清政府大为注意于弟一身。三四年前,用尽九牛二虎之力,以与日本政府交涉,必欲日本政府公然下令逐弟出境而后已。时弟尚居东京,日本政府一面迁就清政府之请,一面亦欲示好意于吾党,探得弟

将有事于两广、云南，不日离日，其外务省转托私人送程仪，开饯宴，殷勤备至。及弟船出日本境外数日后，日本政府遂通告清政府云，已下令逐弟出境。惟日本政府在日本国内未有宣布此令，而清政府一得日本政府之通告立即宣布，故弟至香港之日，已见中外各报载有此事矣。在日本政府本欲两存好意；在清政府则云下令逐弟，而对吾党又示优容。惟各国政策无论如何文明，其对于与国必重于对民党，但日本政府有两方面皆存好意，几乎等相待，必至离境之后乃通告清政府以逐客之事，此已属格外优待吾党矣。无如清政府以为得此，已属外交非常之胜利矣。

　　惟有经日清两政府交涉之后，则弟之再回日本，已属万难之事。弟往日有事滇粤，固望一战成功，何遑及此，惟至滇粤之事无成，而欲再图进取，非回日本就近策划，时多不便。故弟在英京之日，已就日本公使馆询问意见如何，据随员称答云：此实于日本外交有万难之处。弟再写信东京好友，向日本政府设法，彼回答云：改名亦可通融。故弟此回来日，实为冒险一行，且以验日政府待吾党政策之善恶。于离檀之日，已托卢先生①打电日友，此友当间接以达日政府；弟在船中更发一无线电与他友。故于未到埠前，日政府已知弟之将到矣。惟不欲下令于警察放行，故弟一到横滨之时，则彼水上警长认识，又或被清侦探看到，故于弟登岸未久，清公使则发电话问日本外务省弟是否到来，外务省答以不知。不意同时横滨警察长则行公事报告于内务大臣，云 Dokans 即孙逸仙，已由"蒙古"船到埠，请示如何处分。至此日本政府不能推诿不知，只有或留或拒耳。遂开阁议，闻由十点至十二点，外务大臣则甚有难色，惟陆军大臣甚表同情，其他各大臣亦赞陆军大臣之意，遂准留。惟于对警察之公事上及对清廷之外交上，不能明表留意，故发令横滨警察长云：劝逸仙他去。此时警察长已暗晓政府之意，故再来行公事上劝弟出境。弟即时对警察长承认彼之劝意，定实明日他往；于翌日遂由横滨入东京，离了横滨警察所管之境域。横滨警长遂复禀内务大臣云：已劝

————————

① 卢信。

令孙逸仙离境，孙逸仙今已他去矣。如此，警长算完了一件公事。而弟入东京，则改名为 Dr. Alaha。以后清政府如向日政府交涉，日政府只有对他云：孙逸仙于　月　日到日本，已由横滨警察长劝令他去，已离境矣；今在东京者乃 Dr. Alaha，为檀人耳，不知有孙逸仙也。如此想清政府亦无可如何矣！

此次日政府如此委曲优待，真出意料之外，诚为日本政府向来待革命党未有之奇典也。今后吾人在日本办事，必得种种之利便。故弟欲即行设立秘密机关于东京，以为联络及统一各省团体之行动，使归一致，免再有长沙等处排外无识之举，则他日大举必能收无量之效果也。惟设此机关，并派员入各省，每月至少需经费数千元。今欲檀埠同志每月至少接济美金壹千元，能多则更妙。檀岛现有会员千余人，每月每人捐费壹元，有力者多捐，想不难集合此款以为急用。此款必供应一年之久。如在一年之内大事已举，则不必再供；如过一年外尚未举事，则下年再办此机关与否，到时另议。而檀同志愿否继续再供接济，亦由檀同志自行决之。惟此时则在青黄不接之交，而遇此好机，不乘时开办此事，则恐有误机失事。想檀同志者，皆热心担任革命之事业，则此每月一元之区区，必能尽厥义务也。并望由檀同志发起，通告金山、纽约、芝加古三埠之同志协力相助、多多益善。每月所捐之款，可汇寄来檀，由檀按月一起转寄前来弟收，以济急用。接信之后，请集同志公议，能否照数接济，或现时尽各同志之能力不过只能任若干，即望将款寄来，并示明以后每月接济若干，以便弟通盘算数。幸甚。

寄信与弟照此便妥：

日本东京小石川区原町三十一番地宫崎寅藏殿

Mr. Miyasaki Tarago

31 Sdacamachi

Korshrgarvaku

Tokyo

Japan

无论担保或平常信,俱照上文,而内另加封,写转交孙逸仙收启。

《孙中山全集》第1卷,第462—464页

孙中山致纽约同盟会员函

1910年6月22日

纽约同志公鉴:

弟于西六月十[五]号由(槟)〔檀〕安抵日本,现寓东京数日。前有一长函寄(槟)〔檀〕,并托(槟)〔檀〕同志多抄一份转寄贵埠同志公鉴。自该函发后,清政府用种种手段与日政府交涉,日本外务大臣殊苦其扰,大有不欲留弟久居之意。惟他大臣多不以为然。但此事全属外交问题,恐他大臣不便过为干涉,则弟或有不能久居亦未可知。一二日再开阁议,当有分晓。如何再报。此致,即候

大安不一

再:前公璧兄函询长沙排外事件,此纯属饥民举动,不是革命党所为,此复。

弟孙文谨启　庚戌西六月二十二号

《孙中山全集》第1卷,第464—465页

孙中山复布思函

1910年6月22日

亲爱的比奇(Beach):

五月十二日来函,恰在我离火奴鲁鲁时收到。我抵日本已有两周。其后,北京政府即千方百计欲将我驱离日本。日本政府对我在此间居留甚感为难。外务大臣坚持反对我居留东京,而陆军大臣则持异议。当我抵日时曾开阁议,而军部意见占上风,我乃获准居留。但此事是在北京政府采取行动之前。现北京政府对日本外务省压力甚大,我拟自行离开,以免使当地政府为难。

在我抵此之前,我们一些领导人为与我会晤而已先期到达。我将

你有关中止所有不成熟活动的建议转告,他们均表示同意,并允许将此事通知各省党人,立即停止举事。我认为,今年冬季前将会停止此类活动。故今后有数月平静的时间,可供我们工作。

我本拟即离此间,但与军部有关系的友人则希望我在此暂留。目前我的日程尚难确定,待定后当即函告。

如在与我联系之前,你的任务已完成,则请致电香港,地址为:Chungkokpo, Hong Kong, Ahmi Settled。我党驻港代表将在我抵达时转告我。

各省代表所签署文件已准备妥当,不日即可奉上。

谨致以最良好的祝愿。

非常忠实于你的中山

一九一〇年六月二十二日于东京

《孙中山全集》第 1 卷,第 465—466 页

孙中山致暹罗同志书

1911 年 1 月 11 日

暹罗同志大鉴:启者,日并高丽,而与强俄协约,满洲、蒙古势已不保。英窥其隙,今已进兵卫藏,置防缅边,西鄙之亡,又可日计。德之于山东,法之于云南,铁路所过,蹂躏无完土。美于中国土地无所侵占,不能恣虐,特倡保护领土之美名,包揽其公债,而满洲政府方醉生梦死,昏不知觉,于日、俄、英、德、法则默认之,于美则欢迎之。对于国民,诡名立宪,以为欺饰,其实则剥夺国民种种权利,以行其中央集权之实。是中国目前状态,不亡于有形土地之瓜分,即亡于无形财政之监督。呜呼!是可忍也,孰不可忍也!今秋,中山先生特召集内地各部代表南来,相与确定计画,急起实行,破釜沉舟,拼此一举。预算发难费用十万金,向南洋、欧、美各分会筹措。前月中山先生已起程西去。今英属之地,得邓泽如兄等起而提倡,已大有眉目。汉民兄则由安南而至贵埠,望各同志尽情商榷,竭力捐助,少毁其家,以纾国难,则大款易集,而大

业亦可成矣。顾内地同志既破其家，又牺牲其身者，所在多有。海外同志为地所限，不能亲入身冒其锋，今能掷金钱以偿其热血，亦义之至正。诸君慷慨豪侠，多不让人，弟知必有以集巨资以成斯举者。又贵埠常时储有大款，以备实行之用。前中山先生以滇事紧急，请援助滇部，当时弟在仰光，得预闻其事。兹滇部得其乡人寸君①之助，已得三万元，势可不必需此。弟又与天民相约，同时并发，以张声势。而弟仍归粤襄助其事，以该地紧要，一发即能制虏之死命也。其一切详情，汉民兄当为面陈。乞各同志赞成于各尽力捐助外，将储款尽数提出，以助公用。俾能多得一分之财，即能多得一分之预备。时机迫促，急于星火，务恳于年内汇归港部，尤为得用。且腊杪于运动一节，费省而效著，想各同志必能洞察也。临书不胜惶恐迫切之至。耑此，敬请公安，统希爱鉴。弟黄兴顿首。十一日。

再启者：弟于明日附日邮返港，如蒙赐函，即请寄下处为荷。

　　Mr. Lee Yee Han

　　　Chungkokpo

　　　231, Hollywood Road

　　　Hongkong

外封：香港《中国报》李以衡先生收。

内封：请交黄克强。

《黄兴集》，第27—28页

孙中山致宫崎寅藏函
1911年2月3日

滔天先生大鉴：

　　弟于去夏到贵国，既不能居留，不得已而往南洋；然彼中无大可为，

---

① 指寸尊福。

故再往米国,为革命之运动。此地甚自由,可以为所欲为也;惟有所不便者,则去中国太远,交通甚费时日耳。倘先生能设法向陆军大臣处运动,能得许我到日本居留,则于交通北洋陆军甚为利便,弟必即时回日本居住也。但恐贵国政策已变,既吞高丽,方欲并支那,自不愿留一革命党在国中也。如其不然,则陆相之运动必能有效也,弟将以此而占贵国之政策焉。接信望即赐回示,并时时将贵邦时事政情详示,俾知东方时局之变迁,幸甚。

前寄南洋慰母丧之言,已得拜读,感谢隆情。此致,即候
大安不一

萱野君统此问好。

弟孙文谨启

Address：

    Dr. Y. S. Sun

        c/o Tai Tung Yat Bo

        38 Spofford alley

        San Francisco

        California

        U. S. A.

Cable address：

    Chungsan

    San Francisco

《孙中山全集》第 1 卷,第 508 页

孙中山复宫崎寅藏函
1911 年 2 月 15 日

宫崎先生大鉴:

正月十八日来函并《东亚义会会则》一纸,接读之下,喜极欲狂。寺

内①陆相、陆军将校及民间人士,既如此表同情于支那革命之举,则吾事可无忧矣!

近者,英米两国政府、人民俱大表同情于吾党,有如佛国之态度;惟英米政府皆疑日本有大野心欲并吞支那者也。弟以贵国政府不容居留一事证之,亦不能不疑贵国之政策实在如是。今见东亚义会发起人多故交旧识,心稍释焉,惟未知民党之力能终胜政府之野心否?

弟甚欲再到横滨驻足,如能有法与政府交涉,得其允许,实为至幸。望先生及犬养、头山两翁②代为竭力图之,无限切祷。

弟在米所谋机局甚佳,不日当可达目的也。匆匆此致,即候

大安不一

犬养、头山两翁统此问好。

弟孙文谨启　二月十五日

《孙中山全集》第 1 卷,第 512 页

孙中山致宫崎寅藏函

1911 年 5 月 20 日

宫崎先生大鉴:

前两月弟曾寄日银百元,托横滨永新祥商店林清泉君交来,未知得收到否? 弟近日由加拿大到米国,明日往米京,专为见彼政界势力人士,想可得好结果也。

近闻东京内阁变更,未知对于支那政策有改换否? 弟入日本之问题,能否向新内阁再开谈判? 迩来东亚大势如何? 日本人心如何趋向,请时时详告。俾得有所取资决策。犬养、头山等公所发起之东亚义会,进行如何? 附和者众否? 亦望顺为示知。此致,即候

① 寺内正毅。
② 犬养毅和头山满。

大安不一

弟孙文谨启　五月二十日写

《孙中山全集》第 1 卷,第 520 页

孙中山复咸马里函
1911 年 8 月 10 日

亲爱的将军:

你自华盛顿和威斯巴登(Wiesbaden)来函均已收到。得悉你在政府和国会的努力获得巨大成就,至为振奋;又悉你的眼疾大有起色,甚感欣慰。此一最新消息异常重要,使我如释重负。

接你自华盛顿来函后,我即致函国内党人,嘱其依此行动。但在敝函寄达之前,我又收到国内数封函电,据称在北京以外的新军有十镇以上确有把握,而首都的所有各镇亦皆大有希望。最近,我党同志吴禄贞将军已被任命为北京第六镇统制。此外,迄今在其他省份各镇军队中工作的直隶籍军官,目前已回北京陆军中任职,企图于起义发动时起而响应。你由此可知,他们在获悉我们的计划之前,已为同一目标而从事艰苦的工作。我期望在这方面能迅速取得重大成就。

目前,无人愿与我分担权力,各省领导人均极欢迎我负责全面指挥,事实是他们唯恐我不接受此职。近日我收到大量来函,催促我尽快东返并从速发动起义。当前未办之唯一急务仍在设法为起义筹集必要的资金。

关于英日同盟的续订对我党事业的影响,我认为它续订与否和我们毫无关系。英日续订同盟,表明日本迄今仍未作好准备,以在决定远东事务上采取适应自己目标的独立行动。当前,日本人民背负增税的重担,日本政府或许尚需十年时间来经营开发朝鲜和满洲,此时他们仍需要金钱与和平。因此,在新的征服者准备动手之前,我们尚有余裕改造中国。望你从速往访你的英国友人,以便取得为开展我们的工作所需的经费。

我即将离旧金山再次东行，将于十月底抵达纽约。

谨向你俩致以最良好的祝愿。

孙逸仙　1911 年 8 月 10 日

《孙中山全集》第 1 卷,第 532—533 页

孙中山致宫崎寅藏函

1911 年 9 月 12 日

宫崎先生大鉴：

弟今由桑港到些路(Seattle)①港，将转而往米东，十月底可到牛育(New York)矣。其后或往欧，或遄回西米，俟到牛育后乃定也。

近闻日本已换内阁，西园寺②之政策如何？对于支那革命党取何方针？可详以告我否？并望再托木堂先生向新内阁重开交涉，请求弟能入日本之便宜。如蒙政府允肯，请先生速告我。我以后之通信处，如别纸所载，切盼好音。此致，即候

大安

弟孙文谨启　九月十二日

Dr. Y. S. Sun

　　c/o Sing Fat Co.

　　　1127 Broadway

　　　　New York

　　　　　U. S. A.

电号：Tonglun, New York

《孙中山全集》第 1 卷,第 538 页

---

① 又译"舍路""西亚图"，今译"西雅图"。

② 西园寺公望，时任日本总理大臣。

孙中山与鹤冈永太郎的谈话
1911 年 10 月 24 日至 26 日间

（一）目前华中起义，系由本人所指挥。

（二）当此之际，本人无论如何亦愿前往日本一行，为此曾致电宫崎探询日本政府意向。本月二十四日接到萱野复电，略谓：如肯更名，则登陆或停留均无妨碍。但本人则不论时间如何短促，总愿以公开身份停留。如是，则日本方面所寄予之同情态度，既可鼓舞革命军之士气，又可消除外界认为日本国政府暗中庇护北京政府之疑虑，对双方均为有利①。

（三）本人将于最近期内经由伦敦转赴欧洲，此行之目的地是德国。因德国留学生中有不少革命同志，尤以日前德皇曾通过留学生暗示对我国革命运动怀有好意。此次前往，意在取得协助。

（四）预定自欧洲经印度洋返归亚洲。日本国政府如能同意本人不更姓名而登陆，则将再度取道美国，经西雅图前往日本。

（五）俄国官员表示意外宽宏，故曾计划在哈尔滨建立据点指挥同志，但不便之处殊多，终恐难于实现。

（六）日前曾赴华盛顿，意在探索美国政府之底意，并藉以疏通感情。美国政府曾向德国政府征询意见，故决定此次之行。

《孙中山全集》第 1 卷，第 543—544 页

（二）各地军政府的对外交涉

说明：1911 年 10 月 10 日，武昌首义，辛亥革命爆发。随即，各地革命党人纷纷响应，山西、陕西、江西、湖南、湖北、浙江、安徽、上海、福建、广东、广西等宣布光复，建立军政府。基于武汉、上海等地租界林

---

① 底本说明：孙中山委托鹤冈将此意转告日本驻美代理大使埴原，电请日本政府考虑。

立,军政府为了获得外援,都纷纷出台自己的对外宣言,以法令和行动维护帝国主义的在华利益。

中华国民军政府鄂省都督致汉口各国领事照会
1911 年 10 月 12 日

中华国民军政府鄂省都督为照会事:我军政府自广东之役,团体溃后,乃转而向西,遂得志于四川。在昔各友邦未遽认我为与国者,以惟有人民主权而无土地故耳。今既取得四川属之土地,国家之三要于是乎备矣。军政府复祖国之情切,愤满清之无状,复命本都督起兵武昌,共图讨贼,推倒专制政府,建立民国;同时对于各友邦益敦睦谊,以期维持世界之和平,增进人类之幸福。所有国民军对外之行动,特先知照,免致误会。

一、所有清国前此与各国缔结之条约,皆继续有效。

一、赔款外债照旧担任,仍由各省按期如数摊还。

一、居留军政府占领地域内之各国人民财产,均一律保护。

一、所有各国之既得权利,亦一体保护。

一、清政府与各国所立条约、所许之权利、所借之国债,其事件成立于此次知照后者,军政府概不承认。

一、各国如有助清政府以妨害军政府者,概以敌人视之。

一、各国如有接济清政府以可战事用之物品者,搜获一概没收。

以上七条,特行通告各友邦,俾知师以义动,并无丝毫排外之性质参杂其间也。相应照会贵领事,转呈贵国政府查照。须至照会者。

黄帝四千六百零九年八月二十一日即一千九百一十一年十月十二日

《湖北军政府文献资料汇编》,第 593 页

黎元洪复汉口各国领事照会
1911 年 10 月 18 日

为照会事:顷准贵国各领事布告严守中立,一遵照国际公法办理,

具见贵领事深明法理,笃爱友邦,本军政府不胜感戴。本军政府此次起义之由,全系民族奋兴,改革立宪假面,建立中华共和民国,维持世界和平。凡有限制本军政府之意思,不能独立自由者,本军政府纵用如何损害之手段,亦是我民族应有之权利。贵各领事既经严守中立,本军政府必力尽义务,以表敬爱友邦之微忱。除另派专员致谢外,相应备文照会。为此照会贵领事,请烦查照施行。须至照会者。

附1:驻汉英俄法德日各国领事关于严守中立的布告

1911 年 10 月 18 日

驻汉英、俄、法、德、日领事为布告严守中立事:现值中国政府与中国民国军互起战争。查国际公法,无论何国政府与其国民开战,该国国内法管辖之事,其驻在该国之外国人,无干涉权,并应严守中立,不得藏匿两有关系之职守者,亦不得辅助何方面之状态。据此,本领事等自严守中立,并照租界规则,不准携带军械之武装人在租界内发现,及在租界内储匿各式军械及炸药等事。此系本领事等遵守公法,敦结交谊上应尽之天职。为此(阎)〔剀〕切布告,希望中国无论何项官民,辅助本领事等遵守,达其目的,则本领事等幸甚,中国幸甚。谨此布告。

西历一千九百十一年十月十八号

附2:汉口领事团与民清两军声明中立事件条款

1911 年 10 月 18 日

一、领事团宣言,勿论何方面,如将炮火损害租界,当赔偿一亿一千万两——黎都督即承认负责保护,清提督萨镇冰抵汉后亦照此声明签字为据。

二、领事团宣言,如两方交战,必于二十四点钟前通告领事团,俾租界妇孺可以先期离避。

三、领事团宣言,如两方交战,必距租界十英里以外,勿论陆军水军皆然。

《湖北军政府文献资料汇编》,第594—595页

黎元洪关于严禁英国官商以战时禁制品供卖
清军致汉口各国领事照会
1911 年 10 月 18 日

　　照得我军业将驻刘家庙之清军逐退,应请严禁英国官商人等违背国际公法,将附送单开业已宣明作为战时禁制品之各物供卖敌军。中华民国湖北军政府都督黎。印。

　　附战时禁制品清单:兵器、弹药、爆发物并其材料如铅、硝、硫磺等。炮台材料水泥,陆海军人之制服及饮用品及同类之物品。马匹、马具、马粮,车辆、石炭及其同类之物品。木材、电报、电话器并建设铁道之材料。

《湖北军政府文献资料汇编》,第 595 页

黎元洪关于严禁以人或信件接济清军致汉口各国领事照会
1911 年 10 月 20 日

　　照得我军政府与清军政府交战,承贵领事一秉至公,承认为交战团体,并宣布中立,殊深感佩。特此照请查照,前已照会贵领事禁止贵国各人民将战时禁制品供卖敌军,定蒙贵领事照办。我军送次奏捷,业将清军逐退,各租界可望免受损失,足纾荩注。然如不将人民或信件助敌之事严加禁止,清军不免乘机复起扰乱。目下情形,实于租界及本军政府,均有不便。用特照请贵领事,请即严禁英国船只及贵国人民,无论如何不准将人民或信件接济敌军,以符公法。否则本军为自保起见,惟有将此等人民拘获,并将此等信件没收。中华民国湖北都督黎。印。

　　附:汉口领袖领事复文

　　本领袖领事谨致敬意于武昌统帅,并代各国领事答复十八日、二十日两次来文。论战时禁制品之事所请各节,现已知照有约各国旅汉侨民,并请呈报北京各国驻使核办。本领袖领事深信贵统帅将力行设法,以恢复汉口与北京、上海各电线之交通,以便有约各国之领事得与该政

府通讯。

《湖北军政府文献资料汇编》,第 596 页

军政府关于禁止国民军入租界的告示
1911 年 10 月 24 日①

照得租界重地,华兵不得入内。此系万国公法,应守纪律范围。特告我军同志,其遵我令毋违。如假查匪为名,殊失军人纪律。前日伤毙一人,已被外人猜疑。嗣后再入租界,定照军法施行。

《湖北军政府文献资料汇编》,第 597 页

黎元洪关于民军炮击惊恐英轮之事致汉口英领事照会
1911 年 10 月下旬

……今晨敌军炮攻非常猛烈,本军回击之炮,致有惊恐英国船只之事,本都督特表歉仄之情。惟现在军事情形,极关紧要,实难免有意外之事,定蒙贵领事原谅。如蒙饬令英国各商船只于日间行驶,实深感荷。本都督当再严饬本军弁兵人等,竭力预防,以免惊扰外国各商轮。九江统带,亦将发给同式之命令与其所管人员,以示感佩各国保守中立正大行为,并期与公法相符。此外另有一事,敢为贵领事言之。查战争及扰乱之时,办理公务,实难望其无误,惟本都督俟战争停后,定行废除满洲治理无限荒谬之事,以增进各外国居留之人之幸福,且照文明各国之办法,令我国一律享受和平之幸福,本都督深信必能达此目的。因此之故,本都督先将所定办法奉告,并将知照九江管理各炮台之员,无故不得轰击或惊扰外国各商轮。至于本都督对于洞庭船主所禀之事,殊深歉仄。

《湖北军政府文献资料汇编》,第 597—598 页

---

① 此系《民立报》刊载日期。

英国驻华海军总司令呈海军部电

1911 年 11 月 3 日

据报,上海局势现甚危急。

驻长江各口岸的舰只不能调开,无法赖以保护这里的外国租界,何况租界地面如此广大,我们为了保卫上海,无论如何也不可能派出足够的军队在上海登陆。设或这个城市遭到焚烧与抢劫,那将是极端不幸的事情。

本人兹敬建议,关于这一问题,我国应同美、日、德、法等有关国家政府会商。每个国家如各派少数军队到沪,这个城市的安全便能有所保障。

我们可以预料,即使上海方面的叛党遭致镇压,上海周围地方动荡不宁的情形,仍将继续数月之久。

我们建议:每个国家各派步兵一千五百名,并随带小炮若干门来沪。日本和德国海军总司令也分别以同样内容的电报,发至各该国政府。

《辛亥革命在上海史料选辑》(增订版),第 994 页

朱尔典呈葛雷电

1911 年 11 月 4 日于北京,同日收

叛党政府昨日通知英王陛下驻上海总领事,谓叛党已经占有上海,并请总领事协同维持租界的治安。到目前为止,上海尚未发生骚乱情事,但有叛军三四十人,忽于昨日午后开进沪宁铁路车站,该处毗连租界,势将陷于混乱。根据沪宁铁路总管的请求,总领事已授权万国商团将该站加以占领。

本人已致电总领事,电文如下:

"本人兹对足下授权万国商团占领沪宁铁路车站一举表示同意。这条铁路既然向英国债券持有人实行抵押,故照我的意见,你若运用你所掌握的一切手段,坚持在中立路线上,把这条铁路作为一种纯粹的商

业企业来经营,那是很正当的。比如说,我不认为这条铁路应该由双方的那一方面用来运输军队或军火。

"根据我的请求,中英银公司经理人已经训令铁路总管,嘱其在目前这个时期,一切遵照你的命令行事。你须向双方解释,我方的行动是绝对公平的;这样做的目的,不过在于保护一个牵涉大量英国资本的企业,并以此保护与车站毗连的公共租界上英国人的生命与财产而已。"

《辛亥革命在上海史料选辑》(增订版),第994—995 页

黎元洪答美国访员问

1911 年 11 月 4 日①

若国民军得掌政权,则今日以前政府所负之外债责任,皆归吾民国政府。至军用金,则两方面皆不得归于外债。

吾国民军之军用金可无所虑。当民军起事之夕,得官钱局中现银三百万两;又财政所因四川之事,由北京送来军费五百万两,亦为吾军所有;此外,沙市富豪曾玉英捐输巨万,海外各(植)〔殖〕民地将陆续运金接济。故关于此项颇可安心。

民政厅既许以官钱局钱票兑换现钱,惟每人限三万钱,庶可使银行易于周转,而市面秩序日进于善也。

吾军全为国民未来之幸福与正义而起,至吾军占领之地,居留外人之生命财产,当严为保护,弗使有所侵犯。

《湖北军政府文献资料汇编》,第598 页

朱尔典呈葛雷电

1911 年 11 月 5 日于北京,同日收

本人 11 月 4 日电报,谅荷钧鉴。

---

① 此系《民立报》刊载日期。

据我国驻上海总领事昨日报称，吴淞炮台与上海县城已经顺利地转入叛党手中，而经过一些抵抗，制造局亦同时易帜。上海各租界均甚安谧。一旦革命党领袖派出一支显然有组织的军队来保护车站，万国商团便应从该站撤出。只要这条铁路不为任何一方运输军队与军火，革命军亦同意对铁路的营业及其收入，保证不予干涉。谣传南京的总督将用火车运兵，以便收复上海。

根据本人的请求，外务部已对南京的总督发出紧急电令，嘱其勿用铁路运兵，亦不得采取任何足以在上海及其邻近地区引起战斗的行动。本人业已指示我国驻南京领事，望其根据上述精神向总督阁下提出紧急的建议。

我已告知总领事，现正考虑如何在铁路全线禁止运兵等问题，而为达到这一目的，我国必须对该线实行有效的监督。照我的意见，在获悉总督的意图之前，上海车站必须继续由万国商团或英国海军部队加以占领。

《辛亥革命在上海史料选辑》(增订版)，第 995 页

照会各国驻上海领事加派警队防护租界

为照会事：照得敝国久受满洲专制政体之虐政，自武汉本军起义以来，四方响应，已得最上之结果。上海为各国通商、中西荟萃之区，居民不下百数十万，加之近来内地各省避难迁来者，与日俱增。本军政府以目下上海银市败坏已达极点，为维持商务、保守和平起见，拟即日占据上海，以安市面。惟念上海租界辽阔，本军政府现在军事旁午之际，势难代谋，请贵领事即加派警队，格外防护，实为德便①。

《辛亥革命在上海史料选辑》(增订版)，第 443 页

---

① 1911 年 11 月 5 日《申报》："民军起事之前，曾以公文照会英领事，宣明宗旨，并请加派巡警，保守租界，共维治安。"据此可见上海起义前已由伍廷芳向各国领事送出照会。

禁止游人进入徐家汇一带，以便保护外人

沪军都督陈、民政总长李为示谕事：

照得本军政府，重在克敌除恶。其各地方弹压事宜，全在本地方之自谋自保。徐家汇一带有洋人交涉，尤宜保护周密。今幸有南洋大学堂编练学团，驻扎李公祠，昼间操练，夜则巡逻。各团友都是高材硕学，足为一方保障。即日禁止游人入内，法华、徐家汇一带居民、铺户，幸勿误会。特此晓谕，其各勉持公谊，共保治安。

特示

黄帝纪元四千六百九年九月二十一日

《辛亥革命在上海史料选辑》(增订版)，第 443 页

朱尔典呈葛雷电

1911 年 11 月 7 日于北京，同日收

本人 11 月 5 日电报，谅达。

关于上海方面的局势：

上海车站业已交还叛军，如需重新占领该站并加以保守，则应派出比现驻上海的兵力更多的军队。中国政府渴望我军维持中立，但要我们保证，叛军不得利用铁路运送军队或军火。这种保证是不切实际的，但总管正尽其力之所及，以防中立遭致破坏。

道台已经离开他在上海城内的官邸，并望在外国租界所给予的保护下，能以继续行使他的职权。我认为，各国领事现在必须把革命军看成上海局势事实上的主持者，但在清朝政府为叛党代替的时候，我们必定不准许他们在任何方面影响公共租界的地位，任何中国地方当局均无干涉公共租界的自由。我方且应规定，凡属指定用以偿还外国债务的经费，如海关关税收入之类，叛党政府均不应染指。在外交团作出决定之前，本人已将上述精神指示我国驻上海总领事。

照我个人的看法，凡在目前以武力强迫改变租界现行管理办法的任何企图，将招致外国的军事占领；虽然，我并不希望会有采取这种步

骤的事情发生。

《辛亥革命在上海史料选辑》(增订版),第 998 页

各国驻沪领事举行秘密会议

1911 年 11 月 8 日

上海领事公会昨晨会议对付本埠国民军办法,决议尽力保守中立,惟议事详情,秘不宣布。星期六日,闻比领事曾接前伪道之来书,但该领事不允将书中所言宣布,大约此中必有鬼俩。

《辛亥革命在上海史料选辑》(增订版),第 1010 页

军政府告示须经工部局签字

1911 年 11 月 9 日

民国军政府在公共租界内所贴告示,因未向工部局签字,经麦代总巡查悉,以与定章不符,故通饬谕各捕房探捕人等,如见民军政府派人将未向工部局签字之告示在租界内张贴者,暂行阻止。昨日军政府已派陈、李两人持布告多张,送请工部局签字,以便在公共租界内张贴,通告同胞。

《辛亥革命在上海史料选辑》(增订版),第 1010 页

法总领事条告

1911 年 11 月 9 日

法租界巨籁达路与嵩山路转角之处,肇有烈祸,本总领事宣告法租界居民,凡在范围之内者,应确守中立。所有禁止各条,另列如下:

一、禁止存储军械子药;

二、禁止制造炸药;

三、禁止携带军械行走;

四、禁止扰乱治安。

以上各条,如有人违犯者,从重惩办。1911 年 11 月 9 日。

《辛亥革命在上海史料选辑》(增订版),第 1011 页

限制华捕潜投民军

1911 年 11 月 12 日

英美工部局巡捕房,近有华捕多人,投入军政府充当民军,经管理华捕正巡官张生君查悉,以该捕等有违警章,业与军政府商明办法,昨特出示通告,略谓:照得本局华捕近有被人诱惑潜充军政府民军者,似此抛差逃逸,实属有违警章。本正巡已与军政府商妥,嗣后本局华捕前去投充民军者,军政府概不收录。倘查得本局华捕有投入民军者,允即解回本局,治以逃军之罪。为此晓谕周知,仰各凛遵毋违。

切切,特谕。

《辛亥革命在上海史料选辑》(增订版),第 1012 页

朱尔典呈葛雷电

1911 年 11 月 13 日于北京,同日收

关于沪宁铁路:

我国驻上海总领事昨日来电如下:

"革命军现在毫无疑问地占有沪宁铁路全线的地区。清朝官员是在统率旧式军队的一个将军支配下困守南京孤城。我今提出建议,如果我方继续禁止革命军利用铁路运输军队与军火,那对清军将是有利的。我们可否将禁令适用的范围限于在上海的终点站,并准许军队在南翔或南翔以西登车,以免临近租界、受到充分保证的十英里中立化地区卷入漩涡;这就使得清军在同样情形下不致不遵守是项禁令。不然的话,革命党中好战派可能忽视这项禁令,结果将发生严重冲突。"

《辛亥革命在上海史料选辑》(增订版),第 1001—1002 页

朱尔典呈葛雷文

1911 年 11 月 15 日于北京,12 月 4 日收

大臣:本月 5 日曾上一文,历述当前中国革命运动进展的情况,谅蒙钧察。鉴于集中在上海这个城市的外国利益多而且巨,值得单独加

以叙述；本人因不揣冒昧，爰继前文之后，对上海局势发展的经过，敬向大臣呈送本报告。

早在 10 月 18 日，本人即已收到领袖领事①来电，请求准予发出通告，宣布上海的中立，对于是项申请，外交团不能予以同意。

10 月 27 日，英王陛下驻上海总领事来电，报告他与上海道台会谈的情形，其内容完全证实了领袖领事从其他来源得到的情报。道台承认革命党已经准备好在任何适合于他们的时机占据上海。他现在既无兵力，又少饷银，所以不能进行抵抗。他恳求法磊士，要其建议领事团，将租界周围三十至五十华里地方宣布为中立区，因为任何骚乱均足危害这个口岸的治安，而他对于上海的治安现已无力给予保证。法磊士说，这是一种需要由外交团作出决定的事情；但他却对我陈述他的意见，认为使上海这个口岸中立化，乃是上策，因为上海是难民集中的地点，现在又处于金融风潮之中，任何暴乱都将为上海带来灾难性的后果。

本人因此再度请求各国公使注意此事，其结果是本诸下述精神对领袖领事发出的电报：

"我们以为要在上海周围三十英里半径内维持有效的中立，是完全不切实际的，而且认为我们各国政府对于这项建议，大致也不会同意。但当领事团所预计的情事果然发生的时候，你们可以按照形势的要求，订立你们认为适宜的各种保护生命财产与租界安全的办法。"

就在这个时候，道台的委员为中立化问题对领事团进行敦促，而他得到的通知是：这种事情应由外务部向外交团提出具体的建议，中国官员在当前并不能推卸保护外国人生命财产的责任。

承海军司令温斯乐的厚意，于 11 月 3 日将其上呈海军部的电报一份抄送我处。鉴于上海局势的危急，他建议我国应与其他有关的主要国家——德、美、法、日等国协商，每个国家应派来步兵约一千五百名与

_____

①　各国驻上海领事的领事团领袖，称"领袖领事"。

小炮几门,以便进行保护,因为现驻中国的海军部队,必须分配于扬子江各口岸,故兵力已感不足。大家认为,这样一种部署将对扬子江流域普遍产生压抑的影响。德国与日本的海军司令,也分别发出同样的电报。

至于紧急情势的性质,以及人们认为对于应付这种情势所必须采取的措施与范围,我已致电海军司令,要其提供更其充分的情报。此电适与英王陛下驻沪总领事来电相左,法磊士先生在电报中申述,他没有理由认为革命军在上海县城发动叛乱后,便将随之向各租界进攻,而况县城当时甚为平静。他认为,由于租界拥有捕房与万国商团,加以驻守各领事馆与各银行的海军卫队可能的帮助,对于或将发生的任何骚乱,并不是不能应付的。

当这份电报发出以后一两个小时,英王陛下驻上海总领事馆即收到盖有"中华民国军政府"印信的公文一件,内称上海已经光复,并请总领事协同维持租界的治安。实际上,革命军已经顺利地占据了上海县城与吴淞炮台。而经过小规模的战斗,江南制造局亦为革命军所攻占。

但在沪宁铁路方面,却发生了一些辘辘。叛军约三四十人于11月3日开进车站,并派其中一人驻守电话室,这人开始干预电话的机件,当由总管朴爱德(Pope)加以拘捕。根据朴爱德的请求,并经领袖领事同意,法磊士下令万国商团将火车站占领。他所以这样做的理由,是因为车站邻近一种混乱的地区,而这条铁路虽属中国政府所有,但它是用英国资本修建并在英国人监督下经营管理的。

我国总领事在报告吴淞炮台、上海县城及江南制造局陷落的时候曾经声明,一旦革命领袖派出一支显然有组织的军队来保护车站,万国商团便应从该站撤出。只要这条铁路不为任何一方运输军队与军火,革命军亦同意对铁路的营业及其收入,保证不予干涉。他又说,谣传南京的总督将用火车运兵,以便收复上海。在收到这项报告以后,本人当即劝告外务部,要其迅速饬令总督,不得利用铁路运兵,亦不得采取任何足以在上海及其邻近地区引起战斗的行动。本人业已指示我国驻南京领事，望其根据上述精神向总督阁下提出紧急的建议。在将我的行动通知法磊士的时候，我曾对他说，当总督的意图尚未明了以前，从车站撤出万国商团一举宜乎从缓。但是我的这份电报于第二天早晨才到上海；这时法磊士已经向我报告，火车站业已移交给一支穿着革命军制服的警卫队，而总管对此亦认为极端满意。总管并且报告，铁路全线均皆安静，他从苏州车站站长方面获悉，已有士兵六人开抵该站保卫。本月 6 日，我收到英王陛下驻南京领事电报一份，内称总督已向他保证，由于牵涉外国利益在内，他将不在目前派兵前来收复上海，但如上海成为革命活动的根据地，他亦不能受到这种保证的约束。

我已于此时探查实在，中国政府虽然渴望维持铁路线的中立，但如不能获得一种绝对的保证，使叛军不致利用铁路运输军队与军火，中国政府亦不能承担维持铁路中立的义务。为求保证此项中立，中国政府认为，不是将上海火车站交由外国占领，便是将车站置于外国人有效监督之下；政府并已接到消息，说尚未穿上制服的新兵，已经经过这条铁路线到达苏州。我曾电询总领事，在目前这些情况下，我们可否答应给予中国政府所要求的保证。总领事于本月 7 日在复电中曾说，革命军领袖亦曾提出同样的请求，而于答复革命军领袖时总管曾经声明，他已命令各车站站长，本路不得承运军队或军火。然而法磊士则指出，我国现无执行是项命令的兵力；总管现正尽其力之所能及，以防中立遭致破坏，故若答应给予中国政府所要求的保证，那是不切实际的。上海方面业已发贴通告，宣布铁路线为一种纯粹商业性质的企业，凡属形迹可疑的人员或包裹均不承运。法磊士又说，占领车站一举实为驻上海某些国家的领事与大部分侨民所憎恶，如欲重新占领车站，将会受到反对；特别是叛军已经有所准备，万国商团如不从车站撤出，他们将于 11 月 4 日夜间向其发动进攻。

法磊士于 11 月 12 日晚些时候发来的一个电报中指出，由于铁路全线已经转由革命军占据，故有关沪宁铁路的情势已在实质上发生了变化;上项电报抄本已于次日随电奉呈。他建议将运输军队与军火的禁令,限于距上海终点站十英里之内,这将足以防止纠纷,并避免发生严重冲突的危险。革命党中好战分子倘若无视这项禁令,他们无疑是处于这样做的地位,而不致遇到我们有效抵抗的。

我的答复已于本月13日随电奉告,并于复电中授权法磊士,只要叛军无可争论地占据这带地区,他便可以对于所建议的限制办法表示同意。但我认为,总管应该提出一项正式抗议,声明他是在不可抗拒的情势下行动的,以便记录在案;至于叛军运输一切事宜,则应在纯粹商业的基础上继续予以处理。据本人推断,为着债券持有者的利益,铁路营业收入已经存入汇丰银行特别账户。

我国总领事于本月14日收到中华民国政府新任外交总长伍廷芳正式抗议书一份,反对继续保持关于运输军队等等的禁令。法磊士遵照上项训令的精神,已经作了答复。但总管却认为,以距离上海十英里的南翔站从事大规模运输活动,实属不便;法磊士于是同意,只要得到朴爱德的认可,并发出适当的通告,便可使用终点站。

法磊士在用电报报告这件事情的时候又说,铁路全线的营业并未受到影响,客运与货运的费用均事先缴付,而我认为铁路营业收入应存入银行一节,亦属正确。

法磊士本月4日来电报告,道台曾经写信给领袖领事,要求捕房对于设在公共租界内的洋务局进行保护;因为叛乱的关系,他已被迫以兼任海关监督的身份在租界内办公。对于道台在租界内行使官方职权这一问题,领事团将于本月6日开会进行商讨,他要求我对于这一点给予指示,并同时提到会审公廨有遭受干涉的可能性。我于本月5日的复电中通知了法磊士,道台不得将其设在租界内的洋务局变成一座衙门,或在租界保护的掩蔽下行使任何官方的职权。这样做,可能招致叛军政府的反对,而上海的侨民界也不能由于窝藏一个对于这地方已经丧失统治权的政府代表而冒一种危险,引起叛军对之进行报复。

现经证实,各国驻京公使均同意这个看法,并于四天以后,本着这种精神电告领袖领事,但让其清楚地了解,作为一个私人绅士,道台当然可以继续留居租界之内。

关于公共租界会审公廨以及其他固定的机关,只要我们保持严格公正的态度,我深信叛党将不致从事任何干扰。在将这种看法通知我国总领事时,我曾对他说,如对过去用于统治租界的制度加以任何变动,我个人准备建议以武装力量占领上海,而且授权给他,要其在必要时将这个意思通知一切有关方面。

各国代表同意发出的训令在于遵守严格的公正态度,并且授权领事团得以叛党当局为上海地方事实上的统治者,以便遇有关于保护外人生命财产及维持公共租界法律地位等需要时,得以同叛军官员办理种种交涉。

我于本月 8 日收到外务部照会一件,内述该部得到情报,国外的革命党人已经买到要塞大炮与机关枪多件,并将于五天后经上海进口,故恳外交团迅即电令上海领事团,指示他们:如有任何这类军火运进上海,应该予以扣留。这是一项似乎可以照办的合法请求,而其他各国代表既然同意这一看法,我遂电知领事团,授权他们采取所能想出的办法,并同海关当局取得合作,以便满足外务部的愿望。我已将这些指示通知了总税务司,他在复函中告诉我,他已下令上海江海关税务司,要其在海关控制下,扣留一切进入这个口岸的军火,而在必要时,可以请求领事团给予支持。

朱尔典

《辛亥革命在上海史料选辑》(增订版),第 1003—1006 页

宣告中外申明独立宗旨文
1911 年 11 月 16 日

我中华民国自武汉首建义旗,各方响应,宣告独立者已十数省。此独立之宗旨,系脱离满清之万恶政府而独立,而在我中华民国之中,则各省之都督府不过各尽其一部分之责任,以期互相联络,组成完全之共

和政府,而非即以一省为独立之地也。即一省之中,有同时并建义旗,纷纷宣告独立者,亦仍系脱离满清之万恶政府而独立,而对于中华民国所辖之本省,亦非不相联络而竟以义旗所建之地即为独立之地也。今北京指日可下,旧时之万恶政府倾覆在即,已通告各省,各举代表预备组织临时国会,并选举临时总统。我全国人民程度不无高下,或尚有未喻此旨者,自不可无对内之宣告。其在各友邦之严守中立,渴望我人民脱离专制建立共和政府者,实为我全国人民所感佩,又不敢不有对外之宣告。用特申明独立之宗旨,俾全国人民及各友邦之渴望我建立共和政府者,咸知此意。

《辛亥革命在上海史料选辑》(增订版),第 444 页

通告各国书

1911 年 10 月下旬至 11 月中旬间

我辈中华之国民也,愤满政府之残戾,用是特起雄师与孽种战,务祈推翻恶劣之政府,驱除暴戾,而建立共和国;与各友邦共结厚谊,使世界享和平之幸福,而人类跻于太平之境域,此余终日孜孜以求之者。今仅宣告微意如下:

一、满政府于我军起事以前与各国所有之条约,皆作为有效,至该政府倾覆之时为止。

二、于我军未起事以前满政府所借之外债,一概承认偿还,决无改议,将来以海关税款抵赔。

三、满政府于我军未起事以前关与各国之租界,一律保全。

四、居留中国之外人及其财产,担任切实保护。

五、满政府于我军起事以后与各国所订立之条约、租界及借款,一概永不承认。

六、各国如有助满政府以攻我军者,即视同敌人。

七、各国如有以军械供给满政府,一经查获,即行充公。

《孙中山全集》第 1 卷,第 545 页

保护外人生命财产告示

1911 年 11 月 29 日

照得武昌起义,同胞万众一心。凡我义旗所举,罔不踊跃欢迎。各省各城恢复,从未妨害安宁。惟有张勋民贼,胆敢抗守金陵。兹已义师云集,不难指日夷平。惟愿亲爱同胞,仍各安分营生。洋人生命财产,切勿乘此相侵。行将会师北伐,伫看复我汉京。

《辛亥革命在上海史料选辑》(增订版),第 445 页

黎元洪为奉闻北京各国外交团致汉口领袖领事电致各省都督电

1911 年 11 月 23 日

据驻汉俄领袖领事敖康夫君照会敝军政府,报告北京外交团来电,其文曰:"汉口领袖领事敖康夫鉴:各国外交团代表,对于清国政府感情颇恶,因其残杀无辜,致令各国愤怒。现各国代表,拟请鄂军政府担负汉口交涉全权,并将与中国政府要求重大赔偿"云云。特此奉闻。

附1:长沙谭都督复电

江电悉。各国外交团已不承认清政府,急应赶派全权大使致聘各国,宣布宗旨,联络感情。伍、温任外交部长,不能远出,道远尤稽时日。拟由贵处电商各省都督,公推孙文君为全权大使,就近赴各国交涉,俾其承认为独立国。孙文君在外有年,必胜此任。乞核夺通电各省为盼。

附2:上海陈都督来电

顷接闽都督孙江电称:"各省公推武昌都督,主行中央军政府所辖一切事件;伍廷芳、温宗尧二君为全国外交总副长,驻沪办理全国外交事件;闽代表潘祖彝、林长民,不日即可到鄂"等因。合亟转呈,希即查照。

《湖北军政府文献资料汇编》,第 598—599 页

胡瑛为奉闻北京各国外交团致汉口领袖领事电致民立报电

1911 年 11 月 25 日

民立报鉴:初三日北京各国外交团代表致汉口领袖领事一电照知

鄂军政府黎都督,当即电告各省,原电照录如下:"汉口领袖领事鉴:北京各国外交团代表,对于满政府感情甚恶,因其残杀无辜,惨无人道,以致各国愤怒。各代表请鄂军政府担负汉口租界交涉全权,并向满政府要求重大赔偿。"云云。鄂军政府外交部胡瑛。微。

《湖北军政府文献资料汇编》,第599—600页

禁止徒手兵士任意进入租界
1911 年 11 月 26 日

沪军都督陈为出示谕禁事:案准外交总长伍函称,昨据工部局雷董事面称,民军戎装带枪经过租界,未免有碍中立;嗣后即不执响器之兵,欲经过租界,须先期知照兵士若干及经过地段云云。查称各节,与公法尚属相符,自应照办等因。准此,查戎装执械经过租界,妨碍中立,本属有碍邦交;即平时兵士三五成群,游行街市,尤与军纪有关。除通饬外,为此出示谕禁,仰各种军队兵士一律知悉,以后经过租界,必须由该管长官将人数及经过地段,禀由本都督先期知照捕房,不得任意游行,致起外人交涉,且妨害军纪为要。此谕。

《辛亥革命在上海史料选辑》(增订版),第444页

汉口对外交涉事宜由汉口军政府全权办理通告
1911 年 11 月 26 日

沪军都督陈通告云:

顷接鄂军都督来电,据驻汉俄领袖领事照会本军政府,报告北京外交团电告汉口领袖领事敖康夫鉴,各国外交团代表对于清国政府感情颇恶,因其残杀无辜,致令各国愤怒。现各国代表拟请军政府担负汉口交涉全权,并将与清国政府要求重大赔偿云。

《辛亥革命在上海史料选辑》(增订版),第445页

保护外人告示
1911 年 11 月 29 日

　　沪军都督陈为晓谕事:照得我军起义以来,首以保护人民生命财产为重,故大军所至,秋毫无犯,百姓欢呼,群黎鼓舞。现在各省次第光复,划除满清虐政,吾国民此后当可享和平幸福。惟沪上华洋辐辏,商旅云集,我军人尤应尽力保护,敬礼外人,以睦邦交而免交涉。本都督前已出示晓谕,并通饬各军营遵照在案。兹恐军民人等未及周知,用特重申禁令,谆谆诰诫。尔等须知保护人民生命财产及敬礼外人,为军人应尽之义务。自示之后,不得任意疏忽,视为具文,致干查惩。其各凛遵毋违。切切,特示。右仰知悉。

《辛亥革命在上海史料选辑》(增订版),第 445 页

陈其美函谢沪宁铁路洋总管朴爱
1911 年 12 月 5 日

　　敬启者:此番光复南京,遏止残杀,贵总管实与有功。民军往来沪宁,利用铁路,临时调度车辆,适合机宜,足见贵总管富有车务见识,对于公益极具热肠。民军全体同深钦佩,应行泐函鸣谢。为此,专函奉布。顺颂日祉。

《辛亥革命在上海史料选辑》(增订版),第 445—446 页

黎元洪为询九江炮台是否误击美国海军运船致九江马都督电
1911 年 12 月 7 日

　　顷闻九江炮台于十三日晨六钟,炮击美国海军运船,致起交涉。是否属实,祈查明速复。又六楚兵轮如已到浔,饬速来鄂。

附:海军汤司令来电

　　据海筹巡舰黄司令连长称:"九江炮台于十三日晨六钟,误击美国海军运船,致起交涉。"请询马都督此事是否了结。

《湖北军政府文献资料汇编》,第 600 页

黎元洪为请查明并处置德国运送船梯吞利亚致九江马都督电
1911 年 12 月 7 日

顷据德领事照会"有运送船梯吞利亚被尊处扣留,请电贵都督放行"等语。即请尊处查明,如果该船系装德巡船所用二十一生启米达之子弹,请即令其下行,不准上驶。

《湖北军政府文献资料汇编》,第 600 页

黎元洪关于各省议决鄂为中央政府暂任外交事宜复蔡锷电
1911 年 12 月 8 日

议决鄂为中央政府,所有外交暂由鄂担任,俟南京临时政府成立,即由南京主持。祈释廑念。

附:蔡都督来电

连得各省电,公认鄂为临时政府,专任外交代表。请尊处查各省公认之电,如已得多数,即由滇省急电知会各省,就近照会领事,并由尊处先照会外交团,电达各该国家承认,以便切实办理外交。至要至盼。除通电外,专电奉恳。

《湖北军政府文献资料汇编》,第 601 页

黎元洪关于临时政府未成立以前以鄂为对外代表复蔡锷电
1911 年 12 月 13 日

通电悉。宏议五条,皆精当不易之言,无任钦佩!现在各省代表已赴南京组织临时政府,必能仰体伟见,切实磋商。惟是外交不能一日无主体,当临时政府未成以前,群议仍以敝军政府为对外代表。自惭寡学,日惧弗胜,惟冀早卸仔肩,以告无过。

附:蔡都督来电

对外非列入国际团体,不能活动;欲列入国际团体,则中央政府之组织,不宜稍迟。赣电谓承认鄂军政府为外交代表,本极赞同。惟内部无完全之组织,为此临时代表机关,恐各国未必承认;即使承认,其实力

既受拘束,各省对外交涉,无从划一。设外人执以诘难,代表之责,何能
担负?似不如照鄂、湘电,由各省迅派代表莅鄂会商,从速组织中央政
府。代表资格,须对于该省军都督府,能确负军事责任,或富于政治学
识经验。其人数不妨稍多,庶可就两种资格中各选所长。代表到鄂,先
设一委员会,筹议国家之组织、中央地方之权责,大纲既定,即共同组织
临时政府。一面整理国内庶政,一面分遣驻使,谋外交之活动。至国家
组织纲要,鄙意略有数端:一、定国名为中华民国,合汉、回、蒙、满、藏为
旗式,构造统一之国家。二、定国体、政体为民主立宪。三、建设有力之
中央政府,总持兵政、外交、财政各权,由君政时代递进为民主共和时
代。四、划定地方区域,设军都督专治兵事。五、缩小行政区域,以期行
政敏活,消融省界。诸公于世界趋势,民俗国情,考求有素,必有宏谋伟
画,巩固国基。管见当否,敬祈赐教。

《湖北军政府文献资料汇编》,第 601—602 页

黎元洪为重邦交致各府州县及各义军电
1911 年 12 月 14 日

各府州县及各义军钧鉴:我军自兴义以来,凡属中外人民,莫不力
图保护,以固国本而重邦交,此固吾人应尽之责,即中外人民亦莫不称
道文明弗置。从此更宜于有外人商务及教堂等处,并外人在沿途时,均
须加意保护,以重名誉,而免交涉。不胜企盼之至。元洪。(回)〔迴〕。

《湖北军政府文献资料汇编》,第 602 页

黎元洪为询炮击美舰事致九江参谋部电
1911 年 12 月 18 日

顷据美兵舰长海里那函称:"美援舰那山,在九江下游停泊时,于
西历十二月三号,被民军攻击。似此玷辱敝国军旗,不得不呈诉贵政
府,请知会该守炮台长官,自后应能辨别,幸勿怀疑误击。至盼"等因。
为此电贵参谋部,究竟如何情状,速复为盼。

附：九江参谋部复电

勘电敬悉。前敝处屡接各处来电,均称由外国装载有大批军火接济敌人等语。故美轮过浔,炮台不得不以旗语命其停泊检查。适因是日雾大,旗语莫辨,该轮仍鼓轮前进,炮台不得已,即放空响。忽有该炮台已革胡稽查突来报告,该轮实载有大批军火,迫命炮手连放三出,所以美人因此颇怀不平。嗣该轮停泊,派员检查,船中未载军火,当已向该轮道歉,该船主亦欣然而去。嗣后查得胡稽查,乃因被革挟愤,来台扰乱等情,已于前日明正典刑矣。望将此意转达该国领事,以重邦交为盼。

《湖北军政府文献资料汇编》,第 603 页

禁止军队携带武器进入租界告示
1911 年 12 月 20 日

沪军都督陈为晓谕事:照得车站栏外即属租界,若带军械,辄被捕房拘留。此后如军队之军官、兵士带有枪、刀等件,须于下车时交存商团特设团士车内,报名注册,给以凭条;离沪时,持条向原处领取,免致违章,幸勿自误。切切,此谕。

《辛亥革命在上海史料选辑》(增订版),第 446 页

朱尔典呈葛雷电
1911 年 12 月 20 日于北京,同日收

本人 12 月 18 日电报,谅蒙钧鉴。

本人已于今日从英王陛下驻上海总领事收到电报如下:

"遵照您的指示,六国领事已于今晨将用英、中两国文字写成的同文照会送达和议代表。

唐绍仪答复说,今日午后将举行第二次会议,并已发出关于停止战斗的严格命令。

伍廷芳发表了这样的言论,认为这次既是一场争取自由的斗争,就

必须在健全的方针下树立一种永久的和平,如果草草达成和平,其结果要比没有发动革命还坏。他自己乃是一个和平人士。

他愿意新闻记者能够到场,但对于这一点我们是反对的。

唐绍仪与伍廷芳二人都请我们把他们的谢意转致各国。"

《辛亥革命在上海史料选辑》(增订版),第 1130 页

黎元洪为请调查日本驻汉海军陆战队是否
已届瓜代之期致伍廷芳电
1911 年 12 月 27 日

顷接日本海军少将川岛令次郎公文云"现在驻防汉口租界之敝国海军陆战队,已届瓜代之期,拟由本国派来陆军一队,以资保卫。即将日清公司轮船南阳丸作为运送船,约在阴历十一月初九由上海起程,十一日可到本埠。尚乞转饬沿江一带驻扎之贵军,以便随时照料,免生纠葛"等语。查各国租界已有之兵,如实系瓜代,可以准行。惟此事滋惑者,恐系添兵,致起纷扰。拟请尊处向该国驻沪总领事调查,或得换兵确据,即可照准。尊处为外交总汇,鄙见当否,祈速示知,以便照会沿途。

附:伍外长复电

庚电悉。日本川岛少将所称海军陆战队瓜代一节,查系实在情形,尚属无碍。

《湖北军政府文献资料汇编》,第 603—604 页

黎元洪关于外国商船航行长江之检查放行事致安庆等地都督电
1911 年 12 月 29 日

安庆、芜湖、南京、镇江、上海、吴淞、江阴各都督鉴:顷已由敝处外交部长面商驻汉英、德各领事,嗣后凡各国商船由长江上下者,均须在九江检查,以外各埠,但验检查票即可放行。各领事均已照准,乞尊处查照办理。元洪。蒸。

《湖北军政府文献资料汇编》,第 604 页

黎元洪为饬知放行英国景定轮等外国船只致楚泰马舰长电
1911 年 12 月 29 日

顷准黄部长钟瑛电称："十二日江元送饷来鄂听调。"又据上海伍总长、南京徐总司令官电称："英国景定轮，初九晚由沪装运军火百箱往长江，内九江勃蓝伯船用五十九箱，汉口梯而船用二十箱，汉口惟勤船用十九箱，该埠恰叠墨斯船用二箱，领有海关准单，须饬各炮台及各兵舰详查放行"等因。又据驻汉俄领事函称："该国停泊本埠船，载车马兵丁，本日即驶往上海，恐长江有所妨碍，请知照沿途汉军驻扎兵丁、各炮台、兵舰等，无庸声炮"等因。合亟饬知各处查照为要。

附：上海外交伍总长来电

顷准英总领事函开："兹有英太平洋行，特为本国水师官运载军火，以备上游英国炮艇之用，由景定轮船运往，于今夜展轮，统计该货为九江勃蓝伯船用者五十九箱，为汉口梯而船用者二十箱，为汉口惟勤船用者十九箱，为该埠恰叠墨斯船用者二箱，领有海关出口准单。请烦通知沿路民军领袖，俾利遄行"等语。特此电闻。

《湖北军政府文献资料汇编》，第 605 页

朱尔典呈葛雷电
1911 年 12 月 31 日于北京，同日收

我已收到上海发来下述 12 月 30 日的电报：

"国民会议的组织问题，已于今日解决。全国将分二十四个选区（新疆、东三省、蒙古、西藏及十八省）。十八个省区将构成法定数。每区有三票投票权，但代表不得多于三人。北京将要通知直隶以及按协议列于前五名的地区，而对山东、河南、西藏，则由北京与南京双方通知。国民会议召开日期，应在发出通告前规定。

南北议和会议明日将对这一点及选举办法进行讨论。"

《辛亥革命在上海史料选辑》（增订版），第 1134 页

黎元洪为转饬保护往来鄂境外人寄蔡汉卿①电

1912 年 1 月 5 日

顷据各国领事函称:"蜀境地方不甚安静,恐酿事端"等语。查国际交涉,凡属外人,尤当加意保护。仰即转饬留守兵队及地方官商会等处,如有外国教士、商人往来鄂境者,务须严加保护,以笃邦交而免交涉。切切。

《湖北军政府文献资料汇编》,第 606 页

朱尔典呈葛雷文

1911 年 12 月 17 日于北京,1912 年 1 月 6 日收

大臣:前于 11 月 15 日上呈公文一件,谅蒙垂察。兹谨将上海道台过去正式加以保管的抵押品等,移交给领袖领事一事报告如下。这些抵押品绝大部分是指定作为偿还对外债务用的。

英王陛下驻上海总领事 11 月 8 日来电报告,据道台的了解,新近由革命军政府任命的江浙两省民政总长李平书②,不久将向其要求移交上述这些抵押品与其他官家财产。他为此向总领事征求意见。法磊士先生建议,道台应将这些抵押品用于担保债务的目的通知李平书,在新政府得到列强承认以前,这些抵押品是不能移交的。道台可以用领袖领事的名义,将各种物品存于汇丰银行,并给李平书一份物品的清单。我对法磊士先生所作的答复表示赞同,并且说明,在清政府恢复它的统治权,或在一个新政府得到列强承认以前,对于任何交出租界上人员或财产的要求,均不能加以考虑。

11 月 10 日,革命军都督向上海道台提出书面要求,要其在军法处罚的威胁下交出抵押品。我国总领事则已采取步骤,让伍廷芳间接地知道他的态度。总领事旋于 13 日得到伍廷芳口头上的保证,说革命党

---

① 时任宜昌招抚使。

② 李平书任上海民政总长兼江苏民政司长,所谓江浙两省,有错误。

将于收到抵押品的清单以后表示满意,但他们保留,凡是他们认为应该由其取得的任何财产,他们都有权同保管人进行商讨。

11 月 20 日,本人致电我国驻上海总领事,在当前情势下,依我的看法,领袖领事完全应该负起保管这些担保品的责任;倘若领事团听任这项准备偿付对外债务的基金流入革命党人手中,他们将要担负重大的责任。我又说,对于海关税收的任何部分,我们曾经阻止中国政府加以动支,因为这种税收已经抵押于外国债券持有人,故革命党人对于已经指定用于偿还外债的一切基金,亦同样不得加以干预。

那时以后,上海领袖领事已将上海道台交来的抵押品清单一份寄京,对这份清单的查对与核算,确曾费去很多的劳动。这些抵押品主要包括一些作为附加的抵押品预先交给本地行庄的,它们在目前还不能兑现。法磊士先生认为,即使这些行庄能以清偿预交的押款,它们是否由于受到上海事实上统治者的威吓,而将这些应付款保留,是极成问题的。

朱尔典

《辛亥革命在上海史料选辑》(增订版),第 1007—1008 页

黎元洪为请转知各国领事鄂军政府拟声
炮志庆清帝逊位致敖康夫①电
1912 年 2 月 13 日

清帝逊位,已正式发表,合汉、满、蒙、回、藏建中华民国。敝军政府已饬舰队于十四号十二句钟,悬挂国旗,声炮志庆。请转知各国领事知照是荷。

《湖北军政府文献资料汇编》,第 607 页

---

① 时任驻汉口领袖领事。

黎元洪为请与西人凌特严重交涉购买飞艇事复上海胡子笏电
1912 年 3 月 7 日

飞艇合同，载明在鄂试验，如能合用，再将价银交清。兹据凌特云："前在鄂有人不准开箱。"实无其事。又云："后经伍君廷芳订明来沪试验。"何以伍君并未电知？至伍君所虑，前二层皆咎在西人；惟后一层，尚属可议。然鄂省需用此物，是以不惜重价与之购买，乃迟至今日，并不前来。幸而和议告成，设使战事未停，贻误事机，殊非浅鲜。总之，该西人能任试验，则将价银交清；如不任试验，则彼此退还，方为正办。除径电伍君外，仍请与之严重交涉。

附：胡子笏来电

武昌黎副总统钧鉴：奉径电往晤凌特，据云："前在鄂有人不准开箱，后经伍廷芳订明来沪试验，已另在菲律宾请技手来沪等候，屡经切催不付，今又月余，技手已归，即寄沪亦不任试验。"云云。瑞霖查该西人狡展若此，非伍公严重交涉不可。旋谒伍公，则云钧处前曾有电云自行修配等因，今欲与之交涉，有三困难：一、该西人在鄂，何以不任试验？二、自行试验，何以不令西人共同？三、战事未停，何以不寄，使彼得转售他处？有此三层，颇难措词云云。查此事定价、订合同，均有伍公经手，此时岂能置身事外？然非钧处再电，渠断不肯负责。仍恳再电伍公严重交涉。瑞霖回鄂在即，望速施行，并赐复电为盼。

《湖北军政府文献资料汇编》，第 607—608 页

黎元洪为请与西人凌特严重交涉购买飞艇事致上海伍廷芳电
1912 年 3 月 7 日

顷接胡瑞霖来电，述及公意，计虑甚深。但飞艇抵鄂时，屡催凌特前来试验，而该西人竟潜身赴沪，迟迟至今，杳如黄鹤，贻误事机，殊非浅鲜。现在财政困难，岂能购此无用之物？请公与之严重交涉。该西人能任试验，无论如何困难，即将价银交清；如不任试验，则彼此退还。

望速施行,并希赐复。

《湖北军政府文献资料汇编》,第 608 页

黎元洪为请向荷使严重交涉该国干涉华侨
庆祝祖国共和致南京临时政府电
1912 年 3 月 9 日

荷人之苛待华侨久矣,水深火热,已关洞见。此次共和成立,凡属中华民国分子,谁不亟欲登之衽席?况华侨蛰伏异域,尤深痛满清之膜视,冀共和之成功。奔走呼号,牺牲其财产生命而不惜,其所以如此者,不过希得政府完全之保护,而与他国人立于平等之地位,享受平等之权利也。不意荷属华侨庆祖国之共和,即遭荷官之凶暴,藉故寻隙,罗织大狱,撕毁我国旗,杀伤我人民,系累我妇孺,惨无人道,显干公法,闻之奋气,言之寒心!且举行庆典,何国蔑有?升悬国旗,何与治安?乃竟至加调马步兵队,围掳男妇稚子,达于千数,此等举动,几于以待亡国民之行为待华侨,而藐视我国也。况民国之基础初立,总统之选任始定,而当头一棒,即发于荷兰。倘东西列强,尤而效之,则将若何?彼习见满清政府待遇华侨,种种权利,甘自放弃。今日之事,似故为尝试,以觇我民国新政府之意耳。查公法规定,外人私权,有与本国人享同一之权利者。独我华侨之在荷属者不然。以云言论,则封禁报馆,层见迭出;而今日不惟封书报社,而且禁通电矣。以云诉讼,则以波礼西房治理华侨,凡华侨因事被逮,不准向寻常裁判所提起诉讼,必先监禁七日,然后提交甲必丹马腰,任意定罪,不准本人或请律师辩护,定罪后,即为终审,不准上诉。且公法通例,外人受本国保护,与本国人无异;如有不法之徒,逮捕拘留,外人得抗议之;至于遇内变而受损害,则本国有赔偿之责,不与内国人同。今华侨升旗庆贺,既不干该国之法律,而该荷人之杀伤我侨民,复不关该国之内乱,且复逮捕拘留之不已,世界上有此公法乎?夫华侨富有资财,为民国之外府。自民军倡义,军需饷源,悉资取求,其引领内政之振兴也,可谓切矣。今民国成立,仍令我热心之侨

民,无辜受荷人之蹂躏,清夜自思,深用悱恻。况大局定后,民困财穷,一切应办之事,未有不赖其资助。兹当危迫之际,人心激昂,若无圆满之保护,不惟失华侨内向之心,亦恐启外人欺侮之渐。用恳向荷使严重交涉,以保侨民。失今不图,安见后日华侨之受荷人虐待者,不更甚于今日乎?又安见他国之待华侨者,不援以为例乎?临电依依,不尽欲言。至于如何交涉之处,请随时电示,不胜盼切。

《湖北军政府文献资料汇编》,第 608—609 页

汉口军政分府文告

1911 年 10 月

汉口军政分府关于禁止民军擅入租界的告示

租界地方,外人居住。凡我军队,勿得擅入。交涉重大,恐生不虞。此次举义,外人悦服。确守纪律,乃是义师。如敢故违,重惩不恕。

汉口军政分府致英国领事照会

为照会事:照得国民军起义以来,即蒙贵领事敦厚邦交,布告中立,感激曷已!兹有中国炮舰十六只,奉军府命前往谌家矶驻守,该炮船均挂白帜。特此照会贵总领事,并请转移驻汉各兵轮一体知悉,勿致误会。须至照会者。

《湖北军政府文献资料汇编》,第 611 页

为柏文蔚派人捉拿陈仲瑀事致黄兴等电

1912 年 4 月 6 日

沪都督致黄陆军部长电:

南京陆军部长黄转第一军柏文蔚君鉴:有名陈清泉者,自称奉贵军长命令,率领多人,在英租界强将陈仲瑀拿去,乘下午一时快车解宁。现英领与唐总理及敝处严重交涉,若本日内不解决,恐将牵动大局。乞火速派兵在车站截留,即刻解回沪上,盼切并电复。其美叩。支。

又致柏军长电:

下关第一军柏军长鉴：支电悉。昨陈清泉在租界强拘前浙运使陈仲瑀，领事团以治权攸关，向唐总理及敝处严重交涉，坚欲限期交回。敝处不知情，无从对付。昨因调查陈清泉，称由尊处命令，故特电请解还敝处，交回租界，以息交涉。顷又据光复军探报，此人昨到昆山，由昆转解尊处等语。合亟电请转饬尊属驻在各地军官，如有此人解到，务必连同拿解陈清泉等押解来沪。至浙省公款纠葛，已有确实殷商向敝处担保，由敝处负责另案办理。希转陶宾南为感。其美叩。歌。

又致浙都督电：

杭州蒋都督鉴：有自称陈清泉，前日在英租界率领多人，将前清浙盐运使陈玉麟号仲瑀强行捉去。英领与唐总理及敝处严重交涉。若本日内不解决，大局恐将牵动。现访闻此人解往浙江，如果属实，务希火速解回。盼切祷切，并希电复。其美叩。歌。

又致陶宾南电：

下关柏军长转陶宾南君鉴：前晚有陈清泉者，在租界内强将前清浙运使陈仲瑀拘去，称奉柏军长及前浙汤都督命令。领事团因治权攸关，向唐总理及敝处严重交涉，坚欲勒限放回。敝处因未知情，无从对付。除电柏军长，请如解到即仍押还。

兹得复电称，陈清泉本军并无此人，亦并未与闻此事。但该陈仲瑀，曾据浙江汤都督云，此人拐带盐运巨款，匿居沪上，委托联军兵站陶宾南设法代捕等情，敝处稍有所知。刻接尊处来电，即至车站询查，并未解有此人抵宁。敝处已电致陶宾南，令其就近解交尊处核办，免生枝节。特此电复，即希查照云云。并据光复军报称，此人昨晚到昆山，转解南京或浦口，特电乞派人严查。如有解到及查有下落，希照柏军长电就近解回敝处，转交租界，以息交涉。事关大局，务乞协助。至浙省公款关系，已有殷实商人向敝处担保，由敝处负责另案办理。除电柏军长接洽外，用特电请速复，至感盼。其美叩。歌。

《辛亥革命在上海史料选辑》（增订版），第447—448页

为移解陈仲瑀事电柏文蔚

1912 年 4 月 7 日

下关柏军统鉴:陈仲瑀案,得浙江蒋都督复电(按蒋电有陈某由柏军代为捕获之语,已见昨报),知该员已在尊处,如释重负。翘盼至今,未见解到,亦未获电示,益深焦虑。英领向唐总理及敝处催索,日必数次,应付俱穷,成何事体? 目前大局首重外交,外人尊重主权,岂肯迁就此案? 影响实关全局。现因此事使其美一身负外交成败之重任,凡在同志,当不忍漠视。公以血诚创造民国之人,尤必力顾大局,务乞速饬妥员,先将陈仲瑀解沪,以息交涉。特派外务科员王志南、侦探科员徐正明来宁接洽。陶宾南君昨已面晤,今午回宁,谅能转述此(闻)〔间〕情形。至浙省公款,由敝处完全负责,另案追偿。闻尊处军需处因此事垫有款项,敝处亦可承认。先复,至盼。陈其美叩。

《辛亥革命在上海史料选辑》(增订版),第 448—449 页

为陈仲瑀被捕事指令陈汉卿部下营长出庭备讯

1912 年 4 月 7 日

陈都督之指令:

据外务部报告,外国报载掳拘陈仲瑀一案,于该旅第一团第一营营长曾振卿涉有嫌疑。现特开公庭于南市市政厅内审讯,仰即饬该营长于 8 日上午九时到庭辩论清晰,以免外人干涉,是要。此令。(右令旅长陈汉卿)

《辛亥革命在上海史料选辑》(增订版),第 449 页

为要求租界释放万福华事照会交涉使

1912 年 5 月 30 日

沪军都督陈英士君照会交涉使文云:

案查志士万福华前以愤击满官,系入西狱。光复以来,节经照会前外交总长伍、交涉使温向领事团正式交涉,将该志士即行释放,还其自

由各在案。兹又据各党、各团体函禀来府催询,情形迫切。该志士之获罪,在西人以为扰乱治安,在我辈则以为有功民国。贵交涉使素重人道,洞明公理,请向领事团严重交涉,援国事犯例,请速开释,俾还志士之自由,而慰众人之渴望。再,以前因国事获咎之刘福彪、于右任、戈鹏云,皆以触忌清廷被逐租界。此时共和成立,前案亦应取销,以昭公道。相应照会贵交涉使,即请查照办理施行。

《辛亥革命在上海史料选辑》(增订版),第449页

附:会审公廨为释放万福华事致函英国副领事

近英美会审公廨致英副领事康斯定君函云:

启者:奉沪军都督陈令,案查志士万福华,前因愤击满官,系入西狱。光复以来,节经照会前外交总长伍、交涉使温向领事团正式交涉,将该志士即应释放,还其自由各在案。兹又据各党、各团体函禀来府催询,情形迫切。该志士之获罪,在西人以为扰害治安,在我辈则以为有功民国。该正会审官素重人道,洞明公理,务向领事团严重交涉,援国事犯例,请其速行开释,俾还志士之自由,而慰众人之渴望。再,前以国事获咎之刘福彪、于右任、戈鹏云,皆以触忌清廷,被逐租界(按戈并未被逐)。此时共和成立,前案亦应取销,以昭公道。为此,令饬该正会审官即便遵照,妥为办理等因,奉此,除分致外,查万福华前因愤击前清广西王巡抚(即王之春)获案,经前任会同贵前副领事德(即德为门)会讯,判押十年。然既犯国事收押,现功于民国,理应将其释出,还复自由。相应函商,即祈贵副领事查照见复为荷。顺颂日祉。

《辛亥革命在上海史料选辑》(增订版),第450页

饬会审公廨发还戈鹏云函件一箱

1912年5月30日

沪军都督近令饬会审公廨文云:

案据戈鹏云函称,鹏云前以大闹公堂案横遭牵及,在初只有拿问之文,未有被逐租界之判。后此案归袁树勋(即沪道),作为个人之事,以

五万元赔偿损失了结,则鹏云此案已无涉矣。惟鹏云曾有函件一箱,于前清光绪三十一年十一月底十二月初时被捕房取去,至今尚未交还。恳请照会办理,必令将原物检交,不胜叩祷等情。据查本都督前于请释万福华案内并提及戈鹏云,今据函称并无被逐租界之判,且案亦完结,在先前捕房取去之箱自应交还。为此,令到该正会审官即便遵照办理。此令。

《辛亥革命在上海史料选辑》(增订版),第 450 页

饬会审公廨审讯伪造军用票案

1912 年 6 月 12 日

沪军都督陈令饬公共公廨文云:

案据湖州军政分府李朋派员赍文略称,5 月 21 日此间发现伪造钞票,(便)〔使〕用人为陈燮三,现已逮案讯问。据供使用之伪票系居上海铁马路钱业会馆对门二千零零七号之陈少春交付代用,计用去千余元;并云此项伪票发行在市,约有二十万左右等语前来。本都督以此案关系重大,将于 6 月 2 日派本府侦探科员会同汇司捕房,前往陈少春住所查缉,适遇陈少春于途中,当经其认可,同至陈寓,遂告以湖州发现军用伪票事,牵涉于尔。陈□神色仓皇,出示入籍西洋国籍证据。西探遂通知各探退出,谓此事须由该国领事签字承认,方可传问云云。于是侦探科员来府报告以上情形。本都督当谕以本日星期,领事署停止办公,未便交涉。延至翌日,交涉使给片与本府侦探科员至该领事署接洽,当偕同副领事及汇司捕房包探等至陈少春家,始行着手搜查。证据已不可得,遂由该副领事将陈少春带回领事署看管。查陈少春系入籍西洋国籍,当其出示国籍券据时,未便搜查,及事隔一日,难保无自行匿灭证据情弊。事关民国军用,影响何等重大? 当即派员至湖州提到陈燮三一名,饬科研讯,据供各次均称陈少春所主使。除一面由本府将陈燮三一名严禁外,为此令饬该正会审官迅将陈少春传案讯明,并将陈燮三在湖州军政分府及本府二次口供抄录作证。如须陈燮三到案质讯之处,

再行押送前来,以便质对。

《辛亥革命在上海史料选辑》(增订版),第 451 页

为拒绝德商无理要挟,函复交涉使陈贻范
1912 年 6 月 18 日

敬复者:接准(大)〔出〕函,以准德总领事函据德商亨宝轮船公司德人卡克前禀称,西历 6 月初 8 日夜间,忽有枪子洞穿该商住屋玻璃窗,并将屋内之门打伤,查此事谅系华兵任意在浦内放枪所致,请转致饬禁华兵,嗣后不得在于浦内随意放枪等因到府。查军队本有纪律,断无随意放枪之举。兹准前因,候再严申禁令,转饬各军队遵守纪律。惟浦内不仅华兵,兹总领事谓此事谅系华兵随意在浦内放枪,以致打伤该商屋门等语。并未查有确据,何以知其必为华兵所为? 应请贵使转行诘问总领事:华兵放枪究竟有无证据,以便严行究办。倘不能指实,此种拟议之词,还希贵(便)〔使〕据理拒绝。国际、军法,皆不能以想当然莫须有之事含糊承认,想贵使深明法律,必以鄙言为然也。除抄录原函转饬外,合先布此,即希转(论)〔谕〕总领事,切实函复,至盼。敬颂台安。惟照不具。

《辛亥革命在上海史料选辑》(增订版),第 451—452 页

为保护外人在中国内地游历事照会交涉使陈贻范
1912 年 7 月 12 日

沪军都督陈英士君照会交涉使陈贻范君文云:

案准闽省都督孙咨开,江西都督李电开,各省偏僻地方,秩序间有未定,游历保护,不可不慎。近来各省发给游历护照,仅泛填数省字样,漫无限制,而游历外人,又多不自检点,遐陬僻壤,冒险旅行,设有疏虞,即关交涉,亟应防患未然。拟请嗣后遇有外国人士按照约章请领护照游历者,务将所欲游历地方填注照内,并先电明游历省分,以便饬属保护。如游历地面甚广,有无戒严地点及偏僻处所,各省情形不同,不能

审度者,并请饬司知照游历之员,于所到省分,先赴交涉司说明情形,指定地点,换领护照,再行前往,以昭慎重。鄙见所及,谨以贡闻等因。准此,查前据外交司呈称,奉都督令开,据赣军政府驻浔外交局呈称,元年三月初四日,准驻浔英领事函送英商李维时由九江前赴江西、江苏、安徽等省游历护照一纸,又英美烟公司斐理义由九江前赴江西、湖南、福建、广东等省游历护照一纸,分别盖印抄送,呈请饬属保护等情,令司转饬遵办等因。查闽省光复之后,内地各处幅员辽远,难保无土匪蠢动,洋人前往游历,实属可虞。前经本司以洋人、教士人等如欲前赴各处内地游历、传教者,均须先行知会。俟查明所往之处,如果据报平靖,始准于照内填明所往之切实地点,由司盖印给执,并订定章程、报告单、办法,通照各国领事查照,转饬遵办,并呈报外交部有案。且所许游历之处多限以各府县城地方,盖恐各洋人不自检点,任意私赴各乡僻,地方官力难顾及,致有疏虞。今赣省外交局准英领事所送英商李维时等护照二纸,均系泛填前往三、四省字样,核与本省现时暂行办法不同,尤恐保护难周。兹既奉前因,除通饬各府州饬属查明保护外,理合呈请都督察核,俯赐转饬赣省外交局,并咨明各省都督,嗣后遇有洋人来闽游历者,务须饬其先到省城,向外交司衙门查明拟往之处是否安谧,届时再行有司将尚未平靖之处所,面为告明,并将可往之处标明照内,庶保护易周,免生他患等由。兹准来电前因,足见赣都督慎重外交至意,本都督极表同情。兹并将闽省所订之游历报告章程以及报告单,检送备阅,以资参考。除咨复赣省都督外,合就咨请。为此,备咨贵都督请烦查照,酌核施行,并附报告章程等因。准此,除咨复外,相应备文照会贵交涉使,请烦查照,分别转致各国领事为荷。

《辛亥革命在上海史料选辑》(增订版),第 452—453 页

饬民政总长保护俄人在上海等地游历

1912 年 7 月 14 日

沪军陈都督指令民政总长文云:

　　案准东三省都督赵咨开，据吉林西北路分巡兵备道李家鳌呈称，有俄国人石罗甫斯克宜由哈尔滨前赴奉天、天津、北京、上海、汉口等处游历，除分行保护外，相应咨行贵都督查照，饬属照约一体妥为保护等因。准此，合行令知该司长，仰即转饬所属照约保护，并移警务长分饬各区一体遵照。切切，此令。

《辛亥革命在上海史料选辑》(增订版)，第453页

（三）南京临时政府的外交

　　说明：1912年1月1日，以孙中山为大总统的南京临时政府宣告成立。为了开展正常邦交，临时政府成立了外交部，发布了对外宣言，积极争取列强对新政权的支持，并与各列强交涉，举借外债，同时勉力维护各国华侨权利，向全世界展示了临时革命政府的外交政策。

朱尔典致葛雷函
1912年1月1日收到

阁下：

　　我荣幸地随信附上《中华民国临时政府组织大纲》的译本，该大纲是黎元洪都督正式送交英国驻汉口代总领事的。

朱尔典谨上　　1911年12月14日于北京

附件：中华民国临时政府组织大纲①

　　上述组织大纲是黄帝纪元第四千六百零九年十月十三日(1911年12月3日)的会议上由代表们起草通过的。下列各省的代表出席了会议：

　　安徽…………有三名代表出席

---

①　该大纲的原文，见《辛亥革命》(八)，第5—8页。

浙江…………有四名代表出席

福建…………有一名代表出席

湖南…………有两名代表出席

湖北…………有四名代表出席

江苏…………有四名代表出席

广西…………有一名代表出席

山东…………有两名代表出席

下列各省有代理人出席：

江西、广东、贵州。

直隶和河南各派了一名代表，但由于这两省还没有宣布独立，所以他们的代表只许有发言权而没有表决权。

《英国蓝皮书有关辛亥革命资料选译》，第197—198 页

朱尔典致葛雷函
1912 年 1 月 1 日收到

阁下：

英国驻汉口代总领事给我转来了三份关于西安府事件的说明。我认为最重要的一份包含在英国浸礼会肖乐克先生的信中，已经把它的主要内容电告您。它证实了贝克曼夫人、瓦特尼先生和六名儿童在起事的第一天夜间死于一群暴徒手中的消息；但它说：当局是友好的，城内已恢复秩序。肖乐克先生还提到外出旅行的危险；我可以补充说，北京的一位侨民于 12 月 8 日收到陕西东北部绥德州的一名传教士 11 月 8 日的一封私函，那位写信人写道："陕西的哥老会只是土匪的一个很大的结社，他们在此地与西安府之间拦路抢劫，因此试图外出旅行几乎肯定是要冒生命的危险。"

西安府的另外两封信于本月 8 日送给了我。其中一封是被拆开过的信，大概是罗马天主教士斯卡伦神父写给英国的一位亲戚的；另一封是一位美国传教士写给美国公使的。这两封信所注日期分别为 11 月

25 日和 26 日,它们对局势的看法较肖乐克先生早些时候的信中所说的要差得多。担心城内的动乱因素也许又占上风,而且交通困难将增长焦虑情绪,这是颇有道理的。

鉴于这些顾虑,对陕西省内外国侨民感到关切的日、美、法、德、英等国使节于本月 9 日举行了一次会议,考虑究竟能够采取什么步骤,同我们那些孤立无援的本国同胞取得联系。结果是我与内阁总理大臣袁世凯商定于第二天会晤。在会晤中,我的同事们和我阐明了我们对外国人在西安府的处境感到忧虑,并且说,我们前来查明,为了同他们联系,究竟能够做些什么。总理大臣在答复中表示,清政府对于外国人在该处所受的虐待感到极为抱歉,而且提到最近发布的关于这个问题的谕旨,它命令陕甘总督长庚和新任陕西巡抚率军前往该处平息骚乱。然而,他承认,目前清军不能够越过陕西边界潼关,同西安府的电报联系已完全被切断。接着讨论了为派去一批人发放护照的问题。袁世凯答应发电报给潼关的军事当局,查明是否可能同起义军商定护送这一批人自潼关前往西安府。

朱尔典谨上　1911 年 12 月 14 日于北京

《英国蓝皮书有关辛亥革命资料选译》,第 198—199 页

临时大总统誓词

1912 年 1 月 1 日

颠覆满清专制政府,巩固中华民国,图谋民生幸福,此国民之公意,文实遵之,以忠于国,为众服务。至专制政府既倒,国内无变乱,民国卓立于世界;为列邦公认,斯时文当解临时大总统之职。谨以此誓于国民。

《中华民国史档案资料汇编》第二辑《南京临时政府》,第 1 页

临时大总统就职宣言书

1912 年 1 月 1 日

中华民国缔造之始,而文以不德,膺临时大总统之任,夙夜戒惧,虑

无以副国民之望。夫中国专制政治之毒,至二百余年来而滋甚,一旦以国民之力踣而去之,起事不过数旬,光复已十余行省,自有历史以来,成功未有如是之速也。国民以为于内无统一之机关,于外无对待之主体,建设之事,更不容缓,于是以组织政府之责相属。自推功让能之观念以言,文所不敢任也。自服务尽(实)〔责〕之观念以言,则文所不敢辞也。是用勉黾从国民之后,能尽扫专制之流毒,确定共和,以达革命宗旨,完国民之志愿,端在今日。敢披沥肝胆,为国民告:国家之本,在于人民,合汉、满、蒙、回、藏诸地为一国,即合汉、满、蒙、回、藏诸族为一人,是曰民族之统一。武汉首义,十数行省先后独立。所谓独立,对于清廷为脱离,对于各省为联合,蒙古、西藏意亦同此,行动既一,决无歧趋,机枢成于中央,斯经纬周于四至。是曰领土之统一。血钟一鸣,义旗四起,拥甲带戈之士,遍于十余行省。虽编制或不一,号令或不齐,而目的所在则无不同。由共同之目的,以为共同之行动,整齐划一,夫岂其难。是曰军政之统一。国家幅员辽阔,各省自有其风气所宜。前此清廷强以中央集权之法行之,以遂其伪立宪之术。今者各省联合互谋自治,此后行政期于中央政府与各省之关系,调剂得宜,大纲既挈,条目自举。是曰内治之统一。满清时代藉立宪之名,行敛财之实,杂捐苛细,民不聊生。此后国家经费,取给于民,必期合于理财学理,而尤在改良社会经济组织,使人民知有生之乐。是曰财政之统一。以上数者,为政务之方针,持此进行,庶无大过。若夫革命主义,为吾侪所昌言,万国所同喻。前此虽屡起屡踬,外人无不鉴其用心。弥月以来,义旗飙发,诸友邦对之抱和平之望,持中立之态,而报纸及舆论尤每表其同情,邻谊之笃,良足深谢。临时政府成立以后,当尽文明国应尽之义务,以期享文明国应享之权利。满清时代辱国之举措,与排外之心理,务一洗而去之。持和平主义与我友邦益增睦谊,将使中国见重于国际社会,且将使世界渐趋于大同。循序以进,不为侥获。对外方针,实在于是。夫民国新建,外交内政,百绪繁生。文自顾何人,而克胜此。然而临时之政府革命时代之政府也。十余年来,从事于革命者,皆以诚挚纯洁之精神,战胜其所遇之艰难。即使后此之艰难，远逾于前日，而吾人惟保此革命之精神，一往而莫之能阻，必使中华民国之基础确立于大地，然后临时政府之职务始尽，而吾人始可告无罪于国民也。今以与我国民初相见之日，披布腹心，惟我四万万同胞共鉴之。

《中华民国史档案资料汇编》第二辑《南京临时政府》，第1—2页

对外宣言书

1912年1月5日

溯自满洲入主，据无上之威权，施非理之抑勒，裁制民权，抗违公意。我中华民国之智识上、道德上、生计上种种之进步，坐是迟缓不前。识者谓非实行革命，不足以荡涤旧污，振作新机。今幸义旗轩举，大局垂定，吾中华民国全体，用敢以推倒满清专制政府、建设共和民国，布告于我诸友邦。

易君主政体以共和，此非吾人徒逞一朝之忿也。天赋自由，萦想已凤，祈悠久之幸福，扫前途之障蔽，怀此微忱，久而莫达。今日之事，盖自然发生之结果，亦即吾民国公意所由正式发表者也。

盖吾中华民族和平守法，根于天性，非由于自卫之不得已，决不肯轻启战争。故自满清盗窃中夏，于今二百六十有八年，其间虐政，罄竹难书，吾民族惟有隐忍受之。以倒悬之待解，求自由而企进步，亦尝为改革之要求，而终勉求所以和平解决之道，初不欲见流血之惨也。屡起屡蹶，卒难达吾人之目的，至于今日，实已忍无能忍。吾人鉴于天赋人权之万难放弃，神圣义务之不容不尽，是用诉之武力，冀脱吾人及世世子孙于万重羁轭。盖吾人之匍匐呻吟于此万重羁轭之下者，匪伊朝夕。今日之日，始于吾古国历史中，展光明灿烂之一页，自由幸福，照耀寰宇，不可谓非千载难得之盛会也。

满清政府之政策，质言之，一嫉视异种，自私自便，百折不变之虐政而已。吾人受之既久，迫而出于革命，亦固其所。所为摧陷旧制，建立新国，诚有所不得不然，谨为世界诸自由民族缕晰陈之。

当满清未窃神器之先，诸夏文明之邦，实许世界各国以交通往来，及宣布教旨之自由。马阁①之著述，大秦景教碑之纪载，斑斑可考也。有明失政，满夷入主，本其狭隘之心胸，自私之僻见，设为种种政令，固闭自封，不令中土文明与世界各邦相接触，遂使神明之裔，日趋僿野，天赋知能，艰于发展，愚民自锢，此不独人道之魔障，抑亦文明各国之公敌，岂非罪大恶极，万死莫赎者欤！

不特此也，满清政府欲使多数汉人，永远屈伏于其专制之下，而彼得以拥有财富，封殖蕃育于其间。遂不恤贼害吾民，以图自利，宗支近系，时拥特权，多数平民，听其支配。且即民风习尚，满汉之间，亦必严至(竣)〔峻〕之障，用示区别，逆施倒行，以迄于今。又复征苛细不法之赋税，任意取求，迹邻掳劫。商埠而外，不许邻国以通商，常税不足，更敛厘金以取益，阻国内商务之发展，妨殖产工业之繁兴。呜呼！中土繁庶之邦，谁令天然富源迟迟不发，则满(州)〔洲〕政府不知奖护实业之过也。

至于用人行政，更无大公不易之常规。严刑(竣)〔峻〕制，惨无人理。任法吏之妄为，丝毫不加限制，人命呼吸，悬于法官之意旨；问其有罪无罪也，不依法律正当之行为，侵犯吾人神圣之权利。卖官鬻爵，政以贿成。凡此种种，更仆难数。任官授职，不问其才能之何若，而问其权势之有无。以此当政事之大任，几何其不误国哉！

近年以还，人民不胜专制之苦，亦时有改革政治之要求。满政府坚执锢见，一再不许，即万不得已而暂允所请，亦仅为违心之举，初非有令出必行之意。朝颁诏旨，夕即背之，玩弄吾民，已非一次。其于本国光荣，视同秦越，未尝有丝毫为国尽力之意。是以历年种种之挠败，不足激其羞耻之心，坐令吾国吾民遭世界之轻视，而彼殆无动于(中)〔衷〕焉。

吾人今欲涤除上述种种之罪恶，俾吾中华民国得世界各邦敦平等

---

① 即马可波罗。

之睦谊,故不恤捐弃生命,以与是恶政府战,而别建一良好者以代之。犹恐世界各邦或昧于吾民睦邻之真旨,故将下列各条,披沥陈于各邦之前,我各邦(倘)〔尚〕垂鉴之。

(一)凡革命以前所有满政府与各国缔结之条约,民国均认为有效,至于条约期满而止。其缔结于革命起事以后者,则否。

(二)革命以前,满政府所借之外债及所承认之赔款,民国亦承认偿还之责,不变更其条件。其在革命军兴以后者,则否。其前(泾)〔经〕订借、事后过付者亦否认。

(三)凡革命以前满政府所让与各国国家或各国个人种种之权利,民国政府亦照旧尊重之。其在革命军与〔兴〕以后者,则否。

(四)凡各国人民之生命财产,在共和政府法权所及之域内,民国当一律尊重而保护之。

(五)吾人当竭尽心力,定为一定不易之宗旨,期建吾国家于坚定永久基础之上,务求适合于国力之发展。

(六)吾人必求所以增长国民之程度,保持其秩序,当立法之际,一以国民多数幸福为标准。

(七)凡满人安居乐业于民国法权之内者,民国当一视同仁,予以保护。

(八)吾人当更张法律,改订民、刑、商法及采矿规则;改良财政,蠲除工商各业种种之限制;并许国人以信教之自由。

抑吾人更有进者,民国与世界各国政府人民之交际,此后必益求辑睦。深望各国既表同意于先,更笃友谊于后,提携亲爱,视前有加;当民国改建,一切未备之时,务守镇静之态,以俟其成,且协助吾人,俾种种大计,终得底定。盖此改建之大业,固诸友邦当日所劝告吾民,而满政府未之能用者也。

吾中华民国全体,今布此和平善意之宣言书于世界,更深望吾国得列入公法所认国家团体之内,不徒享有种种之利益与特权,亦且与各国交相提挈,勉进世界文明于无穷。盖当世最高最大之任务,实无过于此〔也〕。

中华民国临时大总统孙文（签名）

《孙中山全集》第 2 卷,第 8—11 页

云南军都督府关于中华民国对于租界应守之规则札

1912 年 1 月 12 日

大中华国云南军都督府为札饬事:案准中华民国外交总长伍照会内开:查自海禁开后,始与各国互订条约。当时满清官吏瞀无知识,不知外交为何物,每遇交涉,始则用无谓之强硬,继则任外人之要求,复于条约之外,丧失主权不少,种种失败,日久变成例案,言之殊可痛心。新政府兴,自当亟图挽救。惟现值军书旁午,不宜多起交涉,重大事件虽断不可退让,其余自应暂仍旧贯,留待后图,此亦不得不然之势也。光复以来,各省自行办理外交,每有过与不及之弊。太过无益,且伤感情,不及失权,每贻后患。时势所迫,讵能责备以求全。今东南大局粗定,外交一部份,宜求统一,其关于全国重大交涉,本部已担任,逐渐办理。惟上海为外交重要地点,亟应暂定办法数条,以免凌躐之弊,而收改良之效。此外,通商各埠凡有外国租界者,亦可仿照办理。除分别照会各都督外,为此开列应守之规则,照会请烦查照,通谕军民人等一体遵照等由。准此。合行札饬。为此札仰该司遵照,并转饬所属一体遵照勿违。切切。特札。

札外交司

计札发规则一分

大中华国四千六百零九年十一月二十四日札

中华民国对于租界应守之规则

一、上海公共租界、法租界二处行政、警察等权,均操于外人之手,应俟大局底定,再行设法收回。现时华人在租界内,暂不可率行抵抗或卤莽从事。

二、如遇犯人逃入租界,或在租界私运禁物等事,应通知外交部与

领事交涉,妥为办理。如事关捕拿,须由外交部照会领袖领事,在提票上签押后方可拿人,各部及军民人等,不可自行照会或遽行缉捕。

三、华人不论何项人员,不可携带军械入租界行走。如须持械过租界时,应由都督府知照外交部,将路程人数械数开明,向工部局领有准照,方可自由行动。

四、上海会审公堂,前此所派清廷官吏,大半阘冗,是以腐败不堪。上海光复后,该公堂竟成独立,不复受我节制。此种举动,理所必争,尤宜急图挽救,外交部自当向各领事交涉使必争回,然后选派妥员接管,徐图改革。但交涉未妥之前,我军民不可从旁抗辩,致生枝节。

五、在租界内,无论华洋住宅铺户,均不得无故搜查,即或有必须搜查之处,须由外交部照会领事,取有正式签押票据,方可随同租界差捕前往搜查。

六、现在存储上海之军火,不可滥行搜查致生纷扰,应由外交部调查该军火原主,或军政府能悉其底蕴,即行知照外交部向该原主索取不运出口之凭证,照会该管领事存案。嗣后,如有私运出口情事,则可俟其装运之船离埠,在港口外检查,并应速行通知外交部,照会该管领事,派员随同前往扣留,再送捕获裁判所发落。

七、凡在通商口岸之中立国商船,业经进口在港内时,均免检查。如确知其私运军火,应知照外交部向领事交涉。

八、万国公法,所有外国兵舰及他种国有船,并其所有之驳船,均不得搜查留难,自当按照办理。

九、各国轮船进口,凡使馆所用物件,按照通例向不纳税,亦不得留难,如查明确有夹带违禁品物,亦不可扣留,只可将情形通知外交部与该管领事交涉。

十、凡有外国租界各埠,应仿照上列各条办理。如各地风俗习惯及条约上有不同之处,仍可变通,但必须先将详细情形通告本部,另定特别办法。

《中华民国史档案资料汇编》第二辑《南京临时政府》,第9—11页

布朗致朱尔典函
1911 年 12 月 6 日

（1912 年 1 月 22 日朱尔典致格雷函的附件）

阁下：

我荣幸地报告：11 月 29 日，我收到贵州省中国内地会成员温泽先生要求帮助的紧急呼吁。温泽先生于 27 日自贵州、四川两省边界的松坎寄来的信说：他在他的夫人和皮尔逊、肖森等女士的陪同下，自遵义府前来重庆途中抵达该地，但现在他们那伙人既不能返回遵义，又不能前来重庆，因为匪徒们切断了那两个方向的交通；他请求我弄到一支卫队，护送他们前来重庆。

我收到该信后，立即写了一封信给綦江县知县，请求他马上派一支适当的护卫队前往松坎。由于邮政处于瓦解状态，所以我于当天派了两名领事馆仆人去送信，指示他们把信送至知县衙门，然后继续前往松坎会见温泽先生。此外，我给了他们一份中文的文件，说明他们这次旅行的目的，并请求允许他们自由通过。这份文件的措词是含糊的，目的是使政府当局和革命党人都可以对他们提供保护。同时，通过教友会的戴维森先生，我把温泽先生所处的困境通知了重庆新政府；他们于 11 月 30 日也派了信差前往綦江县。

那两名仆人及时地到达了綦江，并递交信件，但官员拒绝接受，因为该城即将倒向保路同志会一边。于是，我的那两名信差动身前往松坎，但他们没有走多远，便遭到匪徒们的攻击，被抢走了银钱和大部分衣服。他们终于到达了松坎附近的一个村庄陈池街，并和温泽那伙人一起回来。在抵达綦江前，匪徒们对那伙人发动了一次袭击，但被温泽先生的遵义府护卫队所击败，匪徒们有二三人死亡，四五人受伤。

在到达綦江后，那封信幸亏被我的信差留给了一位朋友，于是递交给官员；经过一些困难之后，提供了一支二三十人的护送队。温泽先生及其一伙于 12 月 3 日抵达重庆。

布朗谨上　 1911 年 12 月 6 日于重庆

《英国蓝皮书有关辛亥革命资料选译》,第 294—295 页

孙中山关于各族团结一心防俄侵蒙致喀尔沁亲王等电
1912 年 1 月 28 日

北京。喀尔沁亲王、喀尔喀扎萨克和硕亲王那(名彦图)、科尔沁辅国公(迪苏)博暨蒙古诸王公、各台吉钧鉴:汉蒙本属同种,人权原自天赋,自宜结合团体,共谋幸福。况世界潮流所趋,几于大同,若以芸芸众生,长听安危于一人,既非人道之平,抑亦放弃天职。今全国同胞见及于此,群起解除专制,并非仇满,实欲合全国人民,无分汉、满、蒙、回、藏,相与共享人类之自由。究之政体虽更,国犹是国。故稍有知识之满人,亦莫不赞同恐后。谅诸公明达,必表同情。文以薄德,谬膺临时总统之举,上述各意,已一再宣布,蒙地辽远,或未尽悉。而俄人野心勃勃,乘机待发,蒙古情形,尤为艰险,非群策群力,奚以图存。夙仰贵王公等关怀时局,眷念桑梓,际兹国势阽危,浮言四煽,西北秩序,端赖维持。祈将区区之意,通告蒙古同胞,戮力一心,共图大计,务坚忍以底成,勿误会而偾事,并请速举代表来宁,参议政要,不胜厚望。中华民国大总统孙文。勘。

《中华民国史档案资料汇编》第二辑《南京临时政府》,第 15—16 页

唐彦保等为强国筹边防杜外人致驻京蒙古王公电
1912 年 1 月 28 日

北京。驻京蒙古那王、博公两先生钧鉴:中国困于专制,国势日僭,外侮频仍,边疆日蹙。先生有鉴于此,以为强国必先筹边,故在蒙古办理实业公司,提倡小学教育,在北京组织殖边学堂,为蒙藏作人材。爱国爱乡,至肫至挚。生等沐教三年,愧无以报。方今革故鼎新,合汉、满、蒙、回、藏五大民族为一共和国家,各省民志已趋于同,惟蒙藏地阻

情歧,尚未联合。近闻外人对于两地,狡焉思逞。际此危急,正先生所以报国家,而生等所以报先生之时。现新政府联合蒙藏,一视同仁,取消旧时理藩不意之名,而组织一蒙藏经理局于内务部,为对蒙藏中央行政机关。一面以保全领土,为国际宣言,杜外人之野心。务望本爱国初意,劝导蒙藏同人,戮力齐心,共谋幸福。窃思清廷自且不保,遑可恃以为安。西北安危,生等固当与先生共之。闻政府特派有联络使来蒙,蒙亦应速派代表南来,双方结合,始为完善。中国前途幸甚!殖边学生团受业唐彦保、肖微、燕丕基、肖飔曾等叩。勘。

《中华民国史档案资料汇编》第二辑《南京临时政府》,第 16—17 页

外交部为保护外人致各省都督电

1912 年 1 月 31 日

各省都督鉴:停战期满,军事再兴,恐有不法之徒,乘机滋扰,害及外人生命财产。顷奉大总统命,通电各省都督,加意保护。此布。外交部。三十一。

附:朱汉涛覆电保护外人文

中央外交部鉴:三十一电悉。除遵照来电,通知各军队转电南昌马都督一体照办,暨由浔外交局示谕城庙,并移知九江府警务部,妥饬兵差认真防范,保护外人生命财产外,特此电覆。九江司令官朱汉涛。东。

《中华民国史档案资料汇编》第二辑《南京临时政府》,第 18 页

孙中山接见麦考密克时的谈话①

1912 年 1 至 2 月间

"十一年来我一直对你们所要解决的一切问题都很感兴趣,"我向

---

① 麦考密克(F. Mecormick)是美国记者。这篇谈话的确期不详,根据内容,有"清廷的退位诏已经写好,只因南北双方的态度尚待协调,延迟未发"。清帝退位诏书在二月十二日宣布,麦考密克访问孙中山当在此之前,故谈话的时间酌定在一至二月间。

临时大总统孙逸仙说,"你和协助你的人完成了世界上最需要完成的事业——在中国推翻了满清统治,这是世界上以后还要做的事。"

"现在你想知道别人对你所要解决的重大问题——扫除满清,建立你自己的国家,与别国并立——如何看法。满清统治者在国外说有朋友,列强并不是因为他们而不承认民国。至于我们美国政府,可能最后才能承认你们。美国政府的政策是以这样的方式行事,即为中国的利益尽最大的努力与列强周旋。最近的葡萄牙新共和国,美国就是最后一个承认的。"

"不过,美国在三天之内就承认了巴拿马。"临时大总统孙先生说。

"中国与巴拿马不同。中国是列国竞逐的对象,为外事纠纷所困扰。美国过早的承认,可能会使你们的这种外事纠纷增多。我们的政府为我们的这种立场而骄傲,但也有它的困难。我们的人民不大了解中国,他们也为我们对中国的这种立场和主张而骄傲;虽然如此,政府还是走在人民的前面。美国政府不能冒在国内丧失影响的风险而比这走得更远,更不用说这样做要冒对其他各国丧失影响的风险了。所有说英语的国家肯定都对你们友善,同时你也知道,他们都急欲知道中华民国的稳固性。"

"但我们是不合法的。我们有三亿六千万人民,我们在十五个省份行使权力——远达缅甸边境。我们有政府,但不合法。我们不能继续这样下去。人民已在督责我们,他们不了解列强为什么不承认我们,他们不了解我们的外交问题。你知道,排外的情绪到处都是,它可能爆发,我们无法阻止它——我们无法向那些督责我们的中国人解释。世人都很友善——欧洲人都够朋友——我们到处都有朋友。但我们需要的是承认,你们应该承认我们。"

"假如中国能表现出治理自己的能力,"我说,"以它内部分歧的解决来保障外人的利益,外国的承认是无问题的。照目前的情形,我们若承认民国并借款给它,或者借款给北京政府,这都是偏袒。另一方面,假如你们与北方协议把国家划分为二,每边各自建立一个政府,你们就会得到承认。"

"不，那不行，我国人民的感情是一致的。所有的人都反对满清，都站在我们一边。北京并没有政府。"

当我们在总统官邸交谈的时候，外交部长王宠惠和美国特使邓尼博士（Dr. Tenney）正在另外的地方，同样讨论着承认民国和中国的国际地位等问题。

临时大总统最焦虑的似乎是两件事，其一是日本，其二是中国人民是否会不再支持南京政府。清廷的退位诏已经写好，只因南北双方的态度尚待协调，延迟未发。袁世凯赞同君主制，并保证支持清廷。假如民国归了现在的袁世凯，其目的将丧失；假如民国归了一个维护"中华民国"的袁世凯，其目的将可达成。

"你对袁世凯的判断如何？"临时大总统问我，"他将依哪一方面的考虑行事呢？"

"我认识他已有几年，我对他的印象十分良好，与对其他许多人的印象一样。他是个能干的人，而且自他做了山东巡抚和直隶总督以来，我认为他是为国家的最高利益行事的。他的确一直献身于他对革新的信念。"

"你认为他现在的行动是为了改革，还是为了清廷？"

"他不得不为清廷谋求最佳的条件，但他真正的利益必定是全帝国的利益——即国家本身，而不是任何个人。我认为他不可能只为其自身的利益行事。"

"如果我能拿得准他是如此，我就没有什么焦虑了。"

秘书和部长们都在等着临时大总统，将近一个小时的访问就此结束。临时大总统要去与临时参议院议长会商了。

《孙中山全集》第2卷，第140—142页

伍廷芳关于沙俄军队侵占胪滨致大总统电

1912年2月7日

孙大总统鉴：顷接唐君绍仪送来梁君士诒电文如下：周黑抚致阁部

电,谨抄阅,希告伍。文如下:顷据胪滨抚张守寿增电称:十七日早八钟,俄马步炮队约八百余,蒙马步队约四百余,合围府营,当即悬旗停战,请蒙员车总管到署面商。九钟车同俄官二员到署,限十二钟交枪马,否则开炮轰击。磋商四小时之久,非交枪马不可。增等因兵力不敷,若再开战,增等一身不足惜,必至牵动外交,不得已将枪马交蒙,下午四钟带兵出署,明晚回省。等语。查呼伦骚之变,初由俄人暗助,既则显然干涉,终则帮兵合围,谈府孤悬绝徼,援断兵单,势难固守。惟该府一失,沿边二十余卡沦及吉拉林议治局均不可守,呼伦道所辖全境,已成土崩之势,间接而入俄人之手。除饬李守鸿谟将俄运蒙兵攻胪等情调查明确,以为交涉地步外,应请大部设法挽回,并盼示机宜。树谟。十八日。等语云云。特为转致。廷芳。虞四。印。

《中华民国史档案资料汇编》第二辑《南京临时政府》,第 24 页

咨参议院请核议借华俄道胜银行款项文二件①
1912 年 3 月 1 日

一

民国统一,战事已息。目前以恢复秩序,分别安置军队为第一要义,必需巨款,方足敷布。而各处疮痍未复,未能遽取诸民,拟借用外债,昨日得财政部电称,现拟借华俄道胜银行之款,系五厘息,九七扣,一年期,用中央名义担保,毋庸抵押,自下次大宗借款内扣还,并须许以下次政府有大借款,如所索权利与他家相等,华俄银行有优先权。共借一百五十万镑,经涛②于廿一日签字,候孙、袁总统及京行电许,并参议院通过,即行作实,一星期内即交三百万两。请即交院议并电复。为此,要求贵院即开临时会,提前诀议。此咨。

---

①　此件所标时间系《临时政府公报》第二十六号出版日期。其一原标题为《大总统准财政部电称拟借华俄道胜银行款项咨参议院提前诀议文》,其二原标题为《大总统参议院提出华俄道胜银行借款草合同请提前议诀文》。

②　财政部总长陈锦涛。

二

昨据财政部总长陈锦涛电称,拟借华俄道胜银行款,其条件各点已提出贵院,经得同意。兹将与该银行订定借款草合同,呈请转咨贵院开临时会,提前公决核准前来。相应咨请贵院察照办理,并派秘书长胡汉民、财政部委员黄体谦到院,陈述一切。此咨。

《孙中山全集》第2卷,第149—150页

朱尔典致葛雷函
1912年3月4日收到

阁下:

关于我上月4日的信,我随信附上英王陛下驻南京领事关于该口岸革命运动问题的另外几封来信的副本。这些有趣的报告继续叙述了那个自命为新共和国的临时首都每天经历的许多事情,并将成为可供参考的有用档案。

现在这封信中所要加以评论的那些报告,系说明以前几封信中提到的十三个革命省份代表会议结束的情况,他们最后通过的决议是任命黎元洪为革命军元帅,并任命黄兴为副元帅,从而把以前上海那伙代表的决议颠倒了过来,因为上海那伙代表把更高的职位给予了黄兴。我顺便可以说:黎元洪在这个国家所享有的名声,在个性和果断方面仅次于袁世凯,如果袁世凯遭到任何不幸的事情,人们认为黎元洪很可能被请来接受袁世凯的衣钵。

对任命黎元洪为元帅一事所提出的正式理由,是因为目前袁世凯已经同他进行和平谈判,暂时绝不可以把任何人置于他的地位之上。黎元洪都督继续留在武昌指挥湖北军队,黄兴则担任指挥南京的部队。

由于孙逸仙博士于1月1日抵达南京,革命派的活动进入了一个新的阶段。象我以前所说的那样,在已结束的革命各省代表会议的一次特别会议上,孙逸仙博士于去年12月29日以十二票对一票当选为这个革命的共和国的临时总统。

据说,他在宣誓就职时郑重保证:他将在中国推翻满清王朝;当一旦组成完全共和的政府并获得列强的承认之后,他便立即辞去总统的职务。后来,他多次建议将总统的职位让给袁世凯;毫无疑问,当正式宣布满族退位后,袁世凯将马上接受该建议。

庆祝孙逸仙博士当选总统仪式的特点,是浙军所采取的专横行动,他们未提出正式的或其他方式的通知,带着剪刀作为武器在南京各街道上游行,剪掉所有那些仍然蓄发的中国人的辫子。他们不分老幼贫富,所有人的辫子都遭到同样的命运。

研究中国史的学者认为,蓄辫的风俗可以追溯到古代的匈奴人(公元前二百年至公元二百年)及其嫡系子孙突厥人(公元五百年至八百年),他们都留着发辫。不过,越是到了近代,蓄辫就越直接溯源于满族人,他们在驱逐明朝之后,没有办法明白区别那些曾用各种方式帮助他们的"忠实"的或归顺的汉人,只好使那些汉人采用满族的服装和辫子,以代替明朝人那种复杂的"顶髻"以及大袖子、裙子,等等。1644年,负责照料满清幼年皇帝的摄政王下令说:当时所有的汉族"臣民"必须蓄满族的辫子,而且除守制期间外,还要把头盖前部完全剃光,违者处死。

南京人民对浙军的暴行感到非常愤恨,浙军还挨户搜查那些已躲避他们监视的人们,从而增加了他们的罪行。在前些时候,华南所有的汉人都已剪去辫子,作为支持革命派的标志;南京居民对于没有机会避免公开遭受侮辱一事有理由感到愤怒。他们迄今对革命军政府的体验已经极为不满,采取向商人们强制借款和强迫征税以募集资金的专横方法,使所有的人们都受到影响,同时又进行剪辫运动,从而大大增强了革命事业在该城内已经引起的厌恶情绪。广大群众开始认识到,豁免一切捐税以及关于新太平盛世将带来繁荣昌盛的其他一些普遍幻想的前景,事实上是没有根据的。在许多场合下,他们开始对他们所给予革命运动的同情和支持感到后悔。

孙逸仙博士在就职典礼上宣读的声明,说明了共和国的目的和政策,它将把革命各省联合在一个共同的中央政府的领导之下,从而保证统一管理军政事务。该声明还列举了打算采取的各项改革,在结尾时表示感谢列强在中国发生危机期间所抱的中立态度以及对革命事业的同情,并宣布新政府具有履行它的义务的诚挚意图,以便迅速赢得一个文明国家所享有的权利。

他们特别选定 1 月 1 日为总统就职日的目的,在于使共和国开始的日期同各国每年开始的日子一致起来,为政府采用阳历提供一个正当的借口。这个改变正如伟晋颂先生所了解的那样,虽然是可取的,但却与中国人的感情相冲突,必定不会受到人民群众的欢迎。

吸引总统所任命的内阁的注意力,而且后来为革命各省代表会议所批准的首批问题,是如何获得现款以进行政府工作以及维持象南京一样的各城市秩序的问题,这些城市中的军队已在很大程度上失去了控制。总统主持了所有的内阁会议,但在其他方面他的主要工作似乎是发表各种声明和宣言,其主要目的无疑是尽量使外界广泛了解新政府的建立和他本人的职位。

现在人们还不知道内阁考虑的结果怎样,但了解到他们已按照美国的模式起草某种形式的宪法。同时,由于缺乏现款,使得国内行政方面的改组工作不能获得任何进展;看来很可能在建立一个永久性的政府之前,军事法规将继续在中华民国全境内施行。

伟晋颂先生的来信说明,临时总统如何邀请袁世凯在满清政府退位后前往南京接任总统职位,以及对这项建议有时所附加的各种不同条件。看来很明显,内阁总理大臣最后担任总统职位,是使中国能够恢复和平和秩序的唯一可能的办法。

1 月 28 日,孙逸仙博士正式召开中华民国临时参议院首届会议。中国本部十九省中,有十七省代表出席,例外的两省是山东和甘肃。不过,只是因为除了所说的两个例外省份之外,每省都有代表参加,这样该会似乎才是全国性的。但由于那些代表不是由各省都督所任命,便是在没有代表的省份由南京政府所指定,所以不能够说该会是代表人民的。新的会议召开之前,解散了那个选举孙逸仙博士为总统的旧的各省代表会议。然而,这两个会议的差别不是很大的;大家知道,革命派打算由新的会议决定中国所应采取的政体问题。

朱尔典谨上   1912 年 2 月 9 日于北京

附件 1:伟晋颂致朱尔典函

阁下:

关于我本月 21 日的信,我荣幸地报告:十三个革命省份的代表会议已经结束它的会期。它最后通过的决议是任命黎元洪为革命军元帅,并任命黄兴为副元帅,从而把上海那伙代表关于首脑人物的决议颠倒了过来,因为他们不久前把更高的职位给予了黄兴。关于对黎元洪的任命一事所提出的正式理由,是因为目前袁世凯已经同他进行和平谈判,而且伍廷芳是他的谈判代表,所以此时绝不可以把其他任何人置于他的地位之上。就我所知,这些任命是该会议顺利通过的唯一事项。

革命派正在进行的大规模的战争准备,不是一个令人感到愉快的和平征兆。奉调自南京北上而且现在集中在临淮关和蚌埠的部队人数,必定已大大超过一万人,其中大部分是宣布停战以后离开此地的。这些部队中只有少数人乘火车北上;有些人是步行的,但大多数似乎是乘帆船通过运河运至蚌埠的。由于张勋提督也不断获得增援,已有八百人左右于本月 25 日自北方抵达徐州府,所以敌对双方的部队人数大概是不相上下的,但就纪律和一般状貌而言,革命军士兵同张勋提督所带走的部队相比较是十分不利的。

黄兴于昨日抵达这里担任南京革命军的最高指挥官,黎元洪都督继续留在武昌指挥湖北部队。人们预料黄兴将不会亲自去前线,而将担任陆军总长的职务,把对战场部队的指挥交给徐绍桢统制。有人告诉我,南京的部队共有三镇,每镇各七千人。浙军拒绝在寒冷天气打仗,同他们的纠葛已得到圆满解决。他们将守卫各交通线。

上星期内,通过向南京商人强迫征收二十万两的税款,本地的军费已得到补充。它引起了人们情绪上的很大变化,对旧制度怀有好感。

伟晋颂谨上　　1911 年 12 月 27 日于南京

附件 2:伟晋颂致朱尔典函

阁下:

我在上月 27 日的信中,曾经通知您:前两周内在此地开会的革命各省代表会议已经解散。可是,上星期五,即上月 29 日,召集该会成员举行一次特别会议,任命革命共和国的临时总统。正式候选人是孙文博士,他以十二票对一票当选担任该项职务,那张唯一的反对票是浙江代表投的,他通过投票支持黄兴,使选举活动产生了一些变化。孙文博士昨天下午乘专车抵达南京,下榻于总督衙门。人们为欢迎他而做了很多准备,部队排列在自火车站至总督衙门全程为六英里的道路两旁,但新总统没有下火车改乘汽车,而是把他的车厢调到通往城内的铁轨上,坐火车前往总督衙门。对计划的这项改变是在最后时刻作出的,因为有某种理由担心,有人可能对他扔炸弹。昨晚,为他举行了就任临时总统的庆祝仪式。据说,他在就职的誓词中,郑重表示要使中国摆脱满清王朝的统治,而且当一旦组成正式的民国政府并获得列强的承认后,他便辞去总统职务。这似乎证实了普遍的看法,即他只不过是要使袁世凯感到为难。今天,新总统将发表一项公告,宣布他的就任及其政府的政策。

驻在南京的浙江部队用很特殊的方式庆祝孙文博士当选为临时总统。白天,他们的队伍带着剪刀做武器在各主要街道上游行,对他们所遇到的所有那些仍然蓄辫的中国人,一律用剪刀剪去辫子。他们不分老幼贫富,所有人的辫子都遭到同样的命运。此地的人民对这个暴行确实感到非常愤恨。正象他们提出的正当申诉那样,没有给予他们正式的或其他方式的剪辫通知,所以他们完全是遭到突然袭击,没有机会避免士兵们在旁观者的嘲笑声中当众强迫剪辫所带给受害人的那种侮辱。有人告诉我说:军方象所有其他的人一样,对浙军的行动感到愤慨,但他们不敢制止这些罪犯,更不敢加以惩罚。现在,浙军正挨户搜查那些已躲避他们监视的人们,从而在人民面前增加了他们的罪行。不过,到现在,南京必定只有很少的人仍然保留着他们的辫子,因为为了避免遭到当众剪辫的侮辱,这里几乎所有的男人现在都已经剪发。甚至年轻的姑娘们也把头发卷成小面包形,盘绕在头顶上,而不象以前那样梳成辫子垂在背后。

在我上一份报告中提到的向南京商界强制征收二十万两税款的成功,鼓励军方图谋继续采取灵活办法向公众募集银钱。现在,他们已发布命令说:这座城市内所有租赁房产的人应向军方预付今后三个月的租金,当农村重新恢复秩序而且他们的财政状况允许的时候,军方将把该款偿还房东。这项强制性的借款如果可能实施的话,比向商人强迫征税甚至更加不受欢迎,因为所有的人都受到它的影响,同时还进行剪辫运动,所以它大大增强了革命事业在这座城市内已经引起的厌恶情绪。最近,我曾经与好几位南京的商人和绅士谈话,没有从他们任何人中间听到对目前的制度说一句好话。他们对于已经给予革命运动的同情和支持一致表示后悔。

毫无疑问,目前南京的情况从每一个观点看来都是令人感到不满意的。人们对程德全巡抚抱有很大的期望,但自一个月前革命军占领此地以来,他在他担任都督的这座城市内停留的时间不过三四天。据说,他为建立某种形式的民政管理机构所作的努力受到了军方的阻挠,所以他带着厌恶的情绪离开了此地,如果他能够避免的话,他将不会回来。在过去三个星期内,曾任命三人为全省的财政司长,但他们都已辞职。事实上,南京仍施行军事法规,士兵们完全象他们的长官一样享有控制权。我在以前的几份报告中,已经提到浙军和粤军的骚乱行为。虽然苏军没有上述浙军或粤军那么明显,但有人告诉我,他们对居民来说甚至是一个更大的祸害,因为他们全都是盗贼,在城内发生的许多抢劫案中,几乎每一件都已追溯到他们那里。这些士兵抢劫的地方中,有些是张勋提督的士兵所没有抢劫过的官办学堂。在这种情况下,革命军初到此地时显示出某些复苏迹象的贸易已几乎完全趋于停顿,而且离开此地的人超过了前来此地的人,这是不足奇怪的。我可以说,城内没有一所学校已经开学。

前几天内,大约有四千名粤军自上海抵达南京,驻扎在城内。由于营房都已住满,为了给他们腾出地方来,同样数目的苏军和浙军已调出南京,浙军开往浦口,我知道苏军系返回苏州。从新总统本人的原籍调来这么多的部队,将在相当大的程度上加强他的地位。

在津浦铁路沿线,一切似乎都很平静。塔克先生刚从临淮关旅行归来,告诉我该处有七八千名部队。蚌埠至固镇之间有几英里的铁路遭到破坏,但桥梁没有被炸毁,虽然曾经有人为此目的在淮河大桥埋了地雷。据说,由一名法国人指挥的约五百名革命军企图破坏固镇的桥梁,已经遭到失败。现在,维修列车在浦口至临淮关之间定期行驶,塔克先生已顺利地获得了另外几节车厢。最近,铁路被用来自临淮关运兵南下,但没有载兵北上。

伟晋颂谨上　　1912 年 1 月 2 日于南京

附件 3:伟晋颂致朱尔典函

阁下:

我得到了孙文博士在此地就任中华民国临时总统时宣读的那份声明的副本。昨天在南京发表并张贴出来的这份文件,说明了中华民国的目的和政策,它将把革命各省联合在一个共同的中央政府的领导之下,从而保证统一管理军政事务。该文件列举了它打算采取的各种改革,在结尾时表示感谢列强在中国发生危机期间所抱的中立态度以及对革命事业的同情,并宣布新政府具有履行它的义务的诚挚意图,以便迅速赢得一个文明国家所享有的权利。

上海报纸详细报道了新总统到达和就职时所举行的庆祝仪式。这些仪式是由军方安排的;正象我以前说过的那样,南京人民迄今对革命军政府的体验是绝不满意的,他们没有参加这些仪式,也显然没有任何兴趣。值得说明的是,此地的下层人士中,通常谈到孙文博士是新皇帝,他们不了解总统这个专门名词,认为它只不过是更高头衔的一个委婉的说法。

他们特别选定 1 月 1 日为总统的就职日,所以民国开始的日期将同各国每年开始的日子相一致,为政府采用阳历提供一个正当的借口。这一改变虽然是可取的,但却与中国人的感情相冲突,因此一定不会受到人民群众的欢迎。

由总统提名后来为革命各省代表会议所同意的内阁阁员的姓名,于昨天公布。这份名单于前一天交给了我,但代表会议没有批准这些任命之前,我没有把它电告您。新阁员的姓名如下:

副总统　　　黎元洪

陆军总长　　黄　兴

外交总长　　王宠惠

海军总长　　黄锺英

司法总长　　伍廷芳

财政总长　　陈锦涛

实业总长①　张　謇

内务总长　　程德全

教育总长　　蔡元培

交通总长　　汤寿潜

当然,黄兴、伍廷芳、程德全、张謇、汤寿潜等先生的名字是您所熟悉的。王宠惠先生是从美国留学回来的,作为一个法律专家而享有很高的声誉。他在和平谈判中担任伍廷芳先生的助理代表。陈锦涛先生也是一位归国的留美学生,曾任袁世凯内阁中的度支部副大臣,他和王宠惠先生都是广东人。担任海军总长的黄锺英舰长是一位福建人,他曾经在北洋舰队的一艘较小的巡洋舰上担任几年指挥官。

南京的公众舆论还没有表达出来,我不能够说此地人们是怎样看待这些任命的。不过,总的说来,除了大多数新阁员们当然完全没有行

————————

①　原文作农业总长。

政管理经验之外,对总统提出的人选似乎是没有什么可挑剔的。

继续进行的战争准备迄今很少表现出松弛的迹象。的确,最近没有新的部队抵达此地,但几乎每天都从本地驻军中选派部队北上,据估计人数已接近一万五千人。然而,值得注意的是粤军没有被调出城外;向我说明的理由是他们缺乏冬季作战所必需的装备,虽然我自己的印象是他们不打算进行这样的战斗。我听说:从杭州铁路上借来的火车车厢正在用船自上海运至浦口;虽然现在没有使用这些车厢,但把它们运至该处似乎表明,在停战期限届满之后,革命军很想充分利用津浦铁路。很难得到关于张勋提督的任何消息,他控制着徐州府的电报局,但无论如何,他的主力部队已由那里退入山东边境。

在南京,有钱的公民仍继续受到敲诈,要为军费提供捐款,通常所用的方法是封闭他们的房屋,并以没收相威胁,除非他们立即交出一定的款项。

伟晋颂谨上　1912 年 1 月 5 日于南京

附件 4:伟晋颂致朱尔典函

阁下:

由于任命了下列官员为各部的次长,所以民国临时内阁现已组成:

陆军部次长　　　蒋作宾,湖北人。

海军部次长　　　汤芗铭,湖北人。

司法部次长　　　吕志伊,云南人。

财政部次长　　　王鸿猷,湖北人。

外交部次长　　　魏宸组,福建人。

内务部次长　　　居　正,湖北人。

教育部次长　　　景耀月,山西人。

实业部①次长　　　马　和,广西人。

交通部次长　　　于右任,山西人。

---

① 原文作农业部。

　　宣布的另一项任命为庄蕴宽继程德全任江苏都督,因为程德全现任内务总长。我以前在梧州的时候,便和新都督十分熟悉。他于1905年在那里任知府并署理道台。他是一位性格特别坚强的人物。内阁中没有温宗尧先生的名字,他直到最近还是伍廷芳在外交方面的副手。他曾被任命为内阁中的藩属部总长,但该项职位被各省代表会议取消了,理由是新中国没有藩属,只是各省的联合。

　　除了程德全先生因在上海患重病之外,所有的新总长们都来到了南京,并已经努力工作。引起内阁注意的第一个问题,是如何获得现款以进行政府工作的问题。目前革命派的税收仅勉强足以应付他们的军事需要,没有钱可节省下来用于其他的目的。在这种情况下,内阁在不很长的时间内便认识到:如果要组织一个有效的行政当局,并从目前革命各省普遍存在的混乱状态中建立秩序,必须在其他方面立即寻找新的财源。由于大家认为举借外债是办不到的,所以总长们作出的决定是发行一亿元的内债,利息八厘。据宣布,这笔公债的收入除满足政府的急迫需要外,将用来建立一种金本位的新货币。他们发表这项通告的目的,无疑是要使那些可能认购公债的人具有信心,因为如果这些人认为这笔款项将花费在战备方面,那么,对购买公债将采取极审慎的态度。我认为,发表这项通告的目的,还在于使外国人对新政府进行全面改革的决心具有深刻的印象。无论如何,人们很难相信,总长们会真正认为认购公债的款额还足以满足行政当局的紧急费用,虽然有人告诉我,他们满怀信心,在中国南部和海外华侨中间将热烈认购公债。

　　据我所知,内阁已经讨论有关国内行政的唯一其他问题,是维持象南京一样的各城市秩序问题,因为这些城市中的士兵已经在相当大的程度上失去了控制。为了协助警察执行他们的职责特别是处理军队中的罪犯,将组成一支宪兵队。

　　总统主持了所召开的历次内阁会议,但在其他方面他的主要工作是发表各种声明和宣言,其主要目的无疑是尽量使外界广泛了解新政府的建立和他本人的职位。

伟晋颂谨上　1912年1月11日于南京

附件5：伟晋颂致朱尔典函

阁下：

自从我上一次于本月11日写信给您以来，没有什么事情可向您报告。上周内，内阁同革命各省代表一起共同开会，讨论这个新共和国的宪法。现在还不知道他们考虑的结果如何，但人们知道，他们起草了一部共有四十项条款的宪法，并且是以美国的宪法为模式的。与此同时，由于缺乏现款，无论在这个首都或各省，使他们在内政方面的改组不能获得任何进展；现在，很可能在建立永久性的政府之前，继续在中华民国全境内施行军事法规。作为临时政府处境窘迫的一个例证，有人告诉我说：可供行政管理费用的税收甚至不够支付各部总长的薪金，他们中间大多数人的职责完全是有名无实的，所以直到目前为止没有给他们提供办公室或办事人员。

募集款项以满足行政当局急迫需要的重大任务，已经交给了财政总长陈锦涛先生，他目前正在上海试图谈判一笔对外借款。陈锦涛先生对借款必须提供的最宝贵的担保品是杭州至宁波的铁路。我在本月11日信中所提到的内债，迄今还没有在市场上出售，但据说已经从华南和马六甲海峡得到大量认购的许诺。不过，很难相信他们指望从这方面得到的入款会是很多的，或者是在海外募集款项不会那么令人焦急。

最近，总统主要是忙于进行和平谈判。他似乎对达成一项有利的解决办法持乐观态度；有人告诉我，他为了达到该项目的，准备作出较他那一派所完全同意的更大让步。根据各方面的报道，他的处境决不是称心如意的，有人已开始阴谋策划把他从总统的职位上赶下台。

南京的情况差不多同往常一样。使居民们感到十分宽慰的是，主要属于浙军和苏军的五六千名部队已被调出城外，开往长江对岸的浦口，由该处分批乘火车北上，前往临淮关。人们希望，由于他们已经离去,抢劫行为将不那么盛行。不幸的是,最近抵达此地留驻城内的一些粤军,由于他们窥测方向,仿效他们的浙军伙伴的榜样行事,使他们自己成为人人极为厌恶的对象。这些士兵的行动已经成为领事团向有关当局共同申诉的主题,部分是由于他们在几件事例中对外国人有侮辱行为,部分是因为他们有朝天开枪的那种令人讨厌的习惯,给公众造成很大的危险。前一情况的那些罪犯一般当然是喝醉了酒的士兵。值得注意的是,目前中国士兵中饮酒的人要比以前多得多,这无疑是禁止鸦片的后果之一。

此地于本月15日正式庆祝新年。那天宣布为公定假日。为了庆祝这个日子,各街道用那些发给各户主的旗帜鲜艳地装饰起来。下午,总统举行了一次招待会,据我所知,民国官员都参加了该会,虽然外国人没有出席。公众一般都不注意所发生的一切事情。商店都继续营业;人民完全象平时一样进行他们的工作。

直到一两天前,和平的前景是极美好的,但已突然变得不那么明朗。只不过在上一个星期,袁世凯还接到总统的邀请,在满清政府退位后前往南京接任总统职务。现在,这项建议已被撤回,内阁总理大臣获得通知说:在民国得到列强的承认以及各省重新恢复和平和安宁之前,他不能够参加民国政府。这好象是对他进行无限期的拖延。革命派还十分强烈地反对在北京成立任何临时政府,声称:如果袁世凯接管该处的事情,那就必须是根据他们的命令。

伟晋颂谨上　1912 年 1 月 20 日于南京

附件6:伟晋颂致朱尔典函

阁下:

我在本月 20 日的信中曾经说过:由于此地总统方面的态度突然发生变化,和平的前景已变得不那么明朗;总统曾邀请袁世凯在清朝退位后接任他的职务,后来显然撤回了他的建议,并拟订了一套新的条款,它不仅禁止在北京设立临时政府或副摄政职位,而且不许内阁总理大臣和满族人参加南京的临时政府。不过,在今晨的《华北日报》上,发表了一篇经孙文博士授权的声明,从该声明看来,那些新条款似乎绝不是企图把袁世凯排斥在政府之外,而只不过是推迟任命他担任总统,直到民国获得列强的承认为止。人们预料,如果不在北京设立副摄政职位,对他的任命只不过是拖延几天时间的问题,否则便可能延迟相当长的时间,而在这个期间内,袁世凯如不真正接受共和政体,可以有机会"选定他自己的代表或不按照暂时为中华民国临时政府安排的计划行事"。该报还发表了孙文博士本月22日拍给伍廷芳的一份电报的译文。他在电报中说明了清帝退位后他把总统职务交给袁世凯的那些条件,其目的是要保证内阁总理大臣断绝同满清政府的联系,并成为民国的忠实公民。当然,假定清帝自愿退位的话,那么,孙文博士制定的那些条件绝不是袁世凯所不可能接受的。内阁总理大臣担任总统职务,似乎是中国能够迅速恢复和平和秩序的唯一可能的办法。

由于谈判中的最后这个障碍,人们对总统提出了许多指责,我不能不认为这些指责是完全不应当的。象我以前说过的那样,他的处境是极为困难的。革命派中的军界人士和极端分子(孙文博士确实应把他目前的地位归功于这些极端分子),几乎一致赞成继续进行战争,他们认为从战争中可以赢得一切,而毫无所失,因为他们对胜利是满怀信心的。因此,这两种人始终反对同满族人或袁世凯进行任何性质的妥协。他们认为满族人是不值得予以考虑的,而对袁世凯则怀疑他试图欺骗他们并为他自己追求清朝的爵位。正如人们完全可以想象到的那样,在这种情况下,对总统来说,在他们以及他那一派中较温和分子之间保持平衡的任务不是很容易的。可以这样说:他的影响几乎总是在赞成和平解决的那些人一边,这是值得称赞的。

最近,沪军的到达已表明有所减少,但仍有大批部队继续奉调沿津浦铁路北上。革命派估计,到现在,他们在战场上有五万人,如果和平谈判破裂,这些部队将从目前所集中的三个基地——皖北的正阳关、临淮关和清江浦向北推进。驻临淮关部队的指挥官系柏文蔚将军,他是以前第九镇的军官。他很年轻,曾在当地军事学堂受训,看起来特别英俊。

上星期内，由于南京驻军至少有一半已经离开，显然使当局有勇气试图对士兵们的暴行加以某种控制。现在，他们已任命徐绍桢统制为城防总监（我想这是一个很新的官衔），指示他立即组织军事保安队，将协助警察执行他们的职责。新总监已经有了良好的开端。他刚处决了指挥某标部队的标统，该标因不服从命令和普遍胡作非为而声名狼藉；他在士兵中也惩罚了几个人作为儆戒。他还企图在城内建立某种民政机构，因为直到目前为止南京城仍处于军法的管制之下。新民政当局的首领将是马良先生，他目前任外务司长，已被授予知府的官衔，其职责相当于北京"顺天府"的职责。直接在他下面的是一位被称为"民政长"的官员，他把以前由两城知县所行使的职权结合在一起。对这些改变还没有作出最后决定，它们是由新政府中一个被称为法制局的部门提出的。该局首领的官衔是局长，由宋教仁先生担任，他以前是"革命党"的成员；前湖北谘议局议长汤化龙任副局长。显然，该局将对各省的政治区划进行改组，今后各省仅划分为"县"，取消所有其他的区划。地方"审判厅"或法院也将重新开庭，如同许多初等学堂开学一样；有人告诉我，将成立一所新的军事学堂。中等学堂仍继续关闭。

现在，已把衙署分配给各部，只有财政部和外交部例外，为了方便起见，目前那两个部设在总统府，即前总督衙门。南京总是有特别宽敞的地方供各衙门之用，所以在供给各总长住房方面的困难比对他们提供办事人员要小一些，现在总长们大都仍缺乏办事人员。据说，每一位新总长都在考虑对各该部门进行十分彻底的改革，但这些改革当然仍停留在纸面上。我注意到，教育总长已经宣布，今后各初等学堂将采取混合制，即对男女儿童一律开放，中国人认为这是一项很激进的改革。进入这些学堂的儿童年龄为十一岁至十六岁。他进一步宣布，所有颂扬满清王朝的词句应从学堂课本中删去。实业总长张謇先生主管下的盐务当局也预示要进行一些很激烈的改革。这个消息使盐商们感到惊慌，所以他们向总统提出了一项抗议。总统已向他们保证，在未同他们商量之前,将不作任何变动。目前所打算做的事情,是把盐务管理当局由扬州迁至南京。

伟晋颂谨上　1912 年 1 月 24 日于南京

附件7:伟晋颂致朱尔典函

阁下:

正象我曾荣幸地于本月 26 日和昨天再度电告您的那样,在革命军与张勋提督的部队之间重新发生了战斗。革命军于上星期听说张勋正调兵自徐州府沿津浦铁路南下,所以派遣一支小部队自临淮关沿铁路北上进行侦察。本月 25 日,他们在徐州府以南七十六英里和临淮关以北四十一英里的固镇车站附近与清军发生遭遇战。现在还不清楚究竟哪一方首先发动攻击,但结果是革命军被逐回朝这个方向的下一个车站新桥,并有些伤亡。他们从临淮关立即派遣强大的援军北上,于本月 27 日发生了另一次战斗。清军在战斗中显然被击败,因为他们已经撤退,遗弃了一辆已遭破坏的机车。现在,革命军正跟踪北上,昨天据说已抵达固镇以北三十六英里的南宿州。有人报告说,清军在这一仗中打得很糟糕,大大提前了所必需的撤退时间。他们的撤退同他们南下时一样,系乘坐火车。这里的政府声称此次战斗系一次很大的胜利,并对此感到极受鼓舞,这不是不自然的事情。人们不知道革命军在战场上究竟有多少人,也不了解双方各自有多少伤亡。

由于停战协定于昨日满期以及战斗已经开始,使我感到相当忧虑,唯恐和平谈判可能终于产生不利的结局。因此,我于昨天下午访问了总统府,询问事情的真相究竟如何。孙文博士很忙,不能接见我,但他通过他的一位秘书,给了我一封信。该信的大意是:虽然停战协定已经满期,但和平的前景仍是很好的。段祺瑞将军与黎元洪都督之间在汉口已经达成一项谅解,它将防止在那部分战场上重新爆发冲突。总统认为,现在不需要很长的时间,清军所有其他将领都将效法段祺瑞将军的榜样,它将使朝廷除退位外别无其他选择。明显表现出想要打仗的唯一将领是张勋,他似乎是不可调和的;不要很久便可解决他。鉴于上海报纸对局势的看法是很悲观的,它也许可能在北京反映出来,所以我于昨天把此信电告您,据我看来此信是颇为重要的。

除了和平谈判之外,上星期内发生的主要事件是孙总统于本月28日正式召开中华民国临时参议院首届会议。中国十九省中,有十七省代表出席了会议,例外的两省是山东和甘肃。不过,只是因为除了所说的两个例外省份之外,每省都有代表参加,这样那个会议才是全国性的。但由于那些代表不是由各省"都督"所任命,便是在没有代表的省份由此地的政府所指定,所以绝不能幻想把该会称为人民的代表。然而,我知道,革命派正是打算通过这个会议决定中国所应采取的政体问题。它在很大程度上说明他们强烈反对这样的建议,即清帝退位后,在北京成立一个临时政府,由袁世凯担任副摄政。我毫不怀疑,内阁总理大臣能够召集一个会议,不敏感的人也知道它不是什么全国性或代表人民的,它将投票一致赞成他所希望的政体,正象目前的参议院会议将投票赞成共和一样。

在新的参议院召开之前,上星期已解散了那个选举孙文博士为总统的旧的革命各省代表会议,我在历次信件中曾经常提到那些代表们的活动。这两个会议的差别不是很大的。各省代表会议也是由各省"都督"和革命派其他首领所指派的人组成的,这些人表达他们的意见。几乎所有旧的代表也在新的参议院中得到了席位。但是,在旧的各省代表会议中,代表的人数不是固定的,有些省份有三四名代表,其他省份则只有一名代表或没有代表,而在目前的参议院中,每省有相同数目的代表或有权派相同数目的代表,即三人;人们猜想所有各省都已有代表出席,可是由于这样那样的原因,山东和甘肃迄今还没有代表参加。我曾就此问题询问一位次长,据他说,虽然外国报纸把新的会议称为国民会议,但它实际上是民国临时政府的众议院或立法会议。

现在,内阁每周集会两次,仍忙于财政问题,而未顾及几乎所有其他的事情。毫无疑问,政府十分缺乏现款,因为它以中国轮船招商局的财产作抵押募集款项的计划已经显示出这个情况。它在国外借款所作的努力显然是不成功的,所联系的那些外国金融家们提出的条件是民国必须首先获得列强的承认。它已经欠付军队的大批饷银;除非它能够迅速得到现款或实现和平,军队的士气肯定将受到很坏的影响。不过,由于和平谈判处于危急状态以及张勋提督采取肆无忌惮的态度,从而使军事活动完全不可能有任何松弛。前几天内,每天都有一千人左右离开浦口前往临淮关;从送给我的那些报告看来,我估计,目前在前线的部队人数不会比二万五千人少多少。在战场上的各省部队中,粤军无疑是最好的,比其他部队的装备好得多;而且特别敏锐,这是其他部队所望尘莫及的。革命派有了大军在握,在处理张勋提督的问题上将没有什么困难。我毫不怀疑,当张勋提督一旦认为局势危险时,他便将立即退入山东。

我们现在还不知道,最近在固镇发生战斗期间,是否对津浦铁路造成了任何损害,但清军很可能破坏了若干部分的铁路,以尽量阻止革命军北进。

本地的局势在继续改善中。留在南京的那些士兵,现在所受的训练管理要比以前好得多;大约上星期以来,没有记录关于对他们的指控。由于领事团提出抗议的结果,徐绍桢统制已发布告示,禁止士兵除值勤外携带武器,这一命令有效地制止了随意放枪的行动,因为随意放枪使南京城变得象战场一样危险。该告示还警告士兵们不得对外国人有无礼行动,这种行动不仅有害于他们自己的好名誉,而且使革命事业声名扫地。

伟晋颂谨上　1912 年 1 月 30 日于南京

《英国蓝皮书有关辛亥革命资料选译》,第 442—461 页

咨参议院请将四国银行借款先行备案文

1912 年 3 月 12 日

案据财政部总长陈锦涛呈称"二月二十六、七日,迭接北京袁世凯、唐绍仪等来电'因民国南方需用甚急,已与四国银行商妥,即交二

百万两,以后再可陆续商量交付,暂以民国财政部收据作保,将来由大批外债扣还。至利息及各条件,现因紧急用款,一时未及妥订,俟妥订后,再交参议院通过,等语。因军需孔急,已于二十八日由四国银行领到现银二百万两,应请咨交参议院备案,俟有大批借款时,再行并案交院通过"等因前来。相应咨行贵院,即烦查照备案可也。此咨。

《孙中山全集》第 2 卷,第 226—227 页

务谨顺①致葛雷函

1912 年 3 月 15 日收到

阁下:

我荣幸地随信送上我写给英王陛下驻北京公使的一封信的副本,该信报告成都军政府正式发表它已收到关于宣布成立以孙中山为大总统的中华民国的消息。

务谨顺谨上 1912 年 1 月 20 日于成都

附件:务谨顺致朱尔典函

阁下:

今晨九时,人们在成都各街道上游行,敲着锣鼓,并散发传单。我荣幸地附上该传单的译文。根据成都军政府的命令,要求各户主在今后三天内悬挂国旗,庆祝中华民国的成立。

四川省邮政司里奇先生(他于本月 17 日和他的助手乔登先生一起自重庆回来)告诉我:他已经收到成都军政府关于上述意思的通知。但是,直到目前为止,没有通知给领事团。

务谨顺谨上 1912 年 1 月 20 日于成都

《英国蓝皮书有关辛亥革命资料选译》,第 480 页

---

① 时任英国驻成都总领事。

朱尔典致葛雷函
1912 年 3 月 15 日收到

阁下：

　　本信所附英王陛下驻上海总领事来信的副本是很有趣味的，因为它提供了清朝权力结束与民国统治建立之间的这段期间，在公共租界日常事务方面所造成的某些混乱迹象。法磊斯先生的来信，是在朝廷退位与袁世凯当选为民国临时总统的前夕写的。我希望，在新政府主持下南北的逐渐统一，将有助于使事情正常化，并消除法磊斯先生所抱怨的那些不正常状态。

　　另一方面，从伍廷芳博士给各省都督的通知看来是十分清楚的：在新政权的计划中，正如旧政权的计划一样，收复主权将是一个显著的特点，然而，不同的是，新人物对进行此项活动所带来的关于西方国家处理事务方法的知识和经验要多得多。

　　　　　　　　　　　　　　　朱尔典谨上　1912 年 2 月 23 日于北京

附件：法磊斯致朱尔典函

阁下：

　　我荣幸地报告，由于民国临时政府在本地区未能建立一个正常的行政管理制度，从而产生了一些困难。

　　革命开始后不久，伍廷芳便把新行政当局的官员们通知我们，其中包括一名沪军都督在内，但没有代替道台的官员。11 月 19 日，该都督致函首席领事说：他已经任命前意大利律师穆索的译员徐先生以及一位蔡先生为国际交涉委员。这两个人试图干预会审公廨的事务。1 月 16 日，温宗尧先生通知我们，他已被孙总统任命为通商和外交委员；在谈话中，他向我保证说：他是唯一一经过这样正式任命的地方官员，已预先通知徐某离职。然而，徐某仍住在城内那个自封为都督的衙署内，最近派遣一艘汽艇扣押了一艘英国货船，该货船系为俄国驻汉口的炮舰"兰焦尔"号装载军火运给一艘日本的内河轮船。只过了一个星期，温宗尧先生为归还该被扣船只所作的努力获得成功。甚至在此事获得成功之前,我便曾私下请求伟晋颂先生促使总统将此地民国官员的职权置于适当的基础之上。

不过,各个当局都没有部属,而且也没有人们可以向他提出有效的上诉以纠正违法行为的首领,例如在租界内劫持有声望的华人勒取赎金之事。都督是完全多余的,因为部队由他们自己的统领指挥,卫队由一名前罪犯指挥,而吴淞炮台则是一个独立的指挥系统。

银钱是通过强迫认捐的办法募集的,并从国外的捐献中得到补充,因为南京参议院迄今没有时间规定税收。因此,贸易很稀少,商人阶级中对共和的热情正在消逝。

孙总统的私人秘书马素先生于本月3日前来看望我,向我保证说:我请英王陛下驻南京领事通知总统的许多申诉,已经引起注意。

由于没有任何正式获得承认的中国当局使我们能够同它保持正式关系,自然引起了很大的不便,特别是关于会审公廨以及租界内外土地转让的问题。

11月底,都督的外交委员提议建立关于引渡罪犯以及提供会审公廨和租界外革命法庭所需证人的制度,但由于领事团某些成员的犹豫不决,从而阻碍了达成任何协议。

由此产生的尴尬局面给首席法官邝某提供了一个借口,为他自己及其两名助手向新统治者申请并接受任命和关防;但是,在领事团的建议下,他取消了这个步骤。

最近,会审公廨受理民事案件中的上诉问题已经发生。意大利代总领事认为,根据该国条约所包含的与我国天津条约第十七款完全相同的一项条款,只能上诉到他本人那里,由中国当局予以协助。其他领事建议成立领事法庭,或由有关国家总领事及其他两个国家领事担任陪审员,或由中国商会主席代替道台。但是,所有这些建议都不能克服明显的困难:在享有治外法权的地方,除了诉讼一方的本国官员之外,任何人都不能对该方执行判决;民党人士不大可能让案件越过他们的外交委员,以博得一个充其量不过是半官方机构首脑的好感。会审公廨中的讼诉当事人不一定放弃上诉的权利,接受它的几名法官代替上诉进行复审。结果即使不是不公正的,也必定是迟缓的,直到温宗尧先生被承认取代道台的地位时为止。

关于土地问题,民党人士不反对领事团在租界内所作的安排,但在租界范围之外,他们要求地契应由他们的委员盖章,该委员还将决定"升科"以及超过地契范围的土地税的缴纳。

我认为,任何直接有关的人都不会反对民党的建议,如果他们深信,即使目前事实上存在的行政当局被推翻,人们不能怀疑他们根据关防取得的所有权的合法性。

如果我们让新政府任命会审公廨的法官,唯一的而且是一项重大的反对理由将会产生,因为将使得那些中国居民由此而容易遭到强制性的向民党捐助款项。不过,我认为,至少在延缓对目前有关会审公廨的临时安排进行任何干涉方面(各阶层的中国人对它改进的工作是满意的),或在防止已被解雇的那些巡捕的重新出现方面(他们以前是而且将会是对中国居民施加不正当压力的工具),现在不会有任何困难。

然而,伍廷芳发给各都督的通知表明,新统治者也许不会满足我们的特权地位。现附上该通知的摘要。

法磊斯谨上　1912 年 2 月 10 日于上海

《英国蓝皮书有关辛亥革命资料选译》,第 481—483 页

朱尔典致葛雷函

1912 年 3 月 18 日收到

阁下:

关于我上月 24 日的信,我荣幸地随信奉上英王陛下驻南京领事寄来的另一封信的副本,该信报告南京参议院关于临时政府所在地问题的态度,并且表明南方现已不再完全拒绝关于把北京作为中国永久首都的意见。

朱尔典谨上　1912 年 3 月 2 日于北京

附件:伟晋颂致朱尔典函

阁下:

自从我上次给您写信以来,碰上中国的春节,一切公务自本月17日至20日都陷于停顿。名义上,政府各机关仅在农历正月初一停止办公,但由于各机关人员自去年除夕起至昨天为止,都已离开机关,所以各机关在整个这段期间也可能一直关闭。一般人对新政府所倡导的将农历改为公历完全不予理会。他们按照往常的方式而且采用往常的仪式庆祝春节,取回了典当的衣服;街道上充满了穿着他们最好的衣服的人们,互相走访拜年,所有的商店和其他营业机构都已关门。

正如我昨天荣幸地电告您的那样,黎元洪都督的辞职书送到参议院时已为时太晚,不可能同总统和内阁的辞职书同时予以考虑,他于本月20日举行的特别会议上被一致重选为民国临时副总统。在那份电报中,我还曾告诉您关于参议院就临时首都问题投票的某些细节。尽管孙总统对他的辞职附加了一些条件,即临时首都应设在南京,以及袁世凯如当选为他的继任者,应亲自前来南京接任,但参议院在接受孙博士的辞职后,进行了投票,以十六省对一省的多数通过了北京为临时首都,只有一省(广东)支持以南京为临时首都。由于这是辞职总统的一个挫折,人们几乎不能想象他会屈服于它,所以立即对参议院议员们施加最强大的压力,以撤销他们的决定,所采用的主要论点是军队将不会容忍把临时首都迁往北京。无论如何,参议院作了让步,在举行第二次投票时,以超过三分之二的多数赞成南京为临时首都。然而,有人告诉我,如果从第一次投票的数字推断除广东外,所有省份都赞成以北京为临时首都,那是十分错误的。对他们投票的真正解释,是参议院的大多数议员很急于实现和平,所以他们投票支持北京为临时首都,目的在于清除那个使成立联合政府的谈判获得胜利结果的唯一障碍,即首都的所在地问题。

我还获悉:在第一次投票选举总统的时候,有十三省赞成袁世凯,三省赞成孙文,一省赞成黎元洪。我应当说明,马良先生是南京政府的公开发言人,他曾因此事向参议院发表演说,指出在这个问题上保持一致的重要性。他的论点显然很起作用,所以在举行第二次投票时,袁世凯被一致推举担任总统职务。

昨天,我因事有机会见到外交总长,他表示毫不怀疑袁世凯将同意前来南京就任总统,但他不再拒绝以北京为永久首都的意见一事使我感到惊讶。因此,他们已同袁世凯达成某种谅解,这不是不可能的事情。王宠惠先生对参议院投票赞成北京之事所作的解释是,它系根据投票决定永久首都的印象进行的。总统依照约法有权将议决案以及他的反对理由交回参议院,以便重新审议,所以他对此事所采取的行动绝不是违反约法的。

伟晋颂谨上　1912 年 2 月 22 日于南京
《英国蓝皮书有关辛亥革命资料选译》,第 490—492 页

禁止军队径向租界或外国轮船捉拿逃兵
1912 年 3 月 19 日

沪军都督陈昨日通饬各军队文云:

案准陆军部黄电称,各军队遇有向外国轮船搜捕逃亡情事,须先照会该国领事,乞勿任意径行为要等语前来。查沪上各兵队军士,常有逃亡情事,诚不免匿居租界,冀免搜查,或乘入外国轮船,妄图远扬。嗣后如查有此项情节,即由该官长呈请本都督,由交涉司照会捕房或该国领事,会同协拿,不得径行搜捕,以免酿成交涉。为此,令饬各军队即行转饬各属官长一体遵照。此令。

附:外交总长颁行《中华民国对于租界应守之规则》

中华民国外交总长以租界行政、警察等权,此时未经收回,特先妥拟《中华民国对于租界应守之规则》,一律遵守,免生枝节,俟大局底定,再行改订办法。其所定规则,照录如左:

一、上海公共租界、法国租界二处,行政、警察等权均操于外人之手,应俟大局底定,再行设法收回。现时华人在租界内,暂不可率行抵

抗或卤莽从事。

二、如遇犯人逃入租界，或在租界私运禁物等事，应通知外交部与领事交涉，妥为办理。如事关捕拿，须由外交部照会领袖领事，在提票上签押后，方可拿人。各部及军、民人等，不可自行照会或遽行缉捕。

三、华人不论何项人员，不可携带军械入租界行走。如须持械过租界时，应由都督府知照外交部，将路程、人数、械数开明，向工部局领有准照，方可自由行动。

四、上海会审公堂，前此所派清廷官吏，大半冗阘，是以腐败不堪。上海光复后，该公堂竟成独立，不复受我节制，此种举动，理所必争，尤宜急图挽救。外交部自当向各领事交涉，使必争回，然后选派妥员接管，徐图改革。但交涉未妥之前，我军、民不可从旁抗辩，致生枝节。

五、在租界内，无论华洋住宅、铺户，均不得无故搜查。即或有必须搜查之处，须由外交部照会领事，取有正式签押票据，方可随同租界差捕，前往搜查。

六、现在存储上海之军火，不可滥行搜查，致生纷扰，应由外交部调查该军火原主，或军政府能悉其底蕴，即行知照外交部，向该原主索取不运出口之凭证，照会该管领事存案。嗣后如有私运出口情事，则可俟其装运之船离埠，在港口外检查，并应速行通知外交部，照会该管领事，派员随同前往扣留，再送捕获裁判所发落。

七、凡在通商口岸之中立国商船，业经进口，在港内时，均免检查。如确知其私运军火，应知照外交部，向领事交涉。

八、依万国公法，所有外国兵舰及他种国有船，并其所有之驳船，均不得搜查留难，自当按照办理。

九、各国轮船进口，凡使馆所用物件，按照通例，向不纳税，亦不得留难。如查明确有夹带违禁品物，亦不可扣留，只可将情形通知外交部，与该管领事交涉。

十、凡有外国租界各埠，应仿照上列各条办理。如各地风俗习惯及条约上有不同之处，仍可变通。但必须先将详细情形通告本部，另定特别办法。

《辛亥革命在上海史料选辑》(增订版),第 446—447 页

孙中山关于妥筹禁绝贩卖猪仔及
保护华侨办法致外交部令
1912 年 3 月 19 日①

　　兹据荷属侨民曹运郎等呈请禁止贩卖猪仔及保护华侨各节。查海疆各省,奸人拐贩猪仔,陷人涂炭,曩在清朝熟视无睹,致使被难同胞穷而无告。今民国既成,亟应拯救,以尊重人权,保全国体。又侨民散居各岛,工商自给者,亦实繁有徒,屡被外人陵虐,然含辛茹苦,挚爱宗邦。今民国人民同享自由幸福,何忍侨民向隅,不为援手。除令广东都督严行禁止猪仔出口外,合亟令行该部妥筹杜绝贩卖及保护侨民办法,务使博爱平等之义,实力推行。切切。此令。

《中华民国史档案资料汇编》第二辑《南京临时政府》,第 36 页

孙中山令广东都督严禁贩卖"猪仔"文
1912 年 3 月 19 日

　　兹据荷属侨民曹运郎等呈请禁止贩卖"猪仔"各节,查奸徒拐贩同胞,陷人沟壑,曩在前清,草菅人命,漠不关心,致使被难人民穷而无告,岂惟有亏国体,亦本总统痛心疾首,殷念不忘,殊惨绝人道。前曾令内务部编定禁卖人口暂行条例,冀使自由博爱平等之义,实力推行。惟禁止"猪仔"出口,尤为刻不容缓之事。民国既成,岂忍视同胞失所,不为拯救? 除令外交部妥筹办法外,合亟令行该都督严行禁止,务使奸人绝迹,以重人道而崇国体。此令。

《孙中山全集》第 2 卷,第 252 页

---

　　①　此系临时政府公报刊载日期。

二、列强与民初变局

说明:辛亥革命爆发后,列强为了维护自己的利益,纷纷调兵加强各地租界的防卫,同时,组织四国银行团,由北京公使团把持中国海关税收,给中国临时政府的财政造成了极大困难。随着革命的星火四处蔓延,清朝的统治日薄西山,各国始持"中立"态度。日俄主张将革命势力限制在长江以南地区,以方便其在华北及满、蒙地区的侵略;由于英国的利益范围主要在革命区域,所以,它反对日俄,主张列强在革命内部寻找合适代理人;美国出于自己在远东力量的薄弱,提出所谓"一致行动"的原则,倾向支持革命政府;至于德、法,忙于欧洲争端,他们支持英、美。最后,经过讨价还价,在攫取了足够多的利益之后,他们一致支持袁世凯,遂使袁世凯窃取了辛亥革命的果实。随即,列强纷纷承认中华民国的合法性。此后,由于宋教仁遇刺,再加上善后大借款,南方各省的革命党人举行反袁的"二次革命",列强表面上多持观望态度,但实际上则全力支持袁世凯。这个时期,北洋政府的外交主要集中于"善后大借款"和"修改税则"的交涉。出卖国家权利,向西方列强借款以维持政府的运转,始于清末。民国的"善后大借款"不过是历史的一种延续。而北洋政府在正常运转起来后,居然主动向列强提出修改前清确定的海关"税则",展示了外交积极的一面。

本章主要资料来源:

中国第二历史档案馆编:《中华民国史档案资料汇编》第三辑《外交》,江苏古籍出版社,1991年

程道德等编:《中华民国外交史资料选编》(1911—1919)(一),北京大学出版社,1988年

中国近代史资料丛刊:《辛亥革命》(八),上海人民出版社,

1957 年

　　张蓉初译:《红档杂志有关中国交涉史料选译》,三联书店,1957 年

　　邹念之等译:《日本外交文书选译——关于辛亥革命》,中国社会科学出版社,1980 年

　　王芸生编著:《六十年来中国与日本》第六卷,三联书店,1980 年

　　孙瑞芹译:《德国外交文件有关中国交涉史料选译》第 3 卷,商务印书馆,1960 年

　　陈春华、郭兴仁、王远大译:《俄国外交文书选译(有关中国部分1911.5—1912.5)》,中华书局,1988 年

　　胡连成译:《日本外交年表并主要文书》(1840—1921)(上),昭和六十一年六月十五日第六版,原书房,未刊稿

　　上海社会科学院历史研究所编:《辛亥革命在上海史料选辑》(增订版),上海人民出版社,2011 年

　　胡滨译:《英国蓝皮书有关辛亥革命资料选译》,中华书局,1984 年

　　章伯锋、李宗一主编:《北洋军阀》第二卷,武汉出版社,1990 年

　　李毓澍、林明德主编:《中日关系史料——一般交涉》,台北中研院近代史研究所,1986 年

　　朱宗震译、陈春华校:《有关善后大借款俄国外交文件选译(上)》,《近代史资料》总第 87 号,中国社会科学出版社,1996 年

　　上海商务印书馆编印:《东方杂志》第 8、9 卷,民国期刊总辑全文数据库

　　陈春华译:《关于 1911—1913 年中俄外蒙问题交涉——俄国外交文件选译》,《民国档案》1990 年第 1、2、3、4 期

　　《中华民国史事纪要》编辑委员会编:《中华民国史事纪要》(初稿)(1914 年,7 月—12 月),台北中华民国史料研究中心,1982 年。

　　北京政府外交部编印:《外交文牍——修改税则案》(民国元年至十年),1921 年。

（一）列强对辛亥革命及南北政权的态度

说明：辛亥革命爆发后，列强为了维护自己的在华利益，调兵遣将，进驻租界或自己的势力范围，并组织"四国银行团"，直接控制中国的海关税收。在对待南北政权问题上，由于各自在华势力范围有别，列强之间的态度尚存差别。日俄多倾向维护清廷，英、法、德、美则倾向于支持革命政权。随着革命形势的发展，列强始一致持"中立"态度，并最终完全支持他们在华利益的代理人袁世凯。

驻汉口总领事致北京密电
1911 年 10 月 12 日

第 609 号。

电称：

"在我国租界革命党机关所搜得的文件中，发现了宣言，这个宣言说明党的纲领是推翻清朝，答应不侵犯外国人；此外，还有新的民主政府准备给领事们的照会，说明这个政府和所有列强维持友谊关系的意图，承认以前缔结的条约，偿付借款，保护外国人、租界，不承认重新缔结的条约，把支持大清皇朝的列强认为敌人，供售满洲人的军火充公。照会请求以此事通知外国政府。今天由武昌从传教士方面获得消息，类似的照会将分送领事们。请示训令。"我电告奥斯特洛维尔霍夫：
"如果革命者有任何正式宣言，拒绝答复。"

库罗斯托维支

《红档杂志有关中国交涉史料选译》，第 329 页

廓索维慈致尼拉托夫①电

1911 年 9 月 30 日[10 月 13 日]

第 614 号。

南方局势继续恶化,令人担心者,革命党占领长沙后将与广东取得联系②。革命军在汉口郊区正取得胜利,但从传单看来,租界未必受到直接威胁。在开平③进行的操演已经停止,派往北方的部队调转方向向北京集结,接替了今天开赴汉口的两镇军队。很可能,廕昌将军会把起事镇压下去,不过因革命军的活动愈加广泛,愈加有计划,使王朝声誉及政府威信扫地,中国的内乱局面将愈加严重。倘尚未向陆徵祥提出我国关于通商条约的对案,则我认为,此时向他提出对案,并尽可能果断而迅速地进行谈判最为适时。

廓索维慈

《俄国外交文书选译(有关中国部分1911.5—1912.5)》,第115页

驻北京公使密电

1911 年 10 月 14 日

第 615 号。

由奥斯特洛维尔霍夫最后的电报看来,武昌临时政府的首领是省谘议局议长汤氏,军队由倒向革命军方面的协统黎氏指挥。政府军七百人转至北方。革命军未遭遇抵抗就占领了汉阳工厂、兵工厂及火药库,还有十公里的铁路路基。当局逃亡,有人想抢劫,抢劫者被革命军处决,居民对他们轻易地便信服了。只担心着政府军的攻击,米粮开始缺乏,只有现银才能流通。由于在萨提督旗帜下的两艘巡洋舰及一艘

---

①　俄国代理外交大臣。

②　廓索维慈在9月28日[10月11日]第603号电中报告称,他已接到俄国驻汉口总领事奥斯特罗维尔霍夫发来的消息:“武昌已经起事,军队已归附革命党。”

③　应为永平——译者。

炮舰所组成的中国舰队从上海开至武昌,黎将军向汉口的领事发布外交部已知道的宣言,为保护租界起见,并建议以他们的军队占领租界。领事们通过英国领事非正式地谢绝了此一建议。并向北京外交使团请求中国政府命令萨氏在其军舰轰击时不要损害租界,否则就给租界一个撤退的期限。统率外国军舰保卫租界的日本海军提督也要给萨提督以同样的声明。今天外交使团要开会。据日本驻汉口军官的消息,革命军有四标、七十门炮、五万颗炮弹及一千六百万颗子弹,还有一百五十万两银子。

库罗斯托维支
《红档杂志有关中国交涉史料选译》,第 330 页

内田致伊集院电
1911 年 10 月 16 日

第 199 号。

关于前发第 193 号电报所述增派舰艇问题,现已决定各舰提前出发,日期如下:"龙田"舰于本日自旅顺拔锚、"千早"舰及其它驱逐舰四艘于十八日由吴港出动。由横须贺派出之驱逐舰已定为"卷云"号,另加驱逐舰"敷波"号一艘,亦定于十八日左右启碇。特此再电报闻。

《日本外交文书选译——关于辛亥革命》,第 101 页

内田关于清国革命对策之训令
1911 年(明治四十四年)10 月 16 日下午 2 时发

关于清国革命动乱之际帝国之对清政策

电传第二一五九号

内田大臣致伊集院公使第 197 号

关于贵电二六一号:

帝国政府顾念清国政府为讨伐革命军,最急切需要采购枪炮弹药,故决定允许本国商人供应上述物资,并给本国商人以充分协助,为此已

经采取了各种相应措施。帝国政府给予清国政府如此之援助,自将承担重大责任。若此事泄露于坊间,革命军自不必说,与此有直接或间接关系之辈,必将举而对我国政府心怀恶感,或加害于帝国臣民,或拒绝购买我国商品,或以其他或明或暗之方法,发泄彼之怨恨,这是难以预料的。帝国将为此蒙受极大损失,对此必须做好精神准备。帝国政府之所以甘冒巨大风险,采取如此之行动,盖出于帝国政府对于清国政府之特别好意,并虑及维持东亚大局之需要而已。

续第一九七号:

上述宗旨,要对清国政府并摄政王本人充分贯彻之。因此,希望贵官立即以适当方法,采取上述行动。贵官还应利用此次机会,指出清国官民对帝国历来之态度经常有失公允;向其说明,彼等不理解大战役之结果导致的满洲现状,似乎把我国看成是非法的侵略者,动辄企图损害或颠覆我国之正当地位;向其阐述,帝国政府对于清国政府,不仅抱有深厚之同情,并有能力表示此种同情。今次之行动,恰是足以证明上述事实之极好例证;令其知悉,帝国政府平素之所倡导,断非空言。并告知清国政府,切望其幡然悔悟,摒弃以往之误解,使两国之间互相信赖,以共同维护东亚之大局。

采取上述行动之结果,望来电详细报告。由于上述原因,对于贵电第二六五号,不必采取特别措施。

《日本外交年表并主要文书》(1840—1921)(上),第 353 页

斋藤①致川岛(时在汉口)及加藤②(时在上海)电

1911 年 10 月 17 日下午 6 时 40 分发

(一)我国舰艇在接到命令以前,对于清国官宪与叛党双方,均应

---

① 海军大将斋藤实,时任日本海军大臣,1932 年组阁,任总理大臣兼外务大臣。1936 年在"二二六"事件中毙命。

② 即加藤定吉。

保持严正中立立场,只能在保护我国侨民及各外国侨民生命财产安全之范围内采取必要行动。但清国官宪或叛党中如有投身于我舰艇请求保护者,则应按外务省有关指令精神适当处理。

(二)我国官民对于清国官宪及叛党必须保持慎重态度。务期事变平定之后能使该国一般民众心理感情倾向于我国。此点必须充分注意。

(三)在汉口之我国侨民应尽可能停留到最后时刻,即使是少数人也好。应在我国海军保护之下继续经营其各自生业,对于将来实为有利。

(四)大冶,如暴动波及该地,我方即有理由以国家自卫权名义加以保护。届时,可在保护侨民范围内,采取措施保护我国特殊权益。

(五)对于长江咽喉重地之江阴,应予以充分注意,应做好一切准备,以期在必要时机不致落于他国之后。为此,应以保护南京侨民及通信联系为名,经常配置舰艇一艘巡弋该地。

(六)确实保证通信联系,最为重要。此次派遣驱逐舰之目的之一,即在于此。

(七)广东方面,刻下虽尚似平静,但"宇治"舰仍以继续留驻该地为宜。"伏见"舰如无特殊需要,则勿须继续驻留,可即驶入长江,归贵司令官节制。此事本省已直接向该舰发出训令。

(八)闽江沿岸一旦有事,可派马公之驱逐舰队前往。业已做好部署。

(九)本省正在考虑方案,以应事态之发展随时增强我军力量。关于各国动静,应密切注视,随时以电报告知。

(十)对于此次变乱,帝国政府尚未承认叛党为交战团体,仅看做一次内乱,故我政府方针是不与叛党发生任何外交关系。但实际上在已经陷于叛党统治下之地区内,关于保护我国侨民及外国侨民生命财产安全等事宜,贵司令官在实际上可与该地区行政负责人进行直接交涉。在直接交涉中要注意避免露出帝国政府已经在法律上承认叛党政权之形迹。如该地区内已驻有帝国外交官员或领事,遇事自应相互磋商办理。

《日本外交文书选译——关于辛亥革命》,第101—103页

尼拉托夫致苏霍姆利诺夫

1911年10月7[20]日

第1070号。秘密　急件

弗拉基米尔・亚历山德罗维奇先生阁下:

驻北京公使已电告外交部:因目前汉口发生事变,日本及德国均有一百名步兵抵达那里。法国驻汉口领事亦向本国政府提出从东京①派遣殖民军的请求。四等文官廓索维慈表示,最好立即派一连俄国步兵去汉口。

我认为应告知尊贵的阁下,我完全同意我国公使这一意见。我汉口租界的确是该城最重要的租界,且对我国至关重要,刻下我租界处于外国兵舰保护之下。诚然,海军大臣认为可将“满洲人”号炮舰派往汉口,但这艘炮舰不大,只能分出极少数的陆战队员去保卫岸上的俄国侨民。由于我国其他兵舰不在太平洋水域,切莫指望将其派往汉口,此种状况与我国在汉口利益的重要性完全不相适应。惟有派一连步兵去汉口才能改变此种情况,四等文官廓索维慈已对此提出请求。

此外,如廓索维慈先生来电所述,应该注意到,派法军去汉口,是企图扩大当地法租界。关于将邻近铁路的地段增拨给我国租界,以扩大俄国租界这类问题,因中国当局无意满足我国要求,已搁置数年没有进展。在目前形势对我国如此有利的情况下,有一连俄国步兵抵达汉口,即可按照我们的愿望解决这一问题。

但是,我应特别强调指出,出于此种考虑,应立即派步兵前往汉口,以便利用有利时机,尽量赶在法国人的类似步骤之前。倘因某种情由,

---

① 今越南北部的旧称——译者。

不能立即派遣步兵,则我们只好放弃利用目前时机解决扩大我汉口租界问题的想法。

今后的情况如何,恳请阁下尽速赐告。

顺致诚挚敬意

尼拉托夫

《俄国外交文书选译(有关中国部分 1911.5—1912.5)》,第 128—129 页

廓索维慈致尼拉托夫紧急报告
1911 年 10 月 7[20]日

第 92 号。

阿纳托利·阿纳托利耶维奇先生阁下:

我认为应将昨天颁布的两道上谕译呈钧览。第一道上谕规定了朝廷对革命军的行动方式,第二道上谕饬令将长江一带各路军队暂归袁世凯节制调遣。为阐明这后一道上谕之目的、起因及说明袁世凯个人对朝廷的态度,我认为有必要将此间《北京新闻》[1]所载《关于袁世凯之真情》一文剪下附呈。据我所知,此文系根据这位名臣之子袁云台[2]的口述写成的,其目的是驳斥地方报刊上种种荒诞无稽的谣传。袁云台刚从父亲那里回来,便将中国军队若干重要情况告诉了他的老相识:上述法文报纸一位编辑。据袁云台说,袁世凯已不可能再象六年前主管军队时那样信赖中国军队了。这是由于革命宣传已经奏效,甚至在军谘府内亦有一些军官与革命党人经常来往,并将全部军事措施告诉了他们。第一批前往南方的运输队派得十分仓卒、慌忙,这可能招致最危险的突然事件发生。如派往运输的军队带着空弹前往南方,行至保定府才想到纠正此种疏忽,而且要依靠当地的备用子弹,因此,倘战斗拖延下去,则目下集结在京汉线广水车站的军队从一开始便会感到子弹

---

① 系法文报纸,原文为 *Journal de PeKen*——译者。

② 即袁克定——译者。

不足。

在此种情形下,袁世凯决意取得实权,而且不以自己的名望掩饰朝廷的行动是不奇怪的。他并无理由相信和同情朝廷。据袁云台云,他父亲对本报告所提及的一道上谕不满,不愿在朝廷有意为他安排的情况下担任镇压起事的领导。

致诚挚敬意

廓索维慈

《俄国外交文书选译(有关中国部分 1911.5—1912.5)》,第 129—130 页

马列夫斯基致尼拉托夫函

彼得堡,1911 年 10 月 7[20]日

秘密

阿纳托利・阿纳托利耶维奇先生阁下:

中国革命发展如此之快,几乎可以有把握地预料,中国革命将往北向帝国京城蔓延。毫无疑问,直隶骚乱可能波及满洲,因为那里红胡子的袭击已为此创造条件。如骚乱延及奉天,则将沿铁路线延至长春及哈尔滨,并威胁我们与符拉迪沃斯托克的交通安全。据报纸报道,日本人已预料到南满可能发生骚乱,正采取措施保护铁路,我们亦必须保护交通设施,使我国在满洲的利益免遭行将到来的危险。

目前日本大使前来造访,他对我言称,来自中国的消息使他不安,局势可能迫使俄日两国政府就保护我们两国在满洲的铁路免遭破坏而应采取的措施交换意见,尽管本野男爵同我的谈话纯属私人性质,但我认为应将此次谈话内容报告阁下,以备日本大使正式向您提出请求。

我个人认为,就满洲问题同日本彻底地或至少更明确地交换意见的时刻目下正在到来。倘若骚乱果真席卷奉天、吉林两省,形势将迫使我们在城市居民区及整个东清铁路沿线地区对我国铁路加强军事警戒。当然日本人对南满铁路至该路与我国铁路的连接点亦将采取同样措施。

因此,在不久的将来,自然会产生由俄日两国军队临时占领与铁路沿线地带毗连的满洲地区,以保护欧亚世界性铁路的问题。

预见到日益迫近的事件,鉴于我国可能同天皇政府采取联合行动,故我认为有必要预先阐明帝国政府对此事的态度。

致诚挚敬意

　　　　　　　　　　　H·马列夫斯基—马列维奇

此种预见十分重要。

　　　　　　　　1911年10月16[29]日于里瓦几亚
　　　《俄国外交文书选译(有关中国部分1911.5—1912.5)》,第131页

尼拉托夫上尼古拉二世奏
1911年10月8[21]日

10月6[19]日,日本大使前来造访,交我一件备忘录,现恭呈皇上御览。备忘录保证,日本现内阁(其外务大臣内田子爵刚刚上任)拟按照1910年6月21日[7月4日]协约精神及字义,在满洲继续奉行与帝国政府意见一致的政策。

本野男爵递交备忘录时,曾口头强调指出,因中国目前发生事变,作为上述协约基础的原则便具有了特殊意义,并说,日本政府认为,俄日两国应密切注视中国运动的发展进程,以免在运动危及俄日两国利益时措手不及。

近来从远东传来令人震惊的消息,而且不知道清政府是否有能力扑灭目下仅延及中国中部省份,进而可轻易波及北方的火焰。因此我认为,在目前形势下,为我国利益起见,在中国问题上应尽可能同东京内阁保持接触,切勿错过可能出现的有利时机,以加强我国在华地位。基于此种考虑,并认为确认日本所发表的对于中国目前事变愿同我国一致行动的声明于我有益,我认为应责成驻东京代办就日本新任外务大臣通过本野男爵来照向他表示谢意,并向他保证,帝国政府方面亦努力设法履行1910年协约的各项规定。

兹将就此问题致五等文官勃罗涅夫斯基的电报的本文恭呈御览，皇帝陛下是否赞同上述意见，敢乞圣鉴训示。谨奏。

尼拉托夫

〔赞〕成您陈述之意见，自我们两国战事结束以来，朕一直认为，俄国应与日本携手前进。

1911 年 10 月 11〔24〕日，于里瓦几亚

《俄国外交文书选译（有关中国部分 1911.5—1912.5)》，第 132—133 页

霍尔瓦特致东清铁路公司董事会电

1911 年 10 月 8〔21〕日

第 2592 号。

据得自上海的消息称，日本人表示愿为镇压革命效力，但中国政府业已谢绝此番好意。我同川上①的历次谈话使我确信，日本人对俄国即将取得的地位十分关注，由于爆发了革命，对于中国，日本人显然希望某一国家出面对中国问题进行干预，而不由日本人主动出面。今天三井洋行获悉，革命军在同政府军武装冲突中遇到挫折，川上与道台李家鏊亦向我证实这一点。李家鏊说，此次冲突以后，革命军后退十俄里。商界惊恐不安，担心士兵及红胡子行抢。满洲不可能发生民众起事。东三省总督正在招募满人当兵，以加强北京及东三省军队。据中国消息称，在北京业已集结三万满洲军队。中国权威人士认为，革命不会成功。

霍尔瓦特

《俄国外交文书选译（有关中国部分 1911.5—1912.5)》，第 133 页

勃罗涅夫斯基致尼拉托夫函

1911 年 10 月 8〔21〕日

阿纳托利·阿纳托利耶维奇先生阁下：

---

① 日本驻哈尔滨总领事。

中国中部突然发生的武装暴动，使日本政界及此间整个舆论界十分关注。中国的事变成了日本对内对外政策中所面临的压倒一切的中心问题。起初，当局被搞得措手不及，显然有些焦躁不安。陆军大臣、海军大臣、刚从华盛顿归国的外务大臣及参谋总长开始了每日的会晤。他们每天到山县元帅处聚会一次，最后由年迈的元帅向天皇具陈一个半小时。日本报界不断提醒日本在长江流域的利益颇为重大（也许仅次于英国的利益），如起事扩大，则日本臣民有可能蒙受巨大损失；一些机关刊物暗示：日本是唯一能对中国事变立即进行主动和决定性干预的国家；最后，当初人们还担心运动将具有仇外性质；所有这些情况总合起来，使其他国家有理由对日本可能突然单独出兵感到忧虑。

但是，当初的焦躁不安情绪已逐渐平静下来，目前日本政府公开采取的全部措施，不过是由外务省、陆军省及海军省向起事地区派出一些官员，目的在于更彻底、更全面地探明情况，还派了数艘炮艇及驱逐舰第二支队（有四艘驱逐舰），以加强南中国第三分舰队。

鉴于不清楚明天谁将主宰比邻的帝国的局势，以及北京政府和中国居民本身的同情对日本至关重要，日本报界亦变得比较审慎，近来，那些谈论中国事变的文章，主要意思是日本对于长江两岸正在解决的问题——中国旧制度存在与否的问题应严守中立。

据海军省及陆军省代表的意见，应以进行正确的报刊报道为由，由政务局长主持，每天在外务省聚会，互相交流各部门所属官员自中国电呈的情报，共同决定哪些材料送报纸发表。

据我主持的大使馆陆军武官报称，秋操计划并无任何改变，一些镇的操演将依次连续进行。然而若打算向中国派兵，则秋操非部分停止不可，以免在必要时各部队距自己的司令部超过四至六天的行程。

既然要考察此间对中国事变的态度，我在结束本函时应该指出，除政府部门外，此间对起事者及其领导者趋于同情。现将一份关于此间对中国事变的态度的全面述评寄呈钧览。

致诚挚敬意

A·勃罗涅夫斯基

《俄国外交文书选译(有关中国部分 1911.5—1912.5)》,第 134—135 页

本野与俄国总理大臣关于清国时局问题之谈话纪要

1911 年 10 月 23 日

大臣:关于北京政府与南方革命军之间的战争结果,贵大使有何预见?

本使:关于此次清国事变,目前尚缺乏充分的报道资料,很难发表意见。命运将决定于即将到来的两军战斗结果。政府军队若能忠于满清朝廷,则在最近将来当能给革命军以沉重打击而使北京朝廷得到最后胜利;相反,倘若象全世界所忧虑的那样,官军中不幸连续发生背叛行为,而革命军又能坚忍持久,则其结果如何,实难预料。

假如满清朝廷能象世人所想象的那样,不致过早垮台,则将长期出现无政府状态,革命党实力究竟如何,虽尚不得确知,但全国各地对于满清朝廷已经普遍心怀不满,则是无可怀疑之事实,而清国既无健全的军队,财政又很困难,政府军队若不能迅速平定变乱,则革命运动或将弥漫至全国各地,亦未可知。

大臣:清国此次发生动乱及其政府之现状,对于世界和平,尤其对于日俄两国的特殊利益,实是一场很大的危险。迄今为止,日俄两国所获得的特殊利益,全系取自现存的满清朝廷。与其坐视事变自然消长,何如援助现存的满清朝廷,或将有利于维护日俄两国的利益。革命军的胜利,较之现政府的存在是否更为可惧?换言之,革命成功以后,日俄两国在满洲、蒙古的利益是否将陷于危险之中?

本使:尊意已完全理解。阁下所言确是值得仔细考虑的问题。假若日俄两国向满清朝廷提供援助,而清政府又定能根绝革命运动,断然实行改革,则如阁下所说:对于日俄两国诚然有利,但以本使的现有知识来分析清国现状,总觉以现今的满清朝廷实现革新,断无希望。鉴于

清国现政府之极端腐败与混乱,据本使所见,寄希望于满清朝廷这一派获得最后胜利,实属危险之极。基此,本使认为此时日俄两国应密切注视事态发展,随时采取适当措施,以维护两国的在清利益免遭损害,实为得策。不论清国发生何种事变,日俄两国必须依据自一九〇七年协约开始,经一九一〇年协约而日趋巩固的两国间相信相依的政策原则,紧密协作。这才是我们必须经常(原电有脱字)的。东京新内阁成立①当时已曾向阁下申明,今日呈阁下钧阅的电报又再一次表明:日本现内阁自成立之初即对贵国抱有良好感情,认为必须坚决执行两国间相信相依的政策,特别是为了确保两国在满洲的利益,更坚信必须日益加强两国间的友好信赖关系。

关于清国事变的结果究竟如何,本使虽不得而知,但本使相信,终有一天我们必须认真考虑一九〇七年及一九一〇年两次日俄协约究竟是否应该忠实履行的问题。

大臣:如贵大使所知,本大臣经常毫无隔阂地谈述个人意见,并相信彼此开诚布公地交换意见是促进两国相互了解的最好办法。已经屡次向贵大使言明,本大臣一向以伊茨渥尔斯基②的政策为准则。正如贵大使所见,本大臣确信,俄国的远东政策,除沿袭伊氏方针外别无他途。往年在日俄战争中,俄国虽不幸而蒙受了败战的耻辱,但我国人自知战争是由俄国的过失所引起,故至今对于日本国不怀任何忌怨之情。虽然割去半个库页岛给日本,但那并不是俄国的领土,假若日本国真正夺去了俄国固有领土的一部分,那么日俄两国的友好关系终必不可恢复。所幸事实并非如此,所以俄国人对于日本毫无复仇的念头。这是本大臣敢于向阁下确言不爽的;同时也确信日本国亦必无占领俄国领土的野心。世界上屡屡有人对本大臣提出指责,谓本大臣过于信赖日

---

① 指 1911 年 8 月 30 日成立的第二次西园寺内阁。

② 伊茨渥尔斯基(1856—1919 年),1899—1903 年任沙俄驻日公使,1906 年任沙俄政府外务大臣。

本的友谊,必贻日后噬脐之悔等等,本大臣毫不介意,一任彼等随意说去。本大臣对于日俄两国协约抱有深切的信赖,因为协约是以两国国民的现实利益为基础的。因此,当我们谈论清国问题时,必须很好地立脚于日俄协约的基础之上。

暗示,毕竟是无用的。根据一九〇七年及一九一〇年两次秘密协约,日俄两国关于分割满洲和蒙古的问题已经预有设想。只要时机一到,两国即可根据一九〇七年协约中规定的分界线分割满洲,并可进一步商谈如何分割蒙古的问题。本大臣确信,只要两国遇事能够善意相处,则凡事均不难找到协作的途径。关于这个问题,如果仅是对清关系问题,那是非常容易解决的。因为清国毕竟不是日俄两国的对手。吾人所担心的是第三国的干涉。日本国已经早有准备,可以随时派出大军到清国去占领本国所需要的地方,俄国的情况则并非如此。俄国与清国的国境线非常之长,俄国若想占领北满洲和对俄国来说更为重要的蒙古,则需付出异常巨大的努力。日本在远东没有任何后顾之忧,俄国则必须经常顾虑来自西方的德国干涉。而且近来德国又每事必与俄国作对,陷俄国于困难的境地。

况且,俄国的准备还不能说已经完成。本大臣前在财政大臣任内已经为改进俄国军队而多方设法努力。自就任总理大臣以后,更想努力使俄国军队趋于完备。然而想在二年之内使俄国军队达到完善的地步,那是非常困难的事(斯托雷平①生前亦曾对本职说过同样的话)。故此次清国事变的发生,实使俄国为之震惊,深感此次事变再迟几年发生,实甚理想。然而事情既已发生,本大臣将不辞随时采取必要措施予以对处。

本使:诚如阁下高见,此次清国事变,对于日俄两国说来,确是为时稍早。然而事情的发生总是先于人们的预料。幸而日俄两国对于清国事变的发生已经有所预料,并签订了两次协约,这是颇堪欣庆的事情。

---

①　1906年任俄国总理大臣兼内务大臣,1911年为社会革命党人所杀害。

现在事情已经发生,就必须根据需要,适宜策划,以维护我们两国的利益。如果俄、法、英三国能够紧密联结,则日俄两国一旦采取断然措施时,想德国当局亦不致在近东给俄国制造麻烦。不知阁下以为然否?

大臣:虽可设想德国届时当不致强与俄国作对,但亦无法确实保证。总之,当前最紧要的问题是确定对清国事变的态度。吾人必须经常密切注视形势演变,在必要时互相协商,以确定采取何种措施。

本职对该大臣最后的提议表示同意,并郑重言明,对于日本国政府,俄国政府可以完全寄予诚恳的信赖。然后辞去。

《日本外交文书选译——关于辛亥革命》,第 105—108 页

本野①致内田电

1911 年 10 月 24 日

第 142 号。

十月二十三日,本职与俄国总理大臣面晤之际,曾就清国事变问题进行种种交谈。总理大臣向本职探问:如果革命军获胜,对于日俄两国是否有利,颇属疑问。当此时刻,不如对现政府提供相当援助,使其平定乱局,对于日俄两国当为得策,不知贵大使以为如何? 本职答称:清国现政府获得日俄两国援助之后,如确有把握能够平定叛乱,改善国政,则采取上述方针当然有利,但据本使迄今为止所知之清国情况判断,实不能看到此种希望。就今日之形势观之,究竟胜利谁属,颇难逆料。故目前应先静观形势演变,然后两国随时协商,临机应变,采取措施,以保护我两国之共同利益,方为得策。该大臣聆听后并未坚持己见,但谓:愿日俄两国互相信赖,遇事共同协商处理。本职答称:完全同意。该大臣最感忧惧之点,似在于日俄两国一旦根据去年缔结之秘密协约②而采取断然措施时,德美两国或将出面干涉,尽管如此,俄国政

---

①　本野一郎,后于 1916 年任寺内内阁外务大臣。

②　系指 1910 年所订《第二次日俄密约》而言。

府似仍愿与日本国政府采取完全一致之步调,凡事互相协商,共拟良策,以应付此次事变。关于此次清国事变,我国政府方针如何,一经确定,即希尽速密电示知,俾资遵循。

本职与该总理大臣之谈话纪要,另行邮寄。

《日本外交文书选译——关于辛亥革命》,第104—105页

日本政府关于对清政策问题的内阁会议决议

1911年10月24日

鉴于帝国在政治上和经济上与清国之间具有极密切之关系,故我政府应不断努力,以求对清国占有优势的地位,并须多方策划,使满洲现状得以永恒持续。此乃前任内阁在执政期间经过庙议①所决定之方针。

在满洲,延长租借地的租借年限,就与铁路有关的各项问题作出明确规定,进而确立帝国在满洲的地位,以求满洲问题的根本解决。为此,帝国政府必须经常策划,不遗余力,一旦遇到可乘之机,自应加以利用,采取果断手段,实现上述目的。关于关东州的租借问题,在《旅顺及大连湾租借条约》第三条末段已有明文规定,一俟租借期满之后,可就延长租借期限问题另行磋商②。这在条约上已经预有伏笔。不仅如此,关于满洲问题,根据北京协约③第十二条规定,在租借地问题上,帝国亦应享有最优惠之待遇。关于延长租借期限问题,我国在条约上已有根据可循。因此,关于满洲问题,可暂时维持现状,防止我权益遭受

---

① 即朝廷会议之谓。当时日本每当磋商国家重大决策时,往往邀请"元老"及"重臣"等参加讨论。一般指"重臣会议"、"御前会议"而言,当然也包括内阁会议在内。

② 1898年中俄曾订《旅大租地条约》,其第三条规定:"租地限期,自画此约之日始,定二十五年为限。然限满后,由两国相商,展限亦可。"

③ 日俄战争后,1905年中日两国曾在北京订立《会议东三省事宜正约》。据此条约,清政府被迫承认从前俄国在我东三省南部享有的所谓"特权"一律由日本继续享有。该约(附约)第十二条规定:"凡本日签名盖印之正约暨附约所载各款,遇事均以彼此相待最优之处施行。"

侵害,并相机逐步增进我国权益。至于满洲问题的根本解决,则必须等待时机,直到对我国最为有利、而且最有把握之时机到来,再着手解决,方为得策。

调转视线,再看看帝国与清国本土的关系。我国侨民之多,我国通商贸易额之大,以及与我国有关的企业之日益增多,所有这些都明显地显示出一种趋势,即我国在该地区逐渐占有优势地位。加以清国事态极不稳定,今后形势如何演变,未可预知。一旦该地区发生变乱,能够紧急采取应变措施的,除帝国而外别无它国。这从帝国所处的地理位置与帝国的实力来看,已是不容置疑的事实,同时也是帝国政府对于亚洲所负担的重大任务。今后帝国必须自觉认清上述地位;并努力巩固这种地位,同时还必须竭尽一切努力,考究方策,使清国及其它各国逐步承认这一地位。各国如能深刻体察东亚大势,最后必至承认我国的优势地位。相信这并不是没有希望的。

基于上述情况,帝国政府决定:关于满洲问题的根本解决,专待对我国家有利之时机到来,今后应着重致力于在清国本土培植势力,并努力设法使其它各国承认帝国在该地区之优势地位。根据这一既定方针,关于满洲问题,一方面要和俄国采取协同步调,以维护我国权益;另一方面要尽可能不伤害清国的感情,并设法使清国对我国寄予信赖。此外,对英国要始终贯彻同盟条约精神,对法国及其它与清国本土有利害关系的各国,则要探讨协调的途径,同时还要讲求方策,尽最大可能把美国也拉入我伙伴之中,以期逐步实现我国的目的。

上述宗旨,如经庙议决定,则对此次武昌发生的革命变乱,亦可依据上述方针,随时采取必要措施予以处理。

《日本外交文书选译——关于辛亥革命》,第 109—111 页

本肯多夫致尼拉托夫函(节译)
1911 年 10 月 12[25]日

私函

尊贵的阿纳托利·阿纳托利耶维奇：

（前略）

在同爱·格雷爵士会晤时，我再也未提有关中国的三个问题。首先因为提出这些问题以及对英国的补偿问题（不言而喻，在此种情况下，补偿是必要的），于解决海峡问题不利，并赋于我们的政策一种性质，似乎我们的政策是按照整个路线予先策划的。在目前情形下，补偿问题只能通过扩大业已提供的优先权来解决。

如果我认为，除难以预料的障碍之外，海峡问题业已成熟，则我不大相信满洲、蒙古，尤其是中国土尔克斯坦问题业已成熟。

我觉得，这后一问题似乎已充满困难，而且比前两个问题更难以说明理由，我不知道把该问题拖到将来解决，是否于前两个问题的解决更有利。

至于满洲及蒙古，我认为，中国的形势尚不够清楚。倘若〔清政府〕倒台或者分裂，则一切自然会安排好的，我认为，同英国达成协议并不困难。

反之，如长江流域的战事将导致北京王朝或政府更迭，则事情将是另一种样子。

同英国政府就或然性或可能性对话往往毫无结果。伦敦内阁惟有在情况已成定局时，才会通过决议。这是伦敦内阁的传统作法；对此，我补充一点，英国绝不追求领土侵夺或者保护别国，而是提防这类事情发生。

我认为，在满洲我们最好表现得由于日本已经动手我们不得不跟着采取行动。在此种情形下，人们俱会看得清楚，我们应该采取行动，对此，任何人不可能亦不会提出异议。

还有对合众国的看法，这些看法在英国具有重要性。倘日本的主动性只引起美国对日本的反对，则我们可退居次要地位，这样我国与英国就很容易达成协议。

关于这一问题，我期望得到您进一步指示，如中国不发生决定性事件,我将按您的指示立即采取行动。

法国政府也许尚未把我国在华利益的计划告知康邦先生,否则他会告知我的。我由此可以得出结论,尚未向英国政府提出问题,因此,我可以自由地等些时候。

尊贵的阿纳托利·阿纳托利耶维奇,请相信我的忠诚。

本肯多夫

《俄国外交文书选译(有关中国部分1911.5—1912.5)》,第136—138页

尼拉托夫致驻勃罗涅夫斯基电

1911年10月13[26]日

第1601号。

据报纸报道,日本正准备对中国进行可能的远征。半官方报纸《日本时报》①载文称,如中国政府不能够恢复秩序,日本将自行采取措施,维护其在华利益。

日本对中国事变的态度以及日本可能干预此事变,使我们十分关注,我们希望从尊处得到有关该问题的尽量可靠、全面的情报。

我们已接到驻汉口总领事来电,内称:中国革命军都督黎将军已将战时禁制品清单知照当地领事团,准备没收运载战时禁制品的船只。您可以该电为借口,就上述问题同外务大臣进行会谈。各国领事业以第三者身份回便函称:他们将把黎将军这一声明呈报本国公使。

但鉴于政府当局不在当地,各国领事认为,今后同黎将军的事务性联系是不可能回避的。

关于此事,我已致电廓索维慈,倘别国使节赞同此事,则我们将不会阻碍建立此种联系。但我已经表示,北京外交团应将此等情况照会外务部,说明这并不意味列强承认革命政府。

---

① 原文为 *Japan Times*——译者。

黎将军曾就宣布一些物品为战时禁制品以及驻汉口各领事同革命党关系问题发表一项声明，请秘密探询外务大臣，日本政府对此项声明持何态度。并请附带说明，无论对这些个别问题，或对是否承认中国革命军为交战一方的共同性问题，我们均希望同日本政府确立共同看法①。

尼拉托夫

《俄国外交文书选译(有关中国部分 1911.5—1912.5)》，第 140 页

伟晋颂致朱尔典函

1911 年 10 月 27 日

阁下：

我荣幸地报告说：人们估计，自从南京得到汉口发生动乱的消息以来，大约有四万人，其中大部份是学生、妇女和儿童，已离开这个口岸；首先逃走或把他们的眷属送走的，是南京的一些地位很高的官员。几乎只有总督、布政使、洋务委员、海关道台等几位高级官员的家眷仍然留在此地。

另一方面，由于南京银元局铸造清币五十万元，部份用来支付军饷，部分通过各钱庄发放，从而使南京流行的银根紧迫的现象得到某些缓和。因此，许多钱庄能够重新营业，并兑换纸币。它们由于缺乏现银，一度是不能够经营这些业务的，但是，它们仍拒绝支付存款，因为在目前的情况下，它们不能够将资产变为现银。然而，它们答应，一旦形势重新恢复正常，即行照付。由于群众对清币的流通抱着某种怀疑的态度，所以银元局已暂时停止铸造，仍铸江南旧银元。

从军事的观点看来，可以报告的形势变化是很少的，但是，我已能

---

① 勃罗涅夫斯基于 10 月 17［30］日第 206 号复电中称，日本驻汉口领事于必要时有权同黎将军进行公务联系，"并预先声明，这绝不意味承认革命军为交战一方问题已获得解决。解决该问题刻下为时尚早。目前尚无一个政府提出该问题"。

够获得关于城内军队数目的确切情况。驻在此地的新军有步兵两标，共约三千人；骑兵六百人，炮兵九百人，工兵五百人，辎重兵约五百人，全部兵力为五千五百人。旧军共有十四营，每营的兵力均为三四百人。其中六营在起事前驻在城内，后来有八营自浦口入城。此地的居民对前者似乎抱有恶感，但对最近自浦口调来的军队则感到恐惧，他们属于张勋提督指挥下的长江防营。人们认为他们的性情残暴，在发生骚乱时，他们根本不可能对他们的敌人或居民普遍加以宽恕。除了上述的军队之外，至少还有四百人守卫各炮台及其他地方，人们很少知道他们的倾向性；当然还有驻防旗兵，估计约一千五百人。

新军以怀有不满情绪著称。上星期，作为一项预防措施，他们的步枪被拆除了枪栓，而且他们的子弹也被拿走。现在，我获悉，经总督的许可，一定数量的枪栓已交还给每队士兵，而对每支完整的步枪给予子弹五十发，理由是：当士兵们想到南京一旦发生骚乱，他们将处于毫无防御的境地，而且可能被他们的敌人旧军所屠杀的时候，他们感到几乎难以容忍。该镇统制徐绍桢似已保证他的士兵们忠心耿耿，或者至少是保持中立。驻在此地的步兵两标现已奉命开赴城外，其中一标前往浦口，另一标前往南京以南的兵营。他们是否将遵从命令，似乎还是一个争论未决的问题。

就将来的情况来说，我仍然认为，这个口岸没有发生重大起事的危险，尽管无业游民也许可能制造某些麻烦。不过，我必须承认，我在此地的所有同事们都不同意我对形势的看法。

关于中国官员们的情况，总督对于本地的形势和汉口的形势，仍表示依旧乐观，但他的幕僚已感到普遍的惊慌，信心不足。有人告诉我说，由于总督的镇静以及拒绝相信送给他的许多报告，从而使他的僚属们大为恼火。我应当说，总督因为出席了本月 22 日谘议局的开幕式，所以造成了一个很好的印象。

美国轮船"新奥林斯"号和日本巡洋舰"秋津岛"号的到达，使停泊在此地的军舰有了增加。没有任何欧洲人离开这个口岸，此事使那些不能迁移的中国人有了某些信心。

伟晋颂谨上　　1911 年 10 月 27 日于南京

《英国蓝皮书有关辛亥革命资料选译》,第 77—79 页

伊集院致内田电

1911 年 10 月 28 日

第 348 号。绝密　至急

根据屡次电呈之情报,此间情况阁下当必业已洞悉。清国朝廷挽救时局的方策之一,是竭尽一切手段与革命军达成和平妥协,此点殆已无容置疑。(电文不明)根本之(电文不明)顾念及此,虽可谓为理所当然,但其中也有以司戴德、福开森等辈为中心的美国人一派从中怂恿策动之迹象。据本职浅见,人心所向和东亚大势业已不可阻挡。民意已完全背离满清朝廷,乃属确凿无疑。现今朝廷已完全丧失昔日统治四百余州的威信与实力,不论采取何种怀柔妥协办法,恐已无法平定目前时局。即使得到对清廷最有利之解决办法,也不过在华北一隅维持偏安之局而已。倘本职之上述所见不致舛误,则帝国政府亟须当机立断,下定决心,对现时局(电文不明)具体制定根本方针。本职不才,愿陈所见,供请卓夺:

武昌兴起的革命军军政基础业已渐趋巩固,如此判断,当非轻率,而两广总督恐迟早亦难免宣告独立,此种形势,濑川总领事等已有电报禀陈。趁此绝好时机,亟应在华中、华南建立两个独立国家,而使满清朝廷偏安华北,继续维持其统治。

征诸各方情况,上述方案应该是最顺理成章的解决办法。若按上述方案执行并获成功,本职相信:可由此一举奠定帝国政府之百年大计,确立远东和平之根基,并进而为世界和平消除祸乱之源[1]。至于本案之能否实现,则完全取决于帝国政府能否下定如此重大决心,并周密

---

[1]　原文为"混乱份子"。

筹划,不失机宜,先发制人。

上述种种,乃本职基于迄今为止对时局之观察,从大局着眼,为帝国之百年大计,为维持远东和平,而日夜焦思苦虑之结果。本职确信,为皇国(按即日本。——译者)之永久兴隆奠定基础,此正其时。帝国政府如肯采纳上述方案,即应火速选派适当人才分赴各个方面,以不断掌握详密准确之情报,并与武昌革命军当局及广东方面首要人物取得联系。与此同时,还应增派军舰分赴各地,以保证上述计划之顺利执行。要而言之,本职认为总应采取某种办法,维持满清朝廷于华北一隅,而使其与南方汉人长期对峙,乃属对帝国有利之上策。为此,本职颇愿进一步与清廷内部互通声气,努力加以引导和诱掖。

上述意见,本拟特备专函或选派专人向阁下禀陈,乃时局之发展过于迅急,已不容片刻犹豫。用特电陈概要,即希核夺。

《日本外交文书选译——关于辛亥革命》,第111—113页

廓索维慈致尼拉托夫电

1911年10月18[31]日

第684号。

针对政府军在汉口所取得的初步胜利,革命军加紧了活动。太原府兵变,巡抚及其全家被处决,近两千满人被屠杀、一段山西铁路被攻占;以及保定府驻军拒绝对叛军作战,有可能使京汉线中断,参战军队,与京城的联系断绝;革命军攻占福州及第二十镇(该镇是参战军队,驻扎在取消操演的地区)呈请皇帝实行立宪等事实,只能说明运动的威力及民众普遍同情运动。在此种情形下,因朝廷完全束手无策、孤立无援,才导致昨日颁布上谕,这是朝廷向叛军投降。上谕的屈辱措词无疑表明朝廷愿意继续让步,包括撤换当权的大臣。无论如何,目下还不能断定用何种方式始可控制住运动。主要的危险在于,叛乱可能继续下去或具有仇外性质。在这方面,到处声张朝廷最近的借款活动具有很大危险性,而且朝廷业已陷入绝境,它可能象1900年所干的那样,企图

把反清运动引向仇外。

廓索维慈

《俄国外交文书选译(有关中国部分1911.5—1912.5)》,第153—154页

内田致伊集院电

1911年11月2日

第246号。

第381号、388号、390号来电俱悉。关于清国现状及其未来发展趋势,据屡次来电观之,只能说目前尚处于未可预测之状态。在当前情况下,我国必须密切注视形势演变,以便慎重决定态度,万不可过早做出结论,或贸然采取各种措施。因此,帝国政府一面要随时做好应变准备,毫不松懈,一面要洞察形势发展真象,并探索各国动向。此种精神,前次训令中业已言明,望能深加体察。

第388号来电询及帝国政府之根本方针,要求给予具体指示等等。按帝国政府关于清国问题之基本方针,日前已将内阁会议决议电示在案,当已知悉。至于如何根据政府之基本方针,适应时局演变而随时决定对策和采取措施,则必须以探明时局真象为基础,此点自不待说。如前所述,目前清国形势混沌,今后如何演变,尚未可预卜。在此种情况下,我国政府率尔确定态度,既无必要,亦无基础。况我国在确定态度时,事先至少需与英国政府进行磋商,方为合宜。若我国自身尚不能对清国形势做出准确判断,就无法同各国政府进行具体磋商。我公使迄今为止所提报告,对于政府各项筹划虽已提供若干重要参考,但我公使所接触者总似不够全面,而且接触方法多是经由间接途径。政府深望我公使与当前清国权要人物直接接触。我公使在此种直接接触当中,固有必要明确我国政府之具体方针,但与该国权要人物应对时,亦可坦率言明愿听取对方意见,勿须拘泥于我政府之方针如何。如果对方询及我政府方针,亦不妨淡淡答对,如谓:我国政府正在探求事态真象,愿意充分听取贵国政府意见,等等。如此应对,亦无不可。总之,帝国政

府切望我公使向当前权要人物直接征询意见。又,各国驻清公使意见如何,对其本国政府亦将发生很大影响,关于这方面情况,迄今尚未接获我公使之报告,务望多方设法探索,有何动向,随时来电言明。

我公使还屡次要求派出陆军或军舰巡弋。关于军舰巡弋,姑先不论;此时若派出陆军,则所派部队不论是新增兵力或仅恢复到庚子当时之驻兵数目,都必构成重大事件而耸动各国耳目,清国政府是否欢迎,亦不得知;况且革命党人及其它徒辈亦必借题发挥,以为帝国政府立意以实力庇护满清朝廷,其结果非同等闲。如果采取此种措施,除帝国政府本身必须具有坚定决心外,至少还必须同英国政府进行充分磋商,不论发生何等重大后果,日英两国政府必须事先下定决心共同负责处理。如前所述,目前帝国政府不仅认为尚未到达可以做出此种决定之地步,同时认为赖以做出此种决定之根据即对清国形势之判断,目前尚不明确。第390号来电称:帝国政府之冷静和不干涉态度,已逐渐引起当地中外人士之疑虑,等等。但,据此间所获各方报告,欧美人士对于此次时局,态度似亦比较冷静。来电所述之怀有疑虑者究竟属于哪一方面,为供参考,希将具体人名等详细告知。

如上所述,我公使应尽量与清国各方面保持密切接触,尤应力求与英国公使经常交换意见。政府自当相机设法敦促英国政府秘密指示该国驻清公使,着其诸事与我公使保持紧密联系。在此之前,切望我公使尽量主动设法与该公使保持紧密接触。

《日本外交文书选译——关于辛亥革命》,第113—115页

奥田转松村[①]致内田电

1911年11月3日

第89号。

十月三十一日,松村总领事自汉口来电如下:

---

① 奥田,日本驻芜湖领事;松村,日本驻汉口领事。

寺西陆军中佐致陆军省田中少将[①]电:

就我国对清政策观之,使革命军能够长期持续抵抗,实属至为必要。现德国当局极力向官军提供援助,本职则欲暗中支援革命军。请急速秘密运来机关枪二十挺,子弹二十万颗,三十一年式榴霰弹五万发。关于密运方法,请与三井公司之山本氏[②]洽商。此项武器之价款,能否得到偿付,现尚不能确言,故我方须做好准备,承认将来由我政府支付价款。

《日本外交文书选译——关于辛亥革命》,第 182 页

勃罗涅夫斯基致尼拉托夫电

1911 年 10 月 21 日[11 月 3 日]

第 209 号。

刚才在桂太郎府邸用早餐。看来他对参与政务依然非常积极,他对我声称,北京局势如此糟糕,满洲王朝的处境如此危险,应准备应付万一。桂太郎之意,两个最关心中华帝国命运的邻国——俄国与日本——最好一致行动。他认为,由于日本政府目前在华有许多情报人员,比我国政府更了解革命运动的进程,他已嘱咐陆军大臣将此间陆军当局所接到的情报随时告知我国陆军武官。我说,据我所知,俄日两国所关心的中国各地区俱平安无事,并问道,莫非他预感到外国有在北京进行干涉之必要和可能。桂太郎未作直接回答,只反复说,要准备应付一切。明日我还要会见桂太郎及外务大臣。我的初步印象是,日本担心某一国家在北京进行干涉,已决定不许别国干涉,并准备随时采取行

---

① 即田中义一,时任日本陆军省军务局长。
② 即山本条太郎,时任三井物产株式会社常务董事。

动,还想拉我国同它一起行动①。

勃罗涅夫斯基

《俄国外交文书选译(有关中国部分1911.5—1912.5)》,第162—163页

勃罗涅夫斯基致尼拉托夫函

1911年10月22日[11月4日]

机密

阿纳托利·阿纳托利耶维奇先生阁下:

10月18[31]日,星期二,陆军大臣照每年惯例,在演习之前为所有外国陆军武官设了早宴,萨莫伊洛夫少将亦出席了这次早宴。

早宴后,萨莫伊洛夫少将径直来到我处,向我报告:陆军大臣将其领到一旁,说,他认为,应将中国事变之情况随时告彼〔萨莫伊洛夫〕,因为陆军大臣认为,日本对当地事变的报道大概比我们更翔实。他已指示军务局长田中少将同彼〔萨莫伊洛夫〕谈谈此事。石本中将鉴于中国已发生事变,并认为事变非常严重,故建议我国陆军武官不要去观看演习,他本人同陆军省其他许多高级官员亦不去观看。

是日,萨莫伊洛夫少将收到田中少将一封信,信中顺便写道:"阁下知道,中国局势日趋危险;倘局势恶化,我认为,我国必须同俄国共同行动。如果我们经常会晤、交谈并交换意见,则彼此间可以制定两国共同行动计划。"

次日,10月19日[11月1日],萨莫伊洛夫少将同田中少将在帝国大使馆举行了第一次会晤。我国陆军武官随即将会晤结果向我作了报告。田中少将概略地讲了下述情况:万一形势需要,拟征得俄英两国同意,先从关东派遣第五师团平时编制的一个步兵旅团,走海路经山海关

①　勃罗涅夫斯基在10月22日[11月4日]第210号电中报称:"外务大臣向我断言,我在第208号电(见第786号文件)及本电中所谈及的问题,他事先并不知道。我通过我国陆军武官从此间陆军省得到的关于日本意图的情报,与日本政府的观点不一致。他认为,主动干涉中国叛乱及出兵中国尚不是时机,且有危险,有可能再度招致义和团之乱。"

及大沽,占领天津或北京以及山海关至津京的铁路。该旅团准备随时出发;因此,目下应转入后备役的第五师团下级军官要延迟到明年五月。倘该旅团离开关东,则将从日本派新部队接替。

田中少将继称:总之,此种出兵并非日本所愿。为节约军费起见,惟有在万不得已时始可出兵。倘若俄军开赴北京,则可指望南满铁路给予协助;但日本人想知道所派部队的编制及其人数,日本方面拟尽量减少限制,田中少将同时再次重申,惟有征得俄英两国同意,日本始可出兵,据他说,英国使节对此事还一无所知。田中少将说出兵之目的是支持中国皇帝,但须经俄英两国同意。

在随后的交谈中,田中少将对我国陆军武官称:此间有人预料,我国将利用目前形势占领伊犁地方,他问我,此事是否属实;他还想知道我国在满洲的护路军有多少人,我国欲扩大护路军是否属实;据传,东三省总督正向俄国人借款五百万两,他亦想知道此事是否属实;田中少将提出最后一个问题后,补充说,横滨"正金银行"已拒绝此项借款。萨莫伊洛夫听了全部问题后,答称,他一定将这些问题报告我。

因此,我国陆军武官对上述各点并未表示任何意见,只问道,鉴于目前情况,日本是否无意出兵满洲,他得到的回答是,这并非所愿,倘须出兵护路,则可出兵,不过要限制在必要的范围之内。

军务局长离去时,请求将上述全部情况转告我,并要严守秘密,他还预料,我将会接到日本外务省的有关照会。

萨莫伊洛夫少将向我报告上述情况后,认为,应以 10 月 18[31]日第 379 号报告,将全部情况直接呈报总参谋部军需少将,与我 10 月 20日[11 月 2 日]致阁下第 208 号密电的同时,他又致电将上述情况作了简要报告。

同我国陆军武官一样,我对此次通过异常途径将政治上头等重要的问题通知我深感惊异,但我从田中少将的话中得知,他每天去外务省并同石井男爵会晤,我认为,我通过外交途径得到情况只不过是数小时的问题。

我风闻神户附近驻军正作军事准备。虽然我想请外务大臣作一番解释,但我于10月19日[11月1日]还写信给外务副大臣,请他告诉我,此事是否属实。数小时之后,我得到石井先生答复说,他与陆军副大臣会晤时接到此信,据陆军副大臣说,他可以向我保证,我听到的传闻是毫无根据的。

次日,10月20日[11月2日],萨莫伊洛夫少将应田中少将之请,在陆军省同他举行了第二次会晤,萨莫伊洛夫从田中少将处仅获得一些有关中国骚乱地区的最近消息。此次同前次一样,军务局长得知外务省尚未向我们作任何表示,感到诧异。此时刚刚会晤过石井男爵的田中少将对此种拖沓现象作了下述解释:外务大臣尚未将日本的计划告知盟国英国驻此间大使;10月19日[11月1日]仅告知窦纳乐爵士,日本当局了解中国局势,并说局势非常严重。因迄今尚未将情况比较详细地告知英国大使,故亦未告知我。但石井先生将于明日找机会同我私下谈话。

还在我从萨莫伊洛夫处得知田中少将含糊不清的解释之前,我已向外务副大臣发出一封私人信件,这次直接请他向我说明最近四十八小时内所发生的一切,并且指出,照给予陆军武官的训令精神,并未授权他研究政治性问题。石井先生接到此信时,田中少将在座。据后者说,因石井先生当着他的面看完我的私人信件,故我可以认为田中少将的上述解释暂时消除了我的疑虑,并决定等待所应允的私下谈话。此外,我与陆军武官均意识到我所得消息的全部重要性,立即负责将消息报告圣彼得堡。我于10月20日[11月2日]傍晚从萨莫伊洛夫报告中所得到最重要情报,已以第208号密电告知阁下。

次日,10月21日[11月3日],我遇到的第一个去官邸赴早宴的,是外务大臣。我告诉他,我已通过我国陆军武官接到一系列重要而有趣的情报,并请他于次日接见我。内田子爵答称,他于10月22日[11月4日]下午四时等候我。

随后,我会见了桂公爵,就皇帝陛下向他表示好意,将一枚镶钻石

的圣亚历山大 · 涅夫斯基勋章最仁慈地授予他一事,再次向他表示祝贺。桂公爵答称,俄国君主此种恩赐使他深为感动,他认为,他受之有愧。继而,他把我领到一旁,我们的谈话遂转到中国问题。为避免延长此函篇幅,我以为可援引我 10 月 21 日[11 月 3 日]致阁下的第 209 号密电,该电扼要地叙述了前总理大臣的全部讲话内容,大意如下:中国局势颇令人忧虑;最关心中国问题者,是俄国和日本;目前这两个国家是友邦,故两国必须对中国采取完全一致的行动。必须经常交换意见及交换从中国得到的情报,但此种交换不是偶尔的,而要天天进行。陆军大臣从我们旁边走过时,桂公爵向他指了指说:"Ich habe ihm einen Wink gegeben"①,显然,想借以说明石本中将同萨莫伊洛夫少将的谈话以及军务局长给后者通知的内容。我说,我尚未向外务大臣直接了解任何情况,我明日下午才去见他。公爵补充说:显然,明天内田子爵将把全部情况告诉我。临别时,桂公爵约我于次日上午十时会晤。

　　早宴后,我同陆军大臣谈话时,曾向他暗示,我已接到田中少将的通知,对此,石本男爵说,今后亦将如此,他还补充说,他得知,萨莫伊洛夫少将借口身体不适,将不去参观演习,"这样作比较妥当"。

　　是日晚,在外务大臣那里举行的宴会上,我未等到石井先生让我讲话,就请他让我占用几分钟。我告诉他,我明天将同内田会晤,现在我不同他讨论我最近两天所得消息的实质,但现在只希望说明,为何不把这些消息直接通知我,而要通过如此异常的途径。石井先生作了回答,但我认为他回避了下述真实情况:他只是从我昨天的信中才得知田中少将已将重要的事情通知我国陆军武官;田中少将被迷住心窍,显然,他作得太过分了;日本政府同帝国政府进行会晤只能通过两个途径,即在圣彼得堡的本野男爵和在东京的我,日本政府任何时候都不会放弃这两个途径。

　　次日,10 月 22 日[11 月 4 日],我从桂公爵处听到完全不同的话。

---

　　①　"我已暗示他"。

首先,桂公爵谈及:他在外务省期间,竭力与俄国接近,如,他认为1907年协约并不令人满意,由于他的努力,结果签署了1910年协约;桂公爵不仅意识到,战后我国的要求问题——问题本身远没有那么大——目前还不能得到解决,亦不能从俄日关系中完全排除,它将成为两国进一步接近的经常障碍,而且他还致力于永远消除此种障碍,这亦并非没有成效。

随后,桂公爵转到中国问题。他对中国骚乱适逢俄日两国结成友邦表示满意,因为这样一来,便很易于完成在对华关系方面可能突然落到两国身上的任务。

关心中国问题者,当然是各个大国,主要是俄、日、英三国,而俄日两国在中国不仅有经济利益,而且还有最重大的政治利益。同其他大国相比,俄日两国的作用自应更大些;只不过需要很好探明情况,并相互补充每个政府所得到的情报。公爵补充说:"在官邸同贵代办谈话后,我又同西园寺侯爵及内田子爵商谈过,向他们讲述了我的这一意见;总理大臣表示完全赞同,内田将把他从中国得到的消息随时告知贵代办。"

我不能不指出,前总理大臣在言语中已表露出某种骑墙态度。类似下列一些话交相错杂在一起:"我已告知西园寺,当然,他同意我的意见","我已将权力移交给他,但须知日本的政策并无改变","我已向陆军大臣指出问题之所在","虽然我并非总理大臣,却参与许多决策"——这些话似乎出自看来虽已将权力交与别人,但在意识中仍保留着此种权力的人。桂公爵再三说明,他现在只代表个人,他以个人身份同我谈话,但他客套了几句之后,便出言不逊,讲了上述一席话。

经过四十五分钟会晤,告别桂公爵之后,我不能不得出一个印象,我在同一个幕后的,但却是日本实际的政治领导人谈话。我在第209号电中曾谈及,在府邸同他进行第一次会晤后,便留下深刻印象:日本担心别国对北京进行干预,已决定不许别国干预,并准备随时出兵,并想拉我国出兵。

　　四时,外务大臣接见了我,我问,他对前两天通过我国陆军武官告知我的消息有何看法,内田先生断然宣称:那些消息不符合日本政府的看法,日本政府不赞成在此种情况下选择此种途径通知我。显然对军务局长与萨莫伊洛夫少将谈话中所涉及的这类问题,某些部门的非主要官员无权参加讨论。内田补充说:"and I will stop it at once。"①

　　至于通知的实质,外务大臣亦断然表示,日本政府根本无意出兵中国,并认为,目前无论何国出兵,其结果必将使迄今尚未惊扰外国人的革命党人立刻把枪口对准他们。内田认为,首先须要等待,看目前集中在袁世凯手中的权力将如何表现和表现在什么方面。

　　我向外务大臣指出,倘若对比较遥远的将来持悲观看法,则可对其进行讨论,亦可准备采取某种非常措施,以防此种悲观看法变成现实。对此间陆军省通知我的消息可否亦如此看待呢?但内田并未附和我的意见,他重申,他未想到局势会如此暗淡,以致目下就预感到必须采取非常措施不可。他在我们谈话结束时说:"倘有人侵犯我国在满洲的利益,我们会进行自卫。"

　　现将上述情况呈请阁下核夺,目下我还不敢从中得出明确结论,因为,很可能东京新内阁无迫切需要(目前尚无此种需要)确实无意主动出兵中国,在此种情形下,桂公爵过高地估计了自己的作用以及山县元帅所主持的军方的作用。倘若如此,则军方与现政府之间的争吵在我们看来已非常明显地表露出来。可能新任大臣出于某种考虑,认为目下向我们作坦率的解释尚不是时机,在此种情形下,不负责任的新元老则向我们透露了一点日本今后最重要的打算。

　　无论如何,从发生的全部情况可以十分清楚地看出,现内阁成员的意见颇不一致:外务大臣自行其是,陆军大臣其实是寺内将军的影子,他主要听从桂将军的指示,而总理大臣是政治理论家,众所周知,他不享有一个精力充沛、庄重严肃的国务活动家所享有的声望,他还来不及

———————

　　①　"对此,我要立即加以制止"。

对其同僚的活动进行统一领导。

致诚挚敬意

A·勃罗涅夫斯基

《俄国外交文书选译(有关中国部分 1911.5—1912.5)》,第 165—172 页

尼拉托夫致勃罗涅夫斯基①电
1911 年 10 月 22 日[11 月 4 日]

第 1686 号。

此件并转驻伦敦、巴黎大使及驻北京公使。

第 208 号电及第 209 号电悉。

帝国政府讨论了远东目前形势,认为,对于中国事变必须与日本政府一致行动,切勿主动出兵。最好在保护外国臣民,尤其在保护侨居中国本部北方各地区的各国臣民的一些问题上亦一致行动。另外,对于满洲,已决定采取与日本对等的步骤,以加强我国在满洲的地位;一旦日本在满洲问题方面采取主动,即着手解决该问题。

谨此电闻。

尼拉托夫

《俄国外交文书选译(有关中国部分 1911.5—1912.5)》,第 163—164 页

伊集院致内田电
1911 年 11 月 4 日

第 424 号。

昨日,涛贝勒前来要求与青木少将面晤,当即予以应诺。该贝勒言称:近闻日本国三井物产公司频频向革命军密售军火,如属事实,则对官军非常不利,将对我国平定乱局造成严重影响,能否设法予以禁止?青木答称:三井公司是否曾向革命军出售军火,本人全无所知,但日本

---

① 俄国驻东京代办。

国政府断不致有此类行动;此点,想阁下亦必深知。据本人所知,刻下德法等国商人在各地不断贩运军火。当此时期,军火商人为乘机牟利而不分官军或叛党一律出售,恐任何国家均难禁绝,故欲日本国全面禁止商人之此类活动,实有困难。但对三井公司,本人则可加以调查,等等。所答颇为得体。

青木顺便提问:贵国政府是否有意向日本购买军火?该贝勒答称:若全部购用日本武器,在邦交上颇有碍难之处。青木继续进行劝诱谓:即使大炮之类购用德国产品,而步枪之类则以购用日本产品对各方面均为便利。该贝勒仍支吾其词,仅称:将仔细加以考虑。

根据上述谈话片断,不难看出彼等对于日本国尚无全副信赖之意。

另据该贝勒谈称:迄至昨日为止,袁世凯尚未表明接受任命。

谨此电闻,以供参考。

《日本外交文书选译——关于辛亥革命》,第 182—183 页

尼拉托夫上沙皇奏

兹将驻北京公使来电呈请最高审阅,电文中公使说明他的意见,万一中国南方省份脱离北京政府时,帝国政府对中国政策应采取的方针。

我敢表示,由我国利益的观点看来,现在的中华帝国的解体在各方面都是合意的。在中国各部分之间,即令它们彼此不是完全独立的关系,无疑会有竞争,足以将它们削弱。我们可以利用情况以便完成我国移民事实及巩固我国的边疆,我们在这些地方的自由行动可能比现在大得多,因为中国人的注意力目下都集中在使长城以北的省份和中国内地团结起来,于是会被省政府间互不信任及竞争等内部问题所吸引。

我给四等文官库罗斯托维支的复电就是根据这种意见,复电草稿附上呈请最高审阅,请皇帝陛下允许将电文发送。

尼拉托夫

1911 年 11 月 5 日于圣彼得堡

《红档杂志有关中国交涉史料选译》,第 351 页

尼拉托夫致伊兹沃尔斯基①电

1911 年 10 月 25 日［11 月 7 日］

第 1711 号。急电

本月 24 日［11 月 6 日］电悉。

关于我国对给予中国政府垫款应持何态度问题，我在 10 月 12［25］日及今日电报中业已阐明我们的看法。

此外，我们认为，此时不宜给中国政府任何贷款，因革命党对援助〔清〕王朝所表现出的不满情绪，可能使中国发生的运动具有排外性质。

俄日两国已对中国向四国银行团借款两亿五千万法郎提出抗议，关于满足俄日两国抗议的办法问题，我们竭力使法国财团退出四国银行团，进而在更符合我国利益的基础上改组银行团。我们认为，在目前情形下，不可能达此目的，并认为，因明春以前显然不可能发行上述借款，故满足我国所提抗议问题似成悬案。

我们认为，无论在北京通过外交途径促使中国政府取消合同第十六款，或是满足于银行团承担义务不再向满洲扩大其活动，均是不可能的，并认为，中国长城以北地区不应划入如此敌视我国的四国银行团的活动范围②。

尼拉托夫

《俄国外交文书选译（有关中国部分 1911.5—1912.5）》，第 175 页

---

①　时任俄国驻巴黎大使。

②　伊兹沃尔斯基于 10 月 25 日［11 月 7 日］以第 164 号电报称："鉴于明日将在此间召开四国银行团会议，我已直接向法国财团首席代表西蒙重申，我们对事先不通知我国，未征得我国同意的任何借款表示抗议。此外，我再次以最坚定的态度向西蒙阐述了我国对于向东三省及蒙古贷款的要求。当时，因未获悉准确训令，我仍按您 10 月 18［31］日致财政大臣第 1102 号函所述总精神行事。"

有吉①电转松村致内田函
1911 年 11 月 12 日

第 300 号。

松村总领事于十一月七日发来公函，要点如下：

闻悉革命军根据大冶清国电报局总办之要求，曾准备占领大冶矿山，但因我国军舰"龙田"号碇泊于该地，因而踌躇未决。如果革命军实行武力占领，我国为维护本国利权，不能默然置之。因此，本职根据川岛司令官所提应预先唤起革命党注意之建议，已于十一月七日特派波多野译员前往武昌与黎元洪面晤，告以革命党如采取此种行动反将引起对革命党不利之后果。黎元洪答称：大冶地区清政府官吏俱已逃亡，该地已完全归于我军政府管辖之下，已无必要更进一步采取积极行动，且我党早已发出宣言，凡各国既有之利权，均将得到充分保护，云云。

特此电禀，以供参考。

《日本外交文书选译——关于辛亥革命》，第 183—184 页

朱尔典呈葛雷电
北京，1911 年 11 月 12 日，同日收

袁世凯预料明天早晨将到北京，这消息已使此间局势趋于安定。但在各省，清朝几已完全停止执行其统治权，而清廷所受到的一个严重的打击，乃是奉天省谘议局正准备宣布拥护共和这个消息。清廷目前唯一的希望，在于袁世凯和资政院有无能力说服各省，与其拆散一个共同联合的国家而分成若干政治单位，莫若保留清朝作为一个傀儡。我了解，由资政院派赴汉口、上海及其他革命中心的代表团，并未受到热

---

① 日本驻上海总领事。

切的接待。

在北京,清朝王公和亲贵已向我保证,这里无论如何不致发生任何屠杀事件,但鉴于在南京所出现的情形,我在接受这种保证时,必须有所保留。我以为,由于事态的发展而有其需要时,外交团起而实行干涉,以阻止这类可悲的暴行,将是正当的。

《辛亥革命在上海史料选辑》(增订版),第 1123 页

朱尔典致葛雷电

1911 年 11 月 13 日发自北京,同日收到

关于沪宁铁路问题。

昨天,上海总领事发来如下的电报:

"现在,革命军毫无疑问地占有沪宁铁路所经过的全部地区。那些在旧式军队的指挥官支配之下的清朝官员们被围困在南京。我冒昧地指出,继续禁止革命军利用该路运输军队和军火一事,将有利于清朝当局。由于清军在类似情况下将不会遵守禁令,难道不可以将该禁令限制在上海终点站? 租界附近十英里以内地区的中立化既然足以避免发生纠纷,难道不可以允许在南翔以外地方用火车运载? 要不然,如果革命军中的好战分子不遵守禁令,而此事是很有可能的,那或许会发生严重冲突。"

《英国蓝皮书有关辛亥革命资料选译》,第 54—55 页

松村致内田函

1911 年 11 月 14 日

第 64 号。机密

已接获黎元洪本月十三日发来照会,略谓:各省革命军已推戴黎元洪为中华民国之代表,暂设临时政府于湖北,希能获得帝国政府之承认,等等。关于此事,今日本职已以第 101 号电禀概要,并请转发伊集院公使。为供参考,特再另纸抄录来照原文,供请核阅。

此致

外务大臣子爵　内田康哉阁下

驻汉口总领事　松村贞雄　印

明治四十四年十一月十四日

附件：黎元洪致松村照会（抄件）①

　　中华民国军政府鄂军都督黎为照会事：顷准各省民国军都督电称或代表来鄂面述云：凡民国军所占领之各省，均推举本都督为民国中央政府代表，鄂省为暂时民国中央政府。凡与各国交涉有关民国全国大局者，均由本都督代表一切，等因。准此，为此特照会贵总领事：嗣后贵国交涉事件，如有关中华民国全局者，务请即与本都督会商一切，是为至要。此次并由本都督代表申明各国：凡我军义旗未举之先，所有满清政府与各国所缔结之商约及所有借款之债权，均有效力。至武汉义旗既举之后，无论满清政府向何国所借之债及所结之约，均为我政府所不承认。理合照会贵总领事，请烦查照。并即电知贵国钦差，转达贵国政府承认施行见复，为祷为盼。须至照会者。

　　右照会

大日本钦命驻扎汉口总领事官

黄帝纪元四千六百零九年九月二十三日

《日本外交文书选译——关于辛亥革命》，第184—186页

葛雷致朱尔典电

1911年11月15日发自外交部

关于您11月12日的电报。

我们对袁世凯怀有很友好的感情和敬意。我们希望看到，作为革

---

　　①　此件，原档为汉文，此处照录。标点为译者所加。

命的一个结果,有一个强有力的政府,能够与各国公正交往,并维持内部秩序和有利条件,使在中国建立起来的贸易获得进展。这样一个政府将得到我们能够提供的一切外交上的支持。

《英国蓝皮书有关辛亥革命资料选译》,第 58 页

廓索维慈致尼拉托夫电

1911 年 11 月 2[15]日

第 767 号。

北京政府显然无意使脱离的南方诸省再归自己统治,袁世凯亦不再希望与之妥协,目前妥协尚成问题。但局势可能迫使列强为保障金融利益,即偿付贷款计,首先与南方独立当局进行事务性联系,进而正式承认南方独立当局。鉴于此种情况,我认为必须预先确定我们的观点。我国在中国南方并无领土利益及直接政治利益,在长江流域只有金融利益和部分商业利益,从这一基本事实出发,我认为,自一开始就必须与南方当局建立尽可能友好的关系。在此种情形下,必须考虑到,一旦中国南方独立,中国南北之间将不可避免地呈现对峙状态,由于地理条件,将来我们同中国人的磨擦几乎只集中在北方,故南方人将成为我们的天然同盟者。另一方面,我认为,对俄日两国签署的只包括满洲及蒙古一部分的协约作广义解释,并以在该地有特殊利益的东京政府的观点对待中国南方是非常错误的。据上述情由,我认为,一有可能和需要,就必须承认南方当局,与其建立正常关系,并竭力利用情势使此种关系尽可能密切。特别在此种情形下,我国领事驻在广州最为适宜。关于北方发生的事变,得到这样的印象,目前满清王朝之所以仍在北京支撑局面,是因为担心革命党人在京津惹起屠杀,主要是害怕日本占领直隶。据我所知,袁世凯对后一着尤其担心。据悉,袁世凯将寻求列强帮助,似乎还有意向我们表示,愿意承认我国在满洲的地位,这一传闻已为其他来源的消息所证实。最后,我认为应该指出今日颁旨著授锡

良为热河都统一事,此次任命似乎已间接证实朝廷可能迁往该城①。

廓索维慈

《俄国外交文书选译(有关中国部分1911.5—1912.5)》,第189—190页

科洛科洛夫②1911年报告摘要

11月2[15]日

第1142号。

席卷整个中国的革命已延及满洲。此间首先成立了"保安会"。军队虽然赞同比较急进的解决办法,但多数人看来仍忠于皇帝,故激进分子作了让步。10月30日[11月12日]召开了保安会组织问题会议。会上本应协调激进的革命党人与温和派官员的欲望。会议前夕,中国政论家、著名革命活动家梁启超与总督曾进行谈判,结果达成协议,为维护奉天及整个满洲治安,主要是为外国人安全,将联合行动,还决定成立执行机构,但未能满足部分军人的要求。最近的情势有可能使地方发生分裂,还可能成为骚乱的开端。城里十分惊慌不安,许多居民离开了城市。在公举总督为"保安会"会长的会议之后,此种不安情绪并未平复下来。总督曾在会上发表讲话,试图含沙射影地批评革命党的活动,但被一个与会者打断。赵尔巽为缓和窘困局面,旋即闭会。

据五等文官科洛科洛夫报告称,城里已采取防乱措施。迄今各衙署仍在办公。商市及交通并未中断。革命党人一面参加政务,一面监

---

① 本电抄件及致廓索维慈复电草稿(见第60号文件)已随尼拉托夫11月5[18]日奏折(载《红档》杂志第18期第75页)上呈尼古拉二世。尼拉托夫在奏折中指出,他起草复电是出于下述考虑:"从我国利益的观点看,当今中华帝国的解体符合各方面愿望。尽管中国各部分彼此不是完全独立的关系,他们之间无疑将会有竞争,互相削弱。我们可以利用此种情况,完成移民及巩固我国边疆的事业。在边疆我们将比现在有更大的行动自由,因为中国人的注意力目前集中在想使长城以北地区与中国内地融为一体,到那时此种注意力将被引向因各地方政府互不信任和竞争而引起的内部问题。"尼古拉二世在这道奏折上批示:"极是。1911年11月9[22]日于里瓦几亚。"

② 时任俄国驻奉天总领事。

督原省当局的活动,而由"保安会"主持政务①。

《俄国外交文书选译(有关中国部分 1911.5—1912.5)》,第 190—191 页

葛雷②致朱尔典电
1911 年 11 月 15 日于外交部

你 11 月 12 日来电,收悉。

我们对于袁世凯极为尊敬,并怀有极其友好的情感。我们愿意在中国看到一个十分坚强的政府,能以公正地对待各外国国家,并能维持国内的秩序,和由于发生革命的关系,为使在中国已经建立起来的贸易获得发展,创造有利的条件。这样一个政府,将从我们得到我们所能给予的一切外交上的支持。

《辛亥革命在上海史料选辑》(增订版),第 1124 页

朱尔典致葛雷函
1911 年 11 月 17 日收到

阁下:

关于我本月 14 日的电报,我荣幸地随信奉上本月 27 日任命袁世凯为钦差大臣处理革命危机的那道谕旨的译文。同一天另有谕旨,将陆军大臣荫昌召回北京,第一军的指挥权交给冯国璋将军,而第二军的指挥权则授予段祺瑞将军,他们两人在前些年都和袁世凯有密切的联系。

关于袁世凯的活动,此地不知道任何确切消息,但普遍的印象是他

---

① 关于奉天局势,驻华武官助理勃隆斯基在 11 月 2[15]日第 290 号报告中曾向武官谈及下述情况:"北京来电使人震惊,内中谈及皇帝处境危险,北京即将陷落,该电在奉天曾引起不安,现已恢复平静。'保安会'的成立对此起了颇大促进作用。10 月 30 日[11 月 12 日]会议吵吵嚷嚷,相当多军队——几乎整个混成协开进了城市。两位著名革命党人出席了会议,其一是自日本归国的梁启超,他暂住在参议蒋百里寓所里。保守军队占了上风,奉天宣布的独立遂被取消。此后梁启超到上海去了。"

② 也译作"格雷",为统一体例,凡是标题中的"格雷",均统一改译为"葛雷"。

在近几天内将动身前往汉口。他的任务虽然带有军事的性质,但人们却认为是调解性质的。他的威信或许可能使他能够安排某种妥协,即将挽救朝廷,又将满足起义者的要求。运动已发展到如此广阔的范围,对袁世凯这样一个具有实际见识的人来说,任何以武力镇压运动的企图大概不会具有很大的成功希望。

在中国人民与满清王朝之间,没有任何人能够比袁世凯更适于充当调停者的角色,因为他是中国人民中最受信任的代表,而他和他的家族有好几代人为清朝效劳。

朱尔典谨上　1911年10月30日于北京
《英国蓝皮书有关辛亥革命资料选译》,第60页

尼拉托夫致苏霍姆利诺夫[①]函

1911年11月4[17]日

第1185号。急件　秘密

弗拉基米尔·亚历山德罗维奇先生阁下:

正如尊贵的阁下所知,内阁讨论了我国应如何对待中国目前发生的事变的问题,已决定准备应付万一,并与日本在华一致行动。军事部门根据这一决定已拟出要采取的步骤。步兵上将波利瓦诺夫在10月29日[11月11日]第2360号函[②]中,业将所拟步骤告我。

虽然中国局势仍处于这样一个阶段,即为达到我国之政治目的,在俄国领土上采取预备性步骤即足矣,但切勿使这些步骤具有过分的示

---

①　俄国陆军大臣。

②　陆军副大臣波利瓦诺夫在10月29日[11月11日]第2360号函中指出:鉴于日本拟把第五师团一个旅团派往天津,初步决定将西伯利亚第二步兵师一个团及两个炮兵连派往北京或天津。如情势要求作占领北满的准备,则基本上预定采取下列步骤:第一步,从伊尔库茨克军区派西伯利亚第四步兵师,从沿阿穆尔军区派一个步兵师进入北满;第二步,动员伊尔库茨克军区其他部队,并派西伯利亚第二军团、第三军团以及两个哥萨克预备团进入满洲;在沿阿穆尔军区动员阿穆尔哥萨克军及乌苏里哥萨克军,并准备从哈巴罗夫斯克派一个步兵旅进入满洲。

威性质,切勿造成借口,使中国发生的反皇朝运动转向仇外,但我已接到我国驻满洲各领事报告,因满汉相仇,该地区可能发生严重骚乱①,并得到消息说,日本已为此作好军事准备。这促使我向尊贵的阁下表示,必须使预定首批派往北满及直隶的各部队整装待发。上述消息见之于萨莫伊洛夫少将的历次电报,这些电报均附在您11月1[14]日第4321号报告中。

我的上述意见,同内阁总理大臣的意见完全一致②。

以后情况如何,恳请尊贵的阁下务必尽快赐告③。

顺致敬意

尼拉托夫

《俄国外交文书选译(有关中国部分1911.5—1912.5)》,第191—193页

朱尔典致葛雷函

1911 年 11 月 17 日收到

阁下:

关于我本月23日的那封信,我荣幸地随信奉上英国驻汉口代总领事来函的副本,该函对截至本月20日为止的革命运动作了说明,我没有必要对此加以详述。

清军撤离他们在十公里处的阵地以及萨镇冰提督率领他的小舰队退往下游,使革命军精神振奋,并且无疑地有助于后来长江其他口岸的

---

①　廓索维慈在10月28日[11月10日]第737号电中,转述了驻齐齐哈尔领事的下述报告:"据报道,满人业已决定在满洲全境同时开始屠杀汉人。昨日,即10月26日[11月8日],齐齐哈尔马步各队已加强巡逻。当局正加紧武装满人。"亦见第14号文件。

②　科科弗采夫在10月31日[11月13日]第727号函中通知尼拉托夫,必须饬令伊尔库茨克及沿阿穆尔两军区司令,在将军队集结在满洲边境之情形下,"务必使于必要时应使首批开进中国境内的各部队立刻整装待发"。

③　苏霍姆利诺夫在11月7[20]日第4354号复函中称:"早在10月29日[11月11日],即已通知沿阿穆尔及伊尔库茨克两军区司令,务必准备执行今年3月6[19]日特别会议预定的步骤,此次会议是因当时预料将同中国发生麻烦而举行的,会议预定的步骤业经皇上批准。"

叛离。

20日以后,战争似乎已暂时停止下来。起义军驻守十公里处,而清军则占领滠口和七里沟的桥梁。武汉三镇秩序井然,而且平静无事,起义军招募了许多新兵。26日,清军方面有向前推进的某些迹象;第二天,他们重新占领了十公里处,并夺得该地守军所遗弃的大炮及露营装备。同时,萨镇冰提督也再度出现,并且宣布他打算于次日下午炮轰武昌和汉阳。这个威胁没有付诸实现,但是,正如我在10月29日的电报中所报告的那样,28日在租界附近发生了更激烈的战斗,结果大部份起义军被驱逐过江,退往武昌,没有受到清朝那支小舰队的干扰,因为该小舰队的炮火显然被南岸布署的炮台所制止了。

长沙方面原订于18日发动起事,但因官吏们采取了预防措施而陷于失败。官吏们收缴了部队的军火,认为他们对革命抱有同情。然而,该部队于25日以武力重新获得了军火,与革命党人携手合作,不费一枪一弹而控制了长沙城。曾经被认为是忠于清朝的防营,也参加了运动。直到目前为止,长沙是革命军干预海关工作的唯一口岸。他们通知海关税务司说,他可以在他们的命令下继续办公,但是,正如我10月26日的电报所说,他们已经受到警告,这个办法可能使他们与各国发生冲突,我还建议他们,在目前的战斗结束之前,允许将海关税收置于海关总税务司或领事团的保管之下。我不知道这个警告是否有任何效果,因为我未能获得对发往长沙的那些电报的答复。

23日,九江归附革命。虽然道台本人已经逃跑,但道台衙门有一部份被火焚毁,同其他地方一样,革命军保持良好秩序,并且对租界不进行干扰。

直到28日为止,南京方面一切依然平静,那时英王陛下领事报告说,局势日益摇摆不定。官吏们认为骚乱已迫在眉睫;满族人拼命挣扎,可能会加速动乱的爆发,而新军因担心遭到旧军的屠杀,叫嚷要发给弹药,但被总督拒绝,因此他们不服从总督发布的调往城外的命令。后来,有两标新军被劝诱出城,但传闻满族将军以炮轰南京城并杀死所有汉人相威胁,从而大大加重了恐慌程度,有许多人纷纷外逃。

在广州,有人于 10 月 25 日对新到任的满族将军扔了一颗炸弹。他被炸死,还有许多其他的人伤亡。英王陛下总领事报告说:该城和该省内的大多数人民是反对朝廷的,但等待着北方情况的发展。

同日下午,广州绅商举行会议,通过了一系列决议,据说总督对这些决议已表示支持。其中最重要的一项决议是:鉴于该省财政困难,广州不得以金钱、武器或部队帮助其他各省。

清政府承认,陕西西安府已落入起义军手中。在太原府,军队发生兵变,并沿铁路开往与京汉线交叉处,其意图显然是要切断荫昌将军统率的清军主力的交通线,除非那些仓促奉命自保定府出发的部队抢先加以阻止。

在山海关内外铁路线上的滦州,奉命开赴湖北的第二十镇的约五千名部队拒绝登上火车,后来向北京政府要求某些条件,作为他们开往前线的代价。我们现在还不知道这次兵变行动的结局如何。

宜昌大约于 10 月 21 日和平地落入革命军手中。我今天收到英王陛下驻重庆领事的一份电报说:该地无论哪一天都预料可能发生起事;人们认为成都已被包围。

上海在政治上仍然没有受到干扰,但我从法磊斯先生处获悉:革命军能够在适合他们的任何时刻予以占领,官吏们承认他们无力进行任何抵抗。

驻长江各口岸的领事官员们已经向总司令官多次提出派遣炮舰前往的要求。舰队司令温思乐认为能够派一艘军舰前往宜昌,并由宜昌开赴长沙,但他于 10 月 23 日指出:在汉口的乱事结束之前,派遣军舰前往其他口岸不是切实可行的。他又说:当城市归附起义军方面时,对外国人来说,没有任何战斗或危险,而汉口则不然,在该城恢复秩序之前,如果清军发动进攻并迫使革命军后退,可能会有某种危险。

　　　　　　　　　　　朱尔典谨上　　1911 年 10 月 30 日于北京

《英国蓝皮书有关辛亥革命资料选译》,第 60—63 页

内田致山座①电

1911 年 11 月 21 日

第 187 号。

福州,在革命军占领以前秩序已经紊乱。十一月八日,美国军舰派出水兵二十名登陆,至十一日已增至三十名。同日,德国军舰派出水兵三十名,英国军舰派出水兵二十五名,日本军舰派出水兵二十名分别登陆。

南京,十一月八日发生骚扰,秩序混乱,英德两国军舰于同日各派出徒手水兵十名登陆,美国军舰派出武装水兵约百名登陆。其后英、德、美三国又将其所派出之兵员撤回军舰,德美两国领事亦撤至城外,转移到军舰碇泊地点附近。英国领事如何行动,据闻尚在请示中。十一月八日以后,日本军舰又派出徒手兵十名进入城内领事馆。

十一月十五日,安庆革命军发生内讧,曾有战事发生。当时碇泊该地之我国军舰,曾收容英国人三名,德国人四名予以保护。

《日本外交文书选译——关于辛亥革命》,第 121—122 页

内田致有吉

明治四十四年(1911 年)十一月二十四日内阁会议之际陆海两相同意

明治四十四年(1911 年)十一月二十五日上午十二时发

电送第二八四○号

第一二一号

请将下述内容转达汉口总领事。

第六七号:

关于贵电一○四号,对于时局之根本方针,随后还会有若干意见相

---

① 　山座圆次郎,时任日本驻英国大使馆参事官,临时代理大使。1913 年 7 月调来我国任公使,1914 年 5 月死于北京。

告。但是我国对于革命军之态度,就是要尽量与各国保持一致,方为上策。不仅如此,关于这一问题,外交团业已训令驻贵地之各国领事,且又接着产生贵电一〇一号之问题,故此,在大致方针上,须等待外交团之决定,并尽量按照外交团之决定行事。在上述决定范围之内,贵官大体可在如下框架内采取适当行动。

(一)我国虽然尚未承认革命军为交战团体,但既然贵地已无清国政府之存在,革命军已经事实上正在行使权力,那么同革命军进行各种交涉就是无法避免的,故此,今后在必要之场合,不妨与革命军进行适当交涉。但在上述场合,希望贵官坚决避免采取有可能被误认为公开承认革命军之行动。

(二)关于革命军主张拥有交战者之权利,如果该主张在结果上侵害我国之权利、利益,就必须进行严正交涉,以阻止其继续行动;但如果该主张对我国并不造成任何实质性损害,则可默认之。

(三)对于帝国臣民之经营或与帝国臣民存在利害关系之企业,要敦促革命军负起保护之责;对于其中之最重要利益,在不得已之时,以实力保护之。

(四)对于革命军,这一时期要避免采取随便伤害其感情之行动。

(五)目前,革命军在各地之势力、地位等各不相同,故上述方针只适用于武汉地区之革命军,切记。

《日本外交年表并主要文书》(1840—1921)(上),第354—355页

有吉电转松村致内田函
1911 年 11 月 21 日

第 350 号。

兹接到松村总领事来函如下:

第 104 号。

革命军已设中央政府于武昌。本地因有居留地之便,今后随同时局之进展,除地方性事务外,必有各种重要案件须在本地进行折冲。届

时或由政府简派专员前来经办，或由本职遵照政府指令一一处理，两者必居其一。当前通讯联系颇多滞碍，很可能有种种问题需要临机决断，故请先以我国政府对时局之根本方针见示，以便遇事有所遵循。

《日本外交文书选译——关于辛亥革命》，第 186 页

廓索维慈致尼拉托夫紧急报告

1911 年 11 月 8［21］日

第 103 号。

阿纳托利·阿纳托利耶维奇先生阁下：

关于降谕一事，我已荣幸电告阁下，上谕著各督抚召集各该省名流，从中选出代表，参加在北京召开的立宪会议，制定宪法，通过钦定宪法大纲。同时降谕，简派宣慰使，著将朝廷实行宪政之真正意图晓谕人民。十二名宣慰使几乎全是身居巡抚、御史、库官等要职的汉人。若干宣慰使曾因自由主义思想及拥护袁世凯而被黜。

朝廷现在决定召集各省代表一事早在预料之中，故颁布这几道谕旨并未产生特别影响。与颁旨同时，新任内阁总理大臣袁世凯业已抵京。袁氏为庆贺就职，已采取有效安全措施：加强各处巡捕卡，骑兵巡逻队开始巡逻，成立自愿卫队，并派兵保护银行及店铺。对紫禁城及各王府亦已采取紧急保护措施。故城内显得十分平静，居民开始陆续返回，商市亦正在恢复。

袁世凯到京之后，曾即时谒见摄政王与皇太后，并会晤了庆亲王①以及前政府其他大臣。资政院代表曾前往祝贺，祝贺袁世凯被任命为总理大臣，袁世凯向他们表示，他将承担行政权，为了制定宪法和在建立新政体方面通过进一步决议，他将等候召开立宪会议。他还请求资政院，按照业已通过的宪法信条十九则向他说明总理大臣的权限。

袁世凯最初发布的一道命令，是组织责任内阁，根据新官制，要为

---

① 　总理大臣袁世凯的前任。

每位大臣任命一位副大臣,以代替原管部制的左右侍郎。有几位前大臣,如外务大臣梁敦彦及几位前副大臣已加入袁世凯新内阁。除理藩大臣外大部分新任大臣均为汉人,副大臣均为满人。康有为的著名战友梁启超是改良派代表,他被任命为司法副大臣。总之,新内阁相当平庸,旧官僚及袁世凯的同僚占据了优势。此间报刊已指出这一点,并指出新内阁中并无社会团体代表。

　　袁世凯抵达不久,便拜会了各国公使,我曾同他晤谈,袁氏在谈及中国目前局势时言称,他接受任命非出本意,只是为履行其职责,如有可能,则给政府以帮助,他完全意识到这一使命之艰难。鉴于革命已席卷中国四分之三地区,政府又无足够数量的军队,他认为以武力平乱可能拖延时日,故需通过满足起事者合理要求的办法向他们寻求妥协。袁世凯认为,保留皇朝帝位的君主立宪制,是最适合中国国情的统治形式。他认为,推翻存在二百五十余年的皇朝,将导致最严重的灾难,他打算坚持君主立宪制。袁氏认为,目前共和制还是空想。他想依靠国内多数不希望无政府状态的比较温和的人士,去实现资政院所拟定的十九条及所赞同的立宪改革,他试图同革命党人达成协议,并说服他们放弃其极端要求,且在此方面已取得若干进展。倘以和平方式不能达此目的,他将诉诸武力。当我谈及,据我所得情报,汉口及南京的军事行动仍在继续,显然目前不可能达成协议,袁世凯未表示任何异议。袁氏保证不仅要维持北京,而且要维持直隶治安,他相信此间的驻军是忠诚的。当我问总理大臣,他打算以何种办法促使脱离的省份重新承认中央政权时,他答称:首先,他要派宣慰使说服(革命)运动领袖,使他们相信分立主义的危害。他还希望各省接受政府邀请,派代表参加帝国国会。据他说,革命宣传并未深入人心,切勿认为大多数省份宣布独立就有重大的意义。一些省份,如直隶、河南、山西并未真正参加运动。总之,袁氏对形势的看法十分乐观,并给人留下印象:为使国家摆脱目前的混乱状态,他准备用一切办法进行尝试。

　　然而,若将中国政治新领导的声明同最近发生的事件以及来自帝国各地的消息加以对照,则对能否实现所拟定的纲领不能不产生怀疑。众所周知,许多省份业已宣布独立,而另一些省份已实行共和。长江流域已为起义风暴所笼罩,帝制拥护者与起义者之间在继续较量,谁将得胜,尚未见分晓。关于革命党人愿妥协一事,尚未有所闻,但已获悉,运动的主要领袖坚持驱逐满人。上海正在拟定全中国的改革计划,改革应由国会拟定,国会由参加运动的各省代表产生。整个情绪最突出的特征是,不久前上海临时政府①向摄政王提议要皇朝退位,因为皇朝拟定的国体改革不合国情。美国驻沪领事已将含有这一建议的电报转交美国驻华使节。该电由人所共知的伍廷芳(他被在上海召开的各省都督府代表会举为外交总长)及临时政府其他总长签署。

倘若东三省不仿效其他省份,不宣布独立,则不必为此举可能导致国际纠纷而担心,但奉天省会议②已试图宣布独立,总督警告说,这将成为日本占领奉天省及国家灭亡的信号。只因总督的告诫,奉天的活动家才放弃了打算,安于成立保安会。新的组织实际上已成为容许革命党人管理的借口,目前革命党人对行政当局的活动正进行着实际监督。

不能担保东三省中其他两省不仿效奉天省。从我国各领事来电看,齐齐哈尔及吉林正进行积极宣传。

鉴于上述情形,尚难逆料袁世凯最近采取的措施(召开立宪会议及派宣慰使)将得到何种结果。召开立宪会议要许多时日,同时各省的分立主义及无视中央政府的决心在增长。此外,很可能许多省份根本不想派代表。例如,据报纸报道,山东共和政府首脑、前巡抚孙宝琦对北京的邀请答称:人民业已表示拥护独立,并认为无需派代表。派宣慰使亦不大可能取得成功,因为许多宣慰使大概不敢发表任何意见,尤其在反政府派好斗的那些省份。

---

① 原文如此,似应为沪军都督府——译者。
② 似应指省城各界领袖会议——译者。

袁世凯在坦率地表示反对共和政体之后,"国民党"①急进派与他疏远了。他亦未必能指望立宪派的支持,因为他们不相信袁氏欲进行改革的诚意。多数失去最重要地位的满人当然反对袁氏。至于宫廷,只是出于自我保全的心情才能暂时克制住了对这位大臣的仇恨,光绪皇帝的悲惨命运,是袁氏背信弃义所致。因此,袁氏只能在汉人官僚圈子中寻求支持,从前袁氏在直隶、山东及军队中供职时,就同这个圈子有私人来往,他的名字在那里迄今仍享有威望。由于最近发生的事件,资政院的作用缩小了。尽管资政院想给予总理大臣有力支持,却无能为力。何况袁氏本人亦认为,资政院不代表国家。

然而,袁世凯掌权之后,大概亦有其他考虑。例如,革命党领袖同业已夺取各省城政权的,但在行动上并无共同计划和领导的各革命团体间的纠纷,可能有助于袁氏的统一计划。对外国干涉的恐惧亦是政府手中一张十分重要的王牌。目前中国报纸充斥着令人不安的消息,说什么若干大国正为此目的进行军事准备。日本的干涉尤其使人感到担心②。最后,政府与造反者双方均财政空虚,是有助于彼此达成协议的尤为重要的因素。

众所周知,近来尽管中国人提出了最优厚的条件,但中国政府举借外债的全部尝试均以彻底失败而告终。欧洲金融界有充分理由不相信北京政府而等候查明情况。

不管起事的结局如何,但现在已经可以说,对中国而言,一个最大

---

① 原文如此,疑为"革命党"之误——译者。

② 驻日陆军武官萨莫伊洛夫在11月4[17]日第429号报告中,在谈及他得到的关于中国形势的情报时,讲到下述情况:"看来可以预料,双方不久即将发生冲突。有理由认为,日本人愿从速解决问题,这似乎是他们将军队派往天津的原因之一。日本人解释称,之所以必须出兵,是因为日本臣民及其在华的普遍利益受到威胁。然而,军队并未被派往确实危险的汉口或者南京,日本人反而离开那里,到天津去了。预计,革命党人因担心外国干涉,对自己的要求有所降低,而政府将受到某种鼓舞,从而使整个冲突或将得到某种缓和。日本人不愿被指控有何阴谋,行动十分审慎,他们出兵一定要经其他有关国家赞同,并控制在义和团起义结束后公布的国际协议所限定的范围内,即直隶省日本驻军不得超过一千四百人。"

后果,是将发生严重金融危机。因需款孔急,目前政府只好不如期偿付债款及庚子赔款。这促使外交团提出必须通过在上海成立银行家委员会,按照与海关税务司达成之协议,制定有关国家接收和分配款项的办法,以保证中国付款的问题。众所周知,海关与各常关进款是中国举借外债的担保。虽然采取此项措施符合《辛丑条约》第六款①,且为暂时性质,但仍可能成为对中国其他财源进行国际监督的第一步。据海关总税务司的情报,迄今税收完全合乎规定,尚未遇到革命当局阻挠。

　　谨将本报告所提及的 11 月 1[14]日及 3[16]日颁布的三道谕旨译呈阁下察阅。我认为,还可将此间 11 月 4[17]日法文《北京新闻》②的剪报附上,该报对新内阁作了相当正确的评述③。

　　致诚挚敬意

廓索维慈

《俄国外交文书选译(有关中国部分 1911.5—1912.5)》,第 195—200 页

尼拉托夫致廓索维慈④函

1911 年 11 月 9[22]日

　　第 1852 号。

　　第 767 号电悉。

　　基本同意您在该电中所阐述的看法。我们不打算按照日本政府的观点在中国南方行事,并认为,倘与中国南方政府接近,则可能给我国

---

　　①　根据 1901 年 8 月 25 日[9 月 7 日]签署的《辛丑条约》第六款,中国在平息义和团起义之后,应在三十九年内偿还列强四十五万两,赔款担保为:偿付以前借款本利后之海关进款剩余者、常关和盐政各进款。庚子赔款本息应于规定期限内在上海偿清,其方式如下:诸国各派董事一名,会同将所有由该管之中国政府付给之本利收存,分给各有关者。

　　②　原文为 *Journal de kin*——译者。

　　③　该报所载《第一届责任内阁》一文认为,被任命的各部大臣并不是某些社会团体的代表。该文指出:"可以说,新组成的内阁并无政治色彩。"

　　④　时任俄国驻华公使。

带来好处。我们认为,将中国划分成一个个在某种程度上独立的邦,符合广义理解的我国利益。

但必须注意,我们在这方面究竟采取何种步骤,要以中国事变的进程及各国对中国事变的态度而定。为了不自找麻烦,以致搞得得不偿失,为了不被迫放弃业已采取的步骤,我们必须考虑各国对中国事变的态度。

另外,我们认为必须慎重对待中国人企图破坏我国同日本在满洲的一致,您提及的袁世凯似乎有意承认我国在满洲之地位一事正具有此种性质,对此事,我们必须加以提防①。

尼拉托夫

《俄国外交文书选译(有关中国部分1911.5—1912.5)》,第200页

尼拉托夫致科科弗采夫②函
1911年11月9[22]日

第1197号。秘密

弗拉基米尔·尼古拉耶维奇先生阁下:

您已随11月7[20]日第5236号函将驻日陆军武官发来的四封电报抄转我,电报谈及日本政府业已组织一支预定派往中国的部队,同时日本陆军省希望知道,由于中国发生事变,俄国政府拟采取何种步骤。

就该问题的实质而言,我仍坚持以尊贵的阁下为首的内阁所赞同的那种意见:我们应尽量亲近日本,对于中国危机,应与日本一致行动,不要率先出兵。从此种观点出发,我认为:目前必须进行军队动

---

① 廓索维慈第767号电已随尼拉托夫11月11[24]日第1206号函送交科科弗采夫。尼拉托夫在该函中大体上叙述了本文件所述看法。并补充说:"我认为,对于中国危机,俄日两国必须一致行动,但我不能忽视,不仅在中国南方,而且在蒙古、新疆,我国与日本的利益并不一致。因此,我们在满洲及中国北方只有同日本保持意见完全一致,否则,中国北方发生的任何事变,会立刻影响到我国在满洲的地位。

② 时任俄国内阁总理大臣。

员,才能根据事变进程的需要,将军队开赴满洲及直隶。倘中国刚发生的动乱未波及伊犁地方,又未威胁该地方俄国臣民的利益,则我对趁此机会占领上述地方的想法只能持反对态度。我国部队开赴伊犁地方大概是日本所期望的,因为我国的注意力将从中华帝国东部地区移开。但让日本人单独解决与北京事变有关的问题,我认为不符合我国利益。

我认为应当指出,对照我所掌握的情报,即可发现,日本陆军省致我国陆军武官的通知,与在东京所得到的日本驻北京公使关于出兵占领中国京城至海口铁路的呈文是一致的。

日本驻北京公使告诉我,东京内阁认为,毋需采取此种措施。萨莫伊洛夫少将的报告亦称,已组成的部队迄今并未进入中国领土。

致诚挚敬意

尼拉托夫

《俄国外交文书选译(有关中国部分 1911.5—1912.5)》,第 201—202 页

廓索维慈致尼拉托夫紧急报告

1911 年 11 月 11[24]日

第 105 号。

阿纳托利·阿纳托利耶维奇先生阁下:

近来并未发生促使总的形势明朗化的事件,相反,却有充分根据预料,总的形势有可能变得更加复杂。约在两星期以前,我们当作国家救星欢迎的袁世凯,看来开始失去立足之地。的确,他组织的内阁迄今未举行过会议,外务大臣梁敦彦、邮传大臣唐绍仪及理藩大臣达寿均拒绝继续任职,而其他大臣及副大臣,据展假及由他人接任的谕旨看来,仍未表示愿意着手履行其职责。一个月来,政府军企图将革命军从其占领的汉阳及武昌阵地赶走,但毫无成效。据我国驻汉口总领事来电判断,交战双方代表仍在就妥协一事进行谈判,由于此次谈判的全部问题

归结为保留皇朝①,而革命党人不许保留皇朝,迄今谈判尚未取得任何结果。在其他地方,如南京及山西,帝制主义者与革命军彼此间的军事行动仍在继续,且互有胜负,弄得生灵涂炭,使一些地区公然发生骚乱。

11 月 1[14]日上谕曾提及,各省代表可能来京制定立宪政体原则,而迄今尚无此种迹象,因此,袁世凯实际上仍掌握着政权,但目前看不出他有何坚决主张。诚然,资政院在实行立宪改革方面,作了一点继续发挥领导作用的尝试,但随着袁世凯到来,资政院的作用已化为乌有,资政院通过的决议不能形成特谕,立即付诸实行。如,11 月 7[20]日资政院最近一次会议曾一致议决,呈请皇帝降谕即行剪发及改用阳历,但迄今并未就此事颁布任何命令。在那次会议上,多数议员对袁世凯迄今未光临资政院表示困惑莫解,“似乎内阁总理大臣不需征询资政院的意见”。随后,会议对天津谘议局来电建议通过全民投票解决皇朝命运问题进行了讨论。这时一位议员宣称:他身为朝廷钦选议员,拥护君主立宪,他不能参与讨论此项建议。这维护皇朝的唯一发言,激起大多数与会者强烈抗议,他们离开了会议厅。不过资政院的作用已缩小,以致此种抗议行动对事变进程并无显著影响。新任总理大臣因种种事情及他以前的活动,得不到任何人支持,甚至在完全束手无策时召他来京的皇帝,现在亦因犹豫不决和对前途的担忧,开始怀疑他阴谋反对皇朝。

问题在于,袁世凯显然企图尽可能使摄政王完全不与闻国事,并限制他与可能在某一方面轻易对他发生影响的大臣来往。为此目的,制定了入对及奏事新章程,故以前的入对制度现已停止,惟有国务大臣有权入对;以前的奏事制度亦完全停止,今后全部奏折应呈内阁核办。11

---

① 廓索维慈在 11 月 14[27]日第 791 号电中向尼拉托夫报称,据奥斯特罗维尔霍夫所提供的消息,中华民国政府鄂军都督黎元洪将军的代表与袁世凯的代表曾进行会商,会商时革命党人坚决要求清帝退位,在此种情形下可为皇朝保留“有若干担保的所有权,这些担保将由正在开会的立宪会议确定”。奥斯特罗维尔霍夫还报称:“革命军在谈判期间愿停止军事行动,如果亦向政府军下一道同样命令的话。”

月9[22]日曾就此颁布上谕,对作为实现宪法原则的此项改革作了说明,并说目前"总理大臣勿庸每日入对,遇有事件得自请入对",换言之,袁氏同帝国最高元首议事不过是形式而已。

尽管袁氏已采取措施,然而满洲王公大臣对被迫赋闲并不甘心,他们正通过干预朝政和阴谋利用摄政王对袁氏的命令加以遏止。贝勒载洵与贝子载泽毫不妥协。袁世凯懂得,朝廷留在北京会束缚他的行动自由,特别是在同革命党人谈判问题上,革命党人不相信满人及其许诺,袁氏试图说服摄政王与诸王公最好暂时离开北京,一俟秩序多少有些稳定,再请他们返京。虽然此种试图得到若干较为明达的满人,如庆亲王的支持,但并未取得成功,行动受到满员阴谋制约的袁世凯,也许担心有人蓄意反对他,甚至打算将其活动移至天津。在那里他可任直隶总督,政府当局的主要代表人物亦可迁往那里。据私人得到的消息,无论如何,朝廷已就起程问题进行磋商,但因担心此事被说成清帝退位以及不信任袁世凯,故尚未下决心起程。

我在11月10[23]日第790号密电①中曾荣幸地奉告,近来皇上对内阁总理大臣更加不信任了,根据摄政王指令已秘密采取一系列措施,使朝廷不致受到袁世凯两面派策略的影响。朝廷中的满员对这种两面派策略不满,他们愈来愈怀疑这位起用大臣。我还曾电告,所采取的这一系列措施是,将奉袁氏之命刚刚撤离的数标满洲兵带进皇城,对内阁总理大臣及其周围的由汉人组成的私人武装卫队进行监视。

上述措施不能不引起人们对前途的严重忧虑,因为袁世凯在完全孤立的情况下依然是代表北京稳固政府权力的唯一人物,让他离开发

---

①　廓索维慈以11月10[23]日第790号电(载《红档》杂志第18期第76页)向尼拉托夫报称,袁世凯曾试图说服摄政王及宫廷暂时离开北京,并报告了下述情况:"宫廷在满员与太后,尤其在贝子载泽的影响下,并不听袁氏的劝说,且指责袁氏想夺取政权和推翻皇朝。袁世凯已抵达北京,为自卫起见,他还带来大约二千名忠于他的汉兵,驻在靠近皇宫的袁氏邸宅,并要求将驻在城内的满兵撤走。据秘密消息,有半营配有机枪的满兵已秘密调进皇宫。有一部分满兵包围了袁世凯居住的邸宅。"

生事变的地区,就等于将政权交与朝廷和军人,这会招致一切他意想不到的危险后果,庚子事件就是明显一例。

鉴于此种局势,11 月 10[23]日外交团会议曾提出采取必要措施的问题,原来我的美国同事亦已知道皇上对袁氏的态度已有所改变,虽然外交团赞同我与美国公使提出的意见:希望保障袁世凯的地位并使他有可能起作用,并且认为,倘袁氏下台或故去,则可能发生武装冲突,使外国人及使馆界受到威胁,从而导致列强干涉,但尚未找到机会直接向摄政王提出此事,使他注意到及时防止任何敌视袁氏的行动的重要性。外交团亦不同意关于袁氏前往天津就会消除目前困难的看法,因为让袁氏离开,首先会引起京城混乱。故决定派外交团领袖同袁世凯私下谈判,并就最妥当的方式进行磋商①。还决定采取措施,加强使馆界卫队,应在精神上给汉人和满人造成印象,并且向他们表明,他们的袭击将被击退。为此目的,各国公使应请求本国政府将一支不超过三百人的小部队派往公使馆,使现在的一千二百人的卫队增至二千人。

至于革命党人所采取的措施,其目的在于巩固已获得的地位及切实实行新共和政体。如阁下所知,在汉口附近一面交战,一面就可能达成的协议进行谈判。北京政府代表竭力以外国必然进行干涉及中国将四分五裂之说恐吓共和派代表,而黎将军的代表宣称:惟有在清帝退位以后,才能谈及协议和联合之事。同时革命党人派军队从上海向南京推进,南京当时仍在清军手中。不论在武昌,或是在上海,临时政府均竭力与各国领事建立联系,并提出正式承认新成立的民国问题,我国驻上海总领事已将中华民国军政府给他的一些通知送达帝国公使馆,通知称:中国人民长期以来遭受专制制度之压迫,满清政府二百五十年来

① 廓索维慈以 11 月 13[26]日第 800 号电向尼拉托夫报称,袁世凯曾与外交团领袖进行会晤,会晤时袁世凯表示:"尽管御前大臣对他十分恼怒,但刻下他们未必敢使用暴力。"廓索维慈继称:"袁氏已放弃赴天津的念头,因为他离开北京可能成为北京发生骚乱的信号;他认为形势令人不安,但预料不会马上爆发。"

对中国之统治表明它完全无能,它在国内统治及国际关系方面采取野蛮措施,在中国维护完全不符合外国人法律概念的秩序。其中一份通告说:"此种情况再也不能容忍下去了,故宣布在中国建立共和,共和政府立意拯救中国人民,并使外国人有可能在中国和平、宁静地生活。"临时政府在通知中极力保证,它将尽一切努力维护外国人生命财产之安全,并希望在中国宣布成立共和之后,自古以来的俄中友好关系将得到进一步发展。

但是,比这些宣言更为重要的是什么?是努力使各省起事的军队联合起来,其实,他们是中国起事的主要而积极的活动力量。据现有情报,上海民军司令业已通电武昌、长沙、安庆、南昌、苏州、浙江、太原府、西安府、福州、广州、济南府、桂林、云南及贵州各都督,指出,必须建立中华民国中央政府,这主要是为了同列强建立正常关系,为此目的,请各省派代表赴上海。

至于中国其他地区的消息,陕西省西安府发生的戕害外国人事件尤其令人不安。来自西安府的传教士证实,在死难者中有一名地方学堂女教习以及五个孩子,还有两名在中国地方邮局供职的外国人,看来,袭击外国人是那里一片混乱所致。

据来自天津及满洲一些城市的消息说,近来那里并未发生特别变化。我在11月5[18]日第103号报告中曾提及保安会,目前满洲一些城市的实权均集中在保安会手中。该会由地方官吏、商界代表及革命党人组成。据目前颁布的保安会条令看,该会似乎是具有政府全部机构及职能的自治单位。不言而喻,所有这些机关均具有临时妥协性质,此种性质是由于双方没有信心和希望避免流血引起的,当情势比较明朗化时,这些机关未必能保持现有的这种性质。

致诚挚敬意

廓索维慈

《俄国外交文书选译(有关中国部分1911.5—1912.5)》,第206—210页

朱尔典致葛雷函
1911 年 11 月 24 日收到

阁下：

关于我 10 月 30 日和 11 月 2 日的电报,我荣幸地随信附上那几天内发布的几件更重要的谕旨的译文。这些谕旨体现了朝廷对群众压力的彻底屈服。从摄政开始以来,随着政府的日益衰弱,朝廷的意旨逐渐失去了权威,以致对人民不再具有很大的影响。在清朝兴盛的时代,甚至到前慈禧太后逝世为止,谕旨是不轻易发布的,而且所使用的语言极为庄重,因而受到人们的重视。谕旨不能撤销,这是一项惯例。现在,谕旨大批地发布出来,一个接着一个,紊乱不堪,而且措词常常是矛盾的。朝廷越是向人民泄露它的机密,它的建议所得到的反响就越冷淡。

10 月 30 日的谕旨,也许是中国历代朝廷发布的谕旨中最为屈辱的,据说它哀婉动人的程度超过了明朝末代皇帝所发表的绝望的呼吁。朝廷在这道忏悔的谕旨中,把全国遭受的动乱归咎于它自己,紧接着又发布一道谕旨,革除皇族各亲王所担任的官职。在摄政王统治下,皇室成员获得了以前未曾获得的支配地位。道光皇帝的兄弟恭亲王在1860 年的战争之后,诚然担任过清朝总理各国事务衙门大臣多年,而皇室的旁支庆亲王自那时起也一直担任同样的职务。但是,这些都是例外的情况,只有在最近三年内,皇族的亲王和成员才专揽了政权。摄政王的两个兄弟载洵和载涛,分别管理海军和陆军。以前从未担任过任何重要职位的亲王毓朗,被授为军谘大臣。贝勒溥伦兼任许多职务。自从袁世凯于 1909 年 1 月去职后,京城中几乎所有的最高级职位,都由满族人升任。

紧接着采取的步骤,是下令起草宪法交资政院审议,并赦免政治犯。

11 月 1 日的谕旨,接受了全体国务大臣的辞职,并任命袁世凯为内阁总理,授予组织新内阁的权力。在连续两天内发布的两道谕旨,表现出朝廷的宗旨摇摆不定,第一道谕旨命令袁世凯保留对长江各军的指挥权并暂时留驻该处,而第二道谕旨则指示他立即前来北京。

摄政王所作的下一个让步是要求资政院起草宪法。毫无疑问,在滦州哗变的新军第二十镇所控制的强大据点以及同该镇统制所进行的谈判,对政治形势具有十分重要的关系,并迫使朝廷把颁布宪法一事作为灵丹妙药。目前资政院所起草的宪法纲要①,对君主权力所作的限制要比 1908 年的那个宪法更大得多。新宪法的结构系模仿英国的宪法,似乎是在一夜之间草成的;现在,对它在平息国内不满情绪和挽救朝廷方面的效用抱有很大的希望。在北京及其附近地区,它无疑地起了安定人心的作用,但是,有一些迹象表明,它或许不能够满足其他地区革命派内部较激进分子的愿望。朝廷希望袁世凯和资政院能够使全国相信:宁可保持满清王朝的地位,剥夺它的一切权力,而不要面临可能出现的混乱和骚动的前景。

袁世凯的任务是巨大的。中国人群众通常的特性是固有的稳定以及不惜一切代价地渴望和平,而且这个国家没有其他的建设纲领,这些情况都是对袁世凯有利的。另一方面,运动的广泛性以及它到处获得胜利,使得以武力恢复国家原来面目的一切企图难以实现;起义军也许宁可冒险建立他们自己的政府,他们在某些省会确实已经这样做了,而不肯相信满清在迫不得已的情况下所提出的诺言。

朱尔典谨上　　1911 年 11 月 6 日于北京

《英国蓝皮书有关辛亥革命资料选译》,第 84—86 页

内田经有吉复松村电

1911 年 11 月 25 日

第 121 号。

希将左开电文转致驻汉口松村总领事。(第 67 号)

第 104 号来电收悉。

关于我国政府对清国时局之根本方针,日内或将另行函告,我国对于革命军之态度,应力求与各国保持协同一致。此点,外交团已向驻贵

地各国领事发出训令,其后又发生第 101 号来电所述情事,故大体方针,应俟外交团做出决定后,以为依据。但在外交团所做决定之范围内,我总领事尚应体会下列各点,以便遇事随时妥善处理。

(一)我国尚未承认革命军为交战团体,但贵地已全无清国官衙存在,事实上已由革命军行使权力。事既如此,今后直接与该军进行种种折冲,实属不可避免。故今后在必要时可与该军进行适当交涉。但在交涉之际,必须充分注意,万不可采取任何可能被误解为我国已公开承认革命军为交战团体之形式。

(二)凡革命军做为交战团体之一方而主张享有之主权、且其结果将损害我国之权利利益者,自应严肃进行交涉,制止其行使权力,但其实质上对我国权益并无任何损害者,则不妨默然置之。

(三)凡属帝国臣民所经营或与帝国臣民有利害关系之企业等,应使革命军充分承担保护责任。对其中最紧要者,在不得已情况下可以发动实力加以保护。

(四)在当前情况下,应极力避免采取徒伤革命军感情之措施。

(五)目前革命军在各地所享有之地位及其势力不尽相同,上列方针,暂时仅适用于对武汉地区之革命军。

《日本外交文书选译——关于辛亥革命》,第 186—187 页

朱尔典致葛雷电

1911 年 11 月 26 日发自北京,同日收到

关于汉口的事件。

汉口代总领事于昨日来电如下:

“激烈的战斗仍在继续进行,但我不能够查明结果如何。增援革命的部队于昨日离开九江,人数达四千名之多,并有大炮十尊。革命军正在十公里处之下游强行登岸。

关于汉阳炮台发射的炮弹落入英俄两国租界一事,将由日本旗舰舰长及‘勇士号’军舰舰长提出进一步的抗议,他们将于今天为该项目

前往武昌。"

我已于今天发出如下的复电：

"关于您昨天的电报。

今天，我会见了袁世凯，给他留下深刻印象，即战事的继续进行，将使汉口的英国人士遭受危险并感到惶惶不安。

袁世凯回答说，清军所采取的态度完全是防御性的；为了证明他的诚意，他向我保证：如果能够根据双方都很满意的条款达成一项休战协定，他将乐于下令停战。他授权我通过您转达他的那个意思。

此事可以由您本人采取非正式的和口头转达的形式，将上述意思告诉黎元洪都督。您应尽力说明：大约六个星期以来英国人士所处的危险局势，不应再延续下去，而且应避免毫无价值的流血牺牲。"

《英国蓝皮书有关辛亥革命资料选译》，第 73—74 页

朱尔典致葛雷函
1911 年 11 月 27 日收到

阁下：

我荣幸地报告：上月 28 日，我收到英王陛下驻天津总领事的一份电报说，直隶总督希望得到各国使节的同意，暂时撤销 1902 年解散天津临时政府①时所达成的协议，该协议规定中国军队不得在距天津二十里范围内驻扎。总督提出这项要求的理由，是遇有可能发生的意外事件时，他需要部队维持秩序；作为另一个可供选择的方案，他建议各国部队对他提供帮助。

经此地各国使节同意，已对那位曾提出一份类似报告的首席领事发出训令说：在领事团认为有必要的期间内，可以同意撤销该协议。

11 月 2 日，由于首席领事提出了疑问，所以领事团被授权就暂时

---

① 天津临时政府是义和团运动期间帝国主义联军攻陷天津后设立的殖民统治机构，亦称天津都统衙门。

占领各国租界周围地区的中国军队的人数和性质,以及使用这些军队的方式等问题,制订一些他们觉得是该地情况所必需的适当条件。

这些条件包含在首席领事致总督的信中,我荣幸地附上该信的副本。后来,在各使团首脑中传阅了这些条件,各方面对此均无不同意见。

朱尔典谨上　1911 年 11 月 10 日于北京

附件:首席领事致总督函

总督阁下:

我荣幸地收到您上月 30 日的来信,该信要求领事团同意暂时将中国军队调进距天津二十里的范围之内,此事是与 1902 年协议的条款相抵触的。

我奉领事团之命答复您:经外交团批准,他们同意暂时撤销该协议,并授权中国军队依照下述条件进驻该范围之内:

一、不允许中国军队进入各国租界。

二、不调入炮兵或速射炮。

三、领事团得到洋务委员王先生的通知说,有两队淮军已进驻该范围之内;他们同意此事。不过,如果中国当局希望调入更多的军队,应首先获得领事团的允许,领事团将仅同意合理的人数。

领事团还指示我声明,双方有此了解,即如此调入的军队将仅供巡警之用,而且当领事团一旦认为不再有必要的时候,便将撤销关于暂时调进军队的授权。

谨致问候之意

首席领事　1911 年 11 月 4 日于天津

《英国蓝皮书有关辛亥革命资料选译》,第 92—93 页

朱尔典致葛雷函

1911 年 11 月 27 日收到

阁下:

关于我上月 30 日的信,我荣幸地奉上有关目前中国革命运动进展的另一份报告。

在汉口英租界西边的中国住宅区内,战斗于 10 月 30 日重新开始。清军在驱逐起义军后,进入了汉口城,并纵火焚烧。自那一天以来,虽然汉口城仍在焚烧中,而且汉阳也有大火,但除了 11 月 1 日对汉阳进行一些无目的的炮击之外,清军很少做其他的事情。由于武昌附近以及九江下游的起义军对一艘英国船只开火的结果,一位领事馆官员奉命乘军舰前往武昌会见革命军首领。该首领解释说:他想要做的事情,只是阻止中国船舶载运煤炭、军火等,以供清军之用;他答应在武昌或九江将不对英国船舰开炮,但他说:从黄昏起到次晨七时止,英国船舰不得驶过革命军所据守的地方。人们于 11 月 3 日获悉,袁世凯与起义军首领之间交换了信件,但起义军首领表现出不乐于答复对他提出的建议。

长沙在宣布独立后的那一天,民党内部便出现了意见分歧,从而引起了人们对长沙的很大忧虑,特别是由于有许多坏分子很可能利用内讧时所出现的权力松弛的机会。一艘德国炮舰于 10 月 27 日到达长沙,起了镇静人心的作用,并已做出安排,以便在必要时将外国人集中于一个岛屿①上。31 日,由于军队杀害了都督和副都督,形势又变得严重起来。11 月 2 日,英王陛下领事报告说:由于预料到内部之间的战斗将随时爆发,临时政府已要求将所有外国侨民撤至岛上。

经德瑞先生②自九江报告说:他得到可靠消息,起义军已占领南昌;起义军的炮台时常开炮轰击船只,其中包括日本的一艘水雷驱逐舰;有一千名士兵携带大炮六尊自武城抵达鄱阳湖,参加起义军。

南京仍在清军手中。英王陛下领事于 10 月 30 日报告,由于新军撤出城内,形势已有改善。我附上英王陛下领事的一封来信的副本,该

---

① 指长沙水陆洲,位于湘江内。
② 英国驻九江领事。

信叙述了至 10 月 27 日为止他所驻地方的形势。

据昨天的报告,芜湖平静无事,但随时准备独立。

由于在我上述信件中所说的那次会议的结果,广州的商会、满族人和驻防旗兵已同意联合起来,维护法律和秩序。考虑到国内其他地区情况的发展变幻莫测,所以决定宣布广东为一个自治单位,否认同革命军有任何联系。总督的处境显然是很为难的,他似乎没有采取任何明确的态度。10 月 29 日悬挂独立旗帜一事,引起了一些零星的骚乱,传闻有一支革命军在一个曾经做过土匪的人率领下,向广州进发。

30 日晚上,英王陛下总领事报告说:曾经从船舶上降下的清朝旗帜,都重新悬挂起来,城内平静无事,而且他认为将继续保持平静。

英王陛下驻汕头领事 10 月 30 日来电报告说:该地的中国人曾举行会议,决定按照广州的模式成立独立政府的计划。他们为了财政收入的目的,还打算挪用关税收入和厘金,因此,我对窦尔慈先生做了指示,那些指示与发给英王陛下驻长沙领事的指示相同,因为以前在长沙曾出现过类似的情形(参阅我 10 月 30 日的信件)。

关于滦州和太原府的叛兵,很难获得可靠的情报,我冒昧地请您注意代理武官在所附报告中对此事所做的说明。

简单地说,从太原府出发的叛兵共有三千人,他们占领了井陉县附近某处的支线,该线在那里穿过长城①,而清军则占领了支线与京汉干线相连接的石家庄地方。

滦州聚集了八千名军队,他们不受清朝政府的控制,也没有明确宣布同情革命事业。他们的目的显然是要迫使朝廷保证实行宪政改革,他们的活动被认为是获得了袁世凯的赞同,如果不是受袁世凯所煽动的话。袁世凯与他们有密切的联系。

上月 30 日,英王陛下驻云南府总领事电称,腾越已被起义军占领,两天后,史密斯先生从眉苗来电证实此事,但补充说:事情的发展完全

---

① 　原文如此,疑有错误。

出乎意料之外,他将立即返回他在腾越的任所。预料外国人不致遭到危险。

30日夜间,云南府发生了与腾越相类似的情况,但对它的占领并不是没有经过某些战斗的。叛变的新军加入了东城外面的部队,并对东西两城门同时发动进攻,两城门的城墙上架有大炮防守。他们击溃了抵抗,占领了衙门,接着搜寻逃亡的官吏,获得部份成功。在战斗中担任防守的将领被杀死。额必廉先生在11月4日的电报中声称:城内施行军事管制法,平静无事;起义军的组织始终都很完善;各国领事馆得到保护,而且外国人受到尊敬。

本月4日,烟台的一家报纸发表了黎元洪致山东人民的一封公开呼吁书,号召他们对湖北提供帮助,占领战略地点,以便向京城进军。烟台方面迄今不是很活跃的,但革命军在上海获胜的消息引起了一些振奋。如果清政府丧失山东,除东三省外,河南将是剩下的唯一忠于清朝的省份,该省现由清军占领。

上海的事件以及天津所发生的特殊情况,将在另外的信件中说明。

朱尔典谨上　　1911年11月5日于北京

附件:陆军上尉欧特白关于湖北起事的报告

从战略观点看来,目前清政府的地位显得几乎是令人绝望的,因为:

(一)第一军(南征的部队)完全忙于汉口方面的事情。

(二)驻在滦州、盛京、长春等地的第二军,有一部份处于哗变状态。

(三)那些最有可能对清朝保持忠诚的部队,都留着保卫北京。

(四)象长沙、武昌、汉阳、重庆、云南府、安庆、九江、南昌、宜昌、西安府、成都、太原府、腾越、广州、汕头等这样的城镇,不是发生公开的起义,便是处于极不安宁的状态,因此,那些地方的陆军不能调往他处维护秩序。

(五)驻太原府的混成协已经哗变,因此,第一军与北京之间的铁路交通线受到威胁。

（六）许多陆军是否忠于清朝，是难以确定的。

为了进一步详细说明各地的情况起见，毫无疑问，南征的部队（第一军）在遭到起义军方面的顽强抵抗之后，似乎在汉口获得了一次胜利，但这个胜利是经过严重的拖延之后才取得的，它给起义军提供了他们显然需要进行组织的某些时间，而且这种拖延也无疑地对其他城镇的起事起了点火的作用。起义军现在已退至他们在汉阳和武昌必须据守的主要阵地以及在长江下游南岸的另一个阵地，面临汉口和长江。虽然现在传闻起义军已被逐出汉口，但清军的处境仍然不是很轻松的。他们确实拥有炮舰，但直到目前为止，这些炮舰似乎没有很大的用处。看来，由于清军没有控制铁路交通线，如果起义军对这些交通线怀有任何兴趣的话，他们便能够使清朝第一军的全部兵力在若干时间内忙于应付。

沿铁路线往北，我们看到驻在太原府（在自京汉干线上的石家庄分出的支线的顶端）的混成协（由步兵两标、骑兵一营、炮兵一营、工兵一队、辎重兵一队组成）已公开起事。这件事本身也许不是很严重的，但从战术和士气的观点看来，它却具有很重要的意义，因为：

（一）这些部队在铁路支线上的长城①占据了一个坚固的阵地，并威胁着驻汉口的第一军的铁路交通线。这一行动对驻汉口的第一军自然具有很大的精神上的影响，特别是当距离遥远有助于夸大关于军队后方遭到危险的任何谣言的情况下，影响更为重大。

（二）这支起事的军队正吸引着直隶等省的其他地区的清军，而这些清军是很难抽调出来与他们相对抗的。

（三）陆军起事的事实自然将考验邻近各部队正在动摇中的对清朝的忠诚。

驻太原府的这支军队，已经夺取铁路和车辆，而且封锁了太原府，

---

① 原文如此，疑有错误。

这似乎是毫无疑问的。

此外,我们必须提到,留驻保定府的第六镇余部,现驻铁路交叉处的石家庄,他们对清朝的忠诚是很令人怀疑的,这又增加了另一个危险。

如果把注意力转向直隶北部的滦州和东三省的盛京,我们看到,第二十镇(而且有人还说驻长春的第二混成协和第三镇都同情他们)在同意乘火车南下之前,竟向清政府提出了一些条件。有人甚至说:这些部队的行动,是使清政府于10月30日夜间发布那道屈辱谕旨的终极原因。甚至到目前为止,似乎还没有议定一项明确的解决办法。

根据昨夜发布的一道上谕,袁世凯现已被任命为内阁总理大臣,但他仍然控制派往湖北的水陆各军以及长江舰队,或许可能同起义军首领黎元洪等人顺利地进行谈判。但是,既然起义已如此普遍,而且从战略观点看来,支持起义军方面的人较多,起义军首领们是否会接受不废除满清王朝的条件,这似乎是令人怀疑的。

在今天的一道上谕中,廕昌将军已被任命为军谘大臣,并且暂时兼管陆军部;冯国璋将军已代替廕昌将军指挥第一军。

此时了解北方军队的各种情况,也许是饶有兴味的。这些情况自然只是接近于事实,但它们对于这次起义期间最近的调动等事将提供一些概念。

第一军(南征部队)

第六镇:据说不足三营的步兵驻在铁路交叉处的石家庄,以对抗太原府的义军。

第二镇:除了驻保定府的分遣部队之外,约有半营驻在石家庄。

第四镇:除了驻在马厂的五百名步兵之外,有一百名骑兵和六百名步兵驻在小站,另有少数分遣部队留驻保定府。

第一镇:有两营在前线,另外派遣了一千五百人至二千人于本月31日乘坐三列火车出发,目的地或编制尚不了解。

第二十九混成协:大约由六营步兵、两营骑兵、两营炮兵等组成。

第二十一混成协：据报，第四十二标一个半营及第四十一标的两个营，在武昌仍对清朝保持忠诚。

北京

禁卫军：不足一营的炮兵已调往南方。

第一镇：步兵第三和第四两标以及第二标的两个营驻颐和园，一营驻北苑；工兵一队、辎重兵一队、军需一队驻丰台；还有第一标的少数士兵，比那些据说于31日乘三列火车出发的部队要少一些，编制不详。

巡警：名义上为七千人；估计实际可用的兵力为五千人。

步军：一千五百人。

护军卫队等：约一千人，但几乎难以估计。

通州地方部队：大约有步兵和骑兵三千六百人留驻通州。

天津

第四镇：步兵五百人，驻马厂；骑兵一百人、步兵六百人，驻小州①；本省步兵五百人，驻韩家渠②；淮军步兵一营；淮军骑兵一营。

滦州③

第七十七标的两营。

第七十八标的两营。

第七十九标。

第八十标。

第二十标的三营(骑兵)。

炮兵第二十标的一营。

第二十队工兵。

一队军需。

两队半辎重兵。

---

① 疑为小站之误。
② 音译。
③ 原文误作滦濠。

盛京和新民屯①

第二十九镇的余部(淮军第三、第五、第六、第七、第二、第九、第十等营),奉命准备开往直隶南部。在这些淮军中,已能查明:有士兵二百八十人及马一百零八匹调往北戴河附近的一个车站;士兵二百六十人及马七十四匹调往天津;士兵二百一十人及马一百一十匹调往津浦铁路;士兵一百五十人及马一百零九匹调往南方(目的地不明)。其余的淮军驻在盛京。

淮军最初是由前直隶总督李鸿章训练的一支军队。这些士兵的体质是很好的。据说,他们现在被调往直隶担任警卫任务。盛京传来的消息说:最近的意见是要组成巡防队驻守东三省,以代替那些将被调往直隶的陆军。

长春

驻有第三镇,其中步兵第十一标已经过盛京前往南方。

济南府

驻有第五镇。

太原府

驻有上述混成协,该协现已哗变。

据说,现已取消由海道调运军队的计划。

(代表外出巡视的武官)

皇家苏色克斯团陆军上尉　欧特白

1911 年 11 月 2 日

《英国蓝皮书有关辛亥革命资料选译》,第 74—84 页

内田就清国革命对策致山座②之训令

1911 年(明治四十四年)11 月 28 日

贵官应尽可能迅速地会晤英国外交大臣,将帝国政府之训令相告,

---

① 原文误作新宁屯。
② 时任日本驻英代理公使。

以向其阐述如下宗旨,并将英方对此训令之反应,迅速回电相告。

"帝国政府虽然认识到清国此次动乱之性质严重,但仍然认为暂时关注形势之发展并采取适当之措施为上策。迄今为止,尚未采取任何特别措施,专以观望时局之转变为事。

然形势日渐恶化,满洲朝廷之威风几乎扫地,政府当局缺乏拯救时局艰难之实力与诚意,叛乱渐次蔓延到各个地方,中央政府政令所行之处,仅止于北方数省而已。人们翘首期待袁世凯拯救时局,然其进京之后,其所策划之处,并无显著成效。首都形势已经恶化如此,其形势已经使得各国认识到出兵之必要。于今清国政府几乎已经无望独力恢复秩序,而各省竞相宣布独立,并非具有任何自立之实力,不过是一种自卫办法,目的在于暂时避免与革命党发生冲突而已。

反观革命军,已成割据各地之势,其间不仅毫无任何之统一,更有被推举为统帅却欲避走他乡之人,而有些地区首脑之间内讧不绝。各地军费并行政费用之筹措已经渐次发生困难,一些地区甚至采取强行征收之办法。其他如士兵,因其大部分属于新兵,而且土匪无赖之辈往往混迹其中,节制士兵并维持纪律,在各地皆成为最困难之事。特别是当今后财政困乏无法支付兵饷之时,普通士兵亦会转而加入土匪行列。此种情况,对照中国数千年之历史,实属明白不过之事。因有上述情况,故风靡清帝国之大半、其势力最为旺盛之革命军,其实力则出人意料地甚为薄弱,由于官军之无所作为,实际情况不过是虚张声势而已。甚至于今日已有一二外国人遇害之报告。若今后动乱时间延长,则通商贸易为之受阻自不必说,或最终发生排外倾向,以至于再现当年义和团之情景,亦难预料。特别是发生水灾和庄稼歉收之后,季节逐渐转寒,而匪徒之蠢动,新募士兵违反纪律之行为等,势将在各地不断出现。如此一来,则尽可能依靠革命军之实力维持其占领区域秩序之希望,亦必归于落空,这一点是不容置疑的。

鉴于目前清国形势已到如此之地步,帝国政府今日认为,与清国存在重大利害关系之诸国,现在已到不能拱手旁观之时期。诸国迅速采取适当手段,以维护其利益,不仅必要,且为不可避免之措施。

鉴于上述情况,帝国政府在此际最希望了解,英国政府对于清国形势之见解以及英国政府判断为挽救时局而采取何种措施为适当之举。日英两国毫无保留地交换意见,并在两国意见一致之基础上,再与其他与清国存在重大利害关系之诸国进行协商,此乃帝国政府之希望。对于上述场合之交涉情况及商议之程度,更希望帝国政府与英国政府之间进行磋商。"

贵官在陈述上述内容之后,如果英国方面立即发表见解或回答说将在认真考虑之后答复,则贵官即可退场,毋庸再问。帝国政府认为,先知悉对方之意见,然后再将我方意见奉告对方,方为上策。但对方如果希望知道帝国政府之意见,则贵官可以将下述大致内容作为帝国政府之意见,告知对方。英方对此如何回答,望来电详告。

"目前在清国进行的根本性争论之主题,是君主共和两制之得失论。但如共和制度者,参照清国之国情,从根本上来讲,实行起来极为困难。不仅如此,鉴于目前之情况,亦不能认为清国有实行共和制度之准备。特别是上述革命军本身存在之问题如果没有任何改变,则共和制之实现决无希望。满洲朝廷已经威风扫地,此乃不争之事实;而今后恢复其权力,按照旧制度统治清国,已经成为不可能之事。因此,以帝国政府之所见,对于清国今日来说最良之方法,莫如放弃诸如共和说之类不合实际之空论,同时,剪除满洲朝廷专权之弊端,大重汉人之权利,在名义上为满洲朝廷统治之下,实际上由汉人行使政权,舍此之外,别无他法。幸好宪法信条虽有不妥之处,但已经制定完毕,且摄政王亲自代替皇帝于上个月二十六日将其宣誓于宗庙之前,其国是已经宣明于中外。帝国政府认为,对于清国来说,目前有必要大体上按照上述方针,研究施行国政之方法。

基于上述原因,帝国政府认为,在这一时期,一方面要使满洲朝廷自己认识到,承认此原则,以永保社稷,方为上策;另一方面,要使革命军认识到,共和之说最终是一句空话,坚持共和之说反而会危及国家之存亡,徒使汉人陷入苦难境地;先使二者互相让步达成妥协,化干戈为玉帛。至于将来之保障,可通过与清国存在重大利害关系的各国之间的协调,来谋求朝廷之存在及汉人地位之尊重,方为上策。

若英国政府在这一原则上同意帝国政府之见解,则可以与在清国存在重大利害关系之各国相商。至于向清国朝廷并革命军提出建议之时期及方法等问题,则由两国政府另行协商。

如果日英两国政府意见一致,但各国不赞同上述原则或清国朝廷并革命军不采纳该建议,则帝国政府当然会与英国政府一道,就其后之措施进行协商。"

《日本外交年表并主要文书》(1840—1921)(上),第 357—359 页

杰罗姆①致葛雷函

1911 年 11 月 28 日收到

阁下:

秘鲁有很多的中国侨民,估计大约为一万四千人或一万五千人,其中许多是基督教徒,而且和秘鲁人互相通婚。有人告诉我说:此地的商号,甚至包括英、美、德等国人的大商号在内,最重要的一家是中国商人和银行家开设的,它大概与四大商行之一有密切联系。

此地有一两种中文报纸发行。

近来中国革命的消息,在利马的中国人中间激起了很大的兴趣,许多赞成中国起义的宣传正在进行。例如:我的那位中国仆人已交出两个月的工资,作为他对运动的捐助。昨晚在中国剧院举行了一个规模很大而且激动人心的会议,李开本②发表了演说。捐款由李荣南③商号收存。

----

① 英国驻秘鲁使馆官员,具体职务不详。
② 音译。
③ 音译。

　　我附上近几天来《利马日报》上登载的一份广告的样本,供您参考。

　　我获悉:利马、伊基克及瓜亚基尔三地的数百名华侨捐款的实际数额为一百万镑,并且正在进行安排,立即电汇五十万镑交革命财政委员会处理,该会显然设立在檀香山。

　　此地的华侨革命委员会同在汉口作战的起义军有电报联系。

杰罗姆谨上　1911 年 10 月 20 日于利马

附件:利马主要报纸登载的广告(译文)

华侨爱国会启事

　　下列签名人向他的同胞们宣布:自本日起,已在必灵汉街第三百三十一号开设事务所,接受捐款,以保护中国的民党人士。

　　本事务所办公时间:上午八时至十一时,下午一时至五时,晚间七时至十一时。

爱国会干事

《英国蓝皮书有关辛亥革命资料选译》,第 94—95 页

驻华总司令官致海军部电

1911 年 11 月 28 日发

　　昨天,清军收复了汉阳;起义军遗弃了大炮等物,逃往武昌府。在南京,起义军已把清军驱入城内,占领了外围的所有炮台,现在大概由八艘军舰以及老虎山上架设的大炮发炮轰城。他们将于本周内占领南京,这看来似乎是很肯定的。如果情况是那样,目下汉口将不会有麻烦的事情。

　　俄国人派遣了一百名军队,德国人派遣了五十名士兵,以保卫他们在汉口的租界。

《英国蓝皮书有关辛亥革命资料选译》,第 96 页

朱尔典致葛雷电

1911 年 11 月 28 日发自北京,次日收到

汉口停战问题。

昨天,汉口代总领事来电如下:

"关于我 11 月 27 日的电报以及您 11 月 26 日的电报。

黎元洪都督提出下列条款:

一、停战十五天,在此期间内,目前各方所占领的领土应各自驻守。

二、已加入革命党的所有省份的代表在上海集会;他们将选出全权代表与袁世凯所指派的代表进行谈判。

三、如有必要,停战继续延长十五天。

我没有同冯国璋将军接触,但如果他奉命接受这些条款,将可避免大量的流血牺牲。"

《英国蓝皮书有关辛亥革命资料选译》,第 96—97 页

勃罗涅夫斯基致尼拉托夫函

1911 年 11 月 16[29]日

秘密

阿纳托利·阿纳托利耶维奇先生阁下:

我在 10 月 22 日[11 月 4 日]密函中,顺便提及陆军武官与军务局长曾在我主持的使馆举行会谈,当时田中少将曾谈及一系列就性质及意义而言远远超出其权限的问题。

正如我荣幸报告阁下的,我曾问日本外务大臣:上述日本将军代表谁发表意见,他对于日本将军所发表的意见及主动发表意见的行为完全持否定态度,并表示要制止此种行为。

我同内田子爵就此问题谈话之后又过了一两天,我国陆军武官确实接到田中少将一封半正式来函,内称:今后他不再谈论政治性问题,据萨莫伊洛夫少将证实,他恪守诺言。

这样,田中少将发表见解一事便迅速解决了,田中与我国陆军武官

的良好关系并未受到损害。至于促使发表见解的原因,我认为可提出下述浅见,大概在中国起事最初三周内,此间军方认为,有俄英两国作为依靠,日本最好在中国事变中起重要甚至决定性作用,而且也有这种可能,并认为自己有充分权威迫使新内阁实行自己的这些计划。但此间事变的进一步发展情况已完全证实内田子爵向我作的断然保证:日本无意干预中国事变,倘若干预,亦只能根据协议,同其他有关各国共同进行。由此可以得出结论,因某些重要原因无意进行军事冒险的日本新内阁已战胜军方。新内阁确实很稳固,能抵制不负责任的幕后授意者的影响,大藏大臣在最近一次内阁会议上为缩减一些省,包括海军省及陆军省预算而作的最后努力已取得成功,由此亦可以看出这一点。我认为应在 11 月 13[26]日第 237 号密电将该情况报告帝国外交部。从此事至今才传到报界可以看出,山本先生业已拒绝海军省及陆军省所提出的部分新拨款要求。根据山本的坚决要求,1917 年东京世界博览会及加宽铁轨事亦无限期延迟。

日本报界称,这一胜利的取得,是由于山本先生在其同僚面前,不加掩饰地叙述了国家财政不容再次遭受损害的真实情况。可以认为,这无法反驳的事实有助于现内阁拒绝山县元帅军事集团所期望的日本在毗邻的帝国采取更积极的行动。

致诚挚敬意

A·勃罗涅夫斯基

《俄国外交文书选译(有关中国部分 1911.5—1912.5)》,第 212—214 页

世清致尼拉托夫函
1911 年 11 月 29 日[12 月 12 日]

阿纳托利·阿纳托利耶维奇先生阁下:

自我指挥的最后一支考察团出发以来,属于官方报告这类可靠资料,尚未汇拢。目下时刻在关心由袁世凯的代表与汉口革命军开始的谈判。逐渐衰竭的敌对双方进行持久斗争,势必导致中国混乱。如达

成妥协,即使只与部分起事省份达成妥协,亦将使形势好转,并使避免混乱的希望大增。至于双方磋商的主要条件,已有种种传闻,但不能担保这些传闻是可靠的,部分传闻有矛盾,故我未电告阁下。据悉,袁世凯为了讨好革命党人,已开去摄政王及贝勒载涛的一切政府职务,并向革命党人作了进一步让步,提出内阁总理大臣须经公选,因此,授予这位大臣现有的职权,就等于设了共和国总统一职,且拥有十分广泛的权力。革命党人,或至少黎元洪将军在某种程度上表示愿意接受此种看法,并提出要以正式宣布成立民国及政府所在地与皇帝宫闱不在同一城市作为条件。倘若皇帝留居北京且不与政,则政府所在地似乎将定于南京。

然而,急进分子大概将坚持要完全接受他们的纲领。为说明这个(钢)〔纲〕领,我认为可将法文《北京新闻》的剪报附上,上面载有直隶革命党领袖汪兆铭的声明①以及他收到的著名革命家黄兴来电的译文。应该指出,上述纲领第三点显然具有社会主义性质。

在此种情形下,能否实现妥协尚成问题。同时北京政府的情况亦日趋复杂。据相当可靠的消息,支付京畿军饷的钱款即将告罄,维持秩序尤其不易,此间革命委员会②大概将竭力利用军队的不满情绪。如谈判失败,委员会大概准备采取更积极的行动方式。不久前,有个中国人前来我处,自称委员会代表,探询中国报界认为俄国有意保护王朝和阻挠中国建立民国,此事是否属实。我答称:帝国政府业已断然表示不干涉中国内政,我们在此间的任务是维护我国自身利益。来访者继而探问,我们是否将承认民国政府,我仅指出,关于列强正式承认某一政府的问题,惟有当该政府已确实组成,并充分行使其权利时才能提出。据我所知,还有人到其他公使馆提出类似问题。

---

① 汪兆铭在该声明中阐述了中国革命的经过,并指出:"同盟会的纲领是:(一)推翻清王朝,(二)建立民国,(三)土地收归国有。"

② 原文如此,下同——译者。

毫无疑问,此间所有外国使节表面上俱遵守不干涉原则,不过倘进行更细心地观察,一些公使馆对事变的态度亦不尽相同。德国公使看来受与前陆军大臣荫昌私人关系的影响,危机一开始就倾向相信政府与王朝可轻易战胜革命运动。当然此种观点并非没有实际效果,德国报刊及〔上海〕《德文新报》①直至最近还在进行有利于满清王朝的公开宣传。另一方面,在领事报告以及出版物中亦透露出向政府军提供武器,甚至在汉口战役中德国教官参加政府军行列的消息。最后,无论在北京外交团,或在各国领事会议上,尤其在汉口均可以觉察出,德国代表有反对采取可能束缚北京政府的任何集体措施的倾向。革命党人的激昂反德情绪,抵制德货的危险,上海一家德国大洋行买办被戕害,而主要是事变进程本身,使目前还在竭力证明对中国内讧持公正态度的德国代表,在情绪上有颇大变化。

无疑,美国使节及美国报界从一开始就对革命有好感。现在美国人对革命党人的组织能力及创造能力显然已开始怀疑;南方一些省份以及甘肃、陕西两省(那里住着相当多美国传教士)愈来愈混乱,这使美国人不安。此种看法是美国公使亲自对我讲的,他讲得相当坦率。

应该料到,数日之后,随着出席曼谷加冕大典的前法国特使马士理公使的到达,法国公使馆的态度就完全清楚了。不久前马士理的临时代理人对形势的看法还十分乐观,并且主要忙于寻找机会办理各种借贷业务。然而,与法国利害关系最大的省份云南目下已极为混乱。

说明日本人所持的立场非常困难。日本公使一向十分审慎,关于日本当局纵容满洲革命党人一事,赵尔巽向驻奉天领事团一提出指控,中国人对日本租界内的革命党人采取措施的要求就立刻得到了满足。据南方消息,那里的日本人同革命党人的意见颇为一致,与此同时,阁下从我国驻天津领事的报告中将会记起,日本的"田久丸"②已抵塘沽,

---

① 原文为 Ostasiatisher Lloyd,系当时在上海出版的德文报纸——译者。
② 原文为 TakyMany——译者。

为政府军运来一整船枪炮弹药,还尚未交付完毕。取消这笔一百八十万日圆的借款亦可能招致各种意外事件发生。此间甚至传说,中国政府已向日本有关洋行提出以京张铁路收入作抵。我并未忘记利用上次机会探询日本公使,此项建议有多少根据。伊集院先生答称,类似传说他已有所闻,但无论北京政府,或是日本公司均未向他提出此事,而这笔交易没有他参加则不能成交。京张铁路的建设虽然只靠官款,中国人可随意使用铁路,我仍请伊集院先生向我介绍了此事的详细情况。万一此事有了眉目,传到日本公使馆,他便可对此表示同意。日本人在行动中表现出某种骑墙态度,这是毫无疑问的,此种现象大概是东京的动摇和怀疑造成的,此间日本的每一步骤均受到普遍猜疑,这使东京更加动摇及怀疑。

最后,在最有利害关系的其他国家的使节中,还应提及英国公使,虽然他很悲观,却一向持有分寸及等待态度。由于目前任何巨额金融交易均具有鲜明政治色彩,照美国同僚的成例,英国公使对借款业务显然不大想予以鼓励。

我认为,有必要烦劳阁下注意上述可能引起人们兴趣的情况,因为,在最近的将来,倘形势不好转,则使列强在华的活动与部署更加协调一致的问题必将提上日程。

致诚挚敬意

世清

《俄国外交文书选译(有关中国部分 1911.5—1912.5)》,第220—224 页

朱尔典致葛雷电

1911 年 12 月 1 日发自北京,同日收到

关于汉口停战谈判。

请参阅我上月 28 日的电报。

今天,我已给汉口代总领事发出下列电报:

"袁世凯提出的停战条款如下:

（一）双方各自驻守现已占领的土地。不得秘密地进行侦察活动。

（二）停战期限定为三天。

（三）在上述期间内，军舰不得利用停战的机会在武昌或汉口南北两岸停泊，从而获得一个更有利的地位。在停战期满以前军舰必须退往武昌下游若干距离的地方。

（四）在停战期间内，任何一方不得增调援军，修建炮台，或在其它方面增加军事力量。

（五）为了防止对这些条件的违犯行为，英国总领事应作为证人在停战协议上签字。"

我相信最后的那项条款可以获得您的批准。关于此事，我来不及同您商量。

《英国蓝皮书有关辛亥革命资料选译》，第 103 页

松村致内田电
1911 年 12 月 1 日

第 118 号。

前于本月十九日第 72 号密函①中业已述及，革命军中现有多数日本人参与其间，几乎已是公开的秘密。此次汉阳陷落，此等日本人全部撤至本地，以致引起一部分外国人及清国人对日本武力产生蔑视，误以为日本政府暗中向革命军提供援助，无论如何解释亦难消除此种误会，实属遗憾之至。关于此事，据闻海军当局已有复示到来，略谓：以个人身分前往支援者，可置不问，云云。如果陆军当局有意向革命军提供间接援助，则本职认为：若以人力加以援助，必将引起外界注意，且于我政府之颜面有关，若由商人出卖武器，则不致引起偌大责难。

特此电禀，即希核夺。

《日本外交文书选译——关于辛亥革命》，第 187—188 页

---

① 此件追查未得，"本月"当为上月之误。

朱尔典致葛雷函

1911 年 12 月 1 日收到

阁下：

我荣幸地简单报告一下，关于促使我发电报请您授权，根据 1901 年 9 月 7 日签订的辛丑条约第九款规定，当北京至沿海的铁路交通受到威胁时，使用英王陛下军队保持该路畅通的那些情况。作为初步的说明，我可以指出：为了实现保持该路畅通一事，这一点是我考虑的唯一目的。在联接天津与渤海湾的白河完全封冻以前，保护山海关内外铁路的北京至天津之间那一段就足够了，这也许是很明显的事情。

在我 10 月 31 日发那份电报给您的时候，我脑子里考虑到下述事实。统制张绍曾率领的第二十镇的一个混成协已经聚集在滦州，最初的目的是为了参加直隶的秋操。当革命爆发时，清政府迟迟不让该军约五千人乘火车南下。因为该统制被怀疑具有革命倾向。因此，他们暂时被留在滦州，当时该镇另有部队增援他们，从而使他们的人数达到九千人。这时候，长江的形势使清政府感到需要派他们前往支援第一军，但当命令下达的时候，他们拒绝登上火车。统制张绍曾被认为是一位有才干和影响的首领。他们通过张绍曾之手提出了某些政治要求；正如我在本月 6 日信中所说的那样，他们在道义上迫使朝廷答应早日完全实现立宪。

尽管有此放肆行为，该部队仍同他们的统制一起留驻滦州。现在，他们地位的巩固和独立性已变得加倍明显。如果他们决定把他们的命运公开地与革命军联在一起，祸福与共，那么，没有任何事物能够阻止他们向天津和北京进发，并切断他们背后的铁路线，以阻挠东三省部队的追击。清军也可以同样地破坏铁路，以拦阻他们自滦州进发。

11 月 4 日，驻天津部队总指挥官来电告诉我：总工程师里基茨先生预料将收到直隶总督发布的切断铁路的命令。因此，我根据您在 11 月 1 日电报中所给予我的权力，不失时机地采取行动。我警告清政府应注意《辛丑条约》所给与列强的权利以及破坏铁路所产生的严重后果,并且训令英王陛下驻天津总领事对直隶总督以及通过里基茨先生对中国铁路总办说同样的话。与此同时,与法国及日本的使节进行了磋商,因为除了我们自己之外,只有它们两国为此目的在天津驻有军队。

直隶总督否认具有人们归咎于他的任何此类意图,但我认为有必要采取预防措施。英、法、日三国驻津指挥官磋商后,制订了计划。我请求附上该计划的副本以及库柏将军11月7日对该计划的说明信。

最后,我可以补充说:铁路上的英国雇员已经得到指示,如果革命军接管了铁路,他们为了英国债券持有者的利益,将把该铁路当作一个商务企业而尽力继续工作。该铁路仍在自由经营,没有受到任何干涉。我们希望,我们准备保护该路的消息也许使它能够在英国职员的领导下继续经营下去。

朱尔典谨上　1911年11月13日于北京

附件1:驻天津部队总指挥官致朱尔典函

阁下:

我荣幸地通知阁下:遵照您的指示,我安排了一次与法、日两国指挥官磋商的会议。

为了维持白河封冻以前北京与天津之间的交通,我向他们提出了一份我所起草的计划。他们已向我口头表示完全同意。

我们打算侦察我们的驻地,以便了解我们所需要的房屋等,并且做好准备,在接到通知后立即出动部队,如果我们得到训令如此办理的话。

附上该计划的副本。

华北驻军总指挥官　陆军准将　库柏谨上
1911年11月7日于天津

附件2:白河封冻前维持京津交通的计划

英国人:占领自北京至万庄以南六公里处(共七十一公里)。

驻守丰台、黄村、安定、万庄等据点。

日本人：占领自廊坊以北五公里处至张庄以南五公里处（共三十五公里）。

驻守廊坊、落垡、张庄等据点。

法国人：占领自杨村以北六公里处至天津以东（共三十五公里）。

驻守杨村、塘沽等据点。

各国应安排对它所分管的那段铁路进行适当巡逻，并且保护桥梁。

英国人打算派二百人驻丰台，三十人驻黄村，三十人驻安定，三十人驻万庄，总共约三百人。他们还正在派遣一百二十人前往唐山。

《英国蓝皮书有关辛亥革命资料选译》，第100—103页

有吉致内田电
1911年12月1日

第375号。

"南阳"轮于今日（十二月一日）下午一时许航抵本港。乘中有革命党员数十名由汉口登轮到达此地，黄兴亦在其中。下船后即与宫崎滔天等人进入日本人经营之旅馆胜田馆内。该轮靠岸后不久，即有一华人乘客下船跟踪，及至旅馆门前，为另外之华人所枪击，当即被送往德国医院。据该轮船长谈称：该轮中亦有官军方面人员搭乘，频频与某德国人交谈，跟踪者当系其中之一名，等等。据闻被击者为汉口德商禅臣洋行[①]买办，云。

《日本外交文书选译——关于辛亥革命》，第188页

有吉致内田电
1911年12月2日

第379号。

---

① 禅臣洋行（Siemssen & Company）：德商，始办于1846年，经营进出口、保险及航运业等，本店在汉堡。

　　前在武汉侧身于革命军中之大原武庆、宫崎寅藏、萱野三平等多数日本人,此次随黄兴同船来抵此地,彼等围绕黄兴分别投宿于胜田馆及其它旅寓,此次革命军在汉阳败战,盖因此等徒辈簇拥黄兴,作威作福,致与湖南兵发生矛盾之所致。征储各方情报,此点殆已无可怀疑。闻彼辈此次撤离武昌时又各自攫取财物,此等劣迹,不独有害于大局,且将来终必惹起革命军之恶感。刻下彼等正与黄兴进行种种策划,或谓将在此地筹建新政府,或以广东兵力冲击天津等等,蠢蠢欲动,但总不至成何大事。此时如加取缔,或将引起革命党方面之反感,结果反而无趣。故本职拟暂取放任态度,不加约束。

　　特此电达,以供参考。

　　此电已抄致我驻北京公使。

《日本外交文书选译——关于辛亥革命》,第 189 页

大河平[①]致内田电

1911 年 12 月 2 日

　　第 32 号。

　　得悉湖南革命军军饷涸竭,且急待补充军火,为此颇为焦急。恰值此时,军政府于两三日前特派密使前来访问,向本职提出如下要求:

　　目前现款无几,随同战事进展,势必发生困难。希望日本国仗义相助,设法提供借款三百万乃至五百万圆。其条件,可付以高利率或在通商方面给以便利。本职婉言谢绝称:在此次事变中,日本国政府一向保持中立(有脱字)[②],如借款之类,相信绝无可能,而且实行起来,困难殊多。但来使仍继续殷切恳请,本职遂又答称:本领事可通过个人关系,在秘密中向有关方面进行探询,等等。此事究应如何对处,希急电示。

《日本外交文书选译——关于辛亥革命》,第 189—190 页

---

① 日本驻长沙领事。
② 此处括号及"有脱字"字样,为原书所有。

朱尔典致葛雷电

1911 年 12 月 3 日发自北京,同日收到

关于停战及和平谈判。

我收到汉口代总领事今天发来的下述电报:

"通过我的调解,双方已同意无条件地停战三天。目前的情况几乎同袁世凯所要求的完全一致。

革命军从攻克南京一事中无疑地将获得信心,因此谈判的进行变得更加困难。"

我已指示英王陛下总领事,从现在到 12 月 6 日晨八时停战终止的这段期间内,利用他的斡旋,在武昌召集各省代表会议讨论条款。袁世凯很想为这一会议作出安排。

《英国蓝皮书有关辛亥革命资料选译》,第 104—105 页

朱尔典呈葛雷电

1911 年 12 月 4 日于北京,同日收

关于南北议和袁世凯所提的条件。

我今日已对我国驻汉口代理总领事发出下列电报:

"经于今日同唐绍仪商讨后,袁世凯已经拟就下述达成协议的基础。我今授权给你,你可以尽力斡旋,务使已经电告冯国璋将军的那些条件得到接受:

(一)目前的停战协议期满时,延长十五天。

(二)北方的军队不得派往南方,南方的军队亦不得向北方推进。(这条不仅适用于武昌,亦适用于南京。)

(三)总理大臣将从现在北方的各省人物中指派数人,以便南方军队所推选的各省代表,得以与他们商讨大局。

(四)总理将指派唐绍仪作为他的代表,以便与黎元洪将军或他的代表商讨时局。

预料唐绍仪将于五日内抵达汉口,而这里所恳切表达的希望,在于

大家以国家的利益为重,双方能以协调彼此间的分歧,实现一种和平的解决;这是很重要的。"

《辛亥革命在上海史料选辑》(增订版),第 1124—1125 页

朱尔典致葛雷函

1911 年 12 月 4 日收到

阁下:

　　继续谈我在本月 5 日信中所记述的关于目前中国革命运动的进展情况,我荣幸地送上一份有关上海事态发展的报告。鉴于各国在该城市中聚集着多种多样的极为巨大的利益,我冒昧地认为这个报告值得另行处理。

　　早在 10 月 18 日,我曾收到首席领事提出的一项要求,请批准发布一项声明,宣告上海中立。对于该要求,外交团不能够同意。

　　10 月 27 日,英王陛下总领事来电报告他本人与道台之间的一次会晤,完全证实了其他方面提供给首席领事的消息。该道台承认:革命军准备在他们感到合适的时候,随时占领上海;由于缺乏人力和财力,他不能进行任何抵抗。他极力劝告法磊斯先生促使领事团宣布租界周围三十至五十里的地方为中立地区,因为任何骚乱都将危害该口岸的和平,而他对此是无力加以保证的。法磊斯先生说,此事应由外交团决定,但他对我表示他的意见:该口岸的中立化已成为可取的,因为他认为,在一个挤满了难民的地方,而且又处于金融危机之中,发生任何动乱都将具有灾难性的后果。

　　因此,我又将此事提请我的同事们予以注意,并照下列意思发了一份电报给首席领事:

　　"我们认为,在上海周围三十英里半径的地区内保持有效的中立,完全是行不通的,而且认为我们的政府很可能不会同意这一建议。如果领事团所预料的事情终于实现,我们认为有理由按照形势的要求作出安排,以保护生命财产以及租界的安全。"

当时,道台的一位代表为中立化问题向领事团极力劝说,但他得到通知说:应由外务部向外交团提出一项明确的建议,同时,清朝当局不能够解除它保护外国人生命财产的责任。

11月3日,承蒙舰队司令温思乐把他致海军部的一份电报转告我,该电建议说:鉴于上海形势危急,同其他主要有关国家如德、美、法、日等国进行磋商也许是可取的;每个国家应派遣约一千五百名步兵携带一些小口径大炮,以提供保护,因为海军兵力必须分布于长江各口岸,它是不足以提供这种保护的。该电还认为,采取这一步骤将对长江流域普遍发挥遏制作用。德国和日本的海军指挥官也发出了类似的电报。

我致电舰队司令,要求对他认为必须准备应付的紧急情况的性质以及拟议的那些措施的范围,提供更详细的情况。该电报与英王陛下驻上海领事的电报互相错过了。法磊斯在他的电报中说:他没有理由相信,在上海城内发生革命起事之后,会接着发生对租界的进攻,因为当时上海城是平静的;也没有理由相信,警察和志愿兵,也许在驻守领事馆和银行的那些海军卫队的帮助下,不能够应付可能发生的任何麻烦。

该电报发出后一两个小时,一件盖有中华民国军政府关防的公文送到英王陛下总领事馆,声称上海已被他们接管,并要求总领事在维护租界秩序方面进行合作。事实上,革命军已经和平地占领上海城和吴淞炮台,而且经过小的战斗之后占领了江南制造局。

然而,关于沪宁铁路发生了困难的事情。11月3日,有三四十名起义军进入火车站,其中一人留在电话室内,他开始玩弄电话机,被总办朴柏先生捕获。根据朴伯先生的请求,并得到首席领事的同意,法磊斯先生授权志愿兵占领火车站,他这样做的理由是:火车站靠近一个具有动乱趋势的地区;虽然该路是中国政府的铁路,但它是英国资本修筑的,而且是在英国人的监督之下经营的。

英王陛下总领事在报告吴淞炮台、上海城及江南制造局被占领的时候说：当革命军首领们一旦抽调一支有组织的部队保护火车站时，志愿兵便立即撤退；该首领们已经保证，只要该路不被用来为任何一方运输军队和军火，他们便不干涉该路的经营和收入。他又说：谣传两江总督用火车运兵收复上海。我收到此项报告后，立即催促外务部对该总督迅速发出指示，不得利用该铁路运送军队，或采取任何可能在上海及其附近地区引起战事的行动；我并指示英王陛下驻南京领事按照同样的意思向总督阁下提出紧急抗议。我把我采取的行动通知法磊斯先生的时候说：在了解总督的意图以前，志愿兵延期撤出火车站，这也许是可取的。但他直到第二天早晨才收到我的电报，当时他通知我：火车站已经交给了一支身穿制服的革命军警卫部队，总办认为该卫队是令人极为满意的。总办也报告说，铁路沿线一切都很平静，而且他从苏州火车站站长那里获悉，有六名士兵已经到达，驻守火车站。本月 6 日，我收到英王陛下驻南京领事的一份电报说：总督已向他保证，由于涉及外国人的利益，他目前将不派兵收复上海，但如果上海变成为革命活动的基地，他不能保证不派兵前往收复。

当时，我已查明：虽然清政府很想维持该铁路的中立，但如果没有一项绝对的保证，使该路不致被起义军用来运送军队或军火，则清政府不能同意照此办理。为了保证做到这一点，清政府认为：上海火车站如不由各国占领，便须置于各国的有效监督之下。它已经得到消息说，未穿制服的起义军新兵已由铁路前往苏州。我电询英王陛下总领事，在这种情况下，是否可以提出清政府所希望的那些保证。他于本月 7 日答称：总办在回答革命军首领提出的一项类似要求的时候，已经说明，给各火车站站长发布了指示，不许他们接受承运军队或军火。然而，法磊斯先生指出：没有可供使用的部队执行这些指示；总办正尽力防止对中立的任何违犯，但提供所要求的那些保证不是切实可行的。上海发布了一个通告，宣布该铁路是一个纯商务企业，拒绝接受那些可疑的人员或物件。法磊斯先生又说：他有几位同事以及大部份各国人士不喜欢占领火车站；他们将反对重新占领该处，特别是因为起义军已准备于

11 月 4 日夜间攻击志愿兵,如果志愿兵不撤退的话。

法磊斯先生后来又于 11 月 12 日来电,我曾荣幸地在我第二天发出的电报中向您转述该电的内容。他在该电中指出:关于沪宁铁路的形势已发生实质上的变化,因为该路全线已为革命军所占有。他建议说:把禁止运输军队和军火的范围限制在距上海终点站十英里的地区,将足以阻止纠纷,并避免严重磨擦的危险,因为革命军中的好战分子如不遵守该禁令,他们毫无疑问地能够这样做,而不致遭到有效的反抗。

我在本月 13 日的电报中,已向您重述我对法磊斯先生所作的答复。我在该答复中授权法磊斯先生:只要起义军无可争辩地保持占有该地区,便可同意所拟议的那种限制办法。但是,我认为,总办应把他关于被迫采取行动一事所提出的正式抗议记录在案,而且起义军的一切运输应继续在纯商务的基础上加以处理。我相信,为了债券持有人的利益,铁路收益已存入汇丰银行的特别帐目内。

本月 14 日,英王陛下总领事收到最近被任命为民国政府外交总长伍廷芳对于继续坚持禁运军队等所提出的正式抗议。法磊斯先生按照上述指示的意思作了答复。然而,总办极力申述距上海十英里的南翔地方对扩大火车装载业务很不方便,因此,法磊斯先生同意使用该铁路终点站,但须获得朴柏先生的同意,并发布适当的通告。

法磊斯先生在电告此事的时候,又说:该铁路的经营将不受影响,全部车票和运费均应预先交付,而且我所设想的关于铁路收益存入银行一事是正确的。

本月 4 日,法磊斯先生来电通知我说:道台已写信给首席领事,请求派巡捕保护设在公共租界内的洋务局。因为起义迫使他在该处办理海关监督事务;由于道台在租界内执行官方职责的问题将在本月 6 日召开的领事团会议上加以考虑,所以要求我对这个问题给予指示,同时还提到干扰会审公廨的可能性问题。我在本月 5 日的复电中通知法磊斯先生说:不能够允许道台在租界保护的掩蔽下,把租界内的洋务局变成一个衙门或行使任何官方的职能,因为不可能期望上海的各国人士为了隐藏那位已丧失地方控制权的清政府代表，而使他们自己容易遭到起义军报复的危险。

我的同事们已表明同意该项意见；四天后，致电首席领事，照上述意思作了指示。当然，有此明确了解，道台可以作为一个平民继续在租界内居住。

至于公共租界的会审公廨及设立的其它机构，我相信，只要我们保持严格的不偏不倚的态度，起义军将会禁止一切干扰。我在把这个意见通知英王陛下总领事的时候说：就我个人来说，决不愿接受对过去所施行的租界管理办法作任何修改，我准备建议由一支武装部队占领上海；我授权他在必要的时候，使一切有关人士了解这一点。

各国使节同意发出的那些指示，系命令严守不偏不倚的态度，并授权领事团同该地事实上的统治者起义军当局联系，处理保护外国人生命财产及维持公共租界地位所需要的一切事务。

本月 8 日，我收到外务部的一件照会说：它获得消息，国外的革命党人已经购买要塞炮和机关炮，这些大炮大约在五天后将经上海入口；它要求外交团立即致电上海领事团，指示他们如有任何此类军火运入上海，予以扣留。这项要求似乎在法律是可以照办的；由于其他各国使节同意这个意见，所以致电领事团，授权他们会同海关当局，采取那些他们可以采取的步骤，以满足外务部的愿望。我把这些指示通知海关总税务司，他在复函中告诉我：已经给上海海关税务司发布命令，将运入该口岸的所有军火置于海关的控制之下，如有必要，可请求领事团给予支持。

朱尔典谨上　　1911 年 11 月 15 日于北京

《英国蓝皮书有关辛亥革命资料选译》，第 105—110 页

朱尔典致葛雷函

1911 年 12 月 4 日收到

阁下：

由于这个国家的前途可能受到财政问题的很大影响，所以注意到

这件事是很有兴味的,即关于已故慈禧太后所积攒的内帑,人们听说过许多而真正知道的却很少,现在终于被用来支付清政府目前的费用。大约一个星期以前,有三十三箱金条,约合银三百万两或折合四十万英镑,已由内廷交给度支部,并由该部存入汇丰银行本地分行。约占全部金条的三分之一已经出售,并转交陆军部,以供购买军火和支付兵饷。

除了这个前所未有的将内帑用于政府所需的事例之外,没有任何事情能够比它更有力地说明急迫的财政困难情况。大部份金条所附印记表明,它已储存四十多年没有使用;庚子赔款和近年来任何其他紧急需要都从来没有动用过。人们认为,现在所拿出来的款额仅占已故太后所遗留下来的财产总额中的一个很小的比数,但是,从对此事所作的调查中不能得出任何准确的情报。

作为对北京方面处理财政办法的一种责难,可以允许人们将目前的情况同所有该款项已被用于适当投资,并产生比现在多三四倍款额的情况进行对比。

外债暂时仍由清政府在伦敦的存款偿付。沪甬、沪宁两铁路借款于今天照此办法付还。我知道,沪宁铁路借款的付还,是由该路进款补拨的,但是,必须由外国人监督中国财政的日子已不太遥远了。

朱尔典谨上　　1911 年 11 月 16 日于北京

《英国蓝皮书有关辛亥革命资料选译》,第 126—127 页

朱尔典致葛雷函

1911 年 12 月 4 日收到

阁下:

过去若干时候以来,我们感到,外交团对于伴随这个国家目前的内战而来的悲惨暴行应给予某些注意。本月 13 日在本使馆举行的一次会议上,各使节普遍表示意见说:应当警告清政府,曾经在武昌、汉口和其他地方发生的那类暴行被文明世界认为是憎恶的事情,各国使节希望合法当局尽力防止这些暴行的重演。

我于本月 16 日代表我的同事们将此意照会外务部,现荣幸地附上该照会的副本。同一天,我向驻上海和汉口的首席领事发出一份内容相同的电报(附上该电报的副本),把外交团所采取的行动通知他们,并指示他们采取类似的步骤,使那些地方的事实上的主管当局深刻地认识到,如果重新发生这些大屠杀事件,他们将承担重大的责任。

人们担心,现在必须把南京补充列入满汉之间的斗争以残暴闻名的那些地方的名单中。

朱尔典谨上　1911 年 11 月 17 日于北京

附件 1:朱尔典致清政府的照会

促使发布本月 11 日谕旨的那种仁慈精神,是与宽容和博爱的理想完全协调一致的,这些理想是现代文明的光荣,因此,派驻北京的外交团认为,他们有责任利用这个机会表示对此感到满意。

各国使节抱有希望,中国政府和人民将认真地努力避免将来重新发生那些类似最近在武昌、汉口和太原府已经发生的大屠杀事件,那些事件所造成的恐怖引起了全世界的谴责。

在这种情况下,外交团有权利和义务促请合法当局注意,迫切需要采取一切可能的措施,防止类似暴行的重演。

外交团认为,如果当局方面不履行这项重要的职责,便将构成一项不可饶恕的过错。

1911 年 11 月 16 日于北京

附件 2:朱尔典致驻上海和汉口首席领事电

外交团已经就中国各地正在发生的屠杀大批无辜人民一事,向清政府提出最强烈的抗议,并且警告清政府说:这些行为激起了文明世界的愤怒。由于这些屠杀事件无论是谁干的,都是很可恨的,所以外交团指示您用类似的词句,向上海掌权的当局提出一项通知,使他们想到他们可能承担的重大责任。

1911 年 11 月 16 日发自北京

《英国蓝皮书有关辛亥革命资料选译》,第 127—128 页

朱尔典致葛雷函

1911 年 12 月 4 日收到

阁下：

袁世凯于 13 日抵京，不久便组成了新的内阁，因为摄政王于昨天发布了一道谕旨，任命新内阁总理于该日陛见时推荐任各部首脑的那些人为国务大臣。同时，又发布了另一道谕旨，任命各部副大臣。

我荣幸地附上一份内阁成员的全部名单，各部副大臣和临时代理副大臣的姓名也一并附上。在这份名单中，还补入了各大臣的原籍。

梁敦彦再度被任命为外务大臣。在他未到任之前，由那位在国外有长期经历的胡惟德署理。

赵秉钧是袁世凯的特殊伙伴之一，被批准为民政大臣，而任命杨士琦署理邮传部大臣一事，为唐绍仪返就担任实缺开辟了道路，因为在盛宣怀垮台后，唐绍仪最近已在公报上被公布授与该实职。

关于严修被任命为度支部大臣一事，很可能引起某些批评，因为他迄今在行政工作方面的经验仅限于学部，曾任学部侍郎。然而，他将得到新任副大臣陈锦涛的有力协助，目前陈锦涛任大清银行副监督，最近曾经作为度支部的代表同四国银行团一起在柏林出席币制会议。他是由美返国的最著名的留学生之一，而且被认为是一个有真正才能的人。

前学部大臣唐景崇仍保留他的职位，而司法大臣一职已给予沈家本。沈家本是一位翰林，对中国律例享有很大的权威，也是资政院中的通儒硕学之一。在该院去年的第一届会议期间，他还担任副总裁。

新任陆军大臣王士珍是袁世凯所信任的一位朋友，在他被任命署理湖广总督的前几天，曾任江北提督。水师提督萨镇冰仍因海军部，将得到他以前的同僚、海军部副大臣谭学衡的协助。

一项很有趣的任命是张謇被授与农工商部大臣。他以前是清朝科举考试中的一名状元，现任中国教育会会长。他被选拔出来将受到各省的欢迎。因为他被认为是工业发展的开创者，但他是否接受这个职务是令人怀疑的。理藩部大臣达寿是一位满族人，以前曾充任该部侍郎之职。杨士琦仅被任命为署理邮传部大臣，他曾任上海南洋公学监督及轮船招商局督办，最近又曾充任南京劝业会审查长。邮传部副大臣梁如浩，人们大都称他为"M. T. 梁"，在美国受过教育，曾担任天津和上海两地海关道台的职务。

所有任命中最惊人的一项，也许是梁启超被任命为司法部副大臣。他是康有为的最著名的同事，1898年政变时勉强设法逃出国内。自从那时候以来，他主要是住在日本，写了很多书，特别是关于法律问题的著作。

另一位广东人如梁士诒作为署理邮传部副大臣而重新掌权。

朱尔典谨上　1911年11月17日于北京

《英国蓝皮书有关辛亥革命资料选译》，第129—130页

谢金致尼拉托夫急件

1911年12月5日

第108号。

安纳托里·安纳托里也维支先生阁下：

在中国所爆发的革命运动的基本特征及其弱点和有利点在目下已能确定，并予以一些估计。对满洲皇朝及满洲人，统治者及特权等级的共同仇恨当然是一个联合的因素，这种仇恨是由鲜明的民族主义所激起的，民族主义是中国人的力量，现在还没有到接近夸大狂的过分自信，或蜕化成为个别省份的独树一帜。对于后一现象值得注意的是，革命首领必须和此种现象所作的斗争，比北京政府在当时的斗争几乎更坚持，北京政府曾努力想用种种方法缩小总督自己获得的独立权利。各省的本位主义有时确实起了决定性的作用，由于湘军的叛变而夺回汉阳就是一个例子，因为两省间历来存在的敌视，所以湘军不愿再和鄂军并肩作战。革命运动的另一个弱点是物质资料的缺乏；可是就是北京政府方面，金钱的来源也几乎枯竭，并且也开始感觉到武器及作战物资的缺乏。

　　至于组织方面的缺点,那么此种情况不仅在革命者的准备工作(恰恰相反,工作却实行得十分深思熟虑及有计划),还有在行政事务方面(只要政权一旦真正过渡到他们手里)都表现了出来。新政权的代表者,在诸如此类的情况中承继了旧的,很不完全的行政机构,并且很少例外,是空虚的国库,他们还必须建立自己的权威,立刻就遇到几乎不能克服的困难,他们最初只能集中全部努力去防止无政府状态。无疑革命活动家中准备物质牺牲,甚至自我牺牲的信徒及刚毅的人士远比忠于政府的人为多,可是在中国人非常冲动的情况下,他们要使居民群众循规蹈矩比使群众不服从政府为困难,因为对政府的这种服从是群众所痛恨的。

　　痛苦的经验,也许不下于对日本干涉的恐怖,使革命者在北方,尤其是在满洲及在直隶,进行工作时非常谨慎。至于北京及天津,他们拥有广大居民的同情,在保卫首都的士兵中有无数的同谋者,包括禁卫军在内,他们无疑可能在此地试图用武力达到其目的,如果至今不用这些方法,那么毋宁说不是顾虑到流血或日本的干涉,而是不能确信最后的成功。

　　据我由十分熟悉情形的来源所得非常机密消息,北京革命党委员会活动分子的总数达千人,依城内的区域而分为支部。主要的领导权属于海外革命组织的几个党员,其中特别精明能干的是李煜瀛,他是巴黎附近的一个工厂主,他仿效若干其他和他志同道合的人,把所有的财产支持革命运动。委员会分子中有非常不同职业的人,例如包括有内城巡警总厅厅丞,即北京巡警总厅高级官员之一,他的第宅是来京的革命首领的十分安全的避难所。早已获悉军谘府的若干将领是革命党人,现在已完全证实;而且委员会重要分子之一是一位将领,他负着政府委他的一个专门任务——注意不使革命宣传侵入禁卫军中,现在这个军官被派至汉口,负有特别使命,大概是机密性质的使命。一个小小的、插曲性质的事实可以补充这幅景象:在北京不久以前的慌张情况中,摄政王的弟弟贝勒载洵请求并获得允许暂时住在法国使馆,贝勒的亲信,乘此和我的法国同事谈判,对后者承认自己是革命党。

关于革命者所估计的在驻扎北京军队中的志同道合者的数目,可惜我还没有得到任何确切的消息。可是革命委员会大概信任自己的力量,还在希望用和平方式获得成功;此种印象可由下列情况得到间接的证实,虽然很可能实行恐怖行动,并且他们对袁世凯非常怨恨,但是至今此地的革命者没有完成任何一件恐怖行动。

到现在才明白对内阁总理大臣这样态度的原因,可是为说明情况起见,它们还没有失掉自己的意义。似乎袁世凯抵京以后即和此地革命委员会谈判,并且这些谈判似乎是和黎将军在武昌谈判的继续,谈判的题目是目下日程上的基本问题,即排除满洲皇朝的势力。袁世凯亲自两次接见委员会的代表,后来派他的儿子袁云台继续交换意见,当时传来了占领汉阳的消息,于是在约定的会面时间袁世凯的一个秘书对代表宣布说,袁世凯获悉他儿子给革命者的保证后,绝对否认这些保证,因为他儿子似乎没有全权,并且为惩罚起见,把袁云台逮捕送到河南彰德府附近的家中。袁世凯的儿子当天早晨真的由军队护送南下了。

袁世凯的机智及其善于利用情况,在每一个步骤都表现了出来:山东省的一切反革命把这个省份仍服从于北京政府,还使两个袁氏亲信人员及时发放了第五镇的军饷,这是财政拮据的山东自治共和国所办不到的。类似的成功可以坚固到什么程度,当然是问题,可是对于政府动摇的威信却还是有意义的,因为中国人天性崇拜威力及对它表同情。

袁世凯继续用种种方法保持自己的地位,最近袁世凯将其亲信,安插于直隶、山东、山西及河南的军政职位,虽然其中有一些人过去污点很多,他已竭力促使和科杜男爵(Cottu)的借款能签订,可是目下还没有结果。仍然留在北京的资政院议员几乎完全是政府所任命的,他们每月支薪四百元,因为政府需要把代表集合着批准借款合同。在读这个文件时虽然发现前后给代表的两本原文(一本原文的措辞是以中国的一切自由进款作为保证,另本原文的措辞是以大清皇朝的一切进款作为保证)有重要的不同,然而资政院批准这个合同显然只是形式,因为各省在等待借款成功时分得款项。可是这样的顺从,开一次会已足够,在第二次开会时就决定要求政府每月将借款的收支额报告资政院了。

革命军的占领南京,使战斗双方稍微恢复了平衡,接着十一月二十日黎将军在武昌签订了三天的休战书,集合在上海的各省代表承认黎氏为共和军总司令,于是把协商问题重新提到首要地位。显然起义省份间的联合仍然维持着还没有根据估计到他们肯作特别让步。他方面,可以认为袁世凯将继续坚持帝制的原则,虽然革命党人在传播他准备接受共和国总统的谣言。据若干征象看来,袁世凯的最大让步可能是完全摒除摄政王及其两个兄弟的掌权,并任命汉人大臣之一为幼年皇帝的监护人;此地甚至还提出曾任东三省总督、邮传大臣徐世昌担任此职。可是甚至要实现这样的计划,也需要做不少的工作才不致发生特别的激动。也可能竭力把朝代问题的调整搁置一旁,把这个问题转交给国民会议讨论,因为中国各省都要参加会议。无论如何由于事变的进程,政府及革命者情绪的经常变化,及双方都缺乏对自己力量的信念,要预言谈判的进程是不可能的。

在圣彼得堡接得此一情报之前,大概将先由电报使阁下获悉谈判的结果。

致深厚的敬意

谢金(щекин)

《红档杂志有关中国交涉史料选译》,第352—356 页

朱尔典致葛雷函
1911 年 12 月 8 日收到

阁下:

继续谈我本月 5 日信中所说的事,我荣幸地附上英国驻汉口代总领事关于该口岸形势的两封来信的副本。

我在通知葛福先生收到他上月26日来信的时候，表示我完全同意他收容满族难民的行动。

湖北：自从葛福先生10月29日来信的那一天以来，汉口的事情显然已经平静下来。海军中将温思乐爵士于11月7日电称：战事几乎已经停止，各国租界相当安全，汉口城内已无起义军部队。两天后，海军中将阁下询问我说：我是否可以建议中央政府召回清军，因为继续战斗似乎是无用的，并且妨碍贸易的恢复。我以前见过庆亲王，他向我保证：就清政府所能够控制的局势来说，将停止继续战斗。虽然我毫不怀疑袁世凯已经注意到这个问题，但我希望有机会向他说明此事，因为维持长江一带军队的粮饷问题不久一定会使人们认识清楚。此外，如果部队没有获得适当的给养，他们似乎就有堕落成为一帮帮土匪的某种危险。

萨镇冰提督的舰队对清朝的事业似乎始终仅给予冷淡的支持；我承认，当我听说他率领的三艘巡洋舰于11月12日悬持革命军旗帜驶向下游的时候，我并不感到十分惊讶。现在，它们停泊在九江附近。后来，炮舰接着下驶，但人们还不知道他们以什么为借口。

湖南：我附上英王陛下驻长沙领事写来的一封有趣的信件，它描述了长沙城归附革命的情况。实现这种转变，并不是没有引起相当大的惊慌，但外国人似乎没有遭受任何损失。直到11月7日，翟比南先生来电报告，该地有一艘日本炮舰和一艘美国炮舰停泊，以前还报告过有一艘德国炮舰停泊。翟比南先生还说：目前总的形势已经改善，大部份妇女和儿童已经离去，其他外国侨民留居在岛上。

江西：英王陛下驻九江领事来电报告说：南昌、饶州、武城、南康以及鄱阳湖畔的其他口岸均已在起义军手中。该省巡抚[①]在九江吞鸦片烟自尽。

安徽：芜湖于11月9日静悄悄地落入革命军手中，但英王陛下领

---

① 冯汝骙。

事报告说,随时可能发生派系斗争。他又说:该口岸有三艘外国军舰,他不担心侨民的安全。据说,安庆及皖北大部份地区也已脱离清朝。

广东(广州、汕头):广州情况的变化很迅速。新任满族将军凤山于10月25日才到达,10月26日便被一颗炸弹炸得真正粉身碎骨。前一天,在绅商大会上曾经讨论该省的事情。11月9日,首席领事收到一个名叫故汉民的人来信说:广东已宣布独立,受中华民国军政府的管辖;他本人被举为总督,用都督的称号。他答应由他自己负责保护外国人及其财产,并要求按照湖北所采用的方式进行交往。直到目前为止,广州城是平静无事的,但库藏空虚,因此,又有两连印度步兵在香港做好准备,以便在必要时派往广州。

在广州停止效忠于清朝的同一天,总督认识到抵抗是无济于事的,于是逃往沙面英国租界,他于当天较晚的时候由该处乘坐英王陛下军舰"汉德"号①前往香港。

11月11日,杰弥逊先生②来电说:情况愈益恶化,因为武装匪徒约有七千人之多,在城内吵嚷索取银两,然而无银可付,有相当地位的中国人正纷纷迁徙。

外交团在11月13日举行的会议上,关于广州领事团与起义军政府的关系问题,决定对该领事团发出指示,那些指示同发给汉口领事们的指示相类似。

11月9日,有好几百名革命军自广州乘轮船抵达汕头,并占领了所有的政府机关以及电报局和火车站③。11月11日,革命军占领了潮州。无论在汕头或潮州,都没有发生抵抗或骚乱。

福建(福州和厦门):广东的事例,立即被邻近的福建省所仿效。英王陛下驻福州领事发来简短的电报说:该城经过激烈战斗后已被革

---

① 疑为"灵巧"号之误。
② 英国驻广州总领事。
③ 汕头没有火车站,此处原文有误。

命军占领;总督①自尽;满族将军②被斩首。然后,革命军首领孙道仁掌握了控制权。在厦门,道台和其他官员们在一艘中国巡洋舰上避难,给革命军留下了一块没有障碍的地盘。

广西同时宣布独立,由巡抚③担任军政府的首脑。谘议局变成了议会。关税和厘金照常征收;条约得到承认;外国商人和传教士受到严格保护。

浙江:浙省以杭州、宁波和温州等地为代表,新旧交替,而没有发生动乱。在附上的赛斐敕先生的来信中,对杭州的经过情况作了叙述。

江苏:南京出现的形势对英国的利益甚为重要。我将就这个问题另写一封信给您。

在镇江,各炮台于 11 月 6 日悬挂起义军的白旗;11 月 8 日,新军政府副都督把一封公函交给了皮茨标先生。虽然发生了短暂的惊慌,但形势绝不是很危急的,因为满族人未经斗争便交出了他们的枪械。皮茨标先生又报告说:自新政府就任以来,海关岁入已交付给该地汇丰银行的经理人。我可以说:这是安格联先生④很明智地建立起来的一个程序,各地起义军政府已对该程序表示同意。由于海关岁入已被作为外债和赔款的抵押,所以在它们最后被分配偿还外债和赔款之前,它们都存入安格联先生的帐内。这个问题也应同我写的关于革命运动的一般报告区别开来,另作讨论。

云南:没有得到云南府发来的进一步的消息,我们可以设想该处情况继续平静。当腾越出乎意外地宣布赞成革命事业的时候,英王陛下领事史密斯先生正在缅甸与官员们商讨边境问题。他得到此项消息后,于 11 月 14 日立即返回他的任所,发现一切事情都很平静。所有的外国人都已前往缅甸,他们的财产有人看守。然而,他来电说:他没有

---

① 松寿。
② 朴寿。
③ 沈秉堃。
④ 清政府的海关总税务司。

得到关于大理府传教士们的消息,该地仍受清朝管理。我已经授权给他,如果他认为有必要而且又很安全,便前往该地查明事情的真相。

四川:我没有收到四川最近发来的电讯,但我从务谨顺先生来信中获悉,成都的形势并不令人感到惊慌。那些走漏出来的消息虽然常常是不很可靠的,但说明战争仍在该省各地继续进行。各教堂均未受伤害。

山东:山东现已与大多数省份联合。11月2日,英王陛下驻济南府领事报告说:第五镇的两千名士兵被调往前线,另有两千人奉命做好准备。他们是否将前往该处,似乎是难以预料的。北京政府由于立即接受济南学生提出的许多革命要求,从而又一次公开显示了它的彻底衰弱。该省的答复是宣布独立,巡抚①被推举为山东共和国总统,第五镇统制②被推举为副总统。军队被置于武昌革命军统帅黎元洪的节制之下。

烟台也成立了军政府。附在波特先生11月5日来信中的黎元洪告山东人民书,作为向各省革命舆论进行呼吁的一个样品,是很有兴味的。它们都提到了汉人在满族人入关后所遭受的痛苦以及近三百年来他们所受的专制统治。波特先生的来信及其附件,均随信奉上。

第二十镇:关于直隶省的态度,人们仍然抱有希望。目前,皇帝的权力在京城和天津继续有效。著名的驻滦州第二十镇统制张绍曾已抵达天津。该镇部队已离开滦州前往永平府。我获悉,已下令派火车将该镇运往黄河以南;据说郑州系目的地。

山西(太原府):清政府已充分认识到起义军在山西铁路上所据地位的重要性,即使起义军未曾在京汉铁路上截断南方与北京的交通,但他们能够从所据有的地位进行威胁。事实上,有迹象表明,正在石家庄集中兵力驱逐起义军。11月8日,天津代总领事获得可靠消息说,太

---

① 孙宝琦。
② 贾德懋,即贾宾卿。

原府的所有外国人均安然无恙。

东三省:盛京代总领事说:无可怀疑,东三省学界意见对普遍希望在全国消除满族统治势力一事深表同情,尽管在其他地方使斗争如此激化的满汉种族之见,很少存在于东三省。吴理斯先生于 11 月 11 日来电报告说:过去几天内,革命派秘密派遣的人员在盛京积极活动,但总督赵尔巽和革命派都很想避免任何动乱,因为他们担心外国干涉。协统蓝天蔚所统率的第二混成协的态度,使人们有某种理由感到忧虑,但该军内部有意见分歧,奉天谘议局顺利地组成了以总督为首的保安会。

朱尔典谨上　　1911 年 11 月 13 日于北京

附件 1:代总领事葛福致朱尔典爵士函

阁下:

自从本月 21 日我写上封信之日以来,关于革命运动很少发生值得记述的事情。

24 日晨,清军向前推进,将起义军逐回十公里处,现在他们在那里挖壕沟设防;看来清军在继续发动进攻以前,正等待援军的到达。就我所知,铁路桥梁完整无缺,据起义军说,他们之所以保持那些桥梁的完整,是为了便于他们进军北京。传闻萨镇冰提督统率的一支具有十八艘炮舰的舰队,停泊在九江至汉口之间的各个地方。

昨天下午,太古洋行的经理人向我报告说:有些起义军士兵登上泊于租界外面该洋行码头的"大通"号轮船,目的是逮捕几名刚由荆州抵达此地搭乘轮船的满族人。我立即去见舰队司令,他派了一支武装卫队将那些满族人(一名男人和两名妇女)带至领事馆,他们在馆内过夜。今晨,他们乘坐一艘英国轮船前往上海,一支武装卫队护送他们上船,并留在船上,直到该船离开为止。

昨日傍晚,一名身穿洋服、形状下流的中国人来到我这里,开始谈到那几位被我留在领事馆大院内的"满族乱民",但我拒绝听他谈话,并把他赶走了。由于此事,我请求舰队司令于昨夜增派领事馆卫队,他已照办。夜间十时,有人向我报告:看见一名起义军士兵在领事馆大院周围鬼鬼祟祟地活动,经查问后,他逃跑了。

今天,我通过间接的方式将此事提请黎元洪都督注意,并向他指出:他的部队不能够登上英国轮船,而且我们将不交出政治犯。同时,我对这种继续搜寻满族人的行动表示惊讶,这一政策不能不使外国人失去对革命党人及其事业的同情。

葛福谨上　1911 年 10 月 26 日于汉口

附件 2:代总领事葛福致朱尔典爵士函

阁下:

总司令官的那些电报将会使您了解此地军事行动的过程;我将使我的叙述限于一般的形势。

近两天来,租界内有不少建筑物被炮弹和开花弹所击中,枪弹在街道附近飕飕作响。租界内有些人受伤,其中两三人性命垂危。此时(上午十一时),清军携带大炮在租界西部边界的湖北路,从该处对汉口城那边的起义军进行炮击。各国租界的边界由水兵和志愿兵坚守;他们有许多次险些被四处飞扬的枪弹所击中。街道上都设有路障,双方都被置于租界之外。起义军大都是新兵,他们遭到的猛烈炮火抑制了他们的热情;在过去十六小时内,他们已尽快逃往武昌。租界内各医院已住满起义军的伤员,专供此项目之用的美国大教堂、邮政局及其他建筑物也是如此。据估计,租界内的伤员一定大大超过五百人,他们仍在蜂拥而来。

27 日下午,萨镇冰提督通知海军中将温思乐爵士说:他将于次日下午三时开始炮轰武昌。因此,昨天中午,本口岸内所有的商船驶往下游约十英里处,它们现在仍泊于该处。各洋行曾经向它们的中国雇员们保证,如果发生严重动乱,便把他们置于趸船上,拖往安全的地方,这样才使那些雇员留下来而没有离散。当接到炮轰武昌的通知后,所有中国人都要求前往趸船,因而那些趸船统统被拖走了,现在没有一艘趸船泊于英国码头。许多人已没有一个仆人留在身旁,他们必须竭力照料他们自己。

起义军坚持把电报局迁入汉口城内,结果外国监督和所有报务员均已离去。此事意味着现在任何地方与汉口都没有电报联系。在炮轰武昌结束以前,我们大概不会有轮船来往。从昨天萨镇冰提督很不成功的活动看来,这种情况很可能将延续一些日子。

葛福谨上　1911 年 10 月 29 日于汉口

附件 3:翟比南领事致朱尔典爵士函

阁下:

我荣幸地把湖南革命运动的情况报告如下:

关于湖北乱事的第一个迹象,是当时他们派了三百名士兵于 10 月 10 日夜间乘"吉安"号轮船开往汉口,中国炮舰"楚泰"号于第二天载着另一支部队离去。

后来,我不得不对海关道台的一项通知提出抗议,因为他打算派一队士兵在抵达长沙的英国轮船上搜查军火。然而,直到临时政府成立为止,不再有英国轮船到达此地,因当时所有的轮船都被汉口的中国人租用,运送他们前往上海。

10 月 16 日,当我给您回电的时候,湖北的乱事显然没有在长沙唤起响应,虽然人民对汉口事件的发展十分激动。然而,当天晚上,有一艘日本轮船运载一千多名旅客到达,据说其中有一大批革命党首领,他们前来发动此地的运动;次日,便可觉察到形势的明显变化。谣传一名蒙古族的巡警道以及一名满族副将均不知去向。

人们都知道军队对运动抱有同情,他们的弹药已被收缴,并存放在附近的制造局内。另一方面,据说防营忠于清朝并获许以重赏,已全副武装起来。驻守外县的防营逐渐调入长沙,而军队则被分为若干小队派往他处,分布于全省。

10 月 17 日下午,我获悉,革命党人策划于 10 月 18 日夜间起事。第二天早晨,我得到证实该项消息的报告。我随即向外籍人士发出一项通知,把信号告诉他们,因为经海关税务司允许,在认为他们必须离开长沙城的时候,便在海关发出那些信号。当天下午,信号便悬挂出来。大多数外国人渡江住在岛上,主要是住在税务司的房屋内,该处已提前准备粮食,而少数人留在北门外本领事馆内。

那天夜间,军队确实企图进城,他们的营房位于东门外。他们放火焚烧贮藏在马棚内的稻草,期待着因运救火机而开放城门。但防营始终保持中立态度,没有采取任何行动。然而,军队在混乱中设法从制造局取回两万发子弹。次日,海关道台试图将这些子弹收回,但该军统领不愿交出来,并且进一步拒绝允许再将他的士兵调离长沙。

如上所述,此时没有英国轮船来往,但幸亏有两艘日本轮船根据同它们的政府订立的邮件合同,保持此地与汉口的交通。此外,在我的要求下,日本领事同意留下其中的一艘轮船,直到另一艘轮船到达为止,所以始终有一艘轮船泊于本口岸。

10月20日,一切似乎都很平静,所以我允许外国人返回城内。10月22日星期日早晨八时半,我收到一份报告说,各处都极为平静。上午九时半,以前在本领事馆担任文书的李先生又跑来告诉我:有一批军队已经进城,某些革命军代表与他们在城内会合,已前往巡抚衙门。该军萧统领①看到不能够控制他们,干脆不再露面。防营坚持他们的中立政策,拒绝关闭城门。巡抚的亲兵已被他们争取过去,不进行抵抗。到下午二时,全城已落入革命军手中。未费一枪一弹,到处飘扬着白旗。袖子上带有白色徽章的卫队在街道上巡逻,以维持秩序。早上的那种激动情绪,迅速地平息下来,就象它曾经迅速地出现一样。运动一旦已成为既成事实,防营也带上了白色的徽章,并且帮助维持秩序。

这时,作为一项预防措施,我发出了信号;城内的外国人再度过江前往该岛。而北门附近的那些外国人则聚集在本领事馆。

当天较晚的时候,我收到革命军的一封来函,通知已成立临时政府,保证保护外国人的生命财产及承认借款和赔款,并且要求英国臣民

---

① 湖南混成协协统萧良臣。

遵守中立。

我后来获悉:防营统领黄忠浩已被军队杀害。因为他在收缴他们的弹药中起了作用。劝业道道员和长沙知县也已被杀,因为他们拒绝交出关防和文件。该知县的首级悬挂在小西门城门上示众,这一行动在人民中间引起了不小的愤怒,因为该已故知县很受各阶层人士的欢迎。长沙知府、巡抚、布政使、巡警道及海关道台都已设法逃走。

革命军所采取的首批措施之一,就是关闭各城门。向所有的主要绅士和其他富户征收捐税,不管是强制的还是自愿的。那些被特别指名勒捐的人,是过去曾为满清王朝明显效劳者的家庭,如曾国藩、左宗棠和其他人的后代。据说曾国藩的后代已被迫捐五十万两。的确,若干时候以来,他们中间有许多人担心他们的生命安全,驻在该省的所有满族官员也是如此。然而,通过谭延闿的及时调停,他以死力争,终于避免了一次大屠杀。

10月24日,外交司长完全以非正式的方式来访问我,宣布他的职务,并重申临时政府来函中所提出的那些保证。我注意到保护外国人生命财产的那个保证,并抓住这个机会指控电报局阻碍我拍发密码电报。陈先生①向我保证说,今后将不会有任何困难。

10月25日,我接受了陈先生的第二次访问,他要求我将所有的外国人留住在城外,作为一项临时的措施。但当我询问他提出这一要求的原因时,他没有给予满意的答复。然而,我后来从其他方面获悉,城内民党的两个派系之间存在着分歧意见,主要是由于副都督②怀有阴谋诡计,它随时有爆发公开战斗的危险。因此,我认为立即执行关于外国人在未通知我之前一律不得入城的那项规定是可取的。

10月26日夜,纠纷达到了严重关头,当时士兵们预料到有战争发

---

① 湖南临时军政府外交司长为粟戡时,此处所说的陈先生疑指湖南特派交涉员陈安良。

② 陈作新。

生,拔出了手枪,装上了刺刀。然而,在最后时刻,由于副都督获得一万两赏银的酬报而辞去职务,所以避免了危机的爆发。随后,形势大有改善,而德国炮舰"祖国"号的及时到达,进一步使外国侨民感到放心。

事实上,副总督最后没有履行他辞职的保证。另一方面,都督的举动似乎始终是温和的。他发布一项告示,进一步致力于平息纷争。该告示说:临时政府既已牢固地建立起来,他打算辞职;应采取步骤推举一位继任者。然而,10 月 31 日,都督和副都督都被军队击毙,长沙城又一次陷入了混乱状态。谭延闿被军队推举为都督。不过,他没有军事方面的经验;人们获悉,防营统领赵春廷被任命为统帅。虽然传闻他受到他自己所率防营的爱戴,但他对军队的影响,如果有任何影响的话,大概不是很大的。

可以很公正地说,目前的形势是严重的。我还没有能够确切查明,两位都督为什么被军队所谋害。但是,认为谭延闿如果不能使军队感到满意,最后也许会遭到同样的命运,这个看法不是没有道理的。在那种情况下,结果必定会出现无政府状态。人们还预料那两位被害都督的追随者们将致力于报仇;由于预先估计到这一企图,所以现在城内到处布置了士兵。缺少军官的军队是使人不抱任何希望的;纪律日益松弛;已经在本地另募新兵约两万人,大部份是从无业游民中召募的,如果开始进行抢劫,他们将首先参与其事。清军收复汉口和汉阳两城并向长沙进发,也将足以加速动乱的爆发,在那种情况下,外国人士的地位肯定将是危险的。鉴于形势的很不稳定,而且很可能出现一个变幻莫测的冬季,所以我正在安排妇女和儿童离开长沙及湘潭,在河水降落和轮船停止航行以前前往汉口。至于那些居住在较远地方的外国人,我不可能说,较安全的地点是继续住在他们现在所住的地方还是前来长沙。因此,为了外国人的安全起见,我让各教堂主持人自行斟酌,按照他们认为是最好的办法行事。

情况无疑地日益恶化。临时政府的好几位成员已经不知去向。昨天,我收到新都督的一封来函,要求目前将外国人留居在岛上。此地泊有一艘日本炮舰,但发生动乱时,它将主要用来照料日本人士,他们的人数同所有其他外国侨民加在一起相等。由于当时没有发生实际动乱,"祖国"号军舰根据原来收到的德国舰队司令的指示,在停泊四十八小时之后,已于10月29日离开此地。因此,我冒昧地表示这个意见:如果此地不泊有另一艘炮舰,外国人士就不能够有理由感到安全。

我已做好安排,如果我终于被迫离开领事馆,便迁往岛上。此事似乎不是不可能发生的,因为现在人们普遍相信清军已收复汉口、汉阳两城的消息,而且本领事馆直接位于革命军撤退时将要经过的路线上,如果发生战事,又处于炮火线之内。

翟比南谨上　1911年11月2日于长沙
《英国蓝皮书有关辛亥革命资料选译》,第110—122页

朱尔典致葛雷函

1911年12月12日收到

阁下:

我在11月5日的信中说:南京城仍在清军手中,英王陛下领事于10月30日电告,由于新军撤出南京城,局势已有改善。伟晋颂先生10月29日的来信说明了那时候的形势,现附上该信的副本。

对和平解决问题所抱的任何希望,都迅速地被满族将军铁良采取的态度所粉碎了,他曾在荫昌之前担任过陆军大臣。他拒绝相信朝廷命令两江总督如革命军发动攻击不得进行抗拒的谕旨。他带着他的两千名旗兵盘踞在满城,在各入口处埋下了地雷,坐观事变。其余的各种军队,除已调往城外的五千五百名新军之外,截至11月7日约达七千五百人,人们预料他们都将协助起义军。伟晋颂先生11月7日的来信是很有兴味的,因为它说明了起事前夕的形势。我荣幸地附上该信的副本。

第二天,即11月8日,革命军试图夺取南京城,但他们遭到失败,主要是因为张勋提督所统率的旧军袖手旁观,从而使他们失去了人数

上的优势。现在,显然面临着一场激烈的战斗。大部份妇女和儿童已经出城,留在城内的英国臣民大约只有十二人,其中包括两名妇女和三名儿童在内。然而,城内的其他各国人大约还有二百人,他们几乎全部是美国人或日本人,但两天后所有的妇女和儿童都已平安地离去。从英、德、日等国军舰登岸的水兵们驻守各国领事馆。伟晋颂先生11月8日的来信中,叙述了这个阶段的形势。

11月9日,新军自秣陵关出动,进攻南京城,已被击退,受到一些损失。张勋提督的坚强性格完全超过了两江总督和满族将军,此时他开始进行恐怖的统治。凡是被怀疑为起义者的人都被处死,有钱或剪辫就是充分的证据,总督的亲兵中有一百人被斩首。伟晋颂先生11月10日来信(现把副本附上)中所包含的上述情报,已被沪宁铁路的一位英国工程师所证实。该工程师在给总办朴柏先生的信中说:11月8日夜间,清军挨户搜查,对稍有可疑之人,即予斩首,并把首级悬挂在各户大门上面,总共达四百个之多。邮政司看见了这种恐怖的景象。该工程师又说:他们奸污妇女,进行抢劫,并且犯了其他残酷的暴行。他们似乎在武器和弹药方面得到充分供应,但缺少食物,因此各城门于11月10日开放了一段很短的时间,有一万七千人被赶出了他们的家园。

象我在本月18日电报中所报告的那样,我向袁世凯强烈抗议这些暴行,并且劝告他竭尽全力加以制止。他似乎不了解真实情况,但命令署理外务大臣胡惟德立即注意此事。我担心,这些可怕的情景延续了好几天,这是无可怀疑的。

这时,双方都获得了增援。清军的人数已扩充到一万二千人,起义军增加的兵力则有最近驻守镇江的另外两标步兵,以及一些炮兵和骑兵,他们都属于第九镇。可以注意的是:起义军政府因为想尊重我们保持沪宁铁路中立性质的愿望,所以命令步兵自镇江步行,而不乘坐火车,如果没有铁路当局的抗议,他们是会乘火车的。起义军很可能从上游和上海继续获得增援。11月11日,据说他们在南面的城墙上打开了一个很小的缺口,但英王陛下领事于四五天后来电说:除了继续进行抢劫及屠杀可疑分子外,若干天以来大概没有发生严重的战事。

11 月 15 日,英王陛下驻上海总领事来电称:朴柏先生收到南京的信说,伯恩、赫恩、里奇威等工程师和他们的家眷被土匪及其他的人围困在津浦铁路上的滁州和临淮关。滁州似乎在浦口以北约二十英里的地方,而临淮关在浦口以北约七十英里的地方。法磊斯先生又说:铁路财产被捣毁,而且有一列火车严重出轨。他已要求起义军当局尽力保护它们,但担心各该处也许不在他们的控制之下。伟晋颂先生寄来一封信,显然与朴柏先生收到那封信的时间大约相同。该信说:一支革命军已抵达滁州,铁路被切断,工程师们已逃走。不可能从天津及时派人前往援助,我只能希望他们已顺利抵达一个安全的地方。

朱尔典谨上　　1911 年 11 月 23 日于北京

《英国蓝皮书有关辛亥革命资料选译》,第 142—145 页

朱尔典致葛雷电

1911 年 12 月 12 日发自北京,同日收到

关于议和谈判。

昨天,上海总领事发来如下的电报:

"伍廷芳今日来信说:

'我曾经奉告,黎元洪都督与十一省代表已推举我代表他们同唐绍仪进行谈判,我十分愿意承担此项任务。但首先是因为上海的许多朋友不希望我启程他往,其次是因为此间许多公务需要我关心,我认为几乎没有前往武昌的可能。我知道,贵同事葛福先生已与黎元洪都督及在汉口的十一省代表为在该地举行会议作了安排。这些代表中有许多人后来已离开武昌,他们都同意我的意见,即鉴于上海更为适宜,所以在目前情况下以上海为会议地点是可取的。

如果您惠允致电贵国公使,促请他要求袁世凯指示唐绍仪前来上海同我们磋商,我将极为感激。'"

今天,我发出下列电报答复法磊斯先生说:

"已对唐绍仪发出指示,要他前往上海会谈,而且对北方各省将领发出了紧急命令,要他们严格遵守停战协定。"

《英国蓝皮书有关辛亥革命资料选译》,第 160 页

格罗谢①报告摘要
1911 年 12 月 1[14]日

第 960 号。

10 月 17[30]日上谕颁布后,中国革命开始以迅猛之势扩展并席卷了整个长江流域。

道台刘燕翼担心上海发生骚乱,自己手中又无足够经费防止骚乱,遂提出派兵及输款的请求,但他的请求并未受到重视。

当时革命运动开始具有严重的性质,继而发展成为公开暴动,暴动的导火线是当局拒不给巡捕发饷。

造反者占领了各衙署,解除了官员的职务,焚烧了道台衙门。制造局、吴淞炮台及兵舰均落入革命党人手中。向全体志愿者分发了武器弹药,但武器弹药亦落入危险分子手中,这使人担心后者对和平居民进行袭击。故上海民军总机关请求租界工部局采取非常措施,监视来租界的中国人。

自 10 月 22 日[11 月 4 日]起,革命党人自行采取措施维持秩序,并立即着手建立行政机构。上海道台已威信扫地,在领事团逼迫下,他只得将保障归还外国银行给地方当局贷款的有价证券交领事团领袖保存。11 月 11[24]日,道台交出了上述证券,不再参与任何事务,他还再三请求我国驻沪领事,危急时刻允许他在领事寓所避难。但迄今尚未感到有此必要,因道台已不管事,这就避开了革命党人的任何敌对行动。

---

① 俄罗斯帝国驻上海总领事五等文官。

　　至于上海临时政府①人员，主持临时政府的是前中国驻华盛顿公使伍廷芳。据五等文官格罗谢称，伍氏的主要活动是，在各革命团体的集会上发表公开演说，煽动报界，宣扬无足轻重的民军的作用及中国人民准备政治自治。

　　尽管人们受到粗俗的木版画及当地各种报刊的鼓动，情绪的确极为高昂，而青年人大批地参加民军亦已特别表明这一点，但仍感到对自己事业的成功并无信心。上海的外国出版物，除德国出版物外，均同情伍廷芳的主张，竭力使革命党人振作精神。然而，新政府的活动不过是说说空话而已，并未涉及旧制度的实际改革。

　　关于伍廷芳的同僚，可以说，这些在过去活动中未获盛名的人物，同中国平庸的官吏毫无差别，他们在实行国内改革问题上并未预示出将来会得到任何好结果，伍廷芳及其拥护者并无重要的实际经验，他们不过是改革中国国家生活问题的理论家而已。公举伍廷芳，主要不是因为其个人品格，而是他在美国的声望。此间革命党人对美国寄予不小的希望。目前以伍廷芳和黎元洪为一方，以地方革命委员会成员为另一方。彼此间的磨擦相当明显地表明，在拥护推翻满清王朝的一派人中缺乏统一。无论如何，可以预言，不论中国共和运动的结局如何，上海活动家注定不能起共和派所期望的重大作用。此外，经费不足，为革命利益而向百姓强征苛税，均为抱怨及不满播下了种子。

　　最后，五等文官格罗谢补充说，迄今为止，俄国人在上海的利益并未遭受损失，并且处于外国兵舰及当地陆军保护之下。

《俄国外交文书选译(有关中国部分 1911.5—1912.5)》，第 224—226 页

沙查诺夫致伊兹沃尔斯基函

1911 年 12 月 14[27]日

　　第 1331 号。秘密

---

　　①　原文如此，似应指沪军都督府——译者。

亚历山大·彼得罗维奇先生阁下：

不久前我访问巴黎时，法国外交部长，东方汇理银行①，国家贴现银行②经理西蒙先生及内茨兰先生均向我谈及吸收俄日两国财团参加众所周知的英法德美银行团向中国提供贷款一事，据他们说，俄日财团可以同时得到业已参加银行团的各财团同样的股份。无论德·塞尔夫先生，或是西蒙及内茨兰先生俱十分坚持，参加上述银行团须征得我国同意。他们指出，由于俄国财团同法日两国财团在许多情况下亦同英国财团意见一致，似乎我们在银行团事业中将取得优势。

我以业同财政大臣商妥必须对此问题进行磋商为由，认为尚不可能对此种看法发表明确意见。但我同德·塞尔夫谈话时，已向他指出，我个人认为，我们参加英法德美银行团并无好处，在银行团中我们也许只同法国财团意见完全一致，日英财团在若干情形下大概会离开我们而单独行动，德国财团，尤其是美国财团大概会对我们持敌对立场。我甚至想到——但并未告诉德·塞尔夫——首先关心取得金融利益的法国财团，并不会积极支持我们，挫败于我们不利、但看来却于银行团有好处的计划。其次，鉴于美国金融家在远东追求公然敌视我国之政治目的，我向德·塞尔夫表示，我怀疑我们同美国人在华能在同一个金融联合组织里共事。

您从以往通信中可知，帝国政府对我们参加英法德美银行团持反对态度。我们竭力使法国财团退出四国银行团，以摆脱该银行团。惟有在改组银行团，确保我国在长城以北银行团所属企业中占优势的情况下，我们才认为可以参加银行团。财政大臣的来函业已详细阐述这一点，此函已随今年 10 月 6［19］日第 1042 号函抄转尊处。通过德·塞尔夫先生向我提出的建议完全不符合我国这些宗旨，因为在向我们提出的联合组织中，我们不仅不能保障我国在华势力范围不受敌视我

---

①　原文为 Banque d'Indo-Chine——译者。

②　原文为 Comptoir National d'Escompte——译者。

国的金融政治势力的影响,而在银行团表决时我们的意见不可能是强有力的,切莫忘记,除道胜银行外,大东万国公司①、施皮策银公司②及东方银行③均已加入道胜银行财团。法国人答应向该财团提供全部企业股份的六分之一,这样,道胜银行所提供的俄国资本仅占银行团全部企业股份的二十四分之一。

阁下从该函所附财政大臣11月25日[12月8日]第821号函的抄件中将会看到,财政大臣已获悉:中国人打算偿还庚子赔款,为此已举借相应的外债。我完全同意御前大臣科科弗采夫的意见,我们并无理由反对实现这一意图。我们应当提出要求,采取上述行动一定要经我国同意和我国参加,如果我国有此种愿望。故恳请按上述精神,以您认为最适当的方式向法国政府发表一项声明,暗示法国政府,我们将广泛利用我国在庚子赔款中所占大多数份额,否决不符合我们利益的提前偿还庚子赔款的全部方案。

致诚挚敬意

沙查诺夫

《俄国外交文书选译(有关中国部分1911.5—1912.5)》,第238—240页

朱尔典呈葛雷电

1911年12月15日于北京,同日收

日本、美国、德国、法国、俄国与英国代表在本日举行的一次会议上,决定向各自政府请求,准予通过各国驻上海领事,同时将下述照会递交和平会议的双方代表:

"英国驻北京公使馆,等等,奉本国政府之命,向现正会商恢复中国内部和平条件的双方代表,递致下述非正式建议书:

---

① 原文为 Banque d'outtemer——译者。
② 原文为 Maison de Banque Spizer——译者。
③ 原文为 Fastern Bank——译者。

"英国政府及其他各国政府,认为中国目前的战争如果继续下去,不惟使中国自身,抑且使外国人的物质利益与安全,受到严重的危险。

"英国政府及其他各国政府,迄今保持着它所采取的绝对中立态度,认为有义务非正式地唤起双方代表的注意,必须尽可能迅速地达成足以停止目前冲突的协议,而英国政府深信,它的这种看法是与有关双方的愿望相符合的。"

和议定于 12 月 18 日在上海举行,我等认为,为使此项照会得以发生效用,应于会议正式举行之前投递。

大家也同意,除非各国政府均加以批准,这一照会即不应递送。

《辛亥革命在上海史料选辑》(增订版),第 1127 页

朱尔典致葛雷电
1911 年 12 月 15 日发自北京,同日收到

武昌革命军政府向唐绍仪提出的建议如下:

一、推翻满清王朝。

二、优待皇室。

三、对满族人一律予以体恤。

四、统一中国。

唐绍仪将于 12 月 17 日抵达上海;那时将需要极认真地考虑局势。

《英国蓝皮书有关辛亥革命资料选译》,第 166 页

日本驻彼得堡大使馆致外交大臣备忘录
1911 年 12 月 3[16]日

帝国政府从一开始就认为,目前正在中国发展的事变具有十分重要的意义。但帝国政府认为,在若干时间内注视该事变的进程,随后对必要时不得不采取的措施加以审核是适宜的。正因为如此,迄今帝国政府仍然认为,关于中国目前形势,无须采取任何措施。

中国形势日趋严重。北京朝廷已威信扫地。当权者既无改变事件进程的物质条件,亦无改变事件进程的真正愿望。动乱已遍及整个中华帝国,中央政府的权力只在中国北方若干省份还保持着。

袁世凯上台使恢复秩序有了某种希望。但迄今他所采取的一切措施,均未能阻止中国革命的进程。甚至北京的秩序亦得不到保障,各国须加强公使馆卫队。

毫无疑问,帝制拥护者在汉阳的胜利给革命党人以沉重打击。但这一胜利并未使中国整个形势发生明显变化。即使帝制拥护者将取得另一些胜利,并且绥靖武昌、汉阳及汉口周围地区,被从这些地区赶走的革命党人亦将在其他地区,如苏常地区重新建立自己的功绩。

总之,切勿对中国政府能以其军队恢复帝国各地的秩序抱多大希望。

至于革命党人,其处境并不好。许多省份已宣布独立。但他们并无任何实际可能实现此种独立。作此种姿态不过为避免目前与革命党人发生冲突而已。如有一个省,业已宣布独立,随着袁世凯上台,又归附了北京政府。至于各省的革命党人,其不足之处在于缺乏统一领导。各省或各地的革命党各行其事。革命党的若干领袖逃散了。革命领袖之间存在着内部分歧。他们还感到经费不足。因此,他们在一些地方强征苛税。在革命军士兵中亦会遇到土匪及无赖之徒。有朝一日,革命领袖没有钱给自己的士兵发饷,不仅这些土匪及无赖,甚至真正的士兵亦将变成土匪。中国千百年的历史以无数的事例证明了这一点。有些外国人成了革命党的牺牲品。倘此种情况延续一个时期,则外国人的贸易无疑将遭受损失,尚未公开表露的仇外情绪,亦可能象拳乱时期那样重新勃发起来。尤其令人担心的是,在一些省份于水灾及欠收之后,随着冬季的来临,土匪及新兵将沉溺于抢劫,而革命党甚至在其所控制的地区亦不能维持治安。

目前中国人中彼此争论的主要问题,是保持君主制,还是建立共和的问题。

总之,照帝国政府的意见,考虑到中国的历史传统,在中国建立共和政体有严重困难。此外,要求建立共和政体的革命党显然并未采取必要措施,以实现此种计划。倘革命党的处境依然如上述,则建立共和政府实无可能。

普遍认为,满清王朝的威信已不复存在,那末,可否在原有基础上恢复其威信? 帝国政府并未考虑这个问题。

照帝国政府的意见,惟有下述办法符合中国目前形势:抛弃共和思想,消除由于满清王朝专制统治而产生的弊端,改变现行政体。这样,既可在名义上保持满清王朝的主权,又可给中国人以实权。

清廷不久前曾宣布宪法信条。今年11月13[26]日摄政王已代表朝廷宣誓太庙。面对目前中国正在发展的事变,日本政府认为,极需筹措大体上能延续这种新形势的经费。

为此目的,一方面,应暗示北京朝廷:要坚持宪法并注意维持社会秩序,这是拯救朝廷的保证;另一方面,应向革命党指明,倘若他们继续抱着在中国建立共和政体这一无法实现的愿望,则中国将冒动乱及崩溃的严重危险,中国人可能陷入最困难的境地,而互相让步,停止军事行动,则他们的处境要好得多。

至于如何保证履行相互的承诺,在华有着最大利益的各国可彼此协商,对双方进行调停,其调停的基础,一方面是保护满清王朝,另一方面是尊重中国人的权利。

《俄国外交文书选译(有关中国部分1911.5—1912.5)》,第229—232页

有吉转高洲领事致内田电
1911年12月17日

第413号。

高洲领事来电如下:

黄兴将于新政府成立之际就任临时大总统。为此,曾向三井公司要求提供借款三十万圆,言明在一个月内归还。已有张謇及其他实力

人物出面担保。希向山本劝说,不取抵押,予以受理。

《日本外交文书选译——关于辛亥革命》,第 190 页

沙查诺夫致世清电

1911 年 12 月 6[19]日

第 2075 号。

此件并转驻东京代办。

日本大使向我递交一份备忘录,内中详细阐述了中国一片混乱对列强的危险性,继而建议有关各国劝告王朝拥护者与革命党和解,以实现虚君共和。有关各国的调停是这些敌对派别之间和平的保证,调停的基础是保留王朝和尊重中国人的权利。

我在复照中指出,我们业已同意由六国驻北京使节出面劝告出席上海会议的袁世凯代表和革命党代表彼此达成协议[1]。关于根据日本大使在备忘录中所指出的原则,同其他国家妥商如何在满清王朝拥护者和革命党人之间进行调停一事,在原则上尚没有人提出反对。

倘敌对双方不接受劝告,或随后任何一方违反达成之协议,日本政府是只打算进行调停,还是打算采取措施,使其尊重列强的愿望?请告知我们。倘肯定采取措施,可能采取何种措施?所谓有关国家,日本政府究竟指哪些国家?我们亦很想知道。

沙查诺夫

《俄国外交文书选译(有关中国部分 1911.5—1912.5)》,第 233—234 页

---

① 见第 210 号文件。世清在 12 月 8[21]日第 896 号电中,向沙查诺夫报告了驻沪领事格罗谢发出的消息:唐绍仪在答复各国代表的声明时,请求转达他本人和袁世凯对"六国向他提出忠告"表示谢意。伍廷芳方面请转达:"他将尽一切可能缔结和约。"据唐氏云,将在最近一次议和会议上讨论各国的节略,同时"停止两派一切敌对行动"。格罗谢在是日的电报(无编号)中称:"昨日议和会议决定:一、停战延至公历 12 月 31 日;二、实行共和政体。唐氏基本同意伍廷芳的建议,关于第二点,他认为须要请示袁世凯。"

朱尔典呈葛雷文

1911 年 12 月 17 日于北京,1912 年 1 月 6 日收

大臣:清政府同革命党已在中国达成停战协议,兹敬将谈判达成协议的过程,扼要地向大臣作一报告。

11 月 26 日,在同袁世凯举行的会谈中,本人曾使其了解,汉口方面的战事如果持续下去,旅汉英国侨民将对他们面临的危险深感不安。袁世凯在回答时向我保证,如果根据双方认为满意的条件,而能达成一种停战的协议,他甚愿下令停战。经得袁世凯的同意,我于是训令英国驻汉口代理总领事,要其将上述这个意思非正式地转告黎元洪将军。

戈飞先生于 11 月 27 日复电,并转来黎元洪将军提出的条件。袁世凯认为这些条件是很可以接受的,只是他声明,在更多地了解黎元洪将军所拥有的权力范围以前,是不能最后接受这些条件的。袁世凯又说,自从汉阳失守以后,谣传黎元洪将军的地位已经大为动摇。我趁这个机会向总理大臣指出,清军如向武昌进兵,他将为更进一步的流血负起责任。这个警告不是没有影响的,因为袁世凯已于 12 月 1 日致电冯国璋,要清军停止渡江进攻武昌。黄道台①同时奉到命令,要其同戈飞先生会商,设法达成停战三日的初步协议。

由戈飞先生作为一个居间人,双方于是进行谈判,并如本人在本月 3 日电报中所报告的,双方已同意以 12 月 6 日晨八时为止三天的停战。与此同时,袁世凯既然切盼各省代表可以在武昌开会,以便讨论条件,我因此训令英国代理总领事,要其为达到这一目的从事斡旋。

袁世凯毫不拖延地设法使停战期间得以延长,并在同唐绍仪及本人磋商后,于 12 月 14 日将所拟订的一些条件电告冯国璋。这些条件包括将目前的停战期间延长为十五日,和任命唐绍仪为总理大臣的代表,同黎元洪将军讨论当前局势等。

英国驻汉口总领事 12 月 9 日来电,谓关于延长停战日期一事已于

---

① 按系黄开文。

是日早晨签字,兹敬将停战条件的抄本呈阅。武昌黎元洪将军似已在实际上采纳了袁世凯所提出的条件。

至于因选定举行议和地点这一问题而引起的困难,还不是一件小事。唐绍仪于本月9日乘专车离开北京,11日到达汉口,他于行抵汉口后,发现革命党正坚持以上海为开会地点。袁世凯一直希望在汉口开会,但经唐绍仪劝告后便即让步,唐于是乘英国轮船"洞庭号"离汉赴沪。他应于今日到达上海,和会可望于明日开始举行。

主持革命党外交事务的伍廷芳,受任为革命党的议和代表,他就是坚持和会要在上海举行的一个人。

自从目前十五日停战期限告满以后,每一方都在指责对方,说对方破坏了停战协议的条件,特别是有关军队的调动问题。举例来说,革命党已从广州运载军队三千人到达上海。袁世凯再次申诉说,根据他从上海收到的一份电报,有军队五千人正从上海乘招商局轮船调往汉口。还有,叛军正从浦口向北方推进,并已在临淮关架起大炮。另一方面,清军也受到指责,说他们占据了河南省的太和县。清军已对这个指责进行反驳,他们断言:由于那个地区的土匪发生骚乱,他们才不得已派出军队前往镇压的。还有,在停战协议签订以后,清军仍然向山西进兵,以反对山西方面的叛军,所以也受到指责。事实是叛军首先动手,但清军已将其逐退,并将叛军在山西边境的重镇娘子关克复。但是自从这些事件出现以后,总理大臣已对各将领发出严格的命令,要其停止战斗。上面提到的这些破坏停战协议的事件,正足说明关于停战协议所引起的种种困难。

就目前情势而论,伍廷芳与唐绍仪之间所将举行的和平谈判,明日便将开始;我已指示英王陛下驻沪总领事,要其尽可能同唐绍仪保持密切的接触。我又已向法磊士先生指出,在同其他列强的合作后,我国所恳切希望的,是促进和议的迅速解决;总领事应尽其力之所及,帮助双方达成一种协议。

朱尔典

朱尔典致葛雷函
1911 年 12 月 18 日收到

阁下：

关于我上月 23 日提及南京局势的信，我曾荣幸地于 11 月 27 日将伟晋颂先生平安离开该城一事电告您。这个消息是通过英王陛下军舰"新城堡"号与上海之间的无线电报收到的。自那时以来，通讯联系较以前甚至更不稳定。昨天，英王陛下总领事来电说：他已有两天未收到南京英国官员的任何消息，因为各趸船和军舰都已根据革命军都督的要求而开走，以便于起义的舰队炮轰南京城。我应补充说：我相信伟晋颂先生在一艘趸船上。

法磊斯先生又说：有一位于 11 月 29 日离开南京的英国臣民报告，该城已有三面被革命军包围，伍廷芳证实了这个说法，即张勋提督在城内所占战略据点狮子山的驻军中，有一半已宣誓加入革命军，所以他们发射的炮火是不会造成损害的。伍廷芳博士说：起义军希望尽量少造成损失，所以他们的军事行动迟缓；但他们期望不久占领南京城，显然是要经过下关发动突击。据说总督和满族将军在日本领事处避难，他是目前留在南京的唯一领事。

这里对南京的命运感到最强烈的兴趣，因为它很可能是政治形势中起决定性的因素之一。

朱尔典谨上　1911 年 12 月 1 日于北京

《英国蓝皮书有关辛亥革命资料选译》，第 168 页

朱尔典致葛雷函
1911 年 12 月 18 日收到

阁下：

我荣幸地随信附上广东革命军政府发来的一份电报的副本，该电把建立"广东军政府"一事通知北京外交团。

该电又说：外国人受到保护，地方象平时一样安宁。它表示真诚希

望加强友好关系,并在结尾时要求把该电内容提请各国政府注意。

广州和西江的情况没有证实关于该地区平静的保证,因为盗匪在那里非常猖獗,以致必须暂时停止来自香港的轮船航行,并且派英王陛下军舰在西江上巡逻(参阅我 11 月 29 日的电报)。

朱尔典谨上　1911 年 11 月 30 日于北京

《英国蓝皮书有关辛亥革命资料选译》,第 167—168 页

有吉致内田函

1911 年 12 月 19 日发,同月 25 日收到

第 118 号。机密

关于革命党内部情况的报告

综合各方面情报,当地革命军目前似正在为国家政体及组织、编制等问题而煞费苦心,特别为各重要部门的人事配置而深为焦虑。盖纯粹的革命党人,因考虑个人未来而坚欲将权要位置置于本党的控制之下,以为将来巩固势力打下基础。但要实现此种理想,既有可能招致旧官吏及缙绅等之不满,又可能难于收服民心。因此,彼等似已觉悟到在表面上不得不推出有资望的旧官吏及其他德高望重的人士居于要津;但这样做又怕危及自己未来的立场,从而踌躇难决。这就是要路人选之所以迟迟不能发表的主要原因。在这些革命党人中,黄兴本是曾经崭露头角、较有声望的人,但尚未居于统率全党的地位,还不能指望由他来制御那些附和于革命党的旧官吏和地方缙绅。质言之,由于缺乏核心人物,就使人们怀疑革命党人做为一个集体的意志究竟何在,从而各持己见、互不协调的现象,屡见不鲜。如此情况,即使干部人选决定以后,恐怕也会构成内部发生纷争的原因。最近黄兴一派热中于筹措资金,试图以一切可能的手段获得外国借款。有人说,黄等因在汉阳遭到失败,在其它方面又无显著功绩,因而想通过筹得资金的途径以提高其声望。看来这种说法还是合乎实情的。还有人说,最近黄兴等人已经认识到徒赖军人、缙绅等的援助并不可靠,因而迫切希望募得兵勇,

自行统率。其所以多方筹措资金,看来也包含着为此做准备的意思。关于和议问题,如前电所述,纯粹的革命党人一般均考虑个人将来的立场而采取完全反对的态度,主张等待北京的困惫。本月十七日夜间的会议,做出了反对任何形式的君主立宪制的决议,情绪十分激昂。在目前,这种极端派的主张虽占上风,但也有不少人鉴于革命军已疲惫过甚和财政已全面支绌,在与缙绅等相结合的情况下抱有温和的主张。彼等对时局已开始感到厌倦,有些人甚至想脱出这个漩涡,如汤寿潜者即其中之一,衷心希望讲和者,颇不乏人。其中,以唐绍仪为首的各省代表,俱系地方名流,其言论,在地方缙绅间颇受重视,这些人的游说离间,影响非小。倘若缙绅方面改变态度,则纯粹革命党人的立场亦必为之丧失。故和议前途,系于地方缙绅与纯革命党人间双方关系如何之处,实非浅鲜。

即使在纯革命党人之中,如宋教仁等稍具头脑的人物,对前途亦觉担忧,认为攻取北京之类,只能做为鼓舞士气的一种策略,实际上难于实行,而袁世凯之投降又无可指望。情况既已如此,倘若和谈破裂,就必须根据本党主张另觅会谈之机,舍此别无良策。基于此种认识,总想通过某种手段使时局得到和平解决。

为供参考,谨此报闻

此致

外务大臣子爵　内田康哉阁下

驻上海总领事

有吉明　印

明治四十四年十二月十九日

《日本外交文书选译——关于辛亥革命》,第191—192页

朱尔典致葛雷电

1911 年 12 月 20 日发自北京,同日收到

关于我 12 月 18 日的电报。

今天,我收到英王陛下驻上海总领事的下列电报:

"按照您的指示,六国领事于今晨用英文和中文向议和专使提出了同文照会。

唐绍仪答复说:今天下午将举行第二次会议,并已严令停战。

伍廷芳发表演说称:由于此次战斗系为自由而战,所以必须按照正确的方针建立永久和平,敷衍了事的和平将导致一次更痛苦的革命。他本人是赞成和平的。

他希望记者出席会议,但我们对此提出了异议。

唐绍仪和伍廷芳都请求向各国转达他们的谢意。"

《英国蓝皮书有关辛亥革命资料选译》,第 169 页

日本驻彼得堡大使馆致沙查诺夫备忘录

1911 年 12 月 7[20]日

除 12 月 3[16]日递交沙查诺夫先生阁下的备忘录所通知事项外,日本大使顷接本国政府致俄罗斯帝国政府下述电报通知:

对于目前正在中国发展的重大事件应采取何种措施问题,帝国政府的看法与阁下已向俄罗斯帝国政府所阐述的看法完全一致。

不久前,帝国政府曾向伦敦内阁表示,想了解英国政府对这一问题的看法,当时帝国政府已经获悉,为使革命党人与中国政府达成协议起见,袁世凯曾请求英国驻北京公使在革命党人面前进行调停。为此,英国驻北京公使曾打电报给英国驻汉口总领事,结果,经此次调停,签署了第一次短期停战协定。在停战期间袁世凯与革命党人商定开始就双方协议进行谈判。英国政府还请求帝国政府参加英国政府所进行的上述调停,目的在于,不论日本政府对整个问题持何看法,若有可能,则使业已开始的谈判圆满结束。帝国政府已接受英国政府这一建议,故日英两国政府决定共同为中国交战双方斡旋。无需赘言,此种调停不过是斡旋而已。

《俄国外交文书选译(有关中国部分 1911.5—1912.5)》,第 234 页

船津①致内田电

1911 年 12 月 21 日

第 123 号。

孙文于今日上午七时乘英轮"德瓦娜"号到达本地,又于下午五时启碇,前往上海,美国人李赫迈氏(Homer Lee)同船前往,广东都督胡汉民,陈少白及其它当道人士乘军舰前来本地迎接。革命党人今日整日间在俱乐部集会,听取当前形势分析,进行种种筹划。孙文原定于今日下午与香港总督会晤,后因时间紧迫未果。最初陈少白预定与孙文同船赴沪,出席上海会议,后来变更计划,改与胡汉民同船前往。上海黄兴派来两人迎接,日本人池②、太田、宫崎、山田、郡岛等人亦同船随行。据池言称:孙文很担心日、英、俄三国联合起来对革命党进行压迫或牵制,经本职秘密向其说明:日本国不仅绝无此意,且对革命党抱有颇大同情,孙文闻言始觉宽慰。又据山田③言称:广东新政府刻下拟购买步枪一万支、机枪三十挺及其它武器弹药等,但苦于经费支绌,现正与三井商谈,尚未谈洽,云云。

本电已抄致我驻北京公使及驻上海、广州总领事。

《日本外交文书选译——关于辛亥革命》,第 193 页

殖民部致外交部函

1911 年 12 月 21 日收到

先生:

关于本部 12 月 8 日的信,我奉本部大臣之命,送上关于中国革命问题与驻威海卫专员往来信件的副本。

安得生谨上　1911 年 12 月 20 日于唐宁街

---

① 日本驻香港代总领事。
② 池亨吉,当时与宫崎滔天等同在中国参与革命活动。
③ 为山田纯三郎,当时追随孙中山从事革命活动。

附件1：驻威海卫专员致哈考特先生函

先生：

一、关于我本月11日及14日的信，我荣幸地随信附上我于本月19日收到的山东巡抚孙宝琦阁下的一封来信的译文。

二、我在本月11日的信中通知您：英王陛下驻济南领事曾电告英国驻烟台代领事说，山东省已宣布独立。我现已收到的该省巡抚的那封信，原文措词如此巧妙，以致对读了该信而不熟悉情况的任何人来说，如果不是不可能的话，也很难了解该信是从已经宣布独立的政府首脑发出来的。该信除了使用模棱两可的词句之外，盖有山东巡抚在该省宣布独立前致函我国政府时所用的关防，而且所注年代系目前清朝皇帝的年号，即宣统三年。在这些方面，它不同于中国其他地区革命党的官方文件，那些文件所盖关防清楚地表明，发出文件的官员属于革命党，而且所注年代为黄帝四千六百零九年。但是，该信在许多方面也不同于该巡抚给他下属人员的函电，因为从我附上的英国驻烟台代领事转送该地临时政府行政长官王管带①来函的译文中，便将看到这种情况。您将从该译文中看出：王管带提及"总统"字样，而且该信所注年代为黄帝纪元第四千六百零九年，而巡抚本人署名为"总统"，尽管他在给我的信中自称为"巡抚"。因此，该巡抚在致函外国人时所用的头衔和行文款式，与他写信给那些受他管辖的革命党官员时所使用者似乎并不相同。

三、我在收到指示之前，不打算发函表示收到该巡抚的来信。

四、目前，此地及附近地区一切都很平静和安宁。威海卫城内大部分店铺前面都已悬挂白旗，这是已经与革命党联合的一个象征。与此地交界的文登和荣成两县知县没有收到关于山东省宣布独立的任何指示，并且照常与本地政府联系办事。

---

① 指清朝海军"舞凤"号军舰管带（舰长）王传炯。烟台光复后，成立军政分府，王传炯一度被举为总司令官。见中国近代史资料丛刊：《辛亥革命》（七），第320、331页。

骆任廷谨上　1911 年 11 月 20 日于威海卫爱德华港政府大楼

附件 5：驻威海卫专员致哈考特先生函

先生：

一、关于我本月 20 日的信，今天我荣幸地收到您本月 20 日的电报。您在该电中通知我：只有在绝对必要的情况下，我才应当与革命当局进行联系，并应避免采取含有正式承认革命军政府的任何行动。

二、遵照您的指示，我不打算发出任何正式信件，表示收到威海卫城知县和山东省巡抚的函电。那些函电已在我本月 14 日和 20 日的信中附上。

骆任廷谨上　1911 年 11 月 20 日于威海卫爱德华港政府大楼

《英国蓝皮书有关辛亥革命资料选译》，第 169—171 页

铃木①致内田电

1911 年 12 月 21 日

第 173 号。

据三井公司职员谈称：该公司已同意向黄兴提供贷款三十万两②，以为组织临时政府之经费，限期一个月内还清，不取抵押。昨日，张謇在本地表示愿出面担保，日内将在上海签订合同。此项消息，上海方面想必已有报告提出。

特此电禀，以供参考。

《日本外交文书选译——关于辛亥革命》，第 190—191 页

勃罗涅夫斯基致沙查诺夫电

1911 年 12 月 9［22］日

第 252 号。

---

① 驻南京领事。

② 前电为"圆"，此处为"两"，"两"字误。

第 2075 号电悉。

今日我拜会了外务大臣,他告知说,日本大使今日才把尊贵的阁下的复照转给他。他在答复所提问题之前,将仔细研究上述复照。内田认为,倘调停结果,敌对双方均不接受各国劝告,或接受和平条件之后,又违反之,则日本政府拟采取何种措施,对此问题尤应作仔细、全面研究,以便事先议定强制行动的范围。据他说,日本节略之目的在于对所有这些问题进行相互磋商。我问,他是否已向美国政府发出同样节略,外务大臣作了肯定的回答,并补充说,这是英国政府所希望的。至于"有关国家"系指何国,外务大臣称,用该词是想避免直接说出俄、英、美、法,因日本同这些国家签有专门协议,这些协议均涉及中国,他还将德国与四国并列,但认为不宜将"有关国家"这一概念作更广泛的解释。据外务大臣云,上海有人向他报称,唐绍仪以感激之心情接受了六国提出的和解忠告,而伍廷芳接受这一忠告却给各国领事留下不良印象。还获悉,拟延长停战期限,从公历 12 月 23 日延至年底,即延长八天。

勃罗涅夫斯基

《俄国外交文书选译(有关中国部分 1911.5—1912.5)》,第 235 页

朱尔典致葛雷函

1911 年 12 月 27 日收到

阁下:

我在上月 23 日关于清朝海关岁入及其担负偿还外债问题的信中,曾经报告说:驻北京的各国使节已向上海的各国银行家发出一份同文电报,要求他们进行磋商,议定组成一个银行家委员会,按照海关岁入所抵押的债务,接受和处理那些海关岁入。

现在,我荣幸地奉上各银行家应此项邀请而通过的各项决议的一份副本。您将注意到,由于议定把保管海关税款一事仅委托给那些对该税款享有优先索还的银行,所以我曾向我的同事们指出过对恢复银

行家赔款委员会的那些反对意见,已完全消除了。

我收到各银行家的电报后,立即把他们的建议通知各国使节。现在,各国使节已同意把该建议提交各该国政府批准。

我还荣幸地随信附上外务部送来的一份备忘录的译本。正如我在上述信件中所报告的那样,该备忘录是答复我上月21日向他们提出的关于欠付1896年清政府五厘息金借款问题的备忘录的。外务部在该备忘录中正式说明,所有各口的海关岁入现已完全置于海关总税务司的控制下,供偿付外债和赔款之用。他们在另一件来文(副本一并随信附上)中,把根据总税务司的建议所做的安排通知我,以便将这项政策付诸实施。我已把这两份文件的副本通知其他各国使节。

朱尔典谨上　1911年12月5日于北京

附件1:银行家们通过的决议

11月23日,星期四,下午四时半,各国银行经理在麦加利银行举行会议,考虑各该国领事提交他们的问题,即北京外交团的一份电报,建议在中国目前的动乱期间组成一个国际委员会,对海关岁入的保管和分配实行监督,该岁入是保证首先用来偿还1900年签订的对外借款。其次是支付辛丑条约中所规定的赔款。现作出下列决议:

一、通过各该国领事向外交团建议,国际委员会应由那些与1900年前签订的以海关岁入作担保而尚未偿清的各次借款有关的各银行经理,以及(或者是)与支付赔款有关的各银行经理组成;

二、有主要关系的银行,即汇丰银行、德华银行和华俄道胜银行,应当是海关税款的保管者;

三、要求海关总税务司提出一项保证:他必须向该被任命委员会说明海关净入的用途,直到中国政府能够重新偿付借款和赔款的时候为止;

四、海关总税务司应安排把各征税地点所得的净入每周一次汇往上海;

五、为了偿付有关的借款和赔款起见,总税务司应该安排把上海所积聚的净入，每周一次分为尽可能大约相等的三笔款额，存入汇丰银行、德华银行和华俄道胜银行，同时授权海关税务司按照这些借款的先后顺序，支付已到期的借款；

六、如果到1912年底还没有恢复正常情况，那时便应把可供支付赔款的剩余款项另立帐目，并将这种帐目送给外交团，以便他们决定如何处理。

附件2：海关总税务司拟订的方案

总税务司建议：

一、应对那些关税收入不受总税务司控制的各口岸（如哈尔滨、珲春、牛庄、安东、大东沟等地），海关监督发出指示，要他们立即将手中的关税结余交给当地的各海关税务司，以便汇交总税务司在上海汇丰银行的岁入帐户，供偿还外债之用，今后上述各口岸的关税收入，应按照发生动乱的各开放口岸所采取的方式，置于各海关税务司的控制之下，除了从胶州海关岁入中付给青岛政府的津贴费之外，总税务司应把胶州和大连的海关岁入汇往上海，以偿付外债。

二、九龙和那霸的海关岁入迄今均系汇给两广总督，为了偿付外债起见，应自1911年10月起同样由总税务司汇往上海。

三、要求外交团任命一个各国银行家委员会，决定偿付外债要求的先后顺序问题，起草有关这方面应付各款的计划表，并根据该表，当应付款项到期的时候，从总税务司处领取支付这些款项所需要的岁入款额。

四、要求银行家委员会商定暂时停止偿还应付的借款本金，在目前而且在积聚充足的岁入之前，仅偿付到期的利息。

1911 年 12 月 2 日

《英国蓝皮书有关辛亥革命资料选译》，第 178—180 页

朱尔典呈葛雷文

1911 年 12 月 28 日于北京，1912 年 1 月 15 日收

大臣：敬将我国驻上海总领事来文一件转呈，该文报告法、德、英、

日、俄、美各国政府分致唐绍仪、伍廷芳两位议和代表的同文照会,已于本月20日递交,并述及两位代表接受是项照会的情形。

朱尔典

附件一:法磊士呈朱尔典文

公使:兹敬报告,昨日收到公使电报以后,本馆同人立即为六国驻沪总领事分别准备同文照会各三份,以便向唐绍仪、伍廷芳两位议和代表阁下递交。

照会的汉文本是由卜里斯窦(Bristow)先生起草的,他得到日本总领事恳切的帮助。由于有吉先生的请求,我对他们这项极为困难的工作进行了修改,力图使汉文译本同原照会的意思没有任何出入。

六国领事于下午四时在领袖领事范布利(Von Buri)先生的办公室集会,每人分发照会英文本各三份,其汉文译本则留待以后再送。各国领事决定,我们将于今日午后在同议和代表官邸最近的俄国领事馆聚齐,而后一道先向唐绍仪、后向伍廷芳递交照会。

对于这个决定的办法,均已遵照执行。

唐绍仪简单地回答说,他要把各国这种友好关切的行动报告他的政府,相信政府对于这一行动必将大为赞赏。至对照会如何以书面作出同文的答复,他将和伍博士商量。

伍博士询问我们,可否让等在那里的新闻记者到场。我们表示了一种反对的意见。此后,他对六国的善良愿望表示感激,说他自己是一个和平人士,是几个和平团体的会员,所以关于避免战争这一要求,并无需从他得到任何保证。但不论他个人和平的倾向如何,他必然不能同时忽视为自由与改良政府而斗争的人民意志,而要达到这种目的,并不是草草从事的解决办法所能期其永久的。因此,双方如果同意建立和平,那这种和平必须建立在确实与牢固的基础之上,以期保证今后不致再行发生革命。

法磊士

附件二：同文照会

□□国家驻北京公使馆奉本国政府的命令，对负责谈判在中国恢复和平的条件的双方代表，提出下列非正式的意见书。

□□国家政府认为，目前在中国的战争如若持续下去，这不仅使中国本身，亦将使外国人的物质利益与安全，遭受重大的危险。

素来保持它所采取的绝对中立态度的□□国家政府认为，它有责任非正式地向两位代表提请注意，他们有必要尽速达成协议，使目前的冲突归于停止。我们之所以向双方进行劝告，是因为这种看法和有关双方的愿望是相符合的。

《辛亥革命在上海史料选辑》(增订版)，第1132—1133页

朱尔典致葛雷函
1911年12月29日收到

阁下：

继续谈我11月16日信中所说的事情，我荣幸地报告：汉口的战事在相当长的时间内是断断续续进行的，于11月19日又重新猛烈地开始。葛福先生来电说：汉阳起义军大炮发射的许多炮弹曾落入租界内；萨镇冰提督所率巡洋舰悬挂着革命军旗帜驶了回来，对铁路桥梁进行炮击，结果使美孚油公司的油库着火。除此之外，各国租界似乎没有蒙受重大损失。11月27日，战事在距汉水相当远的地方激烈进行，最后以清军攻克汉阳而告结束。起义军溃逃过江，丢弃了他们的大炮及各种物件。

黎元洪都督又曾试图说服各国领事承认他的政府，但这当然是办不到的。他的地位由于最近被战败而大为削弱，他本人已被上海起义军当局降职为黄兴之下的副统帅，该当局自命为"中华联邦临时政府"。

宜昌的形势并非没有危险，这主要是由于它附近有大批铁路工人的缘故。我已就此问题向清政府提出建议，并获悉后来有成批工人由

轮船运往北方。总司令官已安排一艘炮舰每隔不久的时间访问宜昌和长沙。

湖南全省已落入革命军手中；军队与绅士之间的不和，看来很可能导致另一次动乱。我已特别促请总司令官注意长沙方面的要求，因为长沙处于孤立无援的地位，冬季应有一艘炮舰保护。

萨镇冰提督所率领的全部舰队现已明确地拥护革命事业。提督本人仍继续忠于清朝，因此他的地位颇有危险。他被允许在英王陛下的一艘军舰上避难，并在英王陛下驻九江领事馆过夜。他化装成商人离开九江，已平安抵达上海。

广州城内虽有好战分子，但它本身仍保持平静。它由著名匪首陆兰清率领的约三万名歹徒维持治安。前政府官员中，只有提督龙济光和水师提督李准继续留在该处，他们已答应与新政府共同维护和平。财政问题是对和平的主要危险。另一方面，盗匪遍布全省各地，如同我在11月29日电报中所报告的那样，西江上的抢劫活动已如此严重，所以必须派英王陛下军舰在江面巡逻，以便使英国轮船公司能够重新恢复已暂时中断的业务。

为了便于派遣军队前往骚乱地区起见，在邮传部的要求下，香港总督同意自11月7日起停止广九铁路上普通列车的行驶。邮传部的要求系根据该路行车草合同而提出的，并保证赔偿英国路段所减少的收入。该省行政当局既已提供一支适当的卫队，所以中国路段自广州至石龙之间的列车已于11月28日重新开始行驶。

自从我上次写报告那一天以来，厦门海盗及氏族械斗非常盛行；租界实际上由英王陛下军舰"孟茅斯"号维持秩序。官员们之间互相争吵，其中没有一个人是由福州当局委任的。该省内地也没有避免发生骚乱，但凡是出现政府交替的地方，甚至伴随着发生动乱的时候，他们都极为小心谨慎地注意不干扰外国人或教民。

12月5日从云南府传来的最新消息表明，城内恐有大乱。蒙自的库藏和关税均被抢劫；有一家德国和希腊洋行的房屋遭到攻击和掠夺。

铁路沿线其他地方也发生了骚乱，但显然没有造成任何外国人的死亡。

在云南西部，回民和土司也发动了一次起义。

贵州省安顺地区的教堂已被焚毁，传教士们都已离去。

承印度总督的好意，把他所收到的英国驻江孜和亚东商务代表以及驻锡金政治官员的电报转告我。那些电报表明：西藏爆发的起义和中国各地一样，蔓延很广。现在预言由谁主持最后重建权力机构，也许为时过早，但是，驻藏大臣的逃走和后来的被俘，以及传闻叛兵想返回中国的意图，成为对中国宗主权的一个具有毁灭性的打击，而且似乎暂时粉碎了对赵尔丰出征所抱的希望。

英王陛下驻济南府领事报告说：山东起初获得满清政府统治下的自治权，后来又完全脱离满清政府，而且自 11 月 13 日起加入中华共和国。这个结果是由特别组成的代表大会中的革命分子所造成的，而且第五镇部分官兵采取的不积极反对的态度对它也提供了帮助。12 月 1 日，戴比德先生来电说，该省已重归清朝管理，但我没有获得说明此事如何发生的详细情节。无论如何，它似乎得到了军队的默许，因为第五镇有一千人于 12 月 5 日前往该省西南部的曹州府镇压盗匪。在津浦铁路线上山东南部边境的城市徐州府，据说即将发生抢劫；英国工程师伯恩和赫恩及其家属实际上均已被阻。然而，一列专车于 11 月 28 日将他们的家属送往济南。那两位工程师本人显然仍留在徐州府，传闻该地于 12 月 6 日一切都已平静。

铁路当局已收到清朝中央政府的最紧急命令，要尽一切努力建立通往浦口的交通，这无疑是为了派遣军队协助防守南京，但是，使两军会师已为时太晚，难以挽救该城，而且在我的要求下，袁世凯已同意不把该铁路用于军事上的目的。我们希望起义军首领也将同样地不利用该铁路，但如果即将开始的谈判失败而使目前汉口的停战协定终止，那么，很难期望使军事方面需要考虑的事情服从于该铁路的商业利益，而且保持该铁路不再遭受损失一事又将成为十分困难的问题。

我没有听说烟台是如何对待山东重新效忠于清朝一事的，但我毫不怀疑烟台将默认省城所作的任何安排。该口岸仍继续保持秩序。

关于山西的情况，没有发生任何可以报告的变化。起义军据有太原府及山西铁路；清军仍占领石家庄，该地靠近与通往汉口的铁路干线相连的交叉点。

关于陕西省城西安府所演悲剧的可靠消息，终于传到了北京。所有满族人都被杀害，满城全遭破坏。贝克曼夫人、瓦特尼先生和六名儿童都是附属于美国教会的瑞典臣民，在起事的第一天便被暴徒杀死。三位英国臣民，即史密斯夫妇和曼勒斯先生，都已受伤，但据说所有其他英国臣民未受伤害，而且均继续留在西安府，该地夺取了政权的起义者已答应他们给予保护。

驻哈尔滨代领事报告说：东三省北部没有发生动乱；吉林已组成类似沈阳的保安会。

乐民乐先生报告说：牛庄的情况同样平静，该口岸对维护秩序比对革命宣传更为关注。

朱尔典谨上　1911 年 12 月 8 日于北京

《英国蓝皮书有关辛亥革命资料选译》，第 173—177 页

朱尔典致葛雷函
1911 年 12 月 29 日收到

阁下：

继续谈我上月 18 日信中所说的事，我荣幸地报告：从我收到的英王陛下驻成都和重庆领事官员们的来信看来，四川的乱事似乎表现了明确的增长迹象，而且运动正在迅速地改变性质。鼓动反对铁路政策的人们，迫使清政府把邻省的军队抽调一空，从而给武昌革命党人提供了他们所等待的机会，而现在，武昌起义已使四川的反抗变成一次坦率的反对朝廷的起义，人们所谓的英军逼近的无稽之谈以及说英王陛下使馆已向清政府提出进行干涉的威胁，使起义更加严重了。

只有通过间接的和不确定的路线，才有可能同重庆以及成都进行

电报联系,但布朗先生经过云南府发来一份电报说:重庆已于 11 月 22 日发生革命;所有外国人都平安无恙;城内很平静。

务谨顺先生通知我:成都以北各教堂现在处于骚乱最激烈的地区,但直到目前为止,各教会及其任职者几乎奇迹般地未受骚扰。然而,布朗先生报告说:中国内地会的格兰威尔夫妇在自贵阳至重庆途中遭到一群武装匪徒的抢劫。

朱尔典谨上　1911 年 12 月 6 日于北京

《英国蓝皮书有关辛亥革命资料选译》,第 172 页

内田致松村电

1911 年 12 月 30 日

第 84 号。

现驻大冶之西泽曾有电致制铁所①,据称:武昌革命军已向大冶矿务局开始交涉,声称凡盛宣怀所有之一切财产尽行没收,大冶铁矿将由革命军接管,今后中外人等一切有关矿业事务统由革命军直接经办,等等。望我总领事即向革命军当局询明是否确有此事。并向其严肃宣告:汉冶萍公司夙与我国关系甚深,革命军当局必亦熟知其历史渊源,即使采取上述措施,我方利权亦不得因此而受到丝毫损害。此事今后如何演变及对方准备采取何种措施,希我总领事密切加以注视,随时电告。

《日本外交文书选译——关于辛亥革命》,第 194 页

松村复内田电

1911 年 12 月 31 日

第 148 号。

尊电第 84 号已悉。本职遵嘱于今日往访黎元洪,询问是否确有其

---

①　即日本八幡制铁所之简称,当时与我国汉冶萍公司订有借款及购矿合同。

事,据黎答称:确曾派员前往矿务局,其目的仅在于调查矿务局之现状,目前尚无意于占领该矿山。本职当即言明:该矿山与帝国政府具有重大关联,此点早已明告阁下。贵军如采取侵害该矿山之行动,必将招致不愉快之结果。故望在贵国政争平息以前维持现状。为避免今后发生误解,凡与该矿山有关事务,务望事先与本总领事或西泽工程师进行商谈。黎欣然同意,并无若何滞碍。

《日本外交文书选译——关于辛亥革命》,第 194 页

松村致内田电

1911 年 12 月 31 日

第 149 号。

本日接获黎元洪发来照会如左:

经与英德两国总领事面商决定:即于九江设置检查站,对各国通航船只进行检查,如无违禁物品即发给执照放行,如查出违禁物品即予没收,并强制其所辖领事加以处罚。即希转达贵国商人一体遵照执行,等等。

《日本外交文书选译——关于辛亥革命》,第 195 页

上野①致内田电

1911 年 12 月 31 日

第 49 号。

孙逸仙当选大总统的消息传到此地后,此间中国侨民几至欢欣若狂,家家户户都悬起革命旗帜,或鸣鞭炮,或奏鼓乐,高举孙氏肖像在市内游行。据闻,美国人士中之过去曾为孙氏师者,亦均纷纷致电表示祝贺,云。

《日本外交文书选译——关于辛亥革命》,第 195 页

---

① 日本驻檀香山总领事。

朱尔典致葛雷函

1912 年 1 月 1 日收到

阁下：

我荣幸地随信附上一份同文备忘录（作了必要的改动）的副本，该备忘录是法德两国公使和我本人根据三家银行的要求送交外务部的。把江宁藩库欠付本月 11 日到期的关于两江总督 1910 年 12 月 11 日签订的三百万上海银两借款本息一事通知他们，并且根据借款合同的担保条款，要求清政府准备立即付还。

该备忘录中提及的江宁藩库给那三家银行的通知，是汇丰银行于本月 4 日收到的。通知说：款项已用于军事目的；又说盐厘因革命而没有上缴。

朱尔典谨上　　1911 年 12 月 15 日于北京

附件：致外务部的同文备忘录

英王陛下公使荣幸地提及他于 1910 年 11 月 10 日收到的外务部的一件通知。他从该通知中获悉：朝廷已批准两江总督订立的向汇丰银行、德华银行和东方汇理银行举借一笔三百万两的贷款。

根据借款合同的条款，每隔半年，即每年的 6 月 11 日和 12 月 11 日，按年息七厘付给利息，而且自 1911 年 12 月 11 日开始，每年摊还本金五十万两，因此，本月 11 日应付给该三家银行的款额为六十万上海银两。

该合同第八款又规定：由总督代表清政府担保按期偿还这笔借款的本金和利息。

鉴于江宁藩库已通知汇丰银行上海分行，要求延期付息十二个月，所以朱尔典爵士荣幸地要求清政府按照上述担保条款，立即准备向汇丰银行偿付它那一份应得的款额。

1911 年 12 月 14 日于北京

《英国蓝皮书有关辛亥革命资料选译》，第 199—200 页

朱尔典呈葛雷电

1912 年 1 月 1 日于北京,同日收

我于今日午后往晤袁世凯,他显得很不痛快,而且极为丧气。

他说,他应该对我坦率地承认,现在,他已对于局势失去了控制。所有一切关于和平解决的努力已经用尽,但仍无效果。唐绍仪已经辞职,而在议和谈判全部过程中,在上海的革命党极端不愿妥协。

另一方面,各将领已向清朝王公贵族呼吁,要其拿出钱来,以便继续打仗。华北各省及陆军方面,对于袁世凯为谋求和平而作出的让步加以谴责,并不许他再作什么让步。战争的再起,似甚危急。他对于华北的和平,已不能继续保证,这在目前成为他考虑的主要问题。

因此,他拟于明日呈递他的辞职书。

《辛亥革命在上海史料选辑》(增订版),第 1134—1135 页

朱尔典致葛雷函

1912 年 1 月 1 日收到

阁下:

继续谈我本月 1 日信中所说的事情,我荣幸地随信附上后来收到的英王陛下驻南京领事的几份报告,它们生动地描述了事态的发展,最后于 12 月 2 日以南京城投降革命军而告结束。革命军获得的这个胜利,抵销了他们最近在汉阳所遭受的挫败,无疑地使他们有了新的勇气;现在他们的首领对于即使是保留满清朝廷作为国家的傀儡一事所采取的不妥协态度,也可以追溯到该胜利的影响。

虽然自那时以来南京仍保持平静,但张勋提督带着一批士兵,估计为一千五百人至二千人,逃往长江北岸,从而造成了一种令人感到颇为忧虑的局势。

12 月 1 日,我得到的消息表明,清朝中央政府方面有意试图援救南京。关内外铁路当局已奉命派火车自滦州运送七千名部队前往济南府;人们推测南京是他们的最后目的地,这似乎是有道理的,因为山东

已归附清朝,大概排除了增加省城兵力的任何必要性。然而,我询问英王陛下驻济南府领事,驻守该地的第五镇军队中是否有些已乘车南下。12月2日,戴比德先生作了否定的回答,但他于5日来电说:大约有两千名军队从南京抵达山东南部边界,北京已下令阻止他们继续前进,还有第五镇的一千名士兵已被派往该省西南部的曹州府,去镇压盗匪。

12月6日,英王陛下驻上海总领事把南京的一份电报转告我:传闻张勋提督与革命军之间的战事在南京以北约一百英里的地方进行,但电报联系中断,该消息不可能得到证实。南京的革命军统帅声称,浦口的铁路全部在他们的控制之下;如果该路被用来运送北方的军队,他威胁要破坏它。他希望该路照常营业,但由于缺乏现款,该路总工程师预料有可能不得不放弃它。

当敌对双方的代表似乎很有希望举行会议商谈的时候,我极为深切地感到,对清政府来说,从事于收复南京这样危险的一项任务,除了继续发生无益的流血事件之外,可能无可挽回地危害和平解决的事业,而和平解决是各有关方面的利益如此迫切地要求的。因此,我把我对形势的看法向袁世凯作了阐述,希望他对张勋提督发出停止继续冲突的命令。我于12月7日把我采取的行动通知英王陛下驻南京领事,授权他向革命军首领提出我的保证,铁路将不会被用来运送北方的军队,并且指出:为了中国的完整和独立,毫不迟延地进行和平解决,关系是多么重大。我不知道袁世凯是否按照上述意思真正发出了命令,但鉴于该地区的军事活动属于本月9日晚所商定的普遍停战的范围之内,所以我认为没有必要坚持这一点。今天,我收到英王陛下驻济南府领事发来的电讯说:第五镇的一千名士兵已前往山东南部边境的韩庄车站。然而,似乎没有什么疑问,这个调动是在停战协定签订前进行的。

今天,我又收到英王陛下驻南京领事的另一封信,谈及津浦铁路所出现的困难局势,并要求我关于他对革命当局采取什么态度的问题给予指示。我荣幸地附上该信以及我的复函的副本。关于他对革命当局采取什么态度的问题,我对伟晋颂先生所作的指示,是同给予英王陛下驻汉口总领事的指示相类似的,因为那些情况非常相似。关于津浦铁路,我建议采取沪宁铁路所采取的那种政策,但是,我指出:在已经很不明确而且容易发生突然变化的形势下,只可能采取聪明的见机行事的方针。

我冒昧地认为,伟晋颂先生所采取的行动,正如附上的那些报告中所表明的那样,是值得称赞的。我已向他作了总的表示,热烈赞同他在困难和烦恼的整个时期中的行动,以及他在坚守岗位时所表现的决心和勇气,直到他不再可能或适宜驻在南京为止。现附上我写给他的那封信的副本。

朱尔典谨上 1911 年 12 月 12 日于北京

附件 1:伟晋颂领事致朱尔典爵士函

阁下:

我荣幸地报告如下:

昨晚,我接到英国驻本口岸高级海军军官、英王陛下军舰"克莱奥"号的威尔中校的电话,通知我:他收到英王陛下驻上海总领事的一份无线电报说,对南京的进攻迫在眉睫,并建议所有的英国臣民离开该城。我立即把该消息通知那四位仍然留在此地的英国侨民,再一次警告他们说,不可能对他们提供保护。

今晨,我陪同威尔中校对总督和张勋提督进行礼节性的拜访,因为关于此地发生的某些问题我曾经有机会见过他们。总督独自接待我们,通常在这种场合下协助他招待来访者的那些道台们统统不见了。我觉得总督阁下是很沮丧的。他说:所有这些麻烦的事情出乎意外地突然向他袭来,严重地影响了他的健康。在他看来,现在,事情已经发展到不再可能妥协的阶段。虽然他深信目前起义军对南京的进攻将遭到失败,但不幸的是,他们的挫败并不是事情的结束。他最近抱怨的事情,似乎是他不能够发电报前往北京,尽管此时电报线路畅通无阻。他说,上海拒绝发送所有的官方电报。虽然他的想法无疑是错误的,但据他所说,革命党人破坏了此地的无线电台。正如我曾提醒他的那样,该无线电台在此次危机中是会很有用处的。

我们紧接着访问了张勋提督，他很热情地接待了我们，但很少讲究礼节。他穿着破旧的普通中国服装。他的衙门及其周围是同他的容貌很协调一致的，而且象旧式官僚中间通常出现的情况一样，有一群看起来很不体面的士兵和苦力聚集在门窗的附近，听我们谈话。我后来获悉，张勋提督有这样一个印象，即我们象李德医生一样，是作为议和谈判者来拜访他的；很可能由于这个原因，而且为了其他那些听他谈话的人们起见。他在谈话开始时用很轻蔑的态度提到起义军。他告诉我们说：你很希望与起义军会战，而且打算很快就击败他们。我们谈话的总的结果是令人感到不满意的，因为我们对他的意图一无所知。据说，他的意图是：如果他遭到挫败，他将渡江前往浦口，并沿铁路线开入山东。然而，他说：他想要在城外打仗，城内的外国人丝毫没有惊慌的理由，因为他完全能够保护他们。他还迅速地同意了我不得不向他提出的几项小的要求，其中之一是应专开放西门，允许属于英美烟草公司所有的某些货物运出城外。为了支持该项请求，我向他提出英王陛下驻上海总领事关于该问题的一封来信。从他感到不知所措的情况看来，他不能够阅读该信，那是十分明显的。总的说来，我对张勋提督的印象并不坏，他无疑是一位精力充沛的人，对他的职业具有实际知识。

南京城内的局势在表面上仍未发生变化。据说，有一支革命军已经进入距城七英里以内的地方，但如果这个消息属实，南京的居民一定还不了解此事，因为迁移出城的人们正在减少。据张勋提督说：今晨革命军的主力部队还没有到达龙潭，但他显然期待他们很快地到达，因为他已经派遣约五千名士兵开出东门，在紫金山下等候他们。该处显然将发生第一次大的战斗。派出城外的士兵包括大部分新兵和三、四营该省军队在内。该提督自己专辖的长江防营仍在城内，因此，他明显地打算让他那些质量较差的部队在革命军进攻面前首当其冲。然而，革命军在企图攻城之前，很可能将试图夺取长江沿岸的炮台，其中至少有三座炮台在南京与镇江之间。从位于长江南岸下关下游约两英里处的最后那座炮台上,已撤去了大炮的炮闩,据说是为了当革命军占领该炮台时,防止大炮被用来轰击他那些渡江前往浦口的部队。当然,他也可能是怀疑炮台守军是否忠诚。无论如何,撤去这些炮闩,以及该提督刚刚把他的宠妾送往上海一事,表明他并不完全象他声称的那样,对胜利怀有信心。

因为我仍然认为,对外国人来说,城内的局势迄今还不是很危险的,所以我打算在攻城开始之前,无论如何继续留在领事馆。在必要时,我可以在日本领事馆避难。如果我被关闭在城内,高级海军军官将照管我们在下关的利益。

伟晋颂谨上　1911 年 11 月 23 日于南京

《英国蓝皮书有关辛亥革命资料选译》,第 180—185 页

铃木致内田电

1912 年 1 月 1 日

第 187 号。

一月一日下午五时,孙逸仙偕山田、末永①等五名日本人乘专车到达下关。据山口嘱托之见闻:下关车站附近布有武装士兵约四千名警护;狮子山炮台鸣礼炮二十一响。徐司令官②与各省代表十余人及日本人数名亲至车站迎接。孙氏下车后即乘汽车直奔城内原总督衙门。一行中并无黄兴。

《日本外交文书选译——关于辛亥革命》,第 195—196 页

朱尔典呈葛雷文

1912 年 1 月 2 日于北京,1 月 22 日收

大臣:在本人 1911 年 12 月 28 日所呈公文中,我曾将关于召开国

---

① 　末永纯一郎,号铁岩,新闻记者出身,笔名末永节。早年曾参加兴中会、同盟会。武昌起义后不久,曾来华参与革命活动,在山东与胡瑛共事较久。

② 　徐绍桢。

民会议以决定君主立宪制或共和制问题的上谕抄本,送呈大臣,谅蒙钧鉴。兹敬附呈两个补充文件,该件等使导致采取这一步骤的情形得到解释。

第一个是唐绍仪给袁世凯的电报,他在这份电报中说,根据秘密进行的调查,他已经深深相信,南方及东部各省所表现的情绪,完全赞成实行共和,故为满足民众的要求,唯一的办法,是召开国民会议,以便考虑未来的政体问题。

第二个附呈文件是内阁的奏折,它详述了派遣唐绍仪前往上海的原因,并且报告了我本人同其他国家代表从事斡旋的经过,还摘要引证唐绍仪的电文,以陈述在上海举行南北议和的历史。上奏人的结论是:由于革命党人采取绝不妥协的态度,加以清方财源的枯竭,致使他们无可选择,只有建议清室诸王公考虑唐绍仪提出的关于召开国民会议的意见,并使这个意见得到朝廷的正式批准。

朱尔典

《辛亥革命在上海史料选辑》(增订版),第 1135 页

铃木致内田电
1912 年 1 月 2 日

第 189 号。

一月一日夜十一时,在旧总督衙门举行新政府成立典礼。孙逸仙在军乐声中步入会场,各省代表热烈欢迎。首由山西省代表景耀月致欢迎辞,略谓:方今满清专制政府已除,共和曙光乃见,吾人欢庆莫置。孙先生为革命奔走多年,几经艰险,出死入生,不屈不挠,方有今日之成效。我革命的首功,应推孙先生,等等[①]。孙氏即起立宣读简短之大总统宣誓文,略谓:革命军赖诸君之努力始获今日之成效。今满清朝廷已倒,当与诸君共庆。本人既当选为总统,自应精勤政务,以不负国民及

---

① 两处均未查出中文资料,仅按日档译出。

诸君之期望,云云。至夜十一时四十分,狮子山炮台鸣礼炮二十一响,以示庆祝。嗣后即转入国民欢迎会,景耀月再度起立致祝词,爰以大总统印鉴、绶章捧呈,孙氏起立受领;继向汪兆铭起草之大总统宣誓文签名盖印,由胡汉民宣读;徐绍祯又代表陆、海军致祝词,孙再度起立致答词;最后就临时政府之组织问题进行若干讨议,直至一月二日凌晨二时在万岁声中宣告闭幕。

另据探闻,新政府将于二日内组成,各大臣均称为卿,黄兴将任国务卿兼掌陆军,伍廷芳掌外交,张謇掌财政,汪兆铭掌交通。其他人选尚未确定,云。

今日市中遍悬国旗,过路行人已全无垂发辫者。革命军定于一月一日起改用阳历,以原总督衙门为总统府。一月二日孙氏整日在总统府,谢绝一切来客,专与黄兴及各省代表商讨新政府之组织问题。

宫崎、萱野、山田等亦在此地。

《日本外交文书选译——关于辛亥革命》,第196—197 页

铃木致内田电
1912 年 1 月 3 日

第 192 号。

据革命军政府海军某参谋昨日(一月二日)秘密透露:军政府计划由英、日两国聘任海军顾问。拟由英国聘任某海军中将为顾问,业已秘密开始交涉;同时拟由日本国聘任海军预备大佐太田三治郎为顾问。目前革命军海军中占重要地位者多系英国留学生,自然对英国信赖较深;但其中亦有数名日本留学生,极力主张聘任日本顾问,此次由日本聘任顾问,恐即出于彼等之主张。上述某参谋可能于今日前来本馆秘密晤谈。详情如何,当再调查,另行具报。

《日本外交文书选译——关于辛亥革命》,第197 页

驻日本陆军武官致总参谋部军需司报告

1911 年 12 月 22 日［1912 年 1 月 4 日］

第 545 号。

中国局势

尽管新年前后各机关通常停止工作,但陆军省与参谋本部每天均有少数军官上班。各局长官均坚守在岗位上,两个机关的各级官员还开过几次会议。

现已完全清楚,英国拒绝支持日本执行其关于中国的计划,但这并不改变最初通过的支持君主制的决定。所不同者,目前日本在行动方面将更加审慎,现在它正等待事变发生。

英国的政策令人怀疑,日本人正机警地注视着它,以免受骗上当。据悉,二千三百名英军将乘英印鸭家轮船公司(Apcar Line)的三艘轮船由加尔各答前往香港,这一传闻仍在扩散。虽然传闻尚未得到伦敦及香港方面证实,但据此间消息说,上述轮船不会开往日本,这证明上述传闻属实。

日本人向来认为,英国政策不坚决是手边没有军队所致,倘有军队,则英国在中国会表现得更坚决。看来,日本人希望英国软弱无力,在此种情况下,日俄两国在中国事件中将起主要作用。此间陆军省人士深信,最后必将进行武装干涉,毫无疑问,混乱即将来临,而混乱必然导致武装干涉。

日本人认为,袁世凯在策略上的某些改变不过是他要的手段而已,因为他们确信袁氏会站在革命党一边,但现在袁氏认为站在君主立宪一边更有利。

少将　萨莫伊洛夫

《俄国外交文书选译(有关中国部分 1911.5—1912.5)》,第 248 页

朱尔典致葛雷函

1912 年 1 月 6 日收到

阁下:

我荣幸地扼要报告关于导致清方与中国革命派之间缔订目前停战协定的谈判经过。

我在11月26日同袁世凯会晤时,使他记住汉口英国人士因战事继续进行所面临的忧虑和危险。他答复时向我保证说:如果双方能够按照互相满意的条款商定一项停战协定,他将很高兴地下令停战。于是,在袁世凯的赞同下,我指示英国驻汉口代总领事将该意非正式地转告黎元洪都督。

葛福先生于11月27日答复时,寄来了黎元洪都督所建议的条款。袁世凯认为这些条款是完全可以接受的,但他说:在他更好地了解黎元洪都督的权力范围以前,他不能够最后接受这些条款。袁世凯又说:自从攻陷汉阳以来,谣传黎元洪都督的地位已大为动摇。在这个时候,我乘机向总理大臣指出:清军进攻武昌将迫使他对继续发生的流血事件承担责任。这个警告并不是没有作用的,因为袁世凯于12月1日电告冯国璋将军停止清军渡江进攻武昌。与此同时,他命令黄道台①与葛福先生磋商初步安排停战三天。

接着,双方由葛福先生居间调停进行谈判。象我在本月3日电报中所报告的那样,双方商定了至12月6日上午八时期满的三天停战协定。由于这时袁世凯很想安排武昌的各省代表会议讨论那些条款,所以我指示英国代总领事为此目的进行斡旋。

袁世凯立即试图安排延长停战,于12月4日把他同唐绍仪和我本人磋商后起草的某些条款电告冯国璋将军。这些条款包括把目前的停战协定延长十五天,以及任命唐绍仪为总理大臣代表同黎元洪都督讨论局势等在内。

12月9日,英国驻汉口代总领事来电说,那天上午已签订了展期的停战协定。我荣幸地附上那些条款的副本。看来,武昌的黎元洪都督实际上采纳了袁世凯所建议的条款。

---

① 原名待查。

关于选择什么地方作为和谈会议地点的问题,引起了不少困难。唐绍仪于本月9日乘专车离开北京,11日抵达汉口。他到达后发现,革命派坚持以上海作为会议地点。袁世凯一直愿意选择汉口,但在唐绍仪的劝告下做了让步。因此,唐绍仪乘英国"洞庭"号轮船前往上海。他订于今天到达,预料和谈将于明日开始。

主管革命派外交事务的伍廷芳,已被任命为他们的和谈代表;他坚持会议在上海举行。

自从缔订目前为期十五天的停战协定以来,每一方都指责对方破坏了协定的条款,特别是关于调动军队的条款。例如,革命派已从广州派三千名部队乘船前往上海。袁世凯还抱怨说,据他从上海收到的电报,有五千名部队乘招商局的轮船自南京调往汉口。此外,还有起义军自浦口北上,并在临淮关架设了大炮。另一方面,清军被指控占领了河南太和县①;他们驳斥了这个指控,声称:该地区发生土匪闹事,所以他们不得不派遣武装部队前往镇压。此外,清军还被指控在签订停战协定后向山西起义军进攻。所发生的情况是:起义军首先采取行动,接着被清军驱逐回去,清军占领了起义军在山西边境上的据点娘子关。然而,自发生这些事件以来,总理大臣已严令各将领停战。上面所说的破坏停战行为,十分恰当地说明了关于停战协定所产生的困难。

事实上,伍廷芳和唐绍仪之间的议和谈判订于明天开始。我已指示英王陛下总领事尽可能同唐绍仪保持密切接触。我还向法磊斯先生指出:我们急于希望同其他国家合作促成一项迅速解决的办法,他应尽最大努力协助双方达成协议。

朱尔典谨上　　1911年12月17日于北京

《英国蓝皮书有关辛亥革命资料选译》,第207—209页

---

① 河南省无太和县,疑为太康县之误。

朱尔典呈葛雷文

1912 年 1 月 6 日于北京，1 月 22 日收

大臣：上月 17 日所呈公文一件，谅蒙钧察。今敬将唐绍仪同伍廷芳自 12 月 18 日开始，迄本月 2 日唐绍仪奉召回京为止，在上海举行的和议经过加以叙述。

本人首须说明，作为议和代表，唐绍仪具有讨论时局的全权，但在请示北京以前，他无权成立任何协议。

谈判的早期大都用于对 12 月 24 日期满的停战协定所提出的种种破坏行为，互相进行指控的方面。但很幸运，双方都愿接受使停火延长一次的建议，而唐绍仪已于 12 月 20 日来电，报告停火期限已经延长到 12 月 31 日为止。关于停战条件的意义，唐绍仪与伍廷芳后来于 12 月 23 日达成一种协议，规定双方如不进兵发动进攻，军队和军火的调动是许可的。

唐绍仪从一开头已经发现，他的对手是坚决要求推翻清朝而实行共和的，且由于受到环境重大的影响，他似乎对于实行共和的道理也表示了同情。

在其数次所上总理大臣的电报中，对于劝说伍廷芳接受君主立宪制一点，唐绍仪详述其绝对不可能性，并对中国将来究应采取君主立宪政体，抑应采取共和政体这类主要问题，建议清朝下诏交由国民会议决定。为说明他处境的困难，唐绍仪试为证明，上海的领事团是赞成实行共和制的；他又着重指出这一事实，因为六国同文照会系向和议双方代表递交的，这使革命党认为，列强的行动含有对他们已经组成的政府实行承认的意思。

从我 12 月 28 日所上的公文中，您已知道，关于将中国未来的政体问题提交国民会议去解决的建议，已由清政府于上述日期下诏批准。唐绍仪于是继续进行谈判。而且没有先向袁世凯请示，便于 12 月 29 日接受和签订四项条款的协议①；对清政府来说，这四项条款至少是片

---

① 原电见中国近代史资料丛刊《辛亥革命》第八册，第 227 页，《宣统三年十一月初十日清议和总代表唐绍仪致内阁总理袁世凯电》，兹从略。

面的、有欠公平的。按照这些条款,他同意清政府此后不得举办任何借款,而自12月31日晨八时起,所有驻扎山西、陕西、湖北、安徽、江苏等省的清军,均应在五天之内从他们目前的驻地撤退一百华里。

同时,在另一个电报中,唐绍仪转来民党①提出的包括已经签字的四项条款在内的七项要求。其尚未为唐绍仪所接受的三项要求为:

(一)代表总人数的三分之二,应构成法定人数;

(二)开会地点应定于上海;

(三)国民会议应于1月8日开幕。

唐绍仪于12月30日又将他同伍廷芳签订的第二组四项条款协议全文(见附件三)送来。这些条款涉及国民会议的组成问题。每省成为一个处,内外蒙古与前后藏各合为一处。每处选派代表三人,代表每人一票。第四条规定南方各省的代表,应由民党用电报召集,而北方各省代表则由清政府召集之。这四项条款也是没有事先同总理大臣商量便予以制定的。

袁世凯于12月30日立即电复唐绍仪,关于业已签订的第一组四项条款,其第一、第二两条可以成立,至于借款及撤退军队的第三、第四两条,必须同等地适用于双方。在这一天随后发出的一份电报中,袁世凯提醒唐绍仪,他的权力只限于讨论,并对唐绍仪说明,他不能批准于12月30日签订的第二组四项条款。袁世凯因此请求,这四项条款应予废除,并嘱唐绍仪本着内阁历次电报的精神,恢复与伍廷芳的讨论。

总理大臣复于12月31日发出电报,他指出所应力争的原则,在于博采全国的意见,所以各府、厅、州、县均应选举代表一人。他又将内阁所起草的关于国民会议的选举法(见附件四),通知了唐绍仪。

由于他的行动没有得到北方的赞成,而总理大臣又拒绝批准他经过多日的商讨方才形成的第二组四项条款,唐绍仪遂以辞去议和代表的职务,作为他对这些电报的答复。他的辞职于1月2日由内阁加以

---

① 原文为"Republican Party",兹译作"民党",下同。

接受,并于同日将召回唐绍仪一事电告伍廷芳。总理大臣又复提出,鉴于物色继任唐绍仪的适当人选的困难,一切谈判暂时由他自己用电报同伍廷芳来进行。

在获悉谈判已经陷于停顿,并由此而引起的危险局势以后,我于1月1日往见袁世凯,使其感觉到他对和议的破裂所应担负的重大责任。如我在1月1日电报中所报告的,我看出总理大臣是如此极端烦恼与不安,有的时候,他似乎很难领会我们所进行的谈话。

和议终于失败的原因,显然在于国民会议的组织与其开会的日期及地点这几个问题。在所有这些问题上,道理无疑是在袁世凯那一边。如果在不到两个星期的时间内,要想从中国的每一个省份召集三个代表,那简直是一种儿戏。在这种形势下召开的会议,是不能具有任何代表性的,所以当袁世凯说:任何以这样一种方式求得的解决,是不能期其永久的时候,他是不错的。另一方面,袁世凯自己所拟订的选举办法,似乎无需那样详尽,从而不易付诸实施;但这个选举办法至少可供商讨的基础。至于开会地点问题,双方似乎都同样不讲道理。在上海出席和平会议的清政府代表,在其回至北京后曾经报告说,那边的空气过于共和化,致使自由讨论成为不可能。袁世凯主张在北京开会的理由虽很合理,但北京在满洲军队控制下,又住着一大批满洲人,以为南方的代表可以到这里来鼓吹他们的共和学说,那也是十分不合情理的。

唐绍仪关于在芝罘开会的建议,很有加以赞成的理由。山东是一个摇摆不定的省份,既不属于清朝,也不属于民国。芝罘是1876年举行重要谈判的地点,这里的形势可以使得双方都愿趋于温和。同芝罘靠近的威海卫与青岛这两个地方,都是最近为人分割的例子,而在山东海湾那一边,大连、旅顺以及满洲等地,都可以使双方的极端派受到教训;为使国家免于进一步的崩溃,双方应就彼此间的分歧迅速获致解决。

朱尔典

附件三:唐绍仪上袁世凯电

1911 年 12 月 30 日

下列四项条款系于本日中午签字的:

(一)国民会议由各处代表组织:

每省为一处;

内外蒙古合为一处;

前后藏合为一处。

(二)每处各派代表三人,每人一票,若有某处到会代表不及三人者,仍有投三票之权。

(三)开会之日,如各处到会之数有四分之三,即可开议。

(四)各处代表:江苏、安徽、江西、湖北、湖南、山西、陕西、浙江、福建、广东、广西、四川、云南、贵州,由中华民国临时政府发电召集;直隶、山东、河南、东三省、甘肃、新疆,由清政府发电召集,并由民国政府电知该省谘议局。内外蒙古、西藏,由两政府分电召集。

附件四:袁世凯致唐绍仪电

1911 年 12 月 31 日

兹将由内阁拟订的选举法最为重要各点,电告阁下:

(一)国民会议将在北京召开。

(二)各省府、厅、州、县及归各府直辖地方,各选代表一人。

(三)边疆各区依旗或城、或不设旗之部落地区,各选代表一人。西藏地方,每一城市选代表一人。

(四)在各省,其府、厅、州、县之选举监督,由各该地方行政长官充之。

(五)在边疆地区,其选举监督以该旗扎萨克总管等、该城城长、该部落部长充之。

(六)到会人数足三分之二,即可开议。

(七)除下开各项外,凡有国籍之男子,年满二十五岁以上,在该选举区内有住所满一年以上仍继续者,有选举权及被选举权。

下列各种人无选举权：

（1）褫夺公权者；

（2）受徒刑以上之刑，自宣告日起，其裁判尚未确定者；

（3）禁治产及受破产之宣告者；

（4）僧道及一切教派之宗教师；

（5）有爵宗室；

（6）现役军人及因此次事变现在征集中者；

（7）现在清政府或民军政府服职之现任官吏。

（八）投票用单记名式。

（九）凡得票最多者，当选为代表。各代表送往北京以前，各府、厅、州、县行政长官应发给当选证书，而当代表总数三分之二到达北京时，国民会议立即开幕。有关国民会议各项规章，将另行拟订。

《辛亥革命在上海史料选辑》（增订版），第1136—1140页

朱尔典致葛雷函
1912年1月6日收到

阁下：

关于我11月15日的信，我荣幸地就以前由上海道台正式保管的保证金移交首席领事的问题，提出下面的报告。那些保证金的绝大部分是被指定供偿还外债之用的。

11月8日，英王陛下总领事来电通知我说：道台知道，最近在革命军政府下面担任浙江和江苏两省民政总长职务的李平书[①]，不久将提出移交这些保证金以及其他官方财产的要求，所以征询他关于此事的意见。法磊斯先生建议说：应把该保证金已被抵押的意义通知李平书；在新政府获得各国的承认之前，不能够把保证金移交新政府；道台可以

———————

① 李平书当时任上海革命军政府民政总长。此处原文有误。

把各种物品存入汇丰银行听候首席领事的命令,给予李平书一张物品清单。我赞同法磊斯先生的答复,并且说:在清政府重新坚持它的权力或新政府获得列强的承认之前,不能够接受移交公共租界内的居民或财产的任何要求。

11 月 10 日,革命军都督送给道台一份对保证金的书面要求,如不照办即按军法处理,但英王陛下总领事采取步骤,把他的态度间接地通知伍廷芳。他于 13 日从伍廷芳处得到一项口头保证说:革命派将满足于得到保证金清单的通知,但为自己保留同保管人讨论他们认为有权要求其中任何一项的权利。

11 月 20 日,我电告英王陛下总领事说:我认为,在这种情况下,首席领事完全有理由掌管这些保证金。如果领事团允许那些打算用来偿付外债的现款落入革命军手中,他们将承担重大责任。我又说,清政府已被阻止使用任何一部分海关岁入,因为该岁入已抵押给各国的债券持有人。革命军也同样不得干涉所有被指定用来偿付外债的现款。

后来,上海首席领事把送交革命军的一份保证金清单通知我,检查和翻译这份清单需要付出很大的劳力。它的主要内容系那些以附属担保品作抵押垫付给钱庄的款项,目前该附属担保品是难以变为现银的。法磊斯先生感到很怀疑,那些钱庄即使能够付还垫款,是否将不受那些掌握实际权力的统治者的恐吓,拒绝付款。

朱尔典谨上　　1911 年 2 月 17 日于北京

《英国蓝皮书有关辛亥革命资料选译》,第 209—210 页

铃木致内田函

1912 年 1 月 8 日发,同月 17 日收到

第 2 号。机密

去年十二月三十日由门司港启碇之货轮"巴"号,装载大仓洋行售与本地革命军之武器、弹药等(详如另纸所开),于本月五日驶入本地

下关港。今日,据大仓洋行职员来馆谈称:该轮于本月三日通过吴淞口时,曾知照清国上海关,办理各项通关手续,经海关职员口头告知,如按常例办理正常之通关手续,该轮所载货物必须接受检查。如该轮不提出任何申请而径自秘密通过吴淞口,税关当可默然置之,等等。该轮遂即按其所言径自通过吴淞口驶至镇江。往来于长江江面的海洋船舶,不论其为上航或下航船舶,经过镇江时按规定均须办理通关手续。该轮考虑到如照章办理通关手续,必发生种种麻烦,因而决定不在该地投锚而径行通过。虽经岸上发炮射击迫令停航,该轮仍不置一顾,乘暗夜继续进航,终于安然通过镇江,云云。该轮到达本地以后,经都督府与海关协商,认为该轮的性质与军舰无异,故同意按军舰办法对待。于是,该轮未履行任何海关手续,刻下正在加紧卸货,预定在本月十日左右卸货完毕即行出港。

如上所述,此次"巴"号货轮来航,以其所载货物之性质不同,竟未通过正常手续直驶本地,征诸清国官署毫无实权的当地情况,乃属无可如何。据此推测,该轮返航时当亦能如来时一样平安通过吴淞海面。又据"巴"号船长言称:该轮将于日内离宁,驶往大连,在大连装载野炮、山炮等十三门,再度返回南京。此次所载武器,亦属大仓洋行卖与革命军政府之货物,云云。

专此禀闻,即希明鉴。

谨致

外务大臣子爵　内田康哉阁下

驻南京领事　铃木荣作　[印]

此函,已抄致我驻北京公使及驻上海总领事。

附件:"巴"号货轮所载武器、弹药货单

一、步　枪　一万二千支

二、子　弹　二千万粒

三、机关炮　六门

四、山　炮　六门

五、炮　弹　　五千发

六、其它附属零件备件等若干

《日本外交文书选译——关于辛亥革命》,第197—199页

濑川^①致内田电

1912年1月9日

第4号。

关于前电第121号所述之购买步枪及子弹问题,军政府与三井双方已于去年十二月三十日签订合同。两项价款合计共四十三万九千圆整,军政府已于本月八日存入台湾银行四十四万四千圆。故三井预定在本月三十日以前将合同所定货物运至广东某地(具体地点尚未确定)向对方军舰交货。为供参考,特此电闻。

本电已抄致我驻北京公使。

《日本外交文书选译——关于辛亥革命》,第199页

驻北京代办致沙查诺夫^②急件

1912年1月9日

第121号。

塞尔该·底米特里也维支先生阁下:

我认为有责任呈上在南京组织的共和国临时政府的名单,其组成人员中较卓越及著名者略为详细。

共和国总统及内阁总理已选定孙中山(广东人),或孙文,广东省香山县人(生于一八六六年)。十三岁时随其母亲到夏威夷群岛,就在那里受初等教育(在檀香山的一个学校里)。三年以后回到中国,并且

---

① 日本驻广州总领事。

② 时任俄国外交大臣。

在香港进了皇仁书院(Queens College)。在再到夏威夷群岛以后,他致力学习本国语言及文学,后来(二十一岁时)开始先在广州医院中学医(一年),然后又在香港进医学院(五年)。以后卷入政治运动(在广州),志在推翻满洲皇朝,他起初逃出国境到纽约,然后到伦敦,(一八九六年)在伦敦被捕,禁闭中国公使馆以待送回祖国审讯处决。多亏其朋友康德黎(Cantilie)医生的辩护行为,把此事公开,并且因沙士伯里勋爵的有力说服,孙中山才保全了性命。此后在十五年中孙不断宣传革命思想,经常迁移,并主要集中其活动于美国及日本。他在日本结识了中国的其他革命活动家:胡衍鸿、汪兆铭、陈天华、宋教仁及黄兴,并且无疑成为鼓舞他们积极参加革命活动的人。以湖北最近武装起义结束的最近一连串恐怖活动(一九〇七年巡抚恩铭被刺、一九〇八年安庆兵变、一九一〇年广州兵变孚琦及凤山被刺和一九一一年谋刺水师提督李准等)是这些会面及孙中山宣传的结果。当起义扩展到如此大的范围时,显然能够期待满洲皇朝迅速崩溃及实行共和政体时,孙中山决定回到久别的中国境内。在本年十二月上半月回到上海以后,他被那里十六省的共和党代表选为中华民国的第一任总统,以后就到南京,宣誓立即组织临时政府。

　　黎元洪将军被选为副总统,他是共和军在武昌的统帅,关于他的人品帝国外交部中已有足够的情报。

　　内阁中其他值得提起的有:内务总长程德全,原任江苏巡抚,最初被革命党推为苏州临时军政府都督。外交总长王宠惠是共和党派至上海的和议代表。他是广东省人(生于一八八二年),一八九五——一九〇〇年在北洋大学学法律。拳乱以后至日本研究日本的政治生活。一九〇五年在耶鲁大学得法学博士学位,一九〇八年在伦敦四法学院之中院当律师。后来又在巴黎大学和柏林大学研究法律,并且一九〇七年在伦敦出版了德国民法的第一个英译本。后来又成为美国律师协会年鉴的编者之一,在若干欧洲法学杂志上写过文章,是柏林国际法学经济学会的会员及欧美若干法学会的会员。一九一〇年是出席海牙国际票据会议的中国代表。

实业总长张謇是江苏省人,翰林院修撰,地方谘议局议长。他是穷苦的负贩之子。张謇现在成为本省最富的商人之一,是十二个以上大企业的主持人。他竭力主张和美国接近,他第一个提出组织懋业银行及中美轮船公司的问题。张謇对于殖民问题很注意,他在今年夏天到满洲去考察当地的殖民情况,并且被总督赵尔巽竭力推荐为满洲殖民事务的主持人。一九一一年在北京召开的中央教育会他担任主席。

交通总长汤寿潜是以热烈支持浙江省居民抗议借外债建筑铁路而著名的,并且他甚至还以省代表的资格为此一问题到北京上奏。汤寿潜是立宪制度的赞成人及社会团体和组织的杰出领袖,所以在居民中有广泛的声望,因此引起政府采取措施使他远离熟悉的环境;汤寿潜的两次任命是:先是云南提法使(一九〇九年六月),后来是江西提学使(一九〇九年十一月),但是他都没有受命,不久获准退休(一九一〇年二月)。可是汤寿潜虽不愿任政府官职,却继续注意地方问题,尤其是铁路问题,他以沪杭甬铁路总理资格在一九一〇年八月上奏弹劾盛宣怀是造成浙江、江苏铁路情况恶劣的罪魁,并请求为安定舆论起见,撤去后者邮传大臣职。汤寿潜因此一奏文而受到皇帝的严辞申斥,并将官衔褫夺,此后禁止他再参加任何铁路事业。一九一一年十月,当革命军占领杭州时,他们推汤寿潜为新政府都督。一九一一年十一月一日(十四日)上谕任命汤为宣慰使以安抚浙江省的居民,并使他知悉政府真正愿意实施业已答应的改革。

财政总长(在袁世凯内阁中被任命为财政次长)陈锦涛,是广东省人,在美国受教育;他主要在北京度支部中任职。他是任命的资政院议员,大清国家银行副监督。以财务专家资格,他在一九一一年夏到巴黎及伦敦代表中国参加审查与"四国借款"有关的中国币制改革问题的会议。

陆军总长黄兴是湖南长沙人;他原名黄轸。他是在已故宰辅张之洞所设学校肄业,毕业以后,他成为民主思想的激烈宣传者。一八九九年湖南省有一个唐才常拟组织起义,黄兴亦参加准备工作。当企图完全失败时,黄兴(在一九〇一年)为继续进修而至日本,并在日本高等师范听课。当时东京中国学生组织了爱国志愿军社团(义勇军),目的在于用种种方法和俄国的野心作斗争。黄兴立即成为此一社团的最有力成员之一。(在上述高等学校修业完毕)回国以后,他立即在湖南办了一个学校,在学校中对学生非常热心地宣传各种革命思想。一九〇三年他和湖南非常进步的青年一起组织了"华兴会"的革命组织。黄兴成为此党的主要首领,同时和另一革命团体"哥老会"的首领马福益建立密切的关系,同时又和广西义勇军建立牢固的联系。一九〇四年阴历十月原定庄严地庆祝已故慈禧太后的七十寿辰。黄兴拟在那一天暴动,但是已故的张之洞及时发觉了阴谋的线索,因此黄兴无计可施,逃到上海。在上海有一个万福华正在组织谋刺王之春。黄兴也卷入此事。被捕以后他不久就获释放,并且再去日本,第二年(一九〇五年)在日本打算与孙中山及其他人等在一起,把所有革命者联合成为一个政党。然后两人(黄和孙)一起回到广东、广西和中国南方的省份,并且到处竭力巩固革命党人的地位。后来他们一贯想在这些省份——广东(钦州、廉州、潮州),广西(镇南关),云南(河口)——举行武装起义,但是一切企图都归失败。本年内此类失败的事变有:广州将军孚琦被刺,总督府放火,谋刺水师提督李准。黄兴年三十九,是个非常专心一志的人,寡言语,但勇敢坚决。他部下义勇军不止一次地发生热烈辩论时,他从来不积极参加辩论,只默不作声地倾听。他的唯一目的是推翻目下的政府,不研究其他计谋,当然,黄兴既非思想家,又非雄辩家,而只是最积极的革命党分子。因此他在信徒中得到像孙中山一样的声誉。

概括上述资料,应当断定说,南京临时政府中包括了所有卓越的革命领袖及若干在国外留学或完全同情外国思想的著名实际活动家在内。此种成员可以说明是卓越的革命组织;可是它是否适合于"政府"的概念,却还不清楚。在共和军中已用无情的严厉措施建立了某种纪律;临时政府特意用此类措施在南方省份中建立自己的政权,并且无疑是在十分艰苦及独特的情况中在国内实行一切改革,它将在那样的情况中获得其生存的财源,主要是要看共和党中今日所达到的完全团结究竟能支持多久——所有这些问题,现在仍然没有解决。

致深厚的敬意

谢金

《红档杂志有关中国交涉史料选译》,第360—364页

陆军部致外交部函
1912年1月10日收到

先生:

一、我奉陆军委员会之命,表示收到外交部1月5日的来信,该信建议需要立即增援驻香港的警卫部队。

二、陆军委员会考虑了这个问题,经过与印度部非正式磋商以及与华南总指挥官联系之后,打算请求印度政府派遣下列部队前往香港:两营印度步兵,一连印度过山炮队。

三、我想询问:据外交大臣看来,这些援军同目前可从华北和华南指挥部调遣的部队一起(总共约八百人和一支皇家工兵分遣队),是否足以在最近的将来满足一切可能的需要,以保护英国在华利益。

布雷德谨上　1912年1月9日于白厅

《英国蓝皮书有关辛亥革命资料选译》,第237页

世清致外交大臣电
1911年12月30日[1912年1月12日]

第980号。

（1911年）12月23日［1912年1月5日］，伍廷芳将民国临时政府声明①通告驻沪各领事，该声明详细论证了中国革命之必要性，并提出八条纲领：一、凡革命以前与满政府缔结之所有条约均有效，至于条约期满而止。二、革命以前，满政府所借之外债及所承认之赔款，照旧尊重之。三、凡革命以前满政府所让与外国人种种之权利，照旧尊重之。四、凡各国人民之生命财产，在共和政府法权所及之域内，当一律保护之。五、期建吾国家于坚定永久基础之上，务求国力之发展。六、必求所以增长国民之程度，保持其秩序，立法以国民多数幸福为标准。七、凡满人当与汉人一视同仁，予以保护。八、改订民法商法，改良财政，蠲除工商各业种种之限制，并许国人以信教自由。

将第八点同声明中指责满人断绝同外界一切联系加以对照，看出一点迹象：民军愿为对外贸易开放全境。

世清

《俄国外交文书选译（有关中国部分1911.5—1912.5）》，第250—251页

船津致内田电
1912年1月12日

第8号。

当地三井物产公司日前承办之军火订货，内有广东军政府所订步

---

① 即《临时大总统宣告各友邦书》。该文件所述八条纲领与本电所述八条略有出入，兹将原文附后，以资参考："一、凡革命以前所有满政府与各国缔结之条约，民国均认为有效，至于条约期满而止。其缔结于革命起事以后则否；二、革命以前，满政府所借之外债及所承认之赔款，民国亦承认偿还之责，不变更其条件。其在革命军兴以后者则否。其前经订借事后过付者亦无认；三、凡革命以前满政府所让与各国国家，或各国个人种种之权利，民国政府亦照旧尊重之。其在革命军兴以后则否；四、凡各国人民之生命财产，在共和国政府法权所及之域内，民国当一律尊重而保护之；五、吾人当竭尽心力，定为一定不易之宗旨，期建吾国家于坚定永久基础之上，务求适合于国力之发展；六、吾人必求所以增长国民之程度，保持其秩序，当立法之际，一以国民多数幸福为标准；七、凡满人安居乐业于民国法权之内者，民国一视同仁，予以保护；八、吾人当更张法律，改订民刑商法及采矿规则，改良财政，蠲除工商各业种种之限制。并许国人以信教之自由。"——译者

枪七千支,子弹四百万粒以及广东商人所订步枪三千七百支,子弹七十九万粒。其中,在汕头交货之步枪一千七百支,子弹四十一万粒,预定全部由"御代"轮装运,于一月十八日前后到达汕头。商人订购部分,均为防盗之用。在汕头交货之部分,将运到嘉应州。

谨此电禀,以供参考。

本电已抄致北京、汕头及广州。

《日本外交文书选译——关于辛亥革命》,第199—200页

朱尔典致葛雷函
1912年1月15日收到

阁下:

我荣幸地附上英王陛下驻上海总领事的一封来信的副本。该信报告本月20日法、德、英、日、俄、美等国向唐绍仪阁下和伍廷芳阁下提出同文照会,并且说明他们接受该照会时所采取的态度。

朱尔典谨上　1911年12月28日于北京

附件1:法磊斯致朱尔典函

阁下:

我荣幸地报告:昨天收到您的电报后,本领事馆职员立即着手为向议和代表唐绍仪阁下和伍廷芳阁下递交同文照会的六国总领事各准备三份副本。

中文译本是宝士德先生草译的,并承我的日本同事盛情前来提供帮助。在有吉明先生的要求下,我校订了他们那篇很困难的译作,并试图使译文除绝对必要外不背离原义。

同时,六国领事们在首席领事卜利先生①的办公室会面,都得到了英文本的副本;中文译本是晚些时候送给他们的;大家商定:我们应于本日上午在距议和代表们住处最近的俄国领事馆集合,共同前往递交

---

①　德国驻上海总领事。

各自的照会,首先递交给唐绍仪先生,然后递交给伍廷芳先生。

我们按时执行了这项安排。

唐绍仪先生简单地答复说:他将把这项友好关心的行动通知他的政府,肯定该行动将得到很高的评价。他将同伍廷芳博士商量关于提出一项同文的书面复照。

伍廷芳博士询问,正在等候的那些记者是否可以出席。我们表示了反对意见。后来,他表示感谢六国的良好愿望;他本人主张和平,是好几个和平团体的成员。对于他希望避免战争一事,我们不需要任何保证。但是,不管他怎样倾向于和平,他也必须不忽视他本国人民的意志,因为他们正在为争取获得自由和一个较好的政府而奋斗,这些目的是任何匆忙拼凑起来的解决办法永远不能实现的。因此,如果双方商定和约,它必须建立在可靠的和坚实的基础之上,以便保证今后不再引起革命。

法磊斯谨上　1911 年 12 月 20 日于上海

附件 2:同文照会

□□驻北京公使馆奉本国政府的指示,向议和代表作下列非正式的陈述,因为议和代表的任务是要为恢复中国的和平商定条款。

□□政府认为,目前中国战事的继续进行,不仅使该国本身,而且也使外国人的重大利益和安全,将遭受严重危险。

□□政府在继续采取它迄今所采取的绝对中立态度的同时,认为有责任非正式地吁请双方代表的注意,需要尽快达成一项旨在结束目前冲突的协议,因为它相信此项意见是符合有关双方的愿望的。

《英国蓝皮书有关辛亥革命资料选译》,第 269—271 页

朱尔典致葛雷函
1912 年 1 月 15 日收到

阁下:

关于我 12 月 8 日的信,我荣幸地报告:清军于 11 月 27 日攻克汉

阳后,立即开始停战谈判,并已顺利结束。三天的停战期限,已另延期十五天,现又再度延长至 12 月 31 日为止。他们打算使该停战协定适用于电报能够到达的全国所有地区,但令人怀疑的是,在所有的战争史上,此类协定的精神和文字是否很少受到交战双方的尊重。双方每天都向本使馆申述该协定遭到破坏。然而,可以说,该协定已产生了两项有用的结果:它使会议能够在上海召开,并且防止了目前在汉口继续发生任何战事。我已尽力劝阻双方在该口岸重新恢复敌对行动。的确,起义军仍占有该省的首府,但长江大致上可以说是代表了立宪的北方和共和的南方之间的分界线,它现在把互相敌对的势力隔离开来,荣誉也是相当公平地由双方分享。如果不是一方对另一方怀有严重的猜疑,在上海会议获得结果之前,指挥官们似乎没有充足的理由说明为什么不暂时住手。然而,由于我不愿出面预先判断谈判代表们所作的努力,我现在还没有向袁世凯提出使汉口中立化的明确建议。我可以利用这个机会写下我对葛福先生所做工作的意见:他所进行的及时的和有用的斡旋,大大地有助于停止冲突。

七百名日本军队大约订于 1 月 1 日到达汉口。

英王陛下驻长沙领事翟比南先生报告说:邮政司阿灵顿先生顶住了革命军政府接管该局的企图。像清朝海关的情况一样,我认为,对外籍人员管理下的清朝邮政自由正常工作的任何干涉,都必须予以坚决反对。我已经指示英王陛下的领事官员,在遇有必要的一切情况下,为实现此项目的提供帮助。

翟比南先生告诉我,用他那强有力的但很确切的话来说,当地政府受一群武装暴徒的支配。革命所产生的不可避免的结果之一就是使所有的军事纪律遭到破坏。军队已迅速实现他们新获得的权力。只有在他们获得大为增加的军饷和预付款项之后,奉命开往湖北的五万名军队才同意出发,从而避免了一场激烈的武装暴动。人们可以相信,留下的两三万名军队在今后若干时间内将使官员们提心吊胆。自从发生这些事件以来,已有一艘英国炮舰驶往长沙,它目前将在该处停泊。

英王陛下领事又说:该省其他地方是比较平静的,虽然有几个地区土匪猖獗。

在江西的省城南昌,局势不是完全令人满意的,因为当地首领软弱无能,而且存在着一个称为"洪江会"(或红江会)的无政府主义的结社。据英王陛下驻九江领事所说,该会仅仅在等候时机,不问青红皂白地进行抢劫和破坏。马毓宝都督已自九江前往调查,他有可能顺利地把事情纳入正轨。外国妇女和儿童已被撤至九江。

芜湖仍然是平静的,这大概是由于该口岸泊有三艘以上的外国军舰。另一方面,由于革命军内部各敌对派别之间时常争夺最高权力,省城安庆已成为劫掠、焚烧和各种恐怖行为的场所。据说,该城有一半已被焚烧,十分之九的居民已经离去。在大部分腹地,骚扰教堂之事正在酝酿,或者是已经爆发,但还没有人报告对外国人或财产所造成的实际损害。

鉴于广州处在以前的土匪头目控制之下,奇怪的是,该处普遍以维持秩序为借口,刘永福的重新出现是令人很感兴趣的,他是 1884 年在越南东京抵抗法国人的黑旗军著名首领,年龄已七十五岁。都督把最近招募的所有部队的指挥权交给他,但陆兰清和其他两名以前的土匪对他要求这项任命提出异议。他们拒绝承认刘永福,因为他年龄太大,办事方法陈旧,而且有吸鸦片烟的习惯。由于刘永福大约有四万名旧部下,广州似乎很可能为了它本身的缘故而发生一场内战。旧制度的代表龙济光提督对局势所作的概括是"非常险恶的"。他说,全省都遭到土匪的蹂躏,宣称:他能够制止骚乱,但如果他离开广州,骚乱就将爆发。

自广西省于 11 月 7 日在桂林宣布独立以来,省城没有发生骚乱。梧州和南宁这两个西江口岸的贸易由于海盗行为复活而完全陷于混乱状态,但梧州代领事科尔斯先生报告说:该省没有排外情绪的迹象。

德为门先生报告说:镇江人民重新恢复了他们正常的职业。程德全都督和林述庆都督之间存在着不小的猜忌,现已显然平息了他们的分歧,共同倡议任命郑权为镇江军政分府都督。如果战事重新开始,他们已选择镇江作为一支北伐军的基地。根据英王陛下领事照我的通知提出的建议,江苏北部的传教士大都已经撤退。少数几名传教士决定由他们自己判断是否撤离。在这种情况下,我不打算继续施加压力。在各个地方,混乱的程度有很大的差异,只要是人们所担心的危险仅来自土匪方面,就象是目前的情况一样,而且只要是没有普遍的排外运动发生,据我看来,当地的消息似乎是最可靠的依据。

自11月14日以来,云南的情况似乎日益恶化。12月10日,思茅税务司来电说:局势是无法忍受的,他将于该日离开那里。第二个消息是:最近招募的一标新兵从蒙自开往云南府途中,感到极为不满;省城正在加强防务,做好准备以对付人们所预料的一次攻击。12月16日,省城内发生武装起事。一些士兵试图夺取军械库,但经过短暂的战斗之后被镇压下去。他们显然是属于所谓"哥老会"的结社,该会多年来在煽动中国的乱事方面起了显著作用。在西安府大屠杀事件期间,这个组织表现得极为活跃。由于喜好杀人和盗窃而已声名狼藉的组织重新出现在偏远的云南和贵州两省,对全国来说是一个不好的预兆。

四川已于11月27日宣布独立。总督同意交出他的关防,并重新担任他的边务大臣职务,但在离去之前,将留在成都向新政府提供建议。总督阁下与夺权者签订的协议规定:目前将照常补贴驻防旗兵的大米,行政和司法官员可随意继续留任或离职,保护所有的官员不受侵犯,对满、蒙、汉、回各族人一律不加区别。

几天以后,有消息传来说,端方阁下在资州被他自己所部士兵处死。我们有非常充分的理由担心这个消息是真实的。显然,这个卑怯胆小的行动主要是由于贪婪而引起的。他们肯定不可能找到以政治上的需要作为任何借口,因为自从端方开始奉命执行特殊任务以来,他完全致力于安抚四川人,而且除了想安全逃回北方之外,他似乎已放弃一切主意。

四川省最西部的巴塘,也被卷入了起义之中。传教士们均已逃走,其中有些人逃往云南府,有些人则逃往阿萨姆。人们没有报告他们的伤亡。

恰好在停战协定签订前,清军向山西境内推进,占领了起义军在山西铁路线上娘子关的阵地。起义军作了微弱的抵抗,向四方逃散。后来,北京方面由于考虑到停战协定的条款,下令停止。拟议中的收复太原府的进军。在该附近地区的一名英国军官于 12 月 15 日报告说:铁路线上的所有车站又飘扬着龙旗;太原府是平静的,街道上的警察已经抛弃了他们的革命徽章。起义军主力部队已向南退往平遥,目的可能是同那些在陕西活动的起义军携手联合。

·山西北部遭到土匪的蹂躏。

山东重新效忠于清朝一事,是通过吴鼎元的影响实现的。吴鼎元是清王朝的有力支持者,最近被任命为第五镇统制,他同该镇的长期联系使他很受人们的欢迎。这个变化又一次是很平静地实现的,各界代表大会已销声匿迹,在这次不很有启发性的显示地方政治的整个期间,孙宝琦巡抚顺利地保住了他的职位。他甚至默许烟台方面目前保留它自己的独立地位的愿望。烟台这个口岸因缺乏现银而处于十分窘迫的境地,但除了 12 月 17 日夜间出现过一次小的争吵之外,还没有爆发骚乱。德国、美国或日本军舰经常泊驻烟台,是保护外国人的一个保证。

驻盛京代总领事报告说:虽然在一两处地方发生过一些骚动,但没有任何事情证明报纸上关于广泛发生骚乱的报道是正确的。已经发生的乱事业已平息或被镇压下去。

朱尔典谨上　1911 年 12 月 27 日于北京

《英国蓝皮书有关辛亥革命资料选译》,第 271—275 页

朱尔典致葛雷电

1912 年 1 月 15 日收到

阁下:

我在本月 14 日的信中,曾荣幸地报告为了同陕西省的传教士和其

他外国人取得联系而采取的步骤。

潼关军事当局现已通知总理大臣说:对于沿该路线前往的任何援救人员安排一次有效的护送,是没有什么希望的。

刚从东京抵达北京的瑞典公使倭伦白先生,对于那些在陕西和更远地方的许多瑞典传教士的处境感到特别关心。昨天,我邀请他参加日、美两国公使也出席的一次会议,在会议上对整个问题作了充分讨论。我向倭伦白先生说明了我的同事们和我与袁世凯阁下会晤的结果,并且建议说:由于考虑到河南和陕西交界地区的局势很可能现已有所改善,所以当他拜访总理大臣时,他应当再一次提出这个问题。我还把索尔比先生所率援救人员的最新消息通知了我的同事们。

我昨晚获悉曼勒斯先生刚从西安府抵达此地,今晨便请他前来,并邀请我的一些同事们来听他谈所经历的事情。曼勒斯先生是年轻的邮政官员,最初有人说他已在西安府被杀。

曼勒斯先生说:他离开西安府的日期是 11 月 30 日,即起义后的一个月零九天。他在起义军统领的劝告下,没有携带行李或粮食(只带了一条睡觉用的麻袋),除了该统领提供的两名士兵作为护卫人员外,没有人伴随他。在陕西东南的龙驹寨,他乘船沿丹江而下,他的护卫人员换了两名地方团练。这两名团练在河南边境附近离开了他;不久之后,当夜间在浅溪中间停泊的时候,他携带的银子统统被抢走了,这些银子是起义军首领们给他供旅途之用的。他所经过的地方极为混乱,并亲眼看见到处流窜的匪徒们进行抢劫的许多场面。在越过边界进入河南之后,他发现地方较为安宁,但自淅川厅开始,他要翻山越岭,有一段艰苦的旅程,因为他在淅川离船上岸,经过南阳府,直到抵达京汉铁路线上的许州,然后乘火车前往北京。在他经过河南的这段旅途中,他有荆紫关清军当局提供的两名护卫人员。

至于西安府的情况,曼勒斯先生证实了我们已经收到的关于在头两三天内屠杀满族人的报道。他估计普通的满族居民有两万人,并确证了肖乐克先生所说的大约有一万人被杀一事。他认为,大约有五千人已经逃走,其余的已经自杀。他不相信有一百多名汉人阵亡,因为满族人的抵抗不是很坚决的。然而,他把屠杀事件的产生归之于满族人在同意投降后,仍继续进行零星的抵抗。他获悉,贝克曼夫人、瓦特尼先生和六名儿童的被杀是十四名四川轿夫干的,因为这些轿夫认为,口号仍是以前义和团所高呼的"扶清灭洋"。在干完了他们的血腥行动之后,这群暴徒请求领赏,但他们都被立即斩首,这样便暗示应保护外国人。

当秩序相对地说来得到恢复之后,立即派出十五名骑兵组成的一支队伍,护送附近地区的传教士们进入城内,在周围约二十英里以内的传教士都已安全地进城。在最初两三天内,得不到任何供应,但后来所有附近村庄把许多车蔬菜等食物送进城内,自愿交给新的行政当局,而不要报酬。秩序绝没有完全恢复。商店都已关门,起义后一个月才开始营业,因为违者予以没收。城内的外国人如果没有警卫人员,从来不离开他们的住宅。此外,因为有人报告说回族将领马安良将率领一万人前来攻城,他们由于惊慌而经常担心爆发另一次起事。

曼勒斯先生又说:一大伙外国人约六十人,包括二十名日本人在内,将于12月3日离开西安府,试图到达汉口。他们将沿着他已走过的那条路线,直到紫荆关为止,而从该处向南前往汉水沿岸的湖北老河口。他们将由四十名骑兵护送到龙驹寨,并携带武器和粮食。而曼勒斯先生表示担心,这将在途中激起土匪的贪心,并使他们有遭到攻击的危险。他认为,为了那一伙中的妇女和儿童,他们将至少需要三十顶轿子,每顶轿子由三人抬着。那一伙人总共将有二百人左右,在他们必须过夜的陕西那些可怜的小旅店中,住宿将有很大的困难。据美国公使最近收到汉口的一份电报说:预料该伙人将于本月22日抵达老河口,但曼勒斯先生认为,由于水浅,旅途将需要更长的时间。曼勒斯先生说,除了杨格医生和夫人将同那伙人一起离开陕西外,肖乐克夫妇和其他的英同浸礼会成员仍留在西安府。

　　　　　　　　　　朱尔典谨上　　1911年12月29日于北京

《英国蓝皮书有关辛亥革命资料选译》,第276—278页

朱尔典致葛雷电

1912 年 1 月 15 日发自北京,同日收到

关于我昨天的电报。

袁世凯的私人秘书告诉我说:中国大部分地区既然都已宣布赞成共和,所以决定立即接受这个不可避免的命运,因为召开国民大会决定该问题将会拖延时间及带来危险。他说:隆裕太后不久将发布一道谕旨,宣布满清王朝退位,并授权袁世凯处理临时政府工作,直到选举共和国总统时为止。

同时,自今天起,停战协定又重新延长两星期。

《英国蓝皮书有关辛亥革命资料选译》,第 280—281 页

朱尔典呈葛雷文

1912 年 1 月 16 日于北京,2 月 3 日收

大臣:过去几天当中,北京官场经常谈论的问题,是有关清廷退位问题,所有采纳的各种办法都在证明,清廷必须屈从人民的意志,在这点上已经不能再事迁延。谣言不断地流传着,说革命军正从海道开来北方,他们随时可能在烟台或秦皇岛登陆。本地报纸毫无顾虑地向朝廷建议,要其很体面地退出,不要等到非走不可的时候。外国舆论已被用来为促进退位运动而服务,我们已使各个条约口岸的外国商会懂得,它们对于目前这种动荡不安的状态,以及它使贸易遭致损失的情形,如果提出它们的意见,并且暗示朝廷,劝其采取这样一些妥协的措施,以便满足广大人民的希望;这将使退位一事的实现,成为轻而易举。

上海外国商会根据这一示意所采取的行动,是随本文附呈的、该会于本月 12 日向前摄政王、庆亲王及袁世凯所发出的电报。同日下午,署理外务部大臣胡惟德拿着这份电报来看我,请我从英王陛下驻上海总领事方面查明,这份电报是否是真实的;而如果属实,它在多大程度上代表着上海那个口岸外国侨民界的意见。法磊士先生的答复使我可以及时通知外务大臣阁下,说这份电报是由外国商会发出的,而且他们

认为,该电曾得到外国商会大多数会员的赞同。我已在本月 14 日所呈电报中,将外国商会的行动扼要地向您作了报告。

所有的消息都指出,清廷不久即将退位,将来大致实行共和政制,但当未来的政体尚待决定的时候,应由袁世凯组成一个临时政府。在过渡期间,可能遇到严重的困难,而且现在已经有了迹象,蒙古和北方各省无意心平气和地接受这一解决办法。赞成继续实行君主制政府的资政院,昨日派出一个由该院议员领导的代表团来看我,如巴尔顿(Barton)在附呈备忘录中所记述的,他们所表达的意见十分正确地代表着北方广大人民隐藏着的态度。

但是,袁世凯已同南方的领袖们达成了某种谅解,这事已无庸多所怀疑,而清廷亦正靠他取得优厚的优待条件。我们现在知道,有一位为孙中山信任的向君(译音),已经几度会晤总理大臣。大家也相信,唐绍仪虽然不再受袁世凯的委任而为他的代理人,但仍经过另一个广东人梁士诒而与袁世凯秘密通信。在这个奇怪的戏剧中,梁士诒表演着一个重要的角色,这场戏将使在中国实行统治近三百年的一个家族,结束其统治地位,而为人和平地驱逐出去。

朱尔典

附件:巴尔顿关于朱尔典同资政院议员谈话的备忘录

下列各人组成"同志联合会"代表团,并于本日(1 月 15 日)下午二时半拜访了朱尔典爵士:

于邦华,资政院直隶省议员

郑汝成,海军部副提督

祝椿年,学部

张权,前吏部秘书,是已故大学士张之洞之子

冯恕,海军部参事官

张权解释这个联合会的双重目的:一是当各地方发生骚乱时,设法使生命和财产得到保障;二是在中国推进君主立宪运动。该会会员包括所有华北各省的代表,但在南方,也有很多同情他们的人。他们由于

知道朱尔典爵士对中国前途具有兴趣，故对他以友好的精神，努力谋求时局的和平解决，甚为赞赏，并敢于向他请教有关该会及其目的的意见。

朱尔典爵士回答说，他对该会所持保障生命与财产的目标，甚为赞许；虽然他认为这是清军应该负起的责任。至于该会主张在中国采取某种特定的政体问题，他不能表示意见。

郑汝成提督解释道，当清军全都调赴前方的时候，对于生命与财产的保护，只好依赖各地方的努力。该会现已征集有训练的队伍约及四千人，以便防备在华北发生的骚乱。

朱尔典爵士表示，希望这样一种骚乱大致不会发生，他认为双方仍然可以达成一种协议。各国所抱有的希望是：成立一个巩固的政府，借使中国得以保持和平与统一。许多外国人起初怀有的意见，都认为君主立宪制最适合于中国的需要；但鉴于南方对此坚决反对，是否可以不经过一场战争而成立君主立宪的政府，或者可以使中国不致分成两个国家，这似乎是值得怀疑的。

于邦华申述他的意见说，正因为联合会深信，共和绝不能为中国带来和平或巩固的政府，而且南方大多数人亦不见得真正拥护共和，所以他们才组织这个联合会；其目的在于使真正的大多数有机会通过国民会议来表达他们的意见。

朱尔典爵士对于中国绝大多数人民的愿望，仅仅在于维持和平与秩序这一点，是表示同意的；但他要问：该会对目前在南方当权的少数派的反抗，特别是他们显然要推翻当今王朝的决心，将如何予以克服？

于邦华回答说，我们如果能使革命党领袖保存他们的面子，激烈的反抗是会消失的。联合会相信，拟将召开的国民会议，可以有机会使革命党在不丧失面子的情形下，降低他们的要求。至于清廷问题，该会准备接受国民会议的决定，而且在保留清朝问题上，他们并不一定坚持。

祝椿年然后说话，作为联合会北京地区的会长，他很想知道，通过外国代表的斡旋，是否有机会使北京城中立化？

朱尔典爵士说,他恐怕这是一件很困难的事情,但是联合会如若同其他国家公使接洽,而其他公使如果愿意在这件事情上采取行动,他也很愿意参加大家认为可能提出的建议。

代表团陈述,他们意欲拜访其他国家公使馆,并向所有外国公使提出同样的意见。

1912 年 1 月 15 日于北京

《辛亥革命在上海史料选辑》(增订版),第 1142—1144 页

朱尔典致葛雷电

1912 年 1 月 18 日发自北京,次日收到

今天,我前往祝贺袁世凯幸免于难。

他表示自己很高兴能有机会和我讨论局势。他已经建议两项解决办法:

(一)发布一道谕旨,授权他在那些已聚集在南京和北京的各省代表选举共和国总统之前(选举大约在一周后进行),按照共和的原则处理临时政府工作。

(二)由一道类似的谕旨授权他,在特别召集的国民大会选举共和国总统之前,处理临时的共和政体问题。

第一项建议的好处,是使新政府能够立即着手进行恢复秩序和平息全国的工作,因此被认为是更可取的。他表示:关于这一点,已经同南方的领袖们达成一项谅解;他打算把政府的地址迁往天津几个月。对于这个迁移,他有两个理由:第一,必须完全断绝旧制度的影响;第二,民党首领们不会因为此时前来北京而危及他们的生命。

他说:朝廷承认,国民意志必将获胜。他向我保证,他办事始终是严格服从国民愿望的。

我猜测该谕旨将于一周内发布。

《英国蓝皮书有关辛亥革命资料选译》,第 287 页

朱尔典致葛雷函
1912 年 1 月 22 日收到

阁下：

关于我上月 5 日的信，我荣幸地随信附上我按照汇丰银行的要求，写给外务部的一份备忘录的副本，该备忘录记载了关于偿还清政府 1895 年六厘息金借款及 1896 年五厘息金借款应于 12 月摊付的那部份款项没有付还，并且说明了上海税务司根据总税务司的指示为付还这些款项所确定的兑换率。

我的备忘录中所提到的外务部 11 月 20 日的通知，是关于上述两笔借款中第一笔借款应分期摊还的款项问题的一件照会。为了使档案材料完整无缺起见，现随信附上该照会的译文以及我 11 月 12 日照会的副本，该照会是对我的照会所作的答复。我所提到的外务部 11 月 27 日的通知，是关于第二笔借款的备忘录，它已列为前面说过的我上月 5 日信中的附件之一。

关于将海关岁入现在存入总税务司帐内供偿还外债之用的问题，在未收到某些国家政府对上海各银行家建议的答复之前，已经拖延了一些时日，但明天将举行外交团会议讨论该问题。我相信，我不久将能够报告拟议中的银行家委员会已开始行使它的职权。

朱尔典谨上　1912 年 1 月 2 日于北京

附件：朱尔典致外务部备忘录

关于外务部上月 20 日及 27 日的函件，汇丰银行现在通知英王陛下公使说：清政府为偿还借款而应支付的下列款额没有在适当的日期支付，即因 1895 年清政府六厘息金借款而应于 1911 年 12 月 10 日偿还的二十二万四千英镑，因 1896 年清政府五厘息金借款而应于 1911 年 12 月 20 日偿还的八万零五百七十九英镑六先令八便士。

上述款额的兑换率，已由汇丰银行同根据海关总税务司指示行事的上海税务司一起，确定如下：

12 月 6 日：四万四千八百英镑，确定每银两折合二先令五又八分之五便士。

12 月 7 日：四万四千八百英镑，确定每银两折合二先令五又十六分之九便士。

12 月 8 日：四万四千八百英镑，确定每银两折合二先令五又八分之五便士。

12 月 9 日：八万九千六百英镑，确定每银两折合二先令五又十六分之十一便士。

12 月 20 日：四万零二百八十九英镑十三先令四便士（这是应付给汇丰银行的半份分期摊还的款项），确定每银两折合二先令五又十六分之九便士。

因此，朱尔典爵士荣幸地通知外务部，以便将此事记录在案；他请求外务部就早日偿还应付款额一事发出指示。

1911 年 12 月 30 日
《英国蓝皮书有关辛亥革命资料选译》，第 290—292 页

朱尔典致葛雷函
1912 年 1 月 22 日收到

关于我上月 6 日的信①，我荣幸地附上我所收到的英国驻重庆代领事的一封来信的副本，该信对贵阳至重庆之间那个地区的动乱状态又提供了一个事例。那伙传教士，即贵州省中国内地会的温泽夫妇、皮尔逊女士及肖森女士，已于 12 月 3 日平安抵达重庆，该信对他们的冒险活动作了叙述。

朱尔典谨上　1912 年 1 月 3 日于北京
《英国蓝皮书有关辛亥革命资料选译》，第 293 页

---

① 参阅《中国第一号（1912 年）》，第 138 件——原编者注。

朱尔典致葛雷函
1912 年 1 月 22 日收到

阁下：

我在 12 月 28 日的信中，曾荣幸地奉上一道谕旨的副本，该谕旨把实行君主立宪或共和的问题提交国民会议决定。现在，我谨附上两个补充文件，它们说明了导致采取此项步骤的情况。

第一个文件是唐绍仪拍发给袁世凯的一份电报。他在电报中说：他个人所作的调查使他深信，东南各省的民情完全赞成共和，满足公众要求的唯一方法将是召集一次代表大会，考虑今后的政体问题。

第二个附件是内阁的一件奏折，叙述了促使派遣唐绍仪前往上海的各项理由，对我本人和其他各国使节的斡旋表示感谢，并且通过摘录唐绍仪电报中的几段话，详述了上海谈判的经过。上折人的结论是：由于革命党人的不妥协态度，加以清朝方面缺乏饷械，使他们除了奏请对唐绍仪提出的召集国民大会的建议由皇族成员予以考虑并获得朝廷的正式批准外，别无其他选择办法。

朱尔典谨上　1912 年 1 月 2 日于北京

《英国蓝皮书有关辛亥革命资料选译》，第 292—293 页

朱尔典致葛雷函
1912 年 1 月 22 日收到

阁下：

关于我上月 12 日的信，我荣幸地附上我收到的英王陛下驻南京领事的另外四份报告的副本。

伟晋颂先生来信中所说的事情属于三个题目：南京城的情况；关于各省代表会议的事项；津浦铁路南段所出现的局势。

关于第一个问题，在占领南京城之后，新占领者为重建秩序所作的努力是很果断的，即使不是完全有效的。革命派首领们的嫉妒和个人野心（在这方面，南京经历的事情绝不是唯一的），很有可能引起严重

的动乱。这个威胁暂时得到缓和，因为林述庆都督已经不知去向，并带走了拨给他的部队的一大批饷银，在他的心目中，这一行动同他所扮演的把他的同胞从腐化堕落的专制主义压迫下解放出来的角色，显然不是不一致的。

关于召开各省代表会议以及接着讨论今后政体问题的报道，即使有些令人迷惑不解，却是有启发性的。我冒昧地特别请您注意这封信最后一份附件中的结尾部分。它谈到一项解决目前危机的办法，据我判断，这个办法在中国舆论界获得不少人的赞同。这项拟议中的方案是共和联邦制与名义上的君主制共存的一种特殊结合，君主制在表面上被保存下来，作为中国边远地区各藩属的一个团聚点，但被剥夺了一切权利和特权。在西方人看来，这个想法过于离奇，但负有相当责任的人士认真抱有这个想法，这个事实不能不引起人们的注意，并且使外国观察家们给中国开政治药方的危险明白地显示出来，而不论这些观察家们的意图如何善良。

使衍圣公登极的建议不会获得很多人的支持，认为他的姓名对恢复和维持国家统一没有很大影响的看法很可能是正确的。我个人与孔公①相识，他有五十多岁，是保守阶级的代表。他一辈子生活在山东，不受外国的影响，几乎不适宜作经过改革的和进步的中国的皇帝。

我不清楚，这个各省代表会议在革命派方面的组织结构中占有什么地位。12月23日，我发电报询问英王陛下驻南京领事：伍廷芳博士和黄兴对该机构采取什么立场；他们在当时上海举行的议和谈判中是否根据该机构的命令行事。伟晋颂先生答复说：伍廷芳直接从革命派首领们那里接受他作为议和代表的任命，而不是根据该会议的命令，虽然该会议将批准他缔结的任何协定。他又说：该会议已任命黎元洪为大元帅，黄兴为副元帅。我认为，一般可以推断，该代表会议要求享有的权力，比通常认为是审议机构所有的权力更加广泛得多。

① 孔令贻。

英王陛下领事 12 月 26 日的另一份电报通知我说:虽然温和派人士在保存皇帝的问题上未能赢得革命派的赞同,但前江苏巡抚程德全已在南京接受革命派领导下的一项类似职务,对和平仍然是抱有希望的。程德全认为,在这方面,很大程度上将取决于孙中山的意见,因为这些意见肯定是有很大份量的,他坚持这种看法,即袁世凯如果对他个人的安全感到放心,将赞成共和。鉴于总理大臣再三坚决否认他具有任何此种意图,该看法获得显著的传播是令人费解的。

12 月 29 日,代表会议选举孙中山为中华民国临时大总统。他于 1 月 1 日抵达南京,并于当天晚上正式就职。

关于津浦铁路的局势,我没有得到较伟晋颂先生报告中所包含的更新的消息。在该处,正象在其它地方一样,敌对的部队相互之间距离太近,甚至不容易保证对停战协定的明白无误的遵守。双方互相任意反复进行指责;这个地方的真实消息是很难获得的,清军指挥官坚决爱好打仗,而他那些革命军方面的对手是否遵守停战协定又是可疑的,这二者结合在一起,使局势加倍地动荡不定。因此,津浦铁路以及它所代表的外国利益处于两面受到夹攻的地位;在缺乏比言词更有力的任何论据以维护铁路中立的情况下,它们在不是不可能重新发生的冲突中的前景是黯淡的。然而,我认为,只有在最后迫不得已的时候,才应撤退铁路上的英国雇员,因为他们留在那里,对纪律败坏的军队所具有的破坏本能构成为唯一仅存的精神上的约束。

朱尔典谨上　1912 年 1 月 4 日于北京

附件 1:伟晋颂致朱尔典函

阁下:

关于南京的形势,我荣幸地报告如下:

今晨,我的文书通知我:署理江宁布政使李瑞清先生已在他家中避难,似乎是由于担心被林述庆都督所暗杀。据李瑞清先生说,都督要求他交银二十万两,这不仅超过了藩库中的所有余款,而且是一种征用,他无论如何是不能同意的,因为他作为清政府任命的一名官员,他只能把交给他管理的银钱移交地方绅士委员会,他们可以随意决定是否把银钱交给都督。可是,林述庆都督已对他说清楚,他想要银钱,必要时将使用武力,已派了一支卫队前往布政使衙门执行他的要求。这支卫队到达后,李瑞清先生认为慎重的办法是藏匿起来。

程德全都督于昨天早晨抵达南京:在把林述庆都督逐出总督衙门的企图失败之后,他便和徐绍桢将军住在一起。这两位官员显然共同认为,他们自己的力量足以向林述庆挑战,因为他们已经通知他:如果他试图抢劫藩库,他便将用他的脑袋为他的鲁莽行为付出代价,好象是为了消除人们对他们的意图的严肃性所抱有的任何怀疑,他们于昨夜把黎元洪的所谓代表许先生当做一个例子。因为他被发现犯有欺骗、盗窃以及诱拐妇女等罪行,而且被处决。据说,在他的房屋内发现了十五名年轻的妇女和四万两现银。今天下午,我听说,林述庆已经从藩库撤回他的卫队,并服从程德全都督的权威。

程德全都督于今天中午前来看我;由于他向我说明他的拜访是非正式的,所以我在我的办公室内接待他时没有任何礼仪。他告诉我,林述庆都督将立即前往前线,那时候他(程德全)将是南京唯一的都督,虽然黄兴有望于两三天后到达,作为革命军的最高司令官,将成为他的上级。目前,南京将是共和国的首都,但最后首都将在北京。陪同程德全先生而来的,有一支很强大的武装卫队。象目前在南京的每个其他重要官员一样,人们认为他也害怕被林述庆所暗杀,林述庆具有一个很可怕的名声,但这个名声可能是他不应当得到的。

关于张勋提督的最新消息是,他已经到达徐州府。他在沿铁路线北上途中所遇到的抵抗,似乎是毫无效果的。从他停留的地方到处见到许多首级一事看来,他必定是迅速击溃了抵抗。他率领约一千人同他一起乘火车到达徐州,留下两三千人在后面步行。唯一激烈的战斗发生在临淮关与蚌埠之间的地区。革命军破坏的那座桥梁,大约在浦口以北铁路线上十一英里的地方,它似乎表明,破坏该桥梁的目的是防止张勋提督回来,而不是阻挠他离去。我从李瑞清先生处获悉,两江总督和江宁将军没有和张勋提督在一起,而是当南京投降的时候他们分别逃出了南京。

南京城是平静的,但林述庆都督的举动正在引起很大的不安。据说,在付给他二十万银两之前,他拒绝离开南京。仍继续发生一些抢劫事件,主要是抢劫那些属于所谓支持清方的人们的房屋,但这方面的情况并不比张勋统治下更坏。

伟晋颂谨上　1911 年 12 月 7 日于南京

附件 2:伟晋颂致朱尔典函

阁下:

继续谈我本月 7 日信中所说的事情,我荣幸地报告如下:

我于本月 8 日对程德全都督进行了私人的回访。程先生接待我的那间屋子充满了其他的客人和随从,他们挤在我们的桌子周围,听我们谈话。然而,当程先生一旦了解到我将对他谈及议和谈判一事时,他便立即请我走进隔壁的房间,即他的卧室。我们在那里能够不受干扰地继续我们的谈话。他向我解释说:他和革命派的其他大多数首领们已充分认识到,毫不拖延地商定一项和平解决办法,对中国的利益是极为重要的。他们打算尽最大努力促其实现。可是,他们不敢公开这么说,因为在参加这次运动的下级军官和普通士兵们中间,对达成任何妥协具有最强烈的反对意见。伍廷芳先生将是他们在可能举行的任何谈判中的代表。他向我保证,伍廷芳先生和黄兴先生都同意他对这个问题的看法。程德全先生于次日早晨动身前往上海,预料他将于今天在黄兴先生陪同下由上海回来。

本月 9 日,我接待了马相伯先生的来访。他通知我说:他已被任命为当地外交司长,并将料理我可能不得不致函地方政府的有关任何事情。马先生从前是李鸿章的幕客之一,现在是江苏谘议局的一名成员,能说很流利的法语,而且有很好的声誉。我从他那里获悉:预料除甘肃外,中国所有各省谘议局的代表都将于十天内到达南京,并将举行会议;除了其他事项之外,会议上将投票决定今后中国的政府究竟是共和还是君主立宪。他知道,革命派代表伍廷芳与袁世凯的代表唐绍仪和梁敦彦之间,也将在此地举行议和谈判;马相伯先生对于双方达成一项使满清政府感到满意的解决办法一事,不抱任何希望,因为即使决定政府的形式采取君主立宪,革命派在任何情况下都不会同意延续目前的王朝。如果他们必须要有一个皇帝,他们的选择很可能是孔子的后代衍圣公孔令贻。他认为,摄政王的辞职对满清的事业害多利少,因为它意味着现在朝廷幕后的掌权人物是隆裕太后,而摄政王是远比隆裕太后更可取得多。他认为摄政王的垮台是由于官廷的阴谋所造成的,而不是因为具有对革命派进行安抚的任何愿望。

目前在南京的官员中,唯一的另一个前来本领事馆访问的是黎天才协统,我曾经说过他指挥部队占领老虎山炮台。他告诉我说,打算派两支军队前往北京,一支从汉口出发,一支从浦口出发。大约有一万人已开往武昌去协助黎元洪都督,他们现已开始组织浦口的部队。这支部队将过些时候开走,因为他们必须训练新兵。

我听塔克先生说:张勋提督仍在徐州府,他和他的部队住在该处的列车上,这显然要使铁路主管人的利益蒙受损失。我应当说明,该主管人系徐州府籍,而且是该城中最有钱的公民。人们普遍了解,张勋提督已下令停战,并前往济南府,但他大概正在等候他留在滁州的部队同他会合。

南京的情况相当平静,但缺乏现银发放军饷使官员们颇感忧虑。昨天,浙军几乎发生兵变,因为他们没有得到饷银,只是由于答应今天补发欠饷,才使他们平息下来。这支部队和苏军共同享有在战场上最勇敢、离开战场后最无纪律的名声。林述庆都督终于搬出了总督衙门,该处将由黄兴居住,但是,在他提出的关于银钱和供应方面的所有要求得到满足之前,他拒绝开赴前线。

贸易正在缓慢地恢复。现已发生的抢劫事件,特别是对当铺和空屋的抢劫,似乎大大地超过了人们最初的预料,但这些抢劫发生在围困期间还是发生在解围之后,是可疑的事情。

伟晋颂谨上　1911 年 12 月 11 日于南京

附件3：伟晋颂致朱尔典函

阁下：

昨天，我曾发电报告诉您：革命军违背他们驻浦口将领对塔克先生所作的许诺，征用了津浦铁路上一列装载碎石的火车，运送部队前往临淮关。

塔克先生通知我说：该列火车共有十七节车厢，得到张勋提督的许可，专从徐州府开来供修复铁路之用的。一名革命军军官在滁州拦劫它，派它载运士兵驶回临淮关。

我拍发那份电报后不久，便收到您在同一天发来的电报，指示我试图使程德全都督停止沿津浦铁路调动军队，直到汉口停战协定期满为止。

我按照您的指示，于今天拜访了程德全都督，他是昨夜返回南京的。不幸的是，都督因患腰部风湿痛而卧床，不能够接待我，但我见到了他的秘书马先生，他向我保证说：在停战协定继续有效期间，该铁路将不再用于军事的目的。他觉得有把握，拦劫列车的那名军官一定是未经他的上司的许可而这样做的，他的上司具有这种印象，认为劫车的行动是不可能的，因为该铁路的全部车辆都在张勋提督控制下的北段。

今天傍晚，塔克先生写信告诉我：有一位军官拜访他，对驻浦口将领拦劫火车的行为表示歉意，并向他保证这一行动将不再发生。塔克先生又说：由于他的铁路主管人大约在同一天将张勋提督的部队二千五百人左右自淮河运往徐州府，所以任何一方都没有充分的理由抱怨对方。

停战协定期满后，如果议和谈判失败，革命派很可能坚持使用该铁路。在那种情况下，除非革命派支付使该路通车的全部费用，塔克先生打算撤退所有的雇员，因为可使用的车辆很有限，经营日常业务是不合算的。我冒昧地建议，应明确指示塔克先生，关于在那种情况下他应采取什么行动。该铁路只有在最后迫不得已时才应予以放弃。即使是不收运费，也是可取的，而且最后付出的代价可能较少。

我认为，塔克先生信中所提及的已运往徐州府的部队，必定是张勋提督留在滁州的那些军队。如果是那样，关于那些军队已经解散的报道是不真实的。那些军队中的大部分人很可能确已散去；提供给塔克先生的数字很可能超过了实际人数。无论如何，它意味着，张勋提督的部队从南方及北方获得了很大的补充，现在他指挥的部队必定不少于五千人。革命派在临淮关正在集中一支一万人的部队，从已经渡江的人数来判断，其中大部分人现在一定已经抵达该处或正在途中。他们配备了大炮，包括四·七英寸口径的大炮在内。

我在今天发出的电报中，补充了程德全都督的秘书提供给我的关于即将在南京举行会议的某些消息。该会议似乎和最初的打算不同，不是所有各省谘议局代表的会议，而只是革命各省都督所派代表的会议。这个改变被认为是必要的，首先是为了调和军方人士，其次是为了保证团结一致以及避免以后的争议。由于这个改变的缘故，除甘肃外，所有未发生革命省份的代表虽在南京，但将不允许他们参加会议。人们已经知道，会议将决定赞成共和政体，尽快地宣布临时政府的成立。政府适当地组成之后，便将立即选举袁世凯为共和国总统。会议将在最近三天内开幕。

在此地的革命派首领们中间，仍然存在着很大的分歧意见。林述庆都督已被压服下去，但浙军军官现正制造许多纠纷。我不能肯定他们究竟抱怨什么，但他们对处理军事问题的方法，特别是对冬季作战的意见，似乎感到不满。招募和训练新兵正在稳步地进行。革命派也许缺乏现银，但这并没有使他们放松对战争的准备。

伟晋颂谨上　1911 年 12 月 17 日于南京

附件 4：伟晋颂致朱尔典函

阁下：

继续谈我本月 17 日信中所说的事情，我荣幸地报告：昨天，我收到塔克先生的一封来信，告诉我张勋提督正派他的部队乘火车从他设在徐州府的总部前往宿州，宿州是津浦铁路线上的一个车站，在徐州府以南四十七英里处。塔克先生说:该提督率领着他自己的四五千名部队,此外,他可以依靠从北方乘火车前来增援他的大批部队的支持,这些援军现驻扎在他周围的地区;还可以依靠河南部队的支持,估计这些部队大约有五千人,他们最近曾在安徽北部作战,现在被认为驻在宿州正南约五十英里的怀远附近某地。因此,在他指挥下的部队是相当多的。今天,塔克先生来信告诉我:该提督的部队又继续向南走了三十英里,行抵固镇,该地距淮河仅二十六英里。他表示意见说:革命派现将被迫采取自卫行动,破坏淮河的铁路大桥,那是津浦铁路线上最大的工程。

人们很难理解,为什么张勋提督选择目前的时机,即当议和谈判刚刚开始的时候,采取一次似乎是他这方面发动的鲁莽行动。当然,革命派确已派兵渡过淮河采取攻势,而这只不过是张勋提督采取的对抗行动,或者是因革命军在临淮关集结而采取的预防措施,这不是不可能的事情。无论如何,正如塔克先生所说,如果在津浦铁路的这一端继续发生任何劫夺列车的事件,现在是很难加以解释的。事实上,我听说,革命军驻浦口将领于今晨要求一列火车,而且他们已把火车交给了他。我担心,这些破坏停战协定的行动必定有害于议和谈判的成功,而且如果接着发生战事,可能导致议和谈判的突然终止。

革命各省代表会议已经开始开会,但直到目前为止,它所审议的问题仅表明各代表所抱观点具有很大的分歧。人们预料他们将投票一致赞成共和政体,但对其它问题他们都不能够取得一致意见。在还没有作出决议的一些问题中,有选择首都和临时总统的问题,一方面在武昌和南京之间以及另一方面在黄兴和黎元洪之间的对立主张,都得到各自支持者的热烈拥护。也许他们所讨论的最重要的问题,乃进军北京是否可取的问题。争论表明:代表们充分认识到,由于不同省份之间的对立以及它们互相冲突的利害关系使他们不能在敌人面前显示出一个联合阵线,从而使他们的事业蒙受很大的损害。会议的情绪显然是赞成谈判的。他们强调这个事实:他们的财政状况不允许他们延缓进军北京：冬季作战将完全有利于北军。赞成妥协的另一项理由是：如果战事继续进行很长的时间，全国将陷入无政府状态，而且外国干涉肯定会接踵而来。

昨天早晨，我拜访了程德全都督的外事秘书马先生，去听一听关于他亲自参加的那个会议他有什么可说。他告诉我，会议没有作出任何决定，然后接着谈到上海的议和谈判。他向我保证，该谈判将达成一项双方都很满意的解决办法而告结束。将给予清帝年俸，但为了中国边远地区各藩属如西藏、蒙古等地起见，允许他保留他的名号。不过，政府将是一个共和政府，皇帝作为一个挂名的首脑，而没有任何权力。为了尽量摆脱满清的一切影响，首都很可能从北京迁往武昌。革命派的首领黄兴、黎元洪、程德全及其他的人都赞成这个解决问题的办法；在此地的会议代表都是文人学士，因此都是有头脑的人，他们肯定不会反对该办法。革命派的普通成员们，特别是军方人士，可能会感到一些不安，但他们将终于被说服而表示同意。

伟晋颂谨上　　1911 年 12 月 21 日于南京

《英国蓝皮书有关辛亥革命资料选译》，第 295—305 页

朱尔典致葛雷函

1912 年 1 月 22 日收到

阁下：

关于我上月 17 日的第一封信，我荣幸地说明唐绍仪与伍廷芳之间在上海进行议和谈判的经过，日期是自 12 月 18 日会议开始时起，至本月 2 日唐绍仪被解任为止。

我应当在开头便说明：给予唐绍仪的全权，是作为议和代表讨论局势，而不是不顾北京方面的意见缔订协定。

谈判的初期阶段，被双方用来互相指控所谓破坏应于 12 月 24 日期满的停战协定的行为。然而，幸好双方都愿意接受延长停战期限，12 月 20 日，唐绍仪来电报告延长到 12 月 31 日为止。后来，唐绍仪于 12

月23日同伍廷芳达成了关于停战协定的意义的一项协议,它规定不得发动任何进攻,不允许调动军队或军火。

唐绍仪从一开始便发现,对方决心坚持他们关于建立共和及推翻满清王朝的要求,他似乎受了他周围环境的影响,以至表示他同情共和的理想。

他多次致电总理大臣,详细申述他绝不可能说服伍廷芳接受君主立宪。他建议发布一道谕旨,授权将争论的主要问题,即今后中国的政府应采取君主制或共和制的问题,提交国民会议。为了说明他处境困难起见,唐绍仪试图把上海领事团说成是赞成共和的;他还强调这件事情,即革命派认为六国向会议双方提出的同文照会,意味着列强承认他们所成立的政府。

正如您从我12月28日信中所了解的那样,将今后中国政府采取什么形式的问题提交国民会议的建议,已由朝廷于该日的谕旨中批准。接着,唐绍仪继续采取行动。他事前未请示袁世凯,便于12月29日接受和签订了四项条款(附件一)①,至少可以这样说:这些条款是单方面的,而且对清方是不公正的。通过这些条款,他同意:满清政府不得举借任何外债;自12月31日起,所有在山西、陕西、湖北、安徽、江苏等省的清军,应于五天内从现驻阵地退至一百里以外的地方。

在当天的另一份电报中,唐绍仪递交了民党提出的七项要求(附件二)②,其中包括已经签订的四项条款。他没有接受的三项要求是:

(一)代表总人数的三分之二构成法定人数;

(二)开会地点在上海城;

(三)会议于1月8日开始。

12月30日,唐绍仪又递上他与伍廷芳于该日签订的第二个四项

---

① 原件见《辛亥革命》(八),第84页。

② 原件见《辛亥革命》(八),第97—98页。中文原件仅六项要求,英译文则为七项。其中,"讨论时日多数票作出决议,双方均应遵守会议的决议"一项,为中文原件所未载。

条款的原文(附件三)①。这些条款规定国民会议的组成。每省将成为一区,内外蒙古共同成为一区,前后藏共同成为一区。此外,每区将派三名代表,每名代表享有一票。第四款规定:南方各省代表由民党发电召集,北方各省代表由清政府发电召集。这四项条款的制订,事前也没有同总理大臣商议。

关于签订的第一个四项条款,袁世凯于 12 月 30 日迅速答复唐绍仪说:第一、二两款可以维持原状,但关于借款和撤军的第三、四条两款必须对双方一律适用。那天,袁世凯在随后的一份电报中提醒唐绍仪说,他的权力仅限于讨论,并且说明他不能批准 12 月 30 日签订的第二个四项条款。因此,他要求取消这些条款,并催促唐绍仪按照内阁多次电示的意思,同伍廷芳重新进行讨论。

总理大臣于 12 月 31 日又发出电报,指出:他力图实现的原则是要获得全国的公论,因此每州县应各选一名代表。他还把内阁起草的国民会议选举法通知唐绍仪(附件四)。

唐绍仪对这些电报的答复,是提出他被任命为议和代表的辞呈,因为他的行动没有得到北方的同意,而且因为总理大臣拒绝批准第二个四项条款。他说这些条款是经过许多天的讨论之后才精心制订出来的。因此,内阁于 1 月 2 日接受了他的辞职,并于同日发出电报,把唐绍仪解职一事通知伍廷芳。此外,总理大臣还建议说:鉴于很难找到一个有能力的人接任唐绍仪的职务,目前所有的谈判应由伍廷芳和他本人之间通过电报继续进行。

我在获悉谈判陷入僵局以及出现的危急局势后,于 1 月 1 日拜访了袁世凯,使他记住对决裂所应承担的重大责任。正如我在 1 月 1 日的电报中所报告的那样,我发现总理大臣感到极为忧虑和沮丧,以致有时候他似乎很难领会谈话的内容。

---

① 　原件见《辛亥革命》(八),第 98 页。英译文的条款,不仅在先后顺序方面与原件不同,而且在内容上也有出入。如原件中"到会省数有三分之二即可开议"一款,英译文将其中的"三分之二"改为"四分之三"。

使谈判终于破裂的问题,显然是关于国民会议的组成以及开会的日期和地点问题。在所有这些问题上,袁世凯这方面是较合情理的。在不到两周的时间内召集中国每省各三名代表的会议,那只不过是一幕滑稽戏。在这种情况下召开的大会不能够声称具有任何代表性。袁世凯说,按照这一方式达成的任何解决办法都不可能是长久的,他的话是正确的。另一方面,他自己关于选举所作的安排似乎过于繁琐,很可能证明是行不通的,但这些安排至少为讨论提供了一个较好的基础。关于开会地点,双方似乎都同样是不讲道理的。参加上海议和会议的清方代表返回此地后报告说:气氛太倾向于共和,不允许自由讨论。不过,尽管袁世凯提出赞成在北京开会的动听的理由,但如果认为南方代表会前来此地在满清军队和一大批满族居民中间鼓吹他们的共和理论,那是很不合乎情理的。

唐绍仪建议在烟台开会是很受人们欢迎的。山东是一个动摇不定的省份,既不倒向清方,也不赞成共和。烟台于1876年曾经是举行重要谈判的场所①,它的位置可能有助于鼓励双方采取克制态度。它附近的威海卫和青岛是最近瓜分行动的例证,而渤海湾对岸的朝鲜、大连、旅顺口和满洲可以告诫双方的过激分子,使他们迅速对他们的分歧达成一项解决办法,以避免进一步的分裂。

朱尔典谨上　1912年1月6日于北京

《英国蓝皮书有关辛亥革命资料选译》,第305—308页

朱尔典致葛雷函

1912年1月22日收到

阁下:

我荣幸地随信附上英国驻重庆代领事报告该地于11月22日加入革命的一封来信的副本。由于一支哗变部队的逼近,迫使局势达到了

---

①　指李鸿章与英国公使欧格讷就马嘉理案在烟台举行的谈判。

高潮,那支部队在不久以前曾经是四川的一支地方警卫部队。在城内那些用炸弹武装起来的反清人士的进一步恫吓下,地方官员们交出了他们的关防;在十分激动但未发生骚乱的气氛中,重庆宣布它拥护民国军政府。然而,附近的郊区不免遭到匪徒们的劫掠,这种劫掠行为日益成为人们所熟知的各地区的特点,而在重庆,每当发生动乱时总是要浮现的那些社会渣滓立即暴露出来。事实上,临时政府对捣乱分子和怀有不满情绪的军队很少加以控制,所以正象布朗先生 11 月 30 日的信中所报告的那样(该信一并附上),各国领事决定他们有责任撤走妇女和儿童。

我还荣幸地附上英国代领事的另一封信的副本,他在该信中令人无可怀疑地证实了这项报道,即端方同他的弟弟①一起,被他统率的士兵所杀害。

我在 12 月 27 日的报告中曾把四川宣布独立一事告诉您。自从写了那份报告以来,关于后来的发展情况,我听到许多互相矛盾的传闻,所以除了公认的全省处于混乱状态外,我不可能对形势作出正确的估计。据宁远府的法国主教报告说:总督已被派去安抚四川西部地区和西藏,两天以后,成都的军队哗变,杀死了新就任的都督②,并在该城进行劫掠。他还说,四川起义军把云南和贵州的部队围困在叙府。

1 月 4 日,我收到汉口总领事的一份电报说:英王陛下驻宜昌领事来信报告,驻成都的所有外国人,包括各国领事在内,已于 12 月 13 日乘船离去。许立德先生又报告说:外国人打算撤出重庆。次日,宜昌来电对此事作了更正,据该电说:有人报告驻成都各国领事于 12 月 24 日仍安然无恙,并且仍留在成都,但据说赵尔丰已被处决。目前,预料重庆不会发生乱事。我 1 月 5 日和 6 日的电报包含了上述报告的主要

---

①　指三品衔河南候补知府端锦,他随端方一同入川。

②　当时蒲殿俊已藏匿起来,并未被杀。

内容。

朱尔典谨上　　1912 年 1 月 6 日于北京

《英国蓝皮书有关辛亥革命资料选译》,第 309—310 页

朱尔典呈葛雷文

1912 年 1 月 22 日于北京,2 月 9 日收

大臣:我曾于本月 18 日将我同总理大臣在那一天进行的谈话,用电报向大臣作过扼要的报告。

袁世凯当时很有信心,认为他有能力同南方共和运动的领袖们达成谅解,让其在清廷退位以后与大总统尚待在南京与北京两地的参议员产生以前这一段期间内,组成一个临时政府,以主持国家的政务。这意思是说,清廷应该颁发上谕一道,授权袁世凯在一星期或十天的时间内组成临时政府,也就是利用这个必需的时间来进行选举,使他自己当选为大总统。

从我本日所上电报中,大臣将获悉,以上所述的办法已经宣告流产;其中经过情形,可以由附呈袁世凯同上海、南京两地革命党领袖来往电报的摘要看得出来。查阅一下 1 月 14 与 15 两日这三个电报,足以证明袁世凯在 1 月 18 日同我谈话那一天所取的态度,以为伍廷芳对他所提出的进行程序,业已表示默认一节,是完全有其依据的。孙中山本人于 1 月 20 日发出的两份电报,其语气则极为不同;他切实声明:袁世凯不得在北方成立临时政府,必须接受民国的任命,亦不能从清廷获得任何权力。

根据孙中山在这两份电报中提出的条件,如何在北方渡过从清廷退位到成立固定政府这段期间,是难以看出的。革命党无疑认为胜利是在他们那一边,但怎样实现这个胜利而又不致在中国造成一种危险局面,那也是不够清楚的。

在出现这种不及预料的顿挫以后,北京方面重新发生一种不安的感觉,它使反对退位的清室极端派得到鼓励。前陆军部大臣、袁世凯的

一个劲敌铁良这时回到北京,他使局势所面临的困难大为增加,一些较有勇气的清室人物,准备推举铁良统率清军,企图与民军决一胜负。所有这些情形,大致将使目前的紧张局面延长下去,时局的解决因此亦要推迟。

朱尔典

《辛亥革命在上海史料选辑》(增订版),第1146—1147页

附件:电报摘要

(一)伍廷芳致总理大臣电,1912年1月14日

孙君肯让,已屡经宣布,决不食言。若清帝退位,则南京政府即可发表袁之正式公文。至此后两方政府如何合并,可由两方协商决定。

(二)孙文致伍廷芳电,1912年1月15日

千急,上海议和代表伍廷芳君鉴:电悉。如清帝实行退位,宣布共和,则临时政府决不食言,文即可正式宣布解职,以功以能,首推袁氏。总统孙文。删。印。

(三)伍廷芳致总理大臣电,1912年1月15日

现已决定在退位诏书公布之日,孙文当即辞去大总统职位,并推举袁世凯为大总统。孙文并将立即前往北京,亲自与袁商讨关于成立临时政府事宜。

至于清室优待条件的协议,双方已经同意,应由北京政府电知我国驻荷兰公使刘人镜,要其通知海牙国际法庭,而在临时政府成立以后,将以盖有大印之正式公文,补送该法庭备案。

(四)孙文致伍廷芳电,1912年1月20日

伍廷芳先生鉴:请告唐,清帝退位,共和既定,既推让出于诚意,至其手续则须慎重,以为民国前途计。若两日为期,草[草],不特贻外人讥笑,且南方各省或有违言,转不美。今以五条件要约如下:

一、清帝退位,其一切政权同时消灭,不得私授于其臣。

二、在北京不得更设临时政府。

三、得北京实行退位电,即由民国政府以清帝退位之故,电问各国,

要求承认中华民国彼各国之回章。

四、文即向参议院辞职,宣布定期解职。

五、请参议院公举袁世凯为大总统,如此方于事实上完善。

孙文。巧一。

(五)孙文致伍廷芳电,1912 年 1 月 20 日

伍秩庸先生鉴:密。申明巧一电之意。

一、清帝退位,系帝制消灭,非只虚名。

二、袁须受民国推举,不得由清授权。

三、袁可对中外发表政见,服从共和,以为被举之地。

四、临时政府不容有两,以避竞争。今清帝退位后,民国政府当然统一。

五、袁可被举为实任大总统,不必用临时字样。如此,始得民国巩固,南北统一。请告唐。

孙文

《辛亥革命在上海史料选辑》(增订版),第 1147—1148 页

葛雷致布赖斯函

先生:

今天,我告诉美国代办说:由于诺克斯先生表示过一两次希望就中国问题保持联系,所以我很想把我的看法作一简短的说明。那些最了解中国的人们认为,某种类型的君主制最适合于该国,但我感到在敌对双方之间采取不干涉政策是唯一明智的政策。支持赞成君主制的北方,可能促使南方以共和国的形式分裂出去;如果可能的话,避免这样一种分裂是可取的。其次,外国人迄今没有受到损害。英国臣民,我想还有美国人,散布于中国。如果对他们发动攻击,我们不可能保护他们所有的人,如果我们支持中国的一部分地区,将导致对我们在另一部分地区的臣民的攻击。

因此,据我看来,为了中国的统一和我们本国臣民的安全,我们必

须避免干涉,这一点象过去一样仍然是正确的。

格雷谨上　1912 年 1 月 23 日于外交部

《英国蓝皮书有关辛亥革命资料选译》,第 319 页

朱尔典呈葛雷文

1912 年 1 月 27 日于北京,2 月 12 日收

大臣:过去十天内,这里一切事情的发展,同我在写本月 16 日公文时的情形比较,并未使清室退位一事更加接近于完成。照目前趋势看,清廷与人民之间正在进行的争执,虽以袁世凯为调人,但我们并不能说,局势有从早解决的迹象。

袁世凯同上海方面的民国领袖们所进行的谈判,甚为曲折复杂,我们实在无法跟上。至因议和未能达成协议,致使双方相互指责,从而发表大量互相冲突的声明,也使我们难以理解。这情形显然是由于两套谈判办法同时在进行:一是袁世凯用电报直接与伍廷芳谈判,而另一方面,梁士诒与唐绍仪亦在进行商洽。

抛开环绕南北议和所讨论的各种繁言冗语不谈,这种曲折的谈判所招致的纯粹结果,似乎使在北京以铁良为首的反动派,得以在劝告朝廷放弃其退位的意图方面,已获致成功。袁世凯于是不得不回到他原来所提出的办法,把问题提交国民会议来解决。

这种在态度上的改变,已于 1 月 25 日用上谕通告了全国人民,它同时也使人产生这种印象,认为召开国民会议的办法既已付诸实行,则因退位谣言而在北京造成的惊慌,已经没有道理了。

袁世凯昨日在其发给伍廷芳的一份电报中,对于他以往所提出的关于国民会议选举的办法,已经大事修改,期使这一机构更易为他所掌握。只要袁世凯宣布赞成共和,革命党人便准备立即接受他为中华民国大总统。

要想找到一个比近来在北京所出现的更其复杂的局面,那是不可想象的,而在那里所开始的恐怖统治,只能是更加恶劣的事变将要发生

的前奏。继试图刺杀袁世凯之后,昨天夜里又对干练的禁卫军协统良弼进行了同样的袭击,而良弼在反对清室退位运动中,曾起着重要的作用。北京城住有重要官员的地方,实际上已处于军事占领之下。政府的机构已经全部陷于崩溃,东交民巷使馆区与天津各租界,已充满了像那桐及其他高级官员这种难民。这些人在其当权的时候,对于外国人享有特权的这些地方,从来没有停止过詈骂。目前,由于中国各派之间彼此互相猜疑,而这正是中国官场显著的特色,它使收复国家主权的叫嚣暂时归于沉寂;而当患难临头的时候,除开为他们咒骂很凶的外国租界而外,在这个庞大的帝国以内,互相敌对的派系,为解决他们之间的分歧,竟找不到一个可以会面的地方。或是那些曾经治理过这个国家的人,当由于他们自己所施行的虐政而招来暴动时,也认为只有在租界以内,他们的生命和财产才可以得到安全。

通过英国人于 1911 年 12 月 9 日在汉口的调解而达成的停战协议,或者更加确切地说——暂时的停火,已经有过几次延长,并于本月29 日早晨期满;而照目前的形势判断,这次大概不致再行延长。战争已在津浦铁路上发动起来,那位著名的张勋已将一大队革命军驱退;而在过去几天之内,这里曾发现一批小册子与传单,当中提倡必须用战争来解决这个国家的问题。谨将由未具名的通信人为我寄来的这种小册子与传单若干份,随函附呈。假如这些宣言的目的,大都仅在于装饰外表,且双方并无进一步从事战争的热情,那我是不会感到意外的。

在这种局面下所出现的一出闹剧,是晋封袁世凯为侯爵。清廷意义深长地告诉了袁世凯,他必定不要拒绝这个爵位,而他大概感觉到,如果接受这个爵位,这与他将被推举担任中华民国大总统的职位一事,是互相径庭的。

朱尔典

《辛亥革命在上海史料选辑》(增订版),第 1150—1152 页

濑川致内田电

1912 年 1 月 29 日

第 7 号。

关于前电第 121 号所述军火问题,已由"御代"轮载运,于一月二十六日下午到达虎门,由当地三井公司派员与军政府人员分乘军舰两艘前往接应。但在虎门卸货有种种不便,不得已,又驶入黄埔港内,公开履行关税手续,于二十八日卸货,平安交受完毕。

又闻此次"御代"轮除载运军政府所订武器外,尚载有村田式步枪五千五百支,预定在广州交货;步枪一千七百支,预定在汕头交货。其中预定在汕头交货之步枪,亦将在本地卸取云。

特此电闻,以供参考。

本电已抄致我驻北京公使。

《日本外交文书选译——关于辛亥革命》,第 200—201 页

朱尔典致葛雷函

1912 年 1 月 30 日收到

阁下:

我荣幸地报告:在外交团 11 月 23 日的会议上,此事引起了大家的注意,在最近成立的内阁中,以梁敦彦为大臣的外务部的组成是不符合 1901 年的条约的。该约规定由皇族的一位亲王担任该项职务。大家感到,在已经发生变化的情况下,也许不可能要求履行此项规定,但清政府在未获得缔约国的同意前无权废除它。大家一致同意采取这一建议:提醒清政府注意此项国际准则,并请它通过它自己的代表同有关各国联系;按照这个意思写成的一份联合照会于 12 月 16 日送交外务部,现随信附上该照会的副本。大家还进一步商定:在这些要求未获得结果之前,各国公使将以口头通知的方式与外务部进行联系。

我荣幸地另附上外务部分别于 12 月 2 日和 12 月 21 日送来的关于这个问题的两份照会的译文。前一份照会显然是与清朝驻伦敦公使

12 月 4 日送交尊处的照会完全相似的,它带着一些傲慢的语气声明,外务部已经进行了改组,并且很少表示愿意考虑参加缔订辛丑条约的其他各方,而目前的做法是以该条约为依据的。然而,后一份照会系从较适当的立场处理此事,这无疑是我们的那份联合照会所产生的结果。该照会在详细说明外务部最近改组的原因之后,力图表明改组实质上是符合辛丑条约的,并谋求各缔约国的同意。

人们知道,这份照会中提到了宪法大纲以及为遵守该大纲所作的誓言,这是因为它希望使各缔约国记住朝廷认真地打算遵守它对人民的诺言,并把这些诺言当做一种声明,列强如果愿意的话,可以接受它们作为一项保证。然而,事态的发展掩盖了这个说明可能具有的任何重要意义。

根据宪法大纲的条款,亲王不得再担任国家职务一事,显然迫使我们作出某种改变;在外交团本月 3 日的另一次会议上,我促请我的同事们注意该项文件,并且建议立即表示他们的看法将有助于各国政府决定它们对此事的态度。于是,各国使节表示同意接受因中国制订宪法大纲而必需作出的改变,而且决定各自把来往照会提交他本国政府,并建议他们同意所拟定的外务部的改组。

朱尔典谨上　1912 年 1 月 13 日于北京

附件 1:致外务部照会

在下面签名的外交团首脑们,各自收到了外务部关于该部最近人事调动的正式通知,不得不指出:清政府对 1901 年 9 月 7 日签订的条约第十二款没有给予应有的重视,该款在提及 1901 年 7 月 24 日谕旨的同时,记载了各国使节所提出的条件,即清朝外务大臣今后将是"一位王公大臣,因而是皇族的一位成员"。

在下面签名的外交团首脑们,虽然考虑了促使清政府最近任命外务部人选的各项理由,但认为他们有严格的责任使中国和各国之间现行有效的各项国际协定完全受到尊重;因此他们荣幸地建议:为了要求各国同意清朝外务部组成方面所作的变动,外务部立即与辛丑条约的签字国政府或它们驻北京的使节进行联系。

如果要使目前组成的外务部与各国公使馆之间纯粹正式的关系完全正规化,各国的这种同意是必不可少的。

1911 年 12 月 16 日于北京

《英国蓝皮书有关辛亥革命资料选译》,第 337—339 页

濑川致内田电
1912 年 2 月 3 日

第 11 号。

“御代”轮自日本运载军火、武器等驶入黄埔港。此次该轮将作为军政府之雇佣船舶,预定于二月七日搭载北伐军驶往南京。又闻挪威船“福来捷”号(Frithjof)与“姐妮”号(Day-ny)两艘亦接受军政府雇佣,做为运送兵员之用。刻下在本地准备北伐之军队约有七千名,由新军师长锺鼎基任总司令,其部下军官中有不少日本留学生。据传此次由三井购买之武器弹药等将交与这支部队使用。广东军政府曾向日本购买军火并以日本船舶运送军队等等情事,此间海关业已知悉,此地外国人间亦有传闻,但本馆在表面上与此事完全无关。日前“霍德森”号(Hudson)出港时曾通告海关谓船中全无载货亦无乘客,此次“御代”轮出港时亦将按“霍德森”号之先例而使海关予以默许。另,“御代”轮运送军队之运费为七千元,停船费为每日四百元。

谨此报闻,以供参考。

此电已抄致我驻北京公使及驻上海总领事。

《日本外交文书选译——关于辛亥革命》,第 201 页

朱尔典致葛雷函
1912 年 2 月 3 日收到

阁下:

过去几天来,关于皇帝退位的问题,已在此地的官方人士中间随意

谈论;他们采用了好几个办法使朝廷清楚地认识到,必须不再拖延听从公众的意志。谣言不断地传播说:革命军正在从海道北上,随时可以期望他们在烟台或秦皇岛登陆;本地报纸毫不犹豫地劝告朝廷体面地下台,而不要等到被迫退位。他们曾敦促各国舆论为此项活动服务,并且通知各条约口岸的商会说:如果他们申述目前的不稳定状态正在使贸易蒙受损失,并且告诉朝廷采取那些可能满足大部分群众愿望的和解措施是可取的,那么,将促进事态的发展。

根据这个意见,上海商会理事会于本月 12 日给前任摄政王、庆亲王和袁世凯拍发了本信所附上的那份电报。外务大臣胡惟德于该日下午把那份电报交给我,要求我向英王陛下驻上海总领事查明该电是不是真实的;如果该电是真实的,它在多大程度上代表了该口岸各国商界人士的意见。法磊斯先生的答复使我能够及时地通知胡惟德阁下说:该电系商会理事会拍发,人们相信它获得该团体大多数人的赞同。我在本月 14 日的电报中向您简要地报告了商会的行动。

所有的报道都说明,在解决今后的政体问题(它很可能将建立共和制)以前,皇帝将早日退位并由袁世凯建立临时政府。但是,这个转变可能带来严重的困难,有迹象表明,蒙古人和北方各省都不愿意心平气和地接受这项解决办法。昨天,那些主张继续实行君主制的资政院议员的代表前来访问我;他们表示的意见,正如本信所附巴顿先生的备忘录中收录的那样,相当准确地代表了北方大部分群众的潜在的态度。

然而,没有什么疑问,袁世凯已经同南方的领袖们达成了某种谅解,满族人依靠他为他们获得宽大的待遇。据说有一位为孙逸仙所信任的姓向①的先生,人们知道他已拜访了总理大臣好几次,并且认为唐绍仪虽然不再是袁世凯所委派的代表,但他通过梁士诒仍然与袁世凯保持秘密通信。梁士诒也是一位广东人,他在这幕企图以和平驱逐统

①　音译,其人其事不详。

治中国将近三个世纪的一个家族而告终的奇怪戏剧中扮演主要角色。

朱尔典谨上　　1912 年 1 月 16 日于北京

附件 1：上海商会致前摄政王、庆亲王及袁世凯电

1912 年 1 月 12 日发自上海

一、鉴于大清王朝的权力在整个南部、中部和西部各省已失去效力，而且该王朝在中国大部分地区已不再能够提供条约所保证的对外国人生命财产的保护；

二、鉴于在那些即使现在尚未放弃对清王朝效忠的省份，各谘议局的代表已前来上海，自称有权宣布赞成共和政体；

三、鉴于目前斗争的继续必定使中外商人破产，扰乱贸易的正常进行，不能履行对外义务，危及外国和中国和平居民的生命财产，因缺乏控制如许多地区已经鼓励各类罪犯公然反抗法纪而必然出现的无政府状态；

四、鉴于清王朝的支持者与民国临时政府的支持者之间关于组成国民大会决定政体问题的意见分歧如此巨大，以致无法在短期内解决目前的斗争；

五、鉴于进一步的冲突是不可避免的，除非双方能够商定某种临时的行政管理机构；

六、鉴于就目前的情况看来，为了使全国大部分地区能够接受起见，这种临时的行政管理机构必须是民主性质的，而且事前必须废弃专制权；

七、因此，兹决定：本商会通过理事会吁请庆亲王和前摄政醇亲王劝诱朝廷和皇族，在代表大会就中国今后政体问题作出最后决定之前，尽快筹划采取那些适当满足全国大多数人的明显愿望并使和平和秩序能够恢复的和解措施；同时又决定吁请民党领导人方面抱着和解的精神对待向他们提出的任何建议，把全中国的利益作为他们的首要目的。

附件 2：巴顿关于与资政院议员们会谈的备忘录

下列人士作为"同志联合会"的代表团于下午二时拜访了朱尔典爵士：

于邦华,直隶省议员①。

郑汝成,海军部副提督。

朱崇宁②,学部。

张权,前礼部郎中,已故大学士张之洞的儿子。

冯缓,海军部。

张权解释说:该会有双重目的,即当地方发生骚乱时获得对生命财产的保护以及促进中国的君主立宪事业。该会成员包括所有北方各省的代表,但他们在南方也有许多同情者。他们知道朱尔典爵士关心中国的前途,并对他为促进和平解决所作的努力表示赞赏,所以冒昧地征询他对该会及其目的的意见。

朱尔典爵士回答说:关于保护生命财产的目的是值得称赞的,尽管他认为清军将承担此项责任,关于尽力促成中国的一种特定政体问题,他不能表示任何意见。

郑汝成提督解释说:如果前线需要所有的清军,则保卫生命财产一事将留待地方上的努力,该会已招募民团约四千人,作为防止北方发生骚乱的警卫部队。

朱尔典爵士希望:没有发生这样一种骚乱的可能性;双方仍将达成一项协议。各国所盼望的是一个使中国保持和平和统一的稳定的政府。许多外国人最初曾经认为,君主立宪最适合中国的需要,但鉴于南方的坚决反对,实现君主立宪是否可以不发生战争或不使中国分裂为两个国家,看来这是令人怀疑的。

于邦华说:因为他们深信共和制不能够带来和平稳定的政府,而且南方的多数人并不真正赞成共和制,所以他们成立该会,打算使真正的多数人有机会通过国民大会表明他们的意见。

朱尔典爵士同意关于中国大多数人只希望和平和秩序的意见,但

---

① 于邦华系浙江省议员,此处原文有误。

② 音译。

他们打算怎样克服目前掌权的南方少数人的反对,特别是那些人显然决定废除现在的王朝?

于邦华回答说:如果能够保全革命派首领们的面子,他们的激烈反对便将消除。该会认为,拟议中的国民大会将为革命派首领们节制他们的要求提供所需要的机会,而不会丧失面子。至于清王朝,该会准备接受国民会议的意见;他们不需要坚持保留满族人。

接着,朱崇宁说:他作为北京地区的该会会长,很想了解,通过各国使节的斡旋,是否有任何可能保证该城的中立化。

朱尔典爵士说:他担心这是一件很困难的事情,但如果该会同其他公使们联系,而且其他公使们想对此事采取行动,他将很高兴地参加他们认为可能提出的任何请求。

该代表团声称:他们打算访问其他各国使馆,并把他们的意见向所有各国公使提出类似的申述。

1912 年 1 月 15 日于北京

《英国蓝皮书有关辛亥革命资料选译》,第 343—347 页

铃木致内田电
1912 年 2 月 4 日

第 28 号。

据闻,根据参议院之决议,法制院总裁宋教仁将于本月中旬由本地动身前往日本,要求日本国政府承认中华民国。宋氏此行的目的,似在于敦促日本向各国展开承认活动。

谨此禀闻。

《日本外交文书选译——关于辛亥革命》,第 201—202 页

松村致内田电
1912 年 2 月 4 日

第 39 号。

本月三日,黎元洪特派专使前来本馆访问,言称:基于以往两国间之睦邻邦交,希望日本国政府能在此时率先承认中华民国,等等。本职答称:帝国政府希望在适当时机就此事率先采取主动措施。

谨此电闻。

《日本外交文书选译——关于辛亥革命》,第202页

务谨顺致葛雷函
1912年2月9日收到

阁下:

我荣幸地随信附上我今天写给英王陛下驻北京公使的一封信的副本,报告成都发布了一份诽谤英国在印度统治的传单。

务谨顺谨上　1911年12月20日于成都

附件:务谨顺致朱尔典函

阁下:

我荣幸地报告:一份印刷的匿名传单于12月18日在成都公布和散发。这份文件的大意是呼吁所有善良的公民联合起来支持新的军政府,目的在于使四川免遭破坏,这个目的在各方面都是值得称赞的。然而,不幸的是,作者引证了印度的灭亡作为威胁四川的各种危险的一个事例,而且接着叙述了通常关于英国人如何压迫印度人的一些无耻谎言。

这份传单引起我的注意后,我立即给都督写了一封短信,指出:虽然该匿名作者的主要目的在于维护和平,这无疑是值得表扬的,但他提到另一个国家,而且其中包含有无耻的谎言,企图煽动居民起来闹事,并有损于国际之间的礼让。

第二天,该传单发表在一家中文报纸上,用"他国"代替"英国"字样。由于这时我还没有得到都督的答复,我马上再度写信给他,催促立即采取步骤,停止那份引起反对的传单的散发和刊行。

今晨,最近设立的洋务部(即外务部,以前称之为洋务局)副部长杨少荃对本领事馆进行了正式的访问。杨先生是基督教青年会成都分

会中一位有影响的成员,我想他是会长,会说很好的英语,这一事实自然有助于对他的外交活动提供很大的便利。他立即提到传单的事件,说明他刚刚从都督那里收到我的两封信,请求我对他延期答复一事予以宽容,并向我保证说,他已经派出侦探,制止该传单的散发和刊行。

然后,杨先生接着向我提出下列事情。他说:都督已经设立各部,授予他们在各自范围内的全权。因此,他请求我今后不要写信给都督,而写给外务部。我回答说:我希望不进一步使新政府感到为难,但是,根据以往的制度,我们各国总领事照例就所有重大问题与巡抚或总督直接进行联系。如果此时四川将构成中华民国的一部分,那么,我认为,在英王陛下公使作了相反的指示之前,我有责任继续维护与都督直接通信的权利,因为都督是代表以前总督的权力的。然而,如果象情况所显示的那样四川将成为一个独立的国家,当然,我把我的信件寄交外务部是妥当的。接着,我继续向杨先生直接提出这个问题:四川将被认为是一个独立国家,还是中华联邦共和国的一部分?多少有点使我感到惊讶的是,他回答说,他的政府现在还不能够说明此事。但是,他补充说:鉴于在这个紧急时刻交给都督的工作极为繁重,他希望我能设法至少暂时默然同意他的要求。我对此表示同意,指出:我们始终希望尽可能为新政府使事情变得轻松一些。后来,我的法德两国同事通知我说:在这件事情上,他们将仿效我的榜样。

杨先生告辞后不久,我收到外务部的一封短信说:他们正在采取步骤,查明该传单的作者,并制止它的进一步发行。

务谨顺谨上　1911 年 12 月 20 日于成都
《英国蓝皮书有关辛亥革命资料选译》,第 357—359 页

朱尔典致葛雷函
1912 年 2 月 9 日收到

阁下:

我曾荣幸地于本月 18 日拍发电报,把我那天同总理大臣谈话的主

要内容简要地通知您。

那时,袁世凯感到深信他有能力与南方共和运动的首领们达成一项协议,在清帝退位与国民大会议员们在南京和北京选举总统的这段期间内,组成一个临时政府负责进行全国的行政工作。他的主意是:发布一道谕旨,授权他在一周或十天内组成一个临时政府,因为他需要这些天进行选举,使得他自己被任命为总统。

正如您将从我今天的电报中所了解的那样,这项计划已经失败;本信所附袁世凯与上海、南京的革命派首领们之间来往电报的摘要,将最好地说明该计划是怎样失败的。仔细阅读 1 月 14 日和 15 日的头三份电报,有助于证明:袁世凯在和我会晤的那一天(1 月 18 日),完全有理由认为伍廷芳已默然同意拟议中的步骤,但是,孙文本人 1 月 20 日的两份电报唱着大不相同的调子,并且明确地说明:北方不得设立临时政府;袁世凯必须接受民国方面对他的任命,而不能从满族人那里取得任何权力。

人们很难理解,按照孙文在这些电报中制订的条款,在清帝退位与成立政府的这段期间内,北方将怎样过渡。民党的目的无疑是要表明,胜利是属于他们的,但如何实现这个目的而不在此地造成危险局势,则不是很清楚的。

由此产生的意外障碍,已经在北京重新引起了一种不安的情绪,并且鼓励了满族人中的极端分子反对清帝退位。前任陆军大臣、袁世凯的对手铁良返回北京,大大加重了局势的困难,而且在一些较大胆的人物中,倾向于使铁良担任禁卫军的首领,与民军一决胜负。所有这一切很可能延长目前的紧张形势,并延缓问题的解决。

朱尔典谨上　1912 年 1 月 22 日于北京
《英国蓝皮书有关辛亥革命资料选译》,第 359—360 页

濑川致内田电

1912 年 2 月 12 日

第 14 号。

为运送北伐军而受广东军政府雇佣之"御代"轮,已于二月八日自黄埔驶入广州港内。本职已通告该轮船长制止其运送军队。为此,军政府特派外交人员前来本馆,言称:拟由"御代"轮装运军马及大炮。在黄埔港内装运异常不便,故拟在广州港内觅一适当地点进行装载。日前德国轮船已在港内搭运过军队,挪威船亦曾公然在港内搭运军队,此次"御代"轮仅在港内装载军马及大炮,希予默认,等等。本职答称:此次使用日本船舶运送军队,乃系船主与军政府间根据其所订合同而进行之隐密活动,并未执行任何正常手续,故对贵军政府之要求碍难应诺,深为遗憾,等等。于是,军政府即决定在港外觅一地点将军马及大炮等秘密装入该轮内。又,"霍德森"号亦于二月八日再度驶入黄埔港,业已办妥出港手续,于二月十二日开往南京。

此次广东军政府为运送北伐军队所用船舶共有六艘,其中日本轮船二艘,挪威船二艘,余二艘为招商局轮船。挪威船二艘业已出港,招商局轮船准备在今明日内出港,"御代"轮定于本月十五日出港。至此,广东北伐军运送工作似已告一段落。

谨此报闻。

此电已抄致我驻北京公使及驻上海总领事。

《日本外交文书选译——关于辛亥革命》,第202—203页

务谨顺致葛雷函

1912 年 2 月 12 日收到

阁下:

我荣幸地随信附上我今天写给英王陛下驻北京公使的一封信的副本,报告成都的各国人士由水路动身前往重庆。

务谨顺谨上　1911 年 12 月 13 日于成都

附件:务谨顺致朱尔典函

阁下:

成都的欧美各国侨民已于本月 10 日登上可供住宿的船只,终于在

昨天下午四时半启程前往重庆。

军政府曾答应我,对领事团给该政府的信将通过电话给我一个答复。我在本月 10 日的信中曾经提到这件事情。11 日的整个上午,我等待答复,但终无结果。最后,彬彬有礼的但却很急迫的信差带来一封短信说:该日上午已派了姓杨和姓梁的两位先生同我亲自安排一些事情。

我立即答复说,没有人到我这里来过,并表示不赞成再拖延下去。下午四时,我收到第二封显然是匆忙写成的短信说:他们已派人去保护各国住在船上的那一伙人,并邀请我本人前往皇城(新政府机关所在地),讨论护送他们沿江下驶的问题。

由于都督和副都督都没有来看望我,而仅派他们的代表或委员来过,所以我派泰克曼先生代表我前去,由贝茨先生陪同。

泰克曼先生后来的报告如下:

"我们在下午五时左右抵达皇城。附近的街道上挤满了武装士兵,他们携带着各种武器。从大刀和旧式步枪到马梯尼枪和毛瑟枪。人群散开了,极有礼貌地为两名外国人让路。

耽误了一阵之后,我们被引进一间小的接待室,在那里会见了尹昌衡都督。都督显然等待着我们前来,在对问题作了简短的讨论之后,他便走了,说他必须征询'罗大人'(罗纶,副都督)对此事的意见。

十分钟之后,一位老年人,即 9 月 7 日被捕的另一位保路同志会首领颜楷大爷,露面了,并且说,他奉军政府的委派商议问题。经过一些讨论后,他告诉我说,完全不可能照我恳切要求的那样在黎明时提供护卫队。但他给予我一个最明确的保证,即至少应有一百名士兵在江边,准备于下午三时出发。

据我看来,军政府似乎极想尽一切力量保护外国人。但是,为了获得一张于那天夜间通过东门的护照,我去军政府机关的业务部门看了一下,显示出一切事情都处于令人感到绝望的混乱状态,他们甚至解释迟迟不派出护卫队的原因。当询问他们关于自成都被洗劫以来取得的进展情况时,他们说:他们面临着一个很大的困难,即财政方面的困难。这是由于藩库被抢劫的结果。他们还声称:目前的政府虽然是由同志会(保路同志会)扶植上台的,但现由革命党主持工作。护卫队将由他们双方提供的士兵组成。

缺乏纪律的兵勇涌入皇城的庭院,助长了混乱和喧嚣的情景,但尹昌衡都督给我留下了很好的印象。他的年龄大约为三十岁,瘦高个儿,留着短发,行动敏捷,他在日本受过一段教育,担任陆军军官预备学堂的监督。"

12月11日那天下午,一度担任基督教青年会会长的杨开甲(他的号或人们熟悉的字"少荃"更为著名)在电话中警告我说:成都可能再度发生严重的骚乱。如果不仅是各国国民而且还有各国领事都动身前往重庆,那就更好了。他承认,他曾于8日下午派人送来上面写有"正"字的白色灯笼。他说,他已于那天早晨到船上去商议关于护卫队的问题。但我不能够完全理解,威胁成都的确切危险究竟是什么,但我猜想革命党对军政府仍不完全满意,同时他们担心与陆军发生冲突。不过,关于此事,我也许有机会在下一封信中谈到。

在我们经历了本月8日的事件之后,我不能对该项警告等闲视之。但因为天主教士绝不同意撤走,而且勒昆先生几乎每天期待着安迪先生的到达,所以他说他必须留在成都。那时,菲舍尔先生和我本人不能够考虑撤离,而泰克曼先生请求我让他和我作伴,我表扬了他的勇气。不过,我感到应利用这个机会送走我的那位文书的家属(她是1902年被霍希先生带到此地来的,霍希先生现在是亚历山大爵士)。他们的家于8日夜间被暴徒们毁坏。我想,我们在道德上(即使不是在法律上)有义务设法使他们得到赔偿,并把他们置于安全的地方。我把我个人的较贵重财物交给贝茨先生照管,同他们一起送往重庆。

我以代首席领事的资格,在菲舍尔先生和勒昆先生的完全同意下,要求穆那克医生担任乘船的那伙人的首领。他是法国陆军的一名军官,会讲英文和中文,理所当然地受到中外人士的欢迎。我已建议他请贝茨先生担任他的副手。贝茨先生是一位有造诣的语言学家,沉着镇静,头脑清楚,并有勇气。乘船的一伙人,不包括日本人那一伙在内,共有一百零七名男人、妇女和儿童,分散在二十九只船上。它包括英、法、美、德、俄等国的臣民或公民。

日本人那一伙共有四十二人,分散在六只船上。由于驻重庆领事葛西先生的助理三蒲先生是那伙人中的一员,所以我留待给他与穆那克先生作出安排。

此外,日本人那一伙直到今晨才能动身,而该船队的其余船只象我已经报告过的那样,已于昨天下午四时半启航。然而,日本人的船只比较小巧轻快,将迅速赶上其余的船只;由于岷江上游水位很浅,其余那些船只只能够缓慢地行驶。那时,联合船队将共有三十五只客船,还有运送护卫队的船只。

部分护卫队是由吴二大王提供的,他至今是一支流动部队的首领,但现在与军政府采取一致行动。该部队大约有一百二十人,士兵们穿着整齐的黑色制服,配备着很好的新式步枪。他们派了一艘巡逻艇在前面开路,警告沿途不得进行干扰。昨天深夜,杨开甲给我送来了两份护照。其中一份是军政府发布的,并盖有它的关防(我想,军政府的军字是打算译成"君"字,而非"军"字的);另一份是杨维以通知书的形式致革命党人的。杨维是四年前被赵尔丰逮捕的五名学生之一。这五个青年中有两人不久便被释放,但其余三人,包括杨维在内,被关在监狱里,直到成都宣布独立的前一天为止。现在,杨维是革命党即同盟会成都支部的领导成员之一(就我所知,这或许是新任命的)。

无论如何,他对保护外国人的政策所提出的那些理由是很正当的,而且据我观察,它们会被此地的所有负责人士所接受,而不管他们是哪个派系。今晨,我派骑马的信差把这两份护照送给穆那克医生。有了这两份护照,我相信该船队将不会遇到任何阻碍。

我在穆那克医生的请求下,于今晨致函军政府(形势迫使我们不得不承认它),感谢他们提供一支护卫队,并且说:虽然对这些士兵的旅途费用已经作了安排,但由此得到保护的外国人想要了解,军政府将允许该护卫队接受多少赏银。

军政府的答复建议说,每人一元钱就够了,但提议由我付给护送船队的报酬,不仅是包括赏银,而且包括全部费用在内。这是一个特别令人愉快的和心胸宽大的建议,但我相信:乘船的那伙人虽然表示他们理解该建议的慷慨大方,但将坚持由他们自己支付赏银。

务谨顺谨上　1911 年 12 月 13 日于成都

《英国蓝皮书有关辛亥革命资料选译》,第 361—365 页

朱尔典致葛雷函
1912 年 2 月 12 日收到

阁下:

过去十天内,此地事态的发展并没有使得目前关于清帝的退位一事比本月 16 日我写信的时候更接近于实现。我们不能够说,目前的迹象表明以袁世凯扮演调停人的清帝与人民之间进行的斗争将早日获得解决。

我们完全不可能了解袁世凯与上海民党首领们之间进行的曲折的谈判过程,或是从双方对于不能达成一项解决办法各自指责对方的许多互相冲突的说明中分辨出真实情况。部分原因也许是由于显然同时进行着两起谈判:一起是袁世凯与伍廷芳之间通过电报直接进行的;另一起是梁士诒与唐绍仪之间进行的。

如果完全撇开谈判时所使用的那些冗词赘语,最后结果似乎是以铁良为首的北京反动派已经顺利地诱使朝廷放弃退位的意图,袁世凯不得不退回到原来提出的吁请国民大会决定该问题的那项建议。

1 月 25 日发布的一道谕旨把他们改变态度一事通知了人民,同时给人们留下这样的印象:由于正在进行召开国民大会的安排,所以关于退位的谣言在北京所造成的惊慌是没有理由的。

袁世凯在他昨天发给伍廷芳的一份电报中,对他以前提出的关于

国民大会选举的建议作了很大的修改,目的在于使它成为一个更容易驾驭的团体。革命派准备当袁世凯一旦宣布赞成他们的事业的时候,便立即接受他为民国的总统。

人们不可能想象出一种比最近北京存在的更为复杂的情况,现在已经开始的恐怖主义统治只可能是更严重动乱的前奏。继企图炸死袁世凯之后,昨夜又发生了对良弼的一次类似袭击,良弼是能干的军谘府大臣,在反对退位的活动中起了显著的作用。城内主要官员居住的那部分地区实际上已处于军事占领状态。政府机构已完全瓦解;使馆区和天津各国租界住满了象那桐和其他官员之类的避难者,他们在掌权的日子里对于诋毁这些外国人享有特权的地方是绝不感到厌倦的。目前中国所有各派的显著特点是互不信任,使得收回主权的叫嚷暂时沉寂下来,当考验的日子到来的时候,除了受到许多诋毁的各国租界之外,在所有这片广阔的国土上,没有一块这样的地方,敌对各方能够在那里会晤,调解他们之间的分歧,或是过去统治这个国家的人们,认为他们的生命财产在那里不受他们自己的暴政所引起的暴力行为的侵犯。

1911 年 12 月 9 日在汉口通过英国调停所商定的停战,或更严格地说暂时中止冲突,经过几次延长期限之后,将于本月 29 日早晨届满;就人们目前的判断来说,它未必可能继续展期。战事已经在津浦铁路线上开始,令人畏惧的张勋在那里已经击退了一大批革命军。过去几天内,发表了许多小册子和传单,一些写匿名信的人已经送给我若干份,他们主张必须把国家的问题留给战争裁决。但是,如果这些声明的意思主要是保全体面,而且任何一方对继续作战都没有表现很大的热情,那将不会使我感到惊讶。

局势中的一个喜剧性的因素,是袁世凯被晋升为侯爵。朝廷意味深长地告诉袁世凯,他一定不要拒绝这个爵位,因为袁世凯大概感到接受该爵位不适于被推荐担任民国总统的职务。

　　　　　　　　　朱尔典谨上　　1912 年 1 月 27 日于北京

《英国蓝皮书有关辛亥革命资料选译》,第 365—367 页

朱尔典致葛雷电

1912 年 2 月 12 日发自北京,次日收到

关于清帝退位问题。

今晚已发布三道谕旨。

第一道谕旨授予袁世凯全权,组织一个临时政府,并且与民党首领们进行谈判,以便制订一个联合方案,将南北双方团结在共和国之内,共和将是既定的政体。

第二道谕旨列举了皇室所接受的优待条款,双方将把这些条款通知各国使节,以便转交各该国政府。

第三道谕旨劝告官吏和人民执行新政府所规定的各项职责,并下令采取维持和平的措施。

《英国蓝皮书有关辛亥革命资料选译》,第 367—368 页

朱尔典致葛雷电

1912 年 2 月 12 日发自北京,次日收到

关于我今天的电报。

我收到下列三份正式通知,要求我将它们转交英王陛下政府:

一、旧制度下的外务大臣的照会,传达关于清帝退位的谕旨。

二、作为现存制度下外务部首脑的外务大臣的照会,它说:根据他收到的作为建立临时共和政府的全权大臣袁世凯的指示,在组成临时政府以前,他将按照现存条约办理国际事务。

三、袁世凯以上述全权大臣资格送来的照会,传达关于今后优待皇室问题所商定的条款。

《英国蓝皮书有关辛亥革命资料选译》,第 368 页

朱尔典致葛雷电

1912 年 2 月 14 日发自北京,同日收到

关于清帝退位问题。

解决问题的可能性没有因南京临时政府对退位谕旨的态度而有所增进。

孙逸仙已电邀袁世凯立即前往南京,并声称:共和不能由满族皇帝发布命令建立起来。他说:如果北方因袁世凯不在那里而有发生任何混乱的危险,袁世凯可提名某人,而由临时政府授予他维持和平的全权。

这项建议造成了僵局,看来它似乎是行不通的。

《英国蓝皮书有关辛亥革命资料选译》,第 369 页

朱尔典致葛雷函
1912 年 2 月 19 日收到

阁下:

我荣幸地报告:自从我 12 月 27 日写信的那一天以来,停战期限已连续安排延长两次,每次各十四天,直到今天届满;就汉口对峙的双方军队而言,停战很可能无限期地延长,因为有很充足的理由认为,段祺瑞将军的部队受了民军的影响,从精神上迫使他同黎元洪都督达成协议。然而,这绝没有防止部队的调动以及在其他地方发生战事,本月份的主要特点是大约有三千五百名革命军自南方运往山东。

英国驻烟台代领事于 1 月 16 日报告,中国巡洋舰"海琛"、"海扬"①、"海星"等号载有一千名部队抵达该口岸;又于 1 月 20 日报告,中国轮船招商局的四艘轮船另载有二千五百名士兵到达。与此同时,该省再度宣布赞成革命,各地行政官员均被驱逐。1 月 22 日夜间,一队革命军袭击了威海卫城,强行接管了知县衙门,知县逃往英国租借地。不过,革命军方面出兵山东似乎更主要是为了将对方的注意力转移到张勋提督所率部队的后方,而革命军的主力部队正在集中准备沿

---

① 音译。据池仲佑《海军实纪》,当时中国的巡洋舰仅有"海天""海圻""海筹""海客""海琛"五艘。

京汉和津浦铁路向北京方面推进。事实上,敌对双方的先头部队于1月26日在津浦铁路线上徐州以南地方发生了一次小规模战斗,结果暂时制止了革命军前进。据报,在该附近地区后来发生了激烈的战事;毫无疑问,起义军不顾停战协定,正向北方推进。

伍廷芳已电告袁世凯说:除非迅速达成一项解决办法,他将不能够继续抑制革命军的热情。可是,据中国报纸的一项报道说,有好几名南方士兵因为拒绝在天气寒冷期间向北进军北京,已在最近被枪决。但是,由于伍廷芳已向英王驻上海总领事承认,到1月底以后,革命派无钱支付军饷,所以他们很想使那些事情立即获得一项结果,并且多次要求各国给予承认,这是不足为怪的。

同时,各省的情况表明尚无改善的迹象。我荣幸地随信附上英王陛下驻镇江领事寄来的两封有趣的信件的副本,那两封信是报告该地区事态发展的(附件一及附件二)

本信所附英王陛下驻长沙领事12月20日的来信(附件三),也反映了普遍存在的混乱状态,然而,可以满意地指出,该地如同其他地方一样,运动迄今尚未具有排外的趋向。

自从翟比南先生来信的那一天以来,我收到舰队司令温思乐爵士的一份电报说:英王陛下军舰"森林云雀"号订于12月29日到达长沙,并将长期泊驻该处。此外,英王陛下军舰"夜莺"号已于12月24日抵达那里,"祖国"号和"隔田"号等军舰能够延长它们泊驻该处的时间。我已批准翟比南先生关于太古洋行轮船"吉安"号买办所受凌辱一事向革命军当局提出的抗议。

我还荣幸地附上翟比南先生12月29日的一封来信的副本(附件四),该信对新政权统治下的湖南形势作了有益的说明。他后来于1月13日的一封来信(附件五),就该省盛行的抢劫以及红十字会的活动说明了详细情况。

中国内地会的莱克先生在1月3日写给汉口代总领事的一封信中,反驳了报纸上刊载的关于河南形势的那些颇为惊人的报道。"仁义会"(拳民)在几周前曾经企图在太康、扶沟地区制造骚乱,已被地方当局在军队帮助下镇压下去。1 月 11 日,舰队司令温思乐爵士报告说,汉口各国租界已恢复正常状态,并独自控制了租界的防务。

北海领事馆的助理领事莫斯先生在三封来信中,对南方较小的口岸普遍存在的情况作了有趣的说明。我荣幸地随信附上这三封信的副本(附件六、七、八)。

自琼州、广州、潮州、厦门等地寄来的报告谈了许多同样的情况,并且证实那些地方没有任何严肃认真的政府。

英国驻广州分遣部队已经从香港获得增援,两个印度步兵营以及一个印度过山炮连正从印度开往香港。11 月 6 日停驶的广九铁路直达列车,已于 12 月 14 日恢复。

满洲简直没有受到革命的影响。英国驻哈尔滨代领事于 12 月 20 日报告说:在东三省北部的汉人中间,仍继续普遍保持平静;贸易似乎沿着正常的方向继续进行。这个情况同中国其他地方形成了鲜明的对照,因为在那些地方生意已完全停顿。

斯莱先生于 1 月 17 日报告说:海拉尔的汉城已于 1 月 15 日被蒙古人占领。海拉尔道台逃往俄国铁路地带,并由那里去齐齐哈尔。蒙古人随即宣布喀尔喀部领土的独立,它包括海拉尔至满洲火车站之间与满洲接壤的所有那部分蒙古领土。然而,满洲总督在他所辖省份内正严厉镇压革命精神的任何表现,并表示愿意用武力保卫满清王朝的权利。

朱尔典谨上　1912 年 1 月 29 日于北京

《英国蓝皮书有关辛亥革命资料选译》,第 382—384 页

世清致沙查诺夫电

1912 年 2 月 7[20]日

第 178 号。

第 240 号电悉。

我将电告波佩：第 87 号电悉。

照帝国外交部之原则性指示，我们既不宜干涉正在进行的斗争，亦不宜支持傅家甸冲突中的任何一方。因中国目前不存在任何合法政府，属于此派或彼派的政权并无任何区别。关于行政改变及官员更替的正式来文，暂且不要答复。如遇紧急事项，须同拥有实权的人物交涉，或以口头或以不具名文书致中国有关机关，要省去"帝国、大清"字样，我们应预先知照任何新政权：东省铁路严守中立，在该铁路范围内不能容许骚乱发生。务请将此电抄转霍尔瓦特将军及马尔蒂诺夫将军，并函告驻吉林及齐齐哈尔领事。

世清

《俄国外交文书选译(有关中国部分 1911.5—1912.5)》,第 291 页

世清致沙查诺夫急报告
1912 年 2 月 10[23]日

第 11 号。

谢尔盖·德米特里耶维奇先生阁下：

2 月 8[21]日,迎袁专使南京内阁教育总长蔡元培一行离沪前往祝贺袁世凯当选民国临时政府总统并邀请袁氏赴宁。蔡元培一行七人,其中如原直隶共和会会长汪兆铭①等是革命党积极、忠诚的拥护者,但却不占有特殊的地位。至于蔡元培,1898 年,他曾追随康有为,政变后逃出北京,后来从事教育事业,并开始逐步宣传共和思想及社会主义思想。最近六年他是在德国度过的:曾在德国各大学工作。他同戊戌政变的所有蒙难者一样,对袁世凯切齿痛恨。由于中国贿赂成风,南京政府派他作专使,显然是想防止受贿。

谈判即将举行,结果如何,当然不可能准确预卜,但应料到会达成妥协。尤其是仍在北京建都的想法,为越来越多的人所拥护;尽管此种

---

① 查汪兆铭并未担任过共和会会长,而是担任同盟会京津保支部部长——译者。

想法在政治上和财政上均有十分充足的理由,但黎元洪将军等武昌著名党人想压制南京的要求,仍建议定都武昌。不久前,湖北代表到达北京,看来,其目的是参加谈判,确保自己在未来的政府中占有尽量多的席位。湖北代表已同袁世凯接触。民军中此种竞争势必有助于袁氏达成妥协及避免南京之行。袁氏为自身性命担忧,越来越陷入难以忍受的恐惧之中,恐怕他任何时候亦不会决定此行。除首都问题外,即将举行的谈判对弄清将来临时政府的组成尤为关注。我已荣幸禀报,推选这些活动家或那些活动家参加临时政府,将为更明确地判断局势提供机会。

在等候南京政府代表到来时,人们对一些外国使节在袁世凯当选总统后拜访袁氏及随后袁氏正式回访仍给予普遍注意。上述事实(我已电告阁下①)使其余公使感到疑惑和遗憾。尽管有关人士作了正式解释,其余公使仍公正地认为这种抢先行动无法用客观情势加以辩解,并且认为此举极其轻率,再次在中国人面前暴露了外交团中意见和行动均不够一致。尽管英、法、德、美四国使节并未联名表态(他们是在不同日子,以不同借口表态),但表态毕竟是事实,而且十分瞩目。袁世凯巧妙地利用了这一疏忽,向民军明白表示,尽管清帝业已退位,他们仍需要他消除国际上在年轻的共和国前进道路上设置的种种障碍。为了赢得外国人对新制度的充分同情,惟有打开他们的眼界,向他们展示借款和获得租让权的前景,并将此种希望变成纷争之源,然后中国人才能较为平静地展望未来,至少可以认为,外国人联合行动的危险已经过去。

登门向袁世凯致贺的外国使节自然未料到,他们的举动已引起纷纷议论及中国报刊发表评论,中国报刊已开始谈论正式承认新总统。

---

① 世清在2月6[19]日第173号电中报告沙查诺夫:"英国公使和法国公使代表于袁世凯当选总统当天"拜会了袁氏。"虽然比国公使于次日亦拜访了袁氏,但中国报刊却对前两次拜会特别吹嘘,说这是正式承认袁世凯为民国总统的开始。"英国公使"解释说:自己的拜访是事务性的",法国公使则认为"自己的拜访纯属非正式的私人拜访"。

很快显露出某种窘状,为消除致贺的官方性质,他们作了种种努力:时而称与袁世凯的会晤只是事务性的,时而相当幼稚地强调本国政府并无此意或并无训令,真是欲盖弥彰。据我判断,其真正目的仍是在袁世凯与南京代表团开始谈判之前给袁氏以道义支持,而对其后果并无正确估计,当后果一暴露便要为之辩解了。

我认为我应像多数同僚,尤其是日本公使那样小心行事。伊集院先生在同我谈话时曾特别提及:公使团领袖的头衔本应使英国公使老成持重,不应将自己的意图预先告知其余同僚。日本公使公正地指出:"倘若公使团领袖公开扮演'袁世凯之友'的角色,则下次他将很难以外交团名义发表任何集体意见。"我同意此种观点,但我又向伊集院先生指出:袁世凯的头脑未必简单到此种程度,一方面将列强对中国新政体的正式承认同某外国使节的个人同情混为一谈,另一方面在严肃的公务谈判中根据私人关系办事。

不过,切勿幻想在华有利害关系的所有大国会联合行动,惟有在最特殊的情形下才有此种可能。在中国人面前过于明显地暴露此种情形,从而鼓励他们的政治阴谋,似无必要。虽然某些大国及大国集团在万不得已的情形下可随时找到对中国施加压力的手段,但把事情弄到绝境,对那些与其说在华有政治利益,不如说有经济利益的国家未必有利。

我认为行动上谨慎些为好,尽量避免任何可以被解释为对袁世凯有利或有害的言论或行动。但是,如有会晤的某种适当借口,当然我一定加以利用,以期听到哪怕是希望"增进友谊,消除误解"这种通常的表示,这往往是中国人进行任何谈判的开端。

致诚挚敬意

　　　　　　　　　　　　　　　　　　　　　　世清

世清举措妥贴。

　　　　　　　　　1912 年 2 月 27 日[3 月 11 日]于皇村

《俄国外交文书选译(有关中国部分 1911.5—1912.5)》,第 297—299 页

濑川致内田电
1912 年 2 月 24 日

第 19 号。

神户辰马轮船合股公司所属之"荣城"轮装载田村式步枪三万支、子弹八百万粒以及附属零件等,于二月二十二日下午到达广州口外之虎门。此项军火之买主系中国人李渭川。李与林清泉自我国购得上述军火后,在宇品及门司两港装上"荣城"轮运来此地。据"荣城"号船长谈称:购买上述军火,乃为供应当地民军之需要,军政府已经派出军舰,将在虎门全部交卸。

关于日本造军用枪枝,军政府除此之外尚有其它订货,想日内亦将运来此地。鉴于目前形势,本职拟继续采取中立态度,对于一切军火武器之运入,概如前电第 11 号所述,表面上与海关不发生任何联系。

附录:三井借款资料①

1. 借款合同

三井物产股份公司(原名"三井物产株式会社"——译者)上海支店,以黄兴、朱葆三、陈其美、王一亭、宋教仁、张静江等人之联名担保,已订立向中华民国政府上海都督府贷款叁拾万元之草约。此次由中华民国政府上海都督府代表内田良平(以下简称内田)与三井物产股份公司(以下简称三井)之间根据该草约订立合同如下:

第一条,三井根据其上海支店订立之草约支给内田现款叁拾万元整。

第二条,内田约定按另开清单委托三井经手购买武器。其价款贰拾伍万零肆百贰拾壹元整,由叁拾万元借款中当即付清。其余款额肆万玖千伍百柒拾玖元则由内田领取。

---

① 这份资料选自《日本近代化与九州》,第 475—478 页。原件均系抄件,用毛笔书写,曾经西尾阳太郎整理,仍按原顺序编列。行间之"?"及括弧内之"原件如此"等字样,均为西尾整理时所加,意在指明抄件笔误之处,为保存原貌,译文一律照录。

上列款项之收授,应各另具单据存查。

第三条,此项贷款叁拾万元,自本合同签字之日起,按一年利八厘五毫计息,于偿还之日交清。

本合同一式两份,双方各执其一,以为凭证。

　　　三井物产股份公司

　　　　　　总经理　　三井八郎次郎　盖印

　　　中华民国上海都督府

　　　　　　代理人　　内　田　良　平　盖印

　　　　　　保证人　　大　　江　　卓　盖印

　　　　　　保证人　　小美田隆义　盖印

　　　　　　　　　　　　明治四十五年一月　日

2. 供给武器清单

一、三十一年式速射野炮　　六门

　　为编成一个营之数量。包括:

　　　　榴霰弹弹药车　　　九辆

　　　　榴弹弹药车　　　　二辆

　　　　第一备品车　　　　一辆

　　　　第二备品车　　　　一辆

　　　　榴　　　弹　　　一千发

　　　　榴　　霰　　弹　　四千发

一、三十一年式速射山炮　　六门

　　为编成一个营之数量。包括:

　　　　第一器具箱　单、双　　　各三个

　　　　第二器具箱　单、双　　　各三个

　　　　榴霰弹弹药箱　　　四十八个

　　　　榴弹弹药箱　　　　十二个

　　　　携带备品　　　　　一个

　　　　榴　　　弹　　　一千发

　　　榴　霰　弹　　　　　　　四千发

一、重机枪　三挺

　　　包括子弹　十五万发

上列军械价款共贰拾伍万零肆百贰拾壹元整。

上列军械，约定在吴淞口外运载船旁交货。故运载船只到达之时，中华民国政府上海都督府应无耽搁，及时取货。

　　3. 收据（本件之头部记有所粘之印花及印记）

一、现款贰拾伍万零肆百贰拾壹元整

右款系明治四十五年一月二十四日所订合同中之军械价款。已如数领收无误。

　　此致

中华民国上海都督府代理人　内田良平

三井物产股份公司总经理　三井八郎次郎　盖印

明治四十五年一月二十四日

　　4. 收据

一、现款叁拾万元整

计开

其中贰拾伍万零肆百贰拾壹元，做为军械代价交付三井；

余款肆万玖仟伍百柒拾玖元整，已如数照收无误。

　　此致

内田良平

中华民国上海都督府特派员　文锡震　盖印

中华民国上海都督府特派员　吴崼　盖印

明治四十五年一月二十五日

　　5. 提供军械价格表

一、三十一年式速射野炮六门　单价（元）8,460　计（元）50,760

此为编成一个营所需之数量。其中包括：榴霰弹弹药车九辆，榴弹弹药车二辆,第一预备车(原件如此)①一辆,第二备品车一辆。

| 榴　弹 | 一千发 | 15.97 | 15,970 |

| 榴霰弹 | 四千发 | 13.97 | 55,800 |

一、三十一年式速射山炮六门　2,431　　14,566

此为编制一个营所需之数量。其中包括:

第一器具箱　单、双各三个,第二器具箱　单、双各三个,榴霰

弹弹药箱四十八个,榴弹弹药箱十二个,携带备品一个。

| 榴　弹 | 一千发 | 13.82 | 13,820 |

| 榴霰弹 | 四千发 | 11.82 | 47,280 |

一、重机枪　三架　　1,785.00　　5,355

子弹　十五万发　每千发　55.00　　8,250

以上小计　　　　　　　　211,901

另:

泰平组合回扣按五厘计　　　　　10,555

全部包装费　　　　　　　　　　3,500

运往横滨运载船之费用　　　　　1,500

横滨吴淞间雇佣运载轮船一艘　　7,500

海上保险费　　　　　　　　　　3,000

其他杂费　　　　　　　　　　　　500

以上合计　　　　　　　　238,496

三井及其上海支店回扣按二厘五毫计　11,925

总计　　　　　　　　　　250,421

6.书翰(存根)

一、内田良平致陈其美函

敬启者:未接芝宇,时深景慕,比维步履绥和,无任私祝。兹者,本

---

① 此处括号及其中"原件如此"四字为原书所有,表明原整理者对"预备车"一词有怀疑。"预备车",当系"备品车"之误。

人受阁下与宋教仁等(原件如此)①之委托,作为贵都督府之代理人,于今年一月中与三井物产会社之间受授借款日金叁拾万元整。此项借款之限期已届,三井公司已有书函前来,催促归还,详如另件所开,未悉尊处能否如期归还? 此事,本人业已致函宋教仁氏,想宋氏必已与阁下有所商谈。务望设法筹措,并赐复书。倘尊处一时尚感拮据,可否先还半数,余额缓期还清;或则先缴利息,原本展期清偿? 一俟大扎到来,本人即可与三井当局交涉,当可商定妥善办法。特此布达,即希察照。

另,为供参考,特将三井会社与贵都督府特派员及本人间之有关交换文书抄件,随函附上,亦希查收。

此致
上海都督府
　　陈其美　阁下

　　　　　　　　　　　　　　　　　　　　　　内田良平
　　　　　　　　　　　　　　　　　　明治四十五年六月二十日

一、山本条太郎致内田良平函(即前函之"另件")

径启者:时移序转,暑季将临,伏维起居安泰,为祝为祷。兹者,本年一月二十四日,阁下以中华民国政府宋教仁、朱葆三、张静江、黄兴、陈其美、王一亭诸人之代理名(原件如此,或为代理人之误——译者)名义由敝社领取借款日金叁拾万元整。此项借款,定于七月二十四日到期,阁下当必知悉。想届时必能本利还清,不知现款将存入敝社抑或存入敝社之上海支店? 因敝社有资金周转关系,故希阁下先与对方商明,来函告知为盼。

此致
内田良平　阁下

　　　　　　　　　　　　　　　　　　　　　三井物产会社
　　　　　　　　　　　　　　　　　　山本条太郎　[印]

---

① 此处括号内"原件如此"字样为原书所有。

原信封

表面:麻布区箪笥町五五

内田良平　殿　亲展

背面:明治四十五年六月二十五日

东京日本桥区骏河町一番地

三井物产会社

山本条太郎

7.(第35号)委任状(抄件)

令委任内田良平为外交顾问　此状

(原件如此)①

中华民国临时大统领

孙文(总统印)

《日本外交文书选译——关于辛亥革命》,第203—209页

朱尔典致葛雷函
1912年3月4日收到

阁下:

我在1月27日的信中,曾表示意见说:当时即将满期的停战协定即使不重新展期,清军与民军之间也未必会继续发生冲突。这个预言在很大的程度上实现了。几天后,报纸上发表了那个很值得注意的奏折,现附上该奏折的副本②。对这份大约由四十四名将领和指挥官签名的声明,人们最初是有些不相信的,并且公开怀疑它的真实性,直到事情已变得很明显,必须把它当作对铁良和少数几位满族亲王在北京展开的反动活动的一项答复,那些活动一度威胁着要把京城变成满汉

---

① 此处括号及其中"原件如此"字样为原书所有,表示原整理者对"大统领"一词有怀疑。"大统领",应为"大总统"之误。

② 中文原件见《辛亥革命》(八),第173—175页。

之间种族斗争的场所。该声明明白地通知朝廷说：它不能够继续指望在把人民所反对的政体强加于人民时获得军队的支持，它最好是打定主意接受全国的意见，宣布赞成共和。这个声明几乎只有一半是正确的。不能够说全国都想要实行共和或对政府作任何改变，但目前可以发表意见的那部分地区将不再要满族人，共和是唯一可以代替满族继续统治的制度。

军队的背弃产生了所希望的效果。恭亲王①、载泽公爵及其不妥协的伙伴们感到，他们在北京没有继续活动的余地，现在大都已前往盛京，了解在他们满族的家乡是否有复兴清朝被推翻命运的任何机会。与此同时，袁世凯按照允许满族人光荣引退的条款，为解除他们在全国的统治做好一切准备。这些条款已成为反复讨价还价的主题，它有时候因中国所特有的一些幽默的事情而使人感到并不乏味。民党打算把优待清帝的岁俸由四百万银两减为四百万银元，理由是银元将成为今后唯一的货币。当隆裕太后极力要求皇帝继续统率禁卫军的时候，袁世凯建议说：在皇帝陛下达到成年之前，这个问题不必予以考虑。清帝所保持的尊号引起了没完没了的讨论，关于满清王朝的最后一个法令是否应当称为"辞退"、"引退"或"退位"的问题，在那些敏感的政治家们手中得到了极为认真的考虑，他们多年来在解释外国人的条约权利时曾经运用类似的机智。

袁世凯在同那个三年前把他逐出社会生活并迫使他溜之大吉的朝廷进行微妙谈判的同时，还从事于一项更加困难的任务，即努力诱劝南方的首领们同他携手合作，成立一个统一的政府，以接收满族人的遗产。他与孙逸仙博士之间来往的那些电报，大部分已为人们所共知，所以除了指出他们观点中的显著分歧之外，没有必要再说更多的话。

袁世凯所关心的主要事情，是要尽量缩短清帝退位与建立南北联合政府之间的间隔时间。为了这个目的，他打算把许多引人注目的事

———————

　①　奕䜣死后，他的孙子溥伟袭恭亲王。

情挤在一天之内进行。可以有把握地说,中国以前从来没有任何一天发生过这么多的事情。颁布清帝退位的谕旨、孙逸仙辞去临时总统的职务、南京的民国参议院选举他本人为总统,以及南北混合内阁就职等事,都将在一天的时间内进行,新政府将从这位多才多艺的政治家的头脑中立即产生,他为了完成乱中求治的伟大任务作了充分准备。

孙逸仙的政治见解似乎含有对袁世凯的某种猜忌,他对这项全面的建议不是很欢迎的。他建议,作为一项更可取的办法,袁世凯本人应前来南京,并在该处被选为民国总统,这是公众舆论已经热烈赞成的。袁世凯自然感到不愿意离开他的部队,并且把他自己当作一个平民任凭新的民国加以摆布。经过冗长的讨论而一无所获之后,他不得不采取唯一可行的办法。

人们知道:清帝退位的谕旨将于最近几天内颁布;袁世凯将被授权组成一个全中国的临时共和政府,希望他能够更好地同南方商谈联合事宜。他本人似乎有把握,在使他自己摆脱满族人的累赘之后,他将很快同他在南方的同胞达成协议。

朱尔典谨上　1912 年 2 月 10 日于北京

《英国蓝皮书有关辛亥革命资料选译》,第 461—463 页

朱尔典致葛雷函

1912 年 3 月 15 日收到

阁下:

我荣幸地附上英王陛下驻南京领事的一封来信的副本,该信报告那里已收到关于宣布朝廷退位和任命袁世凯组织共和政府的谕旨。

伟晋颂先生来信中所包含的许多消息,已经由本使馆向您报告,但民国外交总长关于可能把首都迁至南京的看法也许是很有趣味的。

我完全不同意那个似乎被人们普遍接受的意见,即如果清军在攻克汉阳后乘胜前进,而不缔订停战协定,那么,革命可能已被镇压下去。大批省份已经独立,因此,据我看来,认为运动在那时尚处于初起阶段

的说法是不确切的。我认为,无可怀疑的是,如果不商定停战条款,充其量将继续进行一场长期的和流血的战争。

以蔡元培和唐绍仪为首的南方代表团预定于明天到达此地。

朱尔典谨上　　1912年2月21日于北京

附件:伟晋颂致朱尔典函

阁下:

此地的政府于本月12日傍晚得到关于北京已发布退位谕旨的消息。该日下午,内阁和参议院曾举行联席会议,会上作出决定,向袁世凯发出最后通牒说:除非在三天内宣布皇帝退位,所有的谈判均将停止。这份最后通牒发出后半小时内,便收到了袁世凯宣告发布谕旨的电报,所以这两份电报必定是互相错过了。第二天早晨,我因邮政局的困难问题见到了总统,当时他把这项消息告诉我,并且说:虽然他现在尚未收到谕旨的原文,但从电告的谕旨摘要看来,它显然是令人满意的。关于临时首都的地址是可能引起某些麻烦的唯一问题,因为他的政府当然希望南京成为政府所在地,而袁世凯则希望政府设在北京。由于谕旨的全文于那天晚上到达,我于第二天拜会了外交总长王宠惠先生,询问他的政府的意见是否仍象起初那样乐观。王宠惠先生向我保证说:他们对谕旨感到很满意,而且对袁世凯继谕旨之后发来的私人电报特别感到如此。他们在细读谕旨时不得不指出的唯一缺点,是袁世凯被任命为共和政府的首脑。共和政府的首脑只能够由人民选举;满清皇帝命令袁世凯担任这项职务,是与人民自己选举首脑的权利相抵触的。因此,他们曾致电袁世凯,建议说:作为一个纯粹的手续问题,当参议院一旦选举他为民国总统,他便应立即辞去他的职务。由于袁世凯似乎误解了这份电报,所以我应当说明,该电发出后才收到他致此地政府的私人电报,否则我确信他们绝不会进行挑剔。

然后,我询问王宠惠先生,关于临时首都问题是否可以达成任何协议,因为各国公使对这个问题深为关切。邀请各国公使同他们的全体办事人员一起南迁,搬到那个可能只住几个月的地方,看来似乎是要求过高了,因为参议院是否最后选定南京作为首都,这是绝无把握的事情。此外,还有另一个反对理由,即这座城市中没有可供各国使馆用的住房。王宠惠先生回答说:他的政府完全承认这个困难,但是,除了其他的原因之外,据他们看来,目前不应把首都迁出南京,这对该国的和平是极为重要的。我当然了解,对他们来说,即使在现在,要把他们那一派中的极端分子特别是军队置于控制之下,这不是一件容易的事情,在这个关键时刻,把权力中心移至北方,将导致在所有南方各省爆发新的混乱,而且很可能发生新的叛乱。另一方面,袁世凯可以前来南京,对北方的和平并无实际危险,由于这个原因,他们很盼望袁世凯在此地接任总统职务,而不迫使他们前往北京。他可以把北京政府交给他愿意指定的任何人手中。为了应付外交团起见,将必须作出某种特殊安排,使各国公使能够继续留住北京,直到最后决定新首都的所在地为止。例如,外交总长可以在北京办公。很难说究竟是南京还是武昌将终于被选择作为首都,但如果南京继续作为临时首都,它比武昌大概将获得被优先选择的机会。接着,王宠惠先生继续说:总统和内阁已把他们的辞职书交到参议院手中,参议院将考虑那些谕旨,并决定所要采取的下一个步骤。

我认为,王宠惠先生提出关于目前把首都自南京迁往北方可能在南方各省引起严重动乱的论点,不是没有理由的,因为马良先生虽然本人赞成把北京作为临时首都,但也有这个意见,而且他绝不是具有悲观性格的人。舍弃北京而把南京作为首都是否将对北方产生同样的恶果,这大概是此地的政府不能够判断的一个问题,但我认为,他们十分真诚地相信,它引起动乱的危险比把政府迁离此地要小得多。

本月 13 日晚上,唐绍仪先生和伍廷芳先生前来南京,出席内阁的特别会议,会上决定立即派遣以唐绍仪先生为首的代表团前往北京,与袁世凯进行商谈,努力说服他前来南京接任总统职务。代表团中除了其他官员外,包括此地的教育总长蔡元培先生在内。

那天下午,参议院也开会考虑总统和内阁的辞职以及任命一位新总统的问题,会议一直进行到昨天晚上,那时宣布孙文博士及其内阁的辞职已被接受,但要求他们继续留任,直到袁世凯能够接任他的职务时为止,袁世凯已经被一致任命接替孙文博士担任总统。参议院还决定赞成以南京作为临时首都,虽然这项决定只是经过很多讨论而且显然以微弱多数才获得通过的。孙文博士在提出辞职的咨文中,极力推荐任命袁世凯作为他的继任人,但据说所附条件是袁世凯前来南京接任总统职务。不过,我知道,参议院对袁世凯的任命是没有附加条件的,虽然由于把南京作为临时首都,他们就使得袁世凯必须前来南京就职,如果袁世凯接受此项职务的话。

对南京政府得到清帝退位消息时所表示的真正满意的心情,是无可怀疑的,这是此地当局真诚希望和平的证据,如果需要任何证据的话。当我上次见到外交总长时,他似乎满怀信心,前往北京的那个代表团将能够使袁世凯相信暂时保留南京作为首都是可取的,而且能够说服他亲自前来此地接管政府。在南方,对袁世凯的最终目的和野心仍存在着一定的疑忌。袁世凯给总统的那份亲切电报,对驱散革命派首领们中间的疑忌起了很大的作用,他们充分认识到国家所受袁世凯的恩惠,因为当他有一切机会把革命运动镇压于襁褓之中的时候,他在汉阳停止动手,同时因为后来他在实现满清王朝退位避免进一步流血中施展了巧妙的政策,但是,革命派的一般成员,特别是部队,仍对这位前总理大臣抱着不信任态度。此地的政府认为,只有袁世凯同意前来南京,这种不信任态度才会完全消释。它说明人们为什么担心,如果袁世凯拒绝这样做以及由此可能接踵而来的将民国内阁迁往北方,也许在南方各省造成新的混乱,南方各省将把它视为袁世凯不安于新政体并对新政体怀有恶毒阴谋的证据。

除官方人士外,似乎对谕旨没有任何兴奋情绪,若干时候以来人们便已期待着它的颁布。在南京的绅士和商人们中间,相信袁世凯具有诚意的人始终要比官员们中间多得多,他们无疑地感到,袁世凯将以令人满意的方式安排退位问题。昨天中午,通过专门施放礼炮和举行军事检阅，正式庆祝了清帝退位事件。由于留在南京的几乎所有部队约五千人都是新兵，所以军事检阅给人们留下了革命军的力量和效率很差的印象。总统骑着一匹中国小马，由一名穿着半西式制服的马夫牵引，参加了游行，有一大批随员陪同，但他似乎不如一队女战士那么引人注目，她们几乎完全吸引了少数旁观者的兴趣。

自从我上次给您写信以来，本地报纸公布了民国临时约法草案的其余部分，但由于某些条款仍由参议院讨论中，我正等待着最后文本，然后把译文送给您。它最重要的条款如下：

中国公民享有言论、出版、集会及信仰的完全自由。他们的财产及人身不可侵犯。事实上，他们象世界上任何其他国家的公民一样，今后不受任何一种可能出现的政治压迫。作为对这些权利的一种抵偿，教育、兵役和纳税都规定为强制性的。总统的权力几乎与美国总统完全相同，而参议院则兼有美国参议院和众议院的职责。不过，总统虽然是行政首脑，但对政府的各项行动绝不负责，各部总长对政府的行动承担全部责任。司法当局也进行了改革。我知道，总统不对国家承担责任一事已遭到参议院的指责，参议院还打算按照法国的制度任命一位总理，以削减总统的权力。我还应当说明：约法规定总统代表国家接见各国公使和大使，从而为各国使馆驻在北京和总统驻在南京设置了另一个障碍。

象我于本月 13 日电告您的那样，此地当局对邮政管理进行干涉一事已成为领事团向外交总长提出口头抗议的主题。外交总长向我们保证说：政府方面无意干涉邮政管理的现状或使用的邮票，虽然它打算发行一套特殊邮票，仅供中国使用，以纪念民国的建立。他还答应照此意向革命各省发出指示，因为在那些省份邮政当局现正与地方政府发生纠纷。总统也出席了这次会晤。在访问王宠惠先生之前，我们通过此地邮政司，当然充分了解了邮政局的不满，但我们提出申诉所根据的理由是，使中国邮政组织陷入混乱无章状态正影响到它与各国邮政联盟的关系。

革命军似乎重新沿津浦铁路向北推进。本月14日,他们的前哨已进入距徐州府十英里以内的地方,张勋提督正准备撤出该地。

伟晋颂谨上　1912年2月16日于南京
《英国蓝皮书有关辛亥革命资料选译》,第484—489页

朱尔典致葛雷函
1912年3月18日收到

阁下:

我3月1日发出的那几份电报,主要是告诉您关于前一天晚上和当天夜间这个首都发生的骚乱。

正象我曾荣幸地通知您的那样,骚乱是由属于第三镇的一个标开始的,该标是袁世凯嫡系部队的一部分,驻扎在陆军学堂。他们中间似乎曾流传消息说:当袁世凯拟访问南京就任总统时,将解散北京的军队。人们将强迫他们剪掉辫子,他们的饷银将从战时编制每月五元减为平时编制每月四元一角五分。不过,骚乱爆发的真正原因仍然是不能断定的。

下午七时半左右听到了枪声,据说是对住在贵胄学堂的南京代表团首先发动攻击,因为他们被认为是坚持要总统前往南京的。代表们逃到使馆区避难,他们住在使馆区的饭店内。这时,驻扎在齐化门外的该镇另一个标动身进城。他们朝天开枪,开始进行焚掠活动。到九时,有好几处房屋被焚。从一个地方观察,有十二处在焚烧中,大部分都在外务部以北的东城内,少数几处在前门外的东面。东安市场也被焚毁。抢劫已真正开始,士兵们后面跟着大群暴徒,从而增强了力量。劫掠和枪声通宵持续不断,次日,变兵整天到处游荡,完全无忧无虑,好象没有发生任何事情一样。

我们担心那些住在使馆区外面的外国人处在危险之中,派出警卫部队护送他们前来。完成这件事情没有遇到任何困难。整夜观看士兵活动的许多外国人都没有受到干扰。哈德门大街、王府井大街和附近

其他街道遭到了焚掠，但他们并不企图杀伤许多人，除非户主在被剥夺财产时进行反抗。对使馆区进行了严密警卫，在各战略据点布置了士兵。但除了一两枚流弹落入英国使馆大院，以及在美国使馆庭院内发现一枚未爆炸的炮弹外，使馆区没有受到骚乱的任何损害。

人们认为引起骚乱的另一个原因，是传闻曹锟统制对唐绍仪和南方代表们向袁世凯施加压力诱劝他南下一事感到愤怒。他的官兵们也是如此。继推翻旧秩序之后普遍存在的不安情绪，大概也是造成骚乱的一个因素。无论是什么原因，袁世凯最信赖的部队发生背叛一事，似乎是完全出乎意料之外的。前一天（2月28日），我见到了唐绍仪，发现他的情绪极为乐观。他满怀信心地谈到袁世凯将在几天后南下，并且认为总统离去期间维持北京秩序的任务是无足轻重的。根据他的意见，南北的和睦统一将在适当时间内完成，中国各派将提供一个自我克制和爱国主义的榜样，值得全世界仿效。第二天夜间，说这些话的人成为使馆区内的一位避难者，全城变成了一片废墟。

值得注意的是：士兵们进行袭击的首批地方之一是南方代表们居住的贵胄学堂，这个事实以及对满族人所显示出来的明显照顾（满族人几乎没有受到劫掠者的损害），似乎表明，这个运动如果具有任何政治色彩的话，无论如何不是反对满族人的。

一部分变兵征用了一列火车开往保定府，在该地犯下了类似的暴行，人们认为这些暴行中包括对该地法国教会财产的破坏在内。昨天，传说他们将乘火车返回北京；袁世凯下令拆毁京汉铁路线上的两座桥梁，以阻止他们前进。

唐绍仪在一封便函中要求我召集一次外交团会议，现附上该便函的副本。外务部的几位成员也向我和其他公使口头上提出了类似的要求。昨天下午三时举行的会议认为，尽管已采取严厉措施制止进一步的骚动，但局势仍然是很严重的。经过长久的讨论后，会议决定从天津再调来一千人，作为对使馆卫队的增援，并且每天在街道上武装游行，以便对现存统治当局给予道义上的支持。会议还认为，为保持与大沽的无线电报联系进行安排是可取的；日本公使答应促使他的政府为该项目的而派遣一艘船只前往该处。

总统对北京的所有外侨发表一项声明，表示他的歉意，并且说明正采取一切措施，以防止这一悲惨事件的重演。袁世凯于本月 1 日和 2 日对部队发出了通告。现附上所有这些文件的副本。

有一大批暴徒已被斩首，他们的尸体被遗弃在街道上。然而，尽管采取了措施制止骚乱，但骚乱还是蔓延到了丰台和天津城。丰台是北京城外通往天津铁路线上的第一站；正如我在昨天的电报中荣幸地向您报告的那样，天津也有部队哗变，并已发生枪击和抢劫事件。

朱尔典谨上　1912 年 3 月 3 日于北京
《英国蓝皮书有关辛亥革命资料选译》，第 492—494 页

朱尔典致葛雷函
1912 年 3 月 29 日收到

阁下：

本月 3 日，我曾荣幸地发电报向您报告说：前一天夜间，军队和暴徒在天津城内进行焚掠。局势已完全超出中国警察的控制之外。德国臣民希利耶医生在驱车经过骚乱地点时，被人开枪打死，但外国人在其他方面没有受到伤害。本信所附代总领事的一封来信的副本，提供了关于这个问题的报告。

两天后，我收到南京外交总长王宠惠的一份电报说：中华民国政府对北京及其附近各地发生的骚乱感到惋惜，它对该局势承担责任，正在派遣援军帮助当选总统恢复秩序。同时，英王陛下驻上海总领事来电说：民军当局正在从汉口、浦口和烟台派遣部队，并为此项目的而租用英国各轮船公司的轮船。据烟台代领事说，该口岸也即将派出部队。这个步骤不但远远没有恢复人们的信心，此地的人们反而对它感到极为不安，因为它制造新的混乱的可能性超过了它有助于恢复平静的可能性。

我于3月6日获悉,第二十镇的两个标已奉命自唐河开往天津,可能于当天夜间启程。因此,我感到应不失时机地设法取消这些部队的调动。各国驻天津指挥官已经于3月5日举行会议,他们在会议上决定:应不允许中国部队进入天津周围二十华里以内的地区,并对总督发出相应的通知。如果中国军队进入该地区,军衔最高的日本指挥官阿部少将将提出抗议。如果此举未能奏效,则将对他们采取敌对行动。

鉴于已经出现的局势,我于次日上午召集一次外交团会议;同时,我要求袁世凯取消自唐河调动两标部队的命令。我还指示波特先生警告烟台都督说:不允许任何类型的中国军队进入天津周围的禁区;各国指挥官正严厉执行此项禁令。

在第二天举行的外交团会议上,我的同事们同意我所采取的行动。袁世凯和烟台都督已各自取消了颁发给军队的那些命令,但为了加倍保证各国在天津的利益不致遭受我们能够加以防止的任何危险起见,我们签署了一项联合的不具名备忘录送交当选总统,提醒他记住我们于1902年同庆亲王订立的协议。我荣幸地附上我们那份备忘录的副本。

我没有听到关于拟自汉口和浦口派遣军队的任何其他消息,我想很可能是他们至少在目前已放弃该计划。

朱尔典谨上　1912年3月11日于北京

附件:禄福礼致朱尔典函

阁下:

我荣幸地报告关于本月2日至3日夜间大部分天津城遭到焚掠的情况。

最近北京发生骚乱的消息,显然使天津的下层社会人士感到激动;中国陆军第三镇中一些闹事的士兵,于本月1日和2日自北京乘火车前来天津。人们认为,这些士兵是在我们这个地方发动骚乱的首要分子。天津消防队人员和地方团练以及下层社会中的暴徒同他们相会合。中国警察部队显示出完全没有能力应付局势,据说他们中间有许多人曾协助抢劫和纵火行为。

骚乱自晚间十时左右开始，通宵持续不断。抢劫者反复向空中开枪，以恐吓他们想进行抢劫的那些房屋的住户，但打死人的情况是比较少的。他们从四面八方放火焚烧房屋，有好几条主要的贸易街道化为灰烬。

从他们对城内最富庶的商业区进行袭击看来，似乎在某种程度上是有组织的。抢劫者显然是受那些了解被选择进行抢劫地方的特征的人们指引的。

没有一个衙门或警察哨所遭受损失。前者有重兵防守；后者没有任何引诱人的东西。暴徒们并非野蛮粗鲁的，他们仅热衷于抢劫。他们中间携带武器的人数是很少的。

北洋铸钱局完全被火焚毁，它的那些贵重机器遭到破坏。该处有大批白银，据说达四十五万元，都已被抢劫者所获得。

天津城警察总局曾在夜间打电话给各国租界巡捕房，吁请帮助平息骚乱。各巡捕房显然不可能接受这些要求。各国军队处于戒备状态，协助各租界巡捕防止闹事者进入租界。

为了回答要求提供保护的呼吁，一支莎美西郡轻步兵分遣队奉命在午夜前后自租界车站前往天津城车站。他们非常及时地抵达该处，以阻止一批持有步枪的士兵的袭击。如果火车站及其办公室遭到抢劫，他们将获得丰富的赃物，因为该处大约存有八十万元。负责保护该段铁路的法国军队，于第二天早晨替换了莎美西分遣队。

本月3日，城内的绅士们在总督衙门举行了一次会议，后来通过巡警道向领事团呼吁，要求获得各国部队的帮助，夜间维持城内的秩序。

领事团于该日召开会议，原则上赞成提供这种帮助，如果可能的话，但把采取步骤的方式留待各国部队指挥官决定。直到目前为止，各国指挥官考虑到他们指挥下的部队人数和他们必须保卫的各国租界的广大范围，以及中国哗变部队进攻各国租界的可能性，所以不认为因上述目的派出任何部队是可取的。

自那次骚乱以后,天津城昼夜都保持平静。它的贸易目前处于瘫痪状态。在最有利的情况下,它恢复过来也将需要相当长的时间。晚上八时以后停止一切交通。人们感到极为不安,担心可能重新发生抢劫。各租界由各国部队很好地加以防守。

《英国蓝皮书有关辛亥革命资料选译》,第501—504页

(二)列强承认中华民国问题

说明:自辛亥革命以来,革命政府就致力于争取列强的承认。但南京临时政府的努力并没有取得效果。列强所关注的是谁最适合做他们在华利益的代言人。最终,经过讨价还价,终于一致承认了以袁世凯为大总统的中华民国政府。由于"承认"问题与列强在华利益纠缠在一块,因此,中华民国获得承认的过程就成了列强攫取更多在华利益的过程。

尼拉托夫致勃罗涅夫斯基电
1911年10月13[26]日

第1601号。

据报纸报道,日本正准备对中国进行可能的远征。半官方报纸《日本时报》①载文称,如中国政府不能够恢复秩序,日本将自行采取措施,维护其在华利益。

日本对中国事变的态度以及日本可能干预此事变,使我们十分关注,我们希望从尊处得到有关该问题的尽量可靠、全面的情报。

---

① 原文为 *Japan Times*——译者。

我们已接到驻汉口总领事来电①，内称：中国革命军都督黎将军已将战时禁制品清单知照当地领事团，准备没收运载战时禁制品的船只。您可以该电为借口，就上述问题同外务大臣进行会谈。各国领事业以第三者身份回便函称：他们将把黎将军这一声明呈报本国公使。

但鉴于政府当局不在当地，各国领事认为，今后同黎将军的事务性联系是不可能回避的。

关于此事，我已致电廓索维慈，倘别国使节赞同此事，则我们将不会阻碍建立此种联系。但我已经表示，北京外交团应将此等情况照会外务部，说明这并不意味列强承认革命政府。

黎将军曾就宣布一些物品为战时禁制品以及驻汉口各领事同革命党关系问题发表一项声明，请秘密探询外务大臣，日本政府对此项声明持何态度。并请附带说明，无论对这些个别问题，或对是否承认中国革命军为交战一方的共同性问题，我们均希望同日本政府确立共同看法②。

尼拉托夫

《俄国外交文书选译(有关中国部分 1911.5—1912.5)》，第 140 页

孙文致法国政府电③

1912 年 1 月 11 日

巴黎。外交部长转法国政府：我荣幸地通知您，张翼枢先生现被任命为中华民国临时政府驻法国政府全权代表，为的是使两个姊妹共和国能建立友好关系，并能为推进文明及发展工商业而共同努力。孙文。

《孙中山全集》第 2 卷，第 16—17 页

---

① 廓索维慈在 10 月 12[25]日第 657 号电中，将上述奥斯特罗维尔霍夫来电内容报告了尼拉托夫(该电内容如本文件所述)。是日廓索维慈以第 659 号电报告称，一些国家的领事以及英国领事"已被允许不必回避同革命当局必要的来往"。

② 勃罗涅夫斯基基于 10 月 17[30]日第 206 号复电中称，日本驻汉口领事于必要时有权同黎将军进行公务联系，"并预先声明，这绝不意味承认革命军为交战一方问题已获得解决。解决该问题刻下为时尚早。目前尚无一个政府提出该问题"。

③ 原文系法文，此为译文。

英国驻日大使与外务省石井关于清帝逊位后
建立共和政府及其承认问题的谈话纪要

1912 年 1 月 16 日

明治四十五年一月十六日，英国驻日大使前来外务省访问，由右井外务次官出面接见。对方所谈要点如下：

（一）英国驻清公使朱迩典来电（第一次）要点：

一月十一日，袁世凯之股肱梁士诒①前来访问，秘密谈称：所有各方面都已达到同一结论：为推进时局之解决，除皇帝逊位外别无他策。故在皇帝逊位后进而选出共和国大总统之前，只好设立临时政府，由袁世凯掌理国政。但临时政府成立时，各国政府是否能予承认，乃属一大问题。愿就此事恭聆贵公使意见。对此，本使答称：如此重大问题，本使并不处于发表意见之地位。梁氏更加压低声音，做为极端秘密之谈话言称：如贵公使所知，对于我国成立共和政府，日本国政府持有强烈反对意见。如果设立临时政府，最堪忧虑之问题，即在此等方面，云云。

对此电报，英国驻日大使已于一月十三日向其本国外务大臣发回电报，要点如下：

无论日本国政府对于清国成立共和政府持何等强烈之反对意见，但据本职观测，一旦共和政府宣告成立，而各国政府又迫于承认之际，日本国政府当不致有与我国政府分离而单独采取特殊态度之意向。

（2）英国驻清公使来电（第二次）要点：

一月十五日，袁世凯又派其秘书②前来访问，秘密告知本使称：皇太后当于数日内颁发上谕，宣告皇帝逊位，云云。

除上列往复电文外，英国外务大臣亦有电报致英国驻日大使，其要点如下：本大臣曾接获南京共和政府外交部长来电，言及成立共和政府，推举孙逸仙为大总统以及承认共和国等问题。对此，本大臣拟不给

---

① 时任清政府署理邮传部大臣。
② 原文为"书记官"。

予任何回答。

《日本外交文书选译——关于辛亥革命》,第 387—388 页

王宠惠致美国国务卿电

1912 年 1 月 17 日

中华民国政府业经成立。为了促进我们同外国的交往,使我们更好地履行国际义务,诚恳地向阁下陈明,及早承认我国政府将是贤明之举。

王宠惠

《中华民国外交史资料选编》(1911—1919)(一),第 8 页

沙查诺夫致本肯多夫、伊兹沃尔斯基、奥斯登·萨根、巴赫麦捷夫和勃罗涅夫斯基电

1912 年 1 月 5[18]日

第 37 号[1]。

中国革命政府外交总长来电请求承认该政府[2]。我估计,他已向列强提出此种请求,务请暗中探明,您的驻在国政府拟对此种请求持何态度[3]。

沙查诺夫

《俄国外交文书选译(有关中国部分 1911.5—1912.5)》,第 254 页

---

[1]　御览件。

[2]　见第 318 号文件。

[3]　本肯多夫、伊兹沃尔斯基和巴赫麦捷夫复电称:伦敦、巴黎和华盛顿已收到中国革命政府外交总长的类似电报,但三国政府均决定不予理会,静观事态进一步发展(1 月 7[20]日伦敦第 4 号电,1 月 7[20]日巴黎第 5 号电和 1 月 6[19]日华盛顿第 1 号电)。奥斯登·萨根在 1 月 7[20]日第 3 号电中称:中国革命政府屡次向柏林内阁提出同一请求,内阁仍不予理会。最后,勃罗涅夫斯基在 1 月 7[20]日第 1 号电中报称:日本政府亦收到王宠惠来电,勃罗涅夫斯基在电中还转告说,日本政府已收到"同样内容的第二通请求电",并且"拟对两电均不予理会"。

沙查诺夫致本肯多夫、世清和勃罗涅夫斯基电
1912 年 1 月 5[18]日

第 38 号。

日本大使告诉我,日本政府已得到可靠情报,中国革命军即将从南满某个港口登陆,并从该港开赴北京①。因此,革命军将占领连接南满和北京的交通线,并截断驻旅顺口日军与中国首都的联系。为防止发生此种情况,日本政府决定占领关外铁路,并希望事先取得我国同意。

我提出忠告,要谨慎从事,以免激起列强反对,并请求在占领关外铁路前几天预先通知我国,使我国能为此事作好舆论准备。我还表示,希望日军在无须占领时立即从该线撤走。大使答称,当然,他的政府无妨就这两点给我国以肯定答复。

至于伦敦,务请暗中探明,英国政府对日本上述想法持何态度。据本野男爵称,前些时候英国政府已表示同意日本人占领关外铁路。

至于东京和北京,上述情况仅让你们个人知悉。

沙查诺夫

《俄国外交文书选译(有关中国部分 1911.5—1912.5)》,第 254—255 页

王宠惠致葛雷电
1912 年 1 月 19 日

清廷将退位,盼即承认民国政府。

《中华民国史事日志》第 1 册,第 11 页

世清致沙查诺夫电
1912 年 1 月 7[20]日

第 30 号。

---

①　萨莫伊洛夫在 1 月 6[19]日第 14 号报告中称:日本陆军省获悉:中国革命党拟将其活动转至满洲。

第 2 号①。

无论袁世凯被起用后所起的真正作用如何,目前对下述一点大概不能怀疑,他认为,当前自己的任务是在中国最易接受的条件下尽快使列强承认中国新政体。袁氏的主要理由是,为了外国人自身的利益,必须恢复国内秩序。我和一些同僚交换意见后,明确了一点,即最终承认任何新政府要有一定条件。日本公使特别明白表示了这层意思。法国公使曾私下向我阐发下述意思:列强必须按照彼此协议确定一些原则,以保障外人在华共同权利,惟有新政府接受这些原则时,始同意予以承认。此种办法可以防止列强为争相取得某种利益,甚至可能是无关重要的利益而单独承认。在我看来,除非以最笼统的方式,否则事先说服列强并不是一件轻而易举的事。此种方式在修改通商条约时对我国也许有某种好处,因此,首先只同日本,尔后再同英法两国交换意见也许较有道理。英法两国代表目前仍以尽快使中国局势恢复正常作为本国政府的基本方针。我国方面本可提出这样一个理由:在与我国毗邻的中国漫长边境地区发生的动乱,迫使我国在承认中国任何新政府时要提出特殊的附带条件,不仅要求确认我国已经取得的各项权利,而且要求保证我国同北京现政府目前谈判的正常进行和圆满结束,并解决目前需要解决的问题,此种要求对我国是必不可少的。恳请尊贵的阁下下达原则性指示,以便和同僚会商。

世清

《俄国外交文书选译(有关中国部分1911.5—1912.5)》,第256—257页

沙查诺夫呈尼古拉二世奏章②

1912 年 1 月 10［23］日

据来自北京的消息称,大清皇帝即将退位并授命袁世凯组织中国

---

① 看来,世清将第29号电以第1号拍发了。

② 载《红档》杂志,第18期,第88页。

新政府,这向列强提出了承认此新政府的问题。我国代办通过私下交谈业已探明,列强对中国事务最为关心,其驻北京使节认为,有必要承认袁世凯政府,但须以保障外人在华权利为条件①。可以认为,袁氏在某种程度上将不得不表示愿意接受上述要求,因为袁世凯政府不能指望中国人普遍的和无条件的同情,而又急需款项,即急需外国贷款来平定内乱,该政府稳固与否,在颇大程度上取决于列强对它的态度②。

列强当中,俄日两国对袁世凯尤为重要,它们是中国的邻国,在中国有远比其他各国重要的政治利益。因此,俄日两国应利用目前特别有利的时机,以巩固其在华地位,并制止中国政府近年来所追求的,旨在反对俄日两国上述重大政治利益的政策。

此种政策曾使俄国政府产生一种想法:最好以武力割取中国某些地区来巩固我国在远东的地位,以防在我国力量必须集中到其他外交活动范围时这些地区出现麻烦。然而帝国政府认为,割取和兼并中国大片领土是不得已的措施,所以我们在不断寻求不致引起许多严重恶果的解决办法。此刻中国正在组织新政府,需要我国承认和支持,这正是通过外交途径获得此种解决办法而又不侵犯中国领土的有利时机,至少,在尚未就寻求上述解决办法作一番尝试以前,不能放过此种机会。

在我们关注的中国政治问题中,满洲问题居首位。中国政府在反对我国在满洲的地位方面特别卖力。我国首先应借此机会力求在满洲自卫,防备中国人这种敌视我国的活动。因我国和日本在满洲的利益是一致的,我们两国曾就满洲问题签署了 1907 年和 1910 年政治协约,故在此问题上目前我们需要与日本政府共同行动,显然,这可以使我们

---

① 见第 376 号文件。

② 世清在 1 月 8[21]日第 4 号紧急报告中顺便对沙查诺夫写道:新政府在开始阶段必须考虑中国的财政困难。"因此,一旦关于破坏中立的问题不复存在,中国人就会重新设法举借外债,以应急需,并顺便建立某种必要的秩序,以整顿财政。对此,外国债权人不会漠不关心"。

两国的任务易于完成。还应指出,袁世凯及革命党均向我国驻北京公使暗示,他们可能承认我国在满洲的地位。由此看来,承认的基础已经具备。

通过事先与日本谈判,确定俄日两国对此问题的要求,无疑最易于实现这种承认。我国的这些要求似应归结如下:中国允诺在下述问题上按照与我们的协议行事:(1)关于在满洲及与其毗邻的内蒙古的铁路建筑问题;(2)关于中国军队的人数及部署问题,从承认我国在满洲的地位继而应提出;(3)中国政府承认东省铁路公司不仅有权单独管理铁路业务,而且,正如中国人所确认的,有权管理铁路用地全部行政的问题。这三点在提交中国之前应清楚拟就。

将上述三点用于日本人在满洲的势力范围,惟有铁路建筑一项可能使日本人关注,因中国的装备不致使他们担心,而他们对自己在南满铁路用地的地位亦没有理由抱怨。应该料到,日本人将把承认袁世凯政府和对他们更为重要的问题——关东租借期限问题联系起来,并希望延长租期,即超过让给俄国使用的二十五年限期:此种要求丝毫未侵犯我国利益,故我国没有理由反对。

由于承认中国新政府而希望解决的另一问题,是修改《圣彼得堡条约》问题。如果我国得到中国保证,在修改该条约时保留其要点,使条约成为我国在中国长城以外地区进行政治活动的工具,则我们不仅能保证我国在该地区的通商利益,而且在颇大程度上可预先决定我国所希望的关于蒙古问题的提法:以自治区形式将蒙古留在中华帝国之内。该问题过于复杂,仅涉及俄国的纯政治利益,而且违背中国领土不可侵犯原则,因中国人若不同我国达成协议,便不可能恢复他们在蒙古的统治权,而恢复此种权力的条件又将由我国决定,故该问题可留待日后彻底解决。

向中国提出上述要求之前,我们应同日本政府商妥,并拟定俄日两国将要提出的各项要求,以便随后共同努力坚决要求中国政府在俄日两国承认它之前接受这些要求。倘若我们与日本人一致行动,特别是我们事先若取得盟国法国的同情,而日本人事先若取得其同盟者英国人的同情,则可望我们的谈判取得成功。

沙查诺夫

同意。

1912 年 1 月 10[23]日于皇村
《俄国外交文书选译(有关中国部分 1911.5—1912.5)》,第 257—259 页

沙查诺夫上沙皇奏[①]
圣彼得堡,1912 年 1 月 10[23]日

由北京方面传来清朝退位及命袁世凯在中国组织新政府的消息,提出了列强对此一新政府的承认问题。我国代办已用私人谈判方式表明,列强驻北京代表中最关心中国事务者认为承认袁世凯政府的条件是保证外国人在中国的权利。可能认为袁世凯将被迫在或此或彼的程度上去迎合对上述要求提出保证,因为其政府地位的巩固与否,并不能倚靠中国人的一般的及无条件的同情,而是首先需要金钱,即需要外债来镇压内乱,所以在相当程度上将决之于列强对它的态度。

列强中以俄国和日本对袁世凯特别重要,它们是中国的邻国,在中国有政治利益,以重要性而论,远较其他列强的政治利益为优越。因此,俄国和日本将特别利用目前的有利时机,以便巩固自己在中国的地位,并消灭最近几年来中国政府所追求的政策,因为此种政策是反对俄国及日本的上述头等重要的政治利益的。

此种政策已使帝国政府想用武力及把中国的若干地区割据来巩固我国在远东的地位,以便当我国力量必须集中在我国外交政治活动的其他方面时,在这些地区不致有发生纠纷的危险。可是帝国政府认为割据并兼并中国的广大领土只是非常的措施,并且我们经常在设法希望不致有这么多和这么严重不良后果的解决方法。就因为要由外交方

---

① 奏文上尼古拉二世亲笔批:注"赞同",另批,"1912 年 1 月 10 日[23 日]于沙皇村"。

式,并不致破坏中国领土的不可侵犯性而得到解决,所以现在当中国新政府正在组织之际,需要我国的承认及支持时,是这么一个有利的时机,我们不能放过这个机会,至少不致放过达到上述解决的企图。

我国所注意的中国政治问题中,满洲问题占第一位。中国政府特别积极和我国在满洲所占地位这方面作斗争。我们应首先利用时机在满洲保卫自己不使中国人能对我们作敌视活动。而且因为我国在满洲的利益与日本的利益符合,并且我国和日本关于满洲在一九〇七年及一九一〇年订有政治协定,那么在此一问题上我们应和日本政府共同行动,这样显然可以使我们的任务要容易得多。并且还应注意,袁世凯及革命党都曾对我国驻北京公使暗示可能承认我国在满洲的地位。因此,此一问题的基础业已具备。

对于情况的这种认识,无疑最好先和日本谈判,规定我国和日本对此一问题的愿望。我国方面的这些愿望似乎应归结如下:中国应依照和我们的协议对下列问题负有义务:一、有关满洲及毗连满洲的内蒙古的铁路建筑;二、有关中国军队的数目及布置。然后因为承认我国在满洲的地位,应该使三、中国政府承认东清铁路公司有权不仅如中国人所确认的独自管理铁路事业,在铁路地带还有全部的行政权。所有这三点在对中国宣布之前应明文规定。

日人在应用上述三点于其满洲的势力范围时,可能只关心其中的铁路建筑:中国的武装不致引起他们的顾虑,他们在南满铁路地带的地位,没有什么抱怨的理由。必须想到日本人会把承认袁世凯政府的问题和对他们较重要的问题联结起来,如关于关东租借期问题,并希望延长租借期超过二十五年——让给俄国利用关东的时期。此种要求毫不损害我国的利益。因此我们没有理由反对它。

关于承认中国新政府时最好应解决另一个问题——修改圣彼得堡条约。假使我们能使中国在修改此一条约时能保存其基本特征,利用这些特征使条约成为我国在中国关外地方政治活动的武器,那么我们不仅保证了在此一地区的商业利益,并且在相当程度上预先解决我们所愿意提出的蒙古问题,即使蒙古成为中华帝国中的自治区域。此一问题的最后解决太为复杂,并且只专门涉及俄国的、纯政治的利益,是违反中国领土不可侵犯性的原则的,可能搁置到最后时机,因为中国人如不和我们获致协议,是不能在蒙古重建其政权的,而我们将操纵恢复此一政权的条件。

对中国宣布上述要求之前,我们应和日本政府获致协议,并和它规定我们及日人要宣布的要求的各点,以便在俄国和日本承认中国之前,用共同力量坚持中国政府接受。和日本行动协调时,我们可能估计到我们谈判的成功,尤其是我们得到我国盟国法国、日人得到他们同盟者英人的同情保证时。

沙查诺夫

《红档杂志有关中国交涉史料选译》,第365—368页

本野致内田电
1912 年 1 月 24 日

第23号。

第14号来电敬悉。

本职于一月二十四日往访外务大臣,面晤交谈,本职首先按照尊电所示旨趣,就南、北满洲分界线以及划分内蒙古势力范围问题,详加说明,然后将尊电第15号所示协约草案(已改用法文写成)当面交与该大臣。该大臣一读之后言称:对于满洲、蒙古等方面地理情况,本大臣不甚熟悉,当仔细研究,而后奉答。以下所谈意见,虽然尚不成熟,不足以构成俄国政府之相对方案,但本大臣个人认为,日俄两国在划分内蒙古势力范围时,如能在两国势力范围中间设定一中立地带,较为适宜。本职答称:据本使个人意见,设定中立地带是否合宜,不免稍有怀疑。但贵国政府若做为对案提出,本使可立即报请本国政府充分考虑,而后奉答。根据上述谈话情况推测,今日该大臣所述意见,日后很可能做为俄国政府之对案提出,故我政府亟应及早加以研究。

其次,话题转到满洲问题之解决,据该大臣秘密告知:该大臣已将屡次与本职交谈情况奏禀俄皇,并以该大臣个人名义建议,应该乘此时机与日本国政府就此重大问题严肃交换意见,深得俄皇嘉许,等等。据云,俄皇已降谕着手与我国政府交换意见,并曾面谕该大臣:目前俄日两国关系融洽,正是解决满洲问题之良好时机,云云。对此,本职提出反问:关于这一问题,帝国政府一如以往所述,准备随时加以充分研究,然后与贵国政府推心置腹,交换意见。不知贵国政府认为此时有何问题需要提出磋商? 外务大臣答称:虽尚未有明确成案,但据清国目前形势观之,新共和政府有可能于近期内成立。共和政府一旦成立,必然要求各国政府予以承认。届时日俄两国可否做为承认新政府之交换条件而进一步要求巩固两国在满洲之权利? 例如,日本国政府要求延长辽东半岛租借年限,俄国政府要求赋予北满洲铁道敷设权,等等。以上所述,不过临时举例而言,只要日本国政府同意如此进行,则除此之外发见其它条件,亦非难事。不知贵大使意见如何? 对此,本职答称:此种做法,固不失为进一步巩固日俄两国在满洲所享既得权利之手段之一,但此时此刻如此进行,是否合于当今时势,尚须研究。该大臣继续言称:今日所谈,无非本大臣个人之临时设想,如欲继续进行磋商,本大臣颇愿得知日本国政府持何意见。故希将本大臣今日所谈概要,转告贵国政府,以探明贵国政府之意向所在。本职答称:当尽速电告东京。旋即辞去。

根据俄国外务大臣今日谈话口气,本职获得如下印象:对于满洲,俄国政府虽亟欲推行其一贯政策,但目前迫于欧洲现状,又不得不尽量采取温和手段,以图徐徐达到其目的。据本职浅见,当前欧洲局势甚不稳定,各国政府已将其注意力由远东事变……(电文脱落)。因此本职确信,我国如欲采取断然措施,此正其时。对于俄国政府,帝国政府究应选择何种时机向其表明意见,姑可另做别论,但本职同俄国有关当局商谈时,则须时时注意争衡策略,故帝国政府关于此问题之方针一经确定,即希急速电示,以便有所遵循。

《日本外交文书选译——关于辛亥革命》,第388—390页

内田复本野电

1912 年 1 月 31 日

第 20 号。

第 23 号来电收悉。

关于俄国外务大臣所谈承认清国共和政府问题,因事关重大,帝国政府正在慎重考虑中。帝国政府认为:承认问题,应视新共和政府之性质如何而定。对于清国当前局势,迄今为止,各国政府均以维持国际协调为原则,故对新政府宣告承认时,势必亦将采取协同步调。届时,日俄两国政府若单独维持双边联系而与它国分离,另行采取完全不同之立场,究竟是否有利,则须深加研究。基此,帝国政府认为,在承认问题上,日俄两国政府应与其它各国保持同一步调。至于满洲问题,则应经两国商讨后,与承认问题区别开来,采取适当办法加以解决,乃为妥善。希我大使体察此意,选择适当时机向俄国政府当局言明:关于承认问题,帝国政府正在审慎考虑中,并充分向对方说明,上述各点亦须深入加以研究,等等。藉以探索对方意向所在。

《日本外交文书选译——关于辛亥革命》,第 390—391 页

本野致内田电

1912 年 2 月 5 日

第 27 号。

尊电第 20 号奉悉。

本职于二月四日往访外务大臣,首先按照尊电所示旨趣,详细说明承认清国共和政府应与解决满洲问题分别加以考虑,然后做为本职个人意见提出询问,略谓:如按贵大臣旨意,提出某些问题以为承认共和政府之条件,倘若遭到清国政府拒绝,又将如何对处?该大臣闻言后,一时露出为难神色,旋即答称:如遇此种情况,只好由俄日两国另行协商处理。本职继又提问:对于清国共和政府,如果各国政府俱不承认,问题自当别论,倘若其它各国政府俱已准备承认,惟独日俄两国政府以

清国不肯接受我方条件为理由而拒不予以承认,以至长期延宕,究竟是否得当? 况且一旦提出条件,即须下定决心,不惜采取任何手段迫使对方接受。倘若无此决心,而为清国政府所拒绝,最后撤回所提条件,未免对两国国威大有损伤。倘或遇到此种情况,不知贵国政府是否已有决心不惜采取任何手段以求强行贯彻? 该大臣答称:如果使用武力贯彻我方要求,则需再加考虑。如前次面晤时所谈,对于满洲问题,本大臣希望尽量通过和平手段予以解决。本职遂又提问:贵大臣所抱和平主张,究竟止于何种范围? 俄国政府同日本国政府采取共同行动,又能共同到何种程度? 本职因亟欲藉此机会尽量探明对方底意,故又以不使帝国政府承担任何责任为前提,将话题推向深入,略谓:据本使个人所见,若想完全通过和平手段使满洲问题朝向对日俄两国有利之方向解决,无论如何亦不可能。因此,日俄两国如欲达到预期目的,只好抓住时机。关键在于时机如何。本使个人认为,目前清国现状恰恰预示着此种时机即将到来,如果失之交臂,良机恐难再得。关于解决满洲问题,帝国政府究竟意向如何,本使尚不确知;同时,亦能理解贵大臣也不处于代表俄国政府向本使言明俄国政府意见之地位。然而日俄两国如不互通意志,甚至连本国政府抱何希望都不肯透露,就无论如何也不可能达到交换意见之目的。倘若贵大臣不愿做为个人意见告知帝国政府,则本使可在不使阁下承担任何责任的范围内,仅做为本使与贵大臣个人交谈所得之印象而秘密告知内田子爵。关于解决满洲问题,贵大臣究竟有何设想,本使深愿聆闻一二。该大臣闻言后稍做深刻思考,然后言称:此事极关重大,非经与内阁各成员充分商讨,不能以个人身份发表意见。但在当前情况下,一方面如贵大使所言,错过时机,甚为遗憾;另一方面,鉴于目前欧洲形势以及俄国国内政治情况,对于远东局势,又不得不希望尽量通过和平手段加以收拾。昨今两日,本大臣因事出席议会,得有机会与各位议员屡屡交谈,已看出俄国舆论不仅不愿在远东酿成事端,甚至有人担心俄国是否将受日本之牵引而卷入漩涡。基于上述情况,日本国如在其自国势力范围内采取自由行动,俄国政府自然不会提出异议,也无理由提出异议,但总希望尽可能不要诉诸武力。当然,清国局势今后如何演变,实堪忧虑,故须预先充分加以探讨,等等。

总之,根据俄国外务大臣今日所谈情况以及本职屡次所提报告,想我政府已不难基本掌握俄国政府关于解决满洲问题所持态度。今后如欲使其拿定主意,只好由我国首先拟定方案,然后明确提出我方希望,以迫使对方同意,否则俄国政府看来不会轻易有何动作。希即斟酌此种情况,适宜筹划,以决对策。

此外,关于延长南、北满洲分界线以及划分内蒙古势力范围问题,俄国政府尚在考虑中。但据外务大臣向本职透露:以张家口至库伦间之大路为分界线,俄国军人当中似有不少人持反对态度。

谨此电闻。

《日本外交文书选译——关于辛亥革命》,第391—393页

汪大燮致内田函①
1912 年 2 月 12 日

第 74 号。

敬启者:兹奉本国外务部电到:本月二十五日,内阁钦奉上谕一道。另纸照录,即希贵大臣察照为荷。专此,敬颂日祉。

外务大臣子爵　内田康哉阁下

大清国出使钦差大臣

汪大燮　印

宣统三年十二月二十五日

附件:清帝退位上谕(电报抄件)

宣统三年十二月二十五日(一九一二年二月十二日)

---

① 说明:此件,原书用中文刊出,标点为译者所加。已核对其他中文资料,有几处出入,见注释——译者。

北京内阁来电:

今日上谕:朕钦奉隆裕皇太后懿旨:前因民军起事,各省响应,九夏沸腾,生灵涂炭。特命袁世凯选员[1]与民军代表讨论大局,议开国会,公决政体。两月以来,尚无确当办法,南北暌隔,彼此相持,商辍于途,士露于野。徒以国体一日不决,故民生一日不安。今全国人民心理,多倾向共和,南中各省既倡议于前,北方诸将亦主张于后,人心所向,天命可知。予亦何忍因一姓之尊荣,拂万人[2]之好恶,是用外观大势,内审舆情,特率皇帝将统治权公诸全国,定为共和立宪国体[3],近慰海内厌乱望治之心,远协古圣天下为公之义。袁世凯前经资政院选举为总理大臣,兹当新旧代谢之际,宜有南北统一之方[4],即由袁世凯以全权组织临时共和政府,与民军协商统一办法。总期人民安堵,海宇乂安,仍合满、汉、蒙、回、藏五族完全领土为一大中华民国,予与皇帝得以退处宽闲,优游岁月,长受国民之优礼,亲见郅治之告成,岂不懿欤。

钦此。

《日本外交文书选译——关于辛亥革命》,第 393—394 页

北京外务部致各国公使照会
1912 年 2 月 13 日

电一

为照会事:宣统三年十二月二十五日奉上谕:朕钦奉隆裕皇太后懿旨,前因民军起事,各省响应,九夏沸腾,生灵涂炭,特命袁世凯遣员与民军代表讨论大局,议开国会,公决政体。两月以来,尚无确当办法。南北暌隔,彼此相持,商辍于途,士露于野,徒以国体一日不决,故民生一日不安。今全国人民心理,多倾向共和,南中各省既倡议于前,北方

---

① "选员",中文资料为"遣员"。
② "万人",中文资料为"兆民"。
③ "共和立宪国体",中文资料为"立宪共和国体"。
④ "方"字,中文资料为"力"(中文见张国淦编著《辛亥革命史料》第 315 页)。

诸将亦主张于后,人心所响,天命可知。予亦何忍因一姓之尊荣,拂兆民之好恶?是用外观大势,内审舆情,特率皇帝将统治权公诸全国,定为共和立宪国体,近慰海内厌乱望治之心,远协古圣天下为公之义。袁世凯前经资政院选举为总理大臣,当兹新旧代谢之际,宜有南北统一之方,即由袁世凯以全权组织临时共和政府,与民军协商统一办法,总期人民安堵,海宇义安,仍合满、汉、蒙、回、藏五族完全领土为一大中华民国。予与皇帝得以退处宽闲,优游岁月,长受国民之优礼,亲见郅治之告成,岂不懿欤!钦此。相应恭录照会贵大臣、署大臣,转达贵国政府查照可也,须至照会者。

电二

为照会事:现在大清皇帝业已辞位,由前内阁总理大臣袁世凯以全权组织中华民国临时政府。兹奉袁全权命令,将原有之各部大臣均暂留办事,政名各部首领。所有中外交涉事件,仍由本部首领遵守各条约,照旧继续办理。一俟临时政府成立,再行知照,相应照会贵大臣、署大臣,转达贵国政府查照可也,须至照会者。

电三

为照会事:现在本国正在组织临时共和政府,所有现驻贵国出使大臣,暂改称临时外交代表,接续办事。除电知该员外,相应照会贵大臣、署大臣,转达贵国政府查照可也,须至照会者。

《中华民国外交史资料选编》(1911—1919)(一),第11—12页

汪大燮致内田函①

1912年2月13日发,同日收到

第1号。

敬启者:兹准本国外务部电开:

大清国皇帝业已辞位,我国改为共和政体,定名大中华民国。所有

---

① 此件,原书用中文刊出,标点符号为译者所加。

出使大臣改称临时外交代表,接续办事。国旗暂用红黄青白黑五色横道,横长方式。官服暂仿美国文官通用冠服,仍佩本国宝星。年号用辛亥、壬子字样,等因。特此布达,即希贵大臣察照为荷。专此,敬颂日祉。

外务大臣子爵　内田康哉阁下

大中华民国临时外交代表　汪大燮

辛亥十二月二十六日

《日本外交文书选译——关于辛亥革命》,第 395 页

本野致内田电

1912 年 2 月 14 日

第 31 号。

二月十四日本职与俄国外务大臣会晤时,该大臣言称:已接获俄国驻北京代理公使来电,内云:清国已成立共和国政府,胡惟德①已通知该代理公使转告俄国政府,并要求俄国政府予以承认,等语。关于承认该政府问题,俄国政府愿与日本国政府采取协同步调,故愿得知日本国政府意向如何。该大臣又做为个人意见谈称:目前,应对形势发展暂取静观态度,然后从容考虑承认问题,等等。本职约于二三日内再度与该大臣会晤。如果可能,希在下次会晤以前将帝国政府意向回电示知。

《日本外交文书选译——关于辛亥革命》,第 395—396 页

内田复本野电

1912 年 2 月 15 日

第 28 号。

第 31 号来电收悉。

关于清帝退位及其它有关事项,胡惟德亦曾通告我国驻清公使。

---

① 胡惟德时任清政府外务部付大臣暂署大臣。

但帝国政府尚不能据以认为此种通告即系要求帝国政府对共和政府予以承认。关于日俄两国政府今后就此问题进行协商一节,本大臣对于俄国外务大臣之意见表示完全同意。希即按此旨趣相应酬答为荷。

《日本外交文书选译——关于辛亥革命》,第 396 页

陆徵祥关于民国建立政体变更致外交部函

1912 年 2 月 16 日①

敬启者,变更政体事,业遵有电备文照会由徵祥面交沙外部,并询以本代表现奉北京临时政府命令,接续办事,贵大臣是否愿与接洽。彼称自是极愿。又告以此后遇有典礼,只能升用新旗。彼称自随尊便。又告以暂定官服系仿美国文官通制,彼笑称何不仿英,何不仿法,而独仿美。又询以此后本代表接续办事期间,照常酬应与暂勿酬应二者之中,贵大臣意见以何者为宜。彼称以吾所见,未经承认以前,敢以暂勿酬应为劝。又告以一切办法外交团中意见不尽相同,贵大臣既以暂勿酬应为劝,则礼从主人,本代表自必照办,但此次吾国政体之变更,与他国不同,谅贵国必乐观成。彼称目前情形自须先与各国接洽,但俄日两国与中国关系较密,应有特别利益。旋又杂询袁首领籍何省,并现时外务是否仍由胡大臣主任等情,均一一遵告而别。以上各情,徵祥曾先与领袖之义大使及瑞典公使等接洽,并博征意见,各人亦稍有不同,但均以为一切询明驻国外部在先必最妥洽,故昨均与沙外部接洽。比来夜不成寐,胃疾复发,勉力酬应,精神正苦不支,现拟即照抄外部意办理矣。除达可否准如所请之处,恳赐电示,俾有遵循。再俄国对于驻森外交官服之制,近适颁有新章,谨并译汉附呈,幸祈鉴察,再敢勋绥。陆徵祥再顿。

辛亥十二月二十九日

附俄字第十号

---

① 此件外交部收文日期为 1912 年 3 月 9 日。

附译稿一件

俄字第十号函

敬再启者:封函待发,适接艳电。此间礼服自应谨遵电示斟酌办理,惟该项礼服需费颇昂,且只在驻俄任内可用,森堡一切费用夙繁,各员月薪平日仅能敷用,近经徵祥竭力提倡,始将普通西服置备甫齐,正如宿酒未醒,若再添置礼服,大都力有不逮,而一经承认之后,遇有典礼,即不能不需用。除徵祥一人外,所有各员礼服之费,可否准其作正开销,由另款项下开支,以示体恤而资鼓励。此系俄馆特情,他国亦无可援例,非敢徇私市德,实系目睹隐情,不能不为。上经沁电奉达外,合肃详陈,祗敏新禧。陆徵祥顿首。

辛亥十二月二十九日俄字第十号

译稿一件(略)。

《中华民国史档案资料汇编》第三辑《外交》,第39—40页

沙查诺夫致世清电

1912年2月5[18]日

第240号。

关于波佩第88号电①。

照我们所确定的对中国发生的斗争不予干涉的共同原则,我们认为,倘若您未遇到反对意见,则最好对哈尔滨冲突中的任何一方均不予支持。

务请将您要给波佩的指示内容电告。我们将与财政大臣联系,以

---

① 驻哈尔滨总领事波佩在2月4[17]日第88号电中报称:是日,"深入傅家甸的革命党人解除了巡警分局和巡警局官员的职务,占领了大清银行。白天双方曾进行会商,革命党人向道台提出下述要求:(一)交出所有武器;(二)取消捐税;(三)交出捐税现款。会商时道台未作明确答复,嗣后革命党一位代表来到我处,请我说服道台,以免流血"。

便向东省铁路当局下达同样的指示①。

沙查诺夫

但是,我们显然不能允许在我国铁路界内有军事行动。

1912 年 2 月 5[18]日于皇村

《俄国外交文书选译(有关中国部分 1911.5—1912.5)》,第 286—287 页

勃罗涅夫斯基致沙查诺夫电②

1912 年 2 月 6[19]日

第 29 号。

我已将您寄来的本月 6 日照会及其附件内容知照我的驻在国政府。帝国政府在答复该照会时让我请您相信,帝国政府衷心赞同美国政府的意见:在当前危机中,为保护共同利益,一致行动的策略是有关各国最明智的策略。过去对此种策略就是这样理解和实行的,而且显然也是成功的。帝国政府认为,日后继续实行此种策略亦同样有益。据此,帝国政府断然声明,它将热烈支持此种策略。

勃罗涅夫斯基

《俄国外交文书选译(有关中国部分 1911.5—1912.5)》,第 288—289 页

---

① 科科弗采夫在 2 月 6—7[19—20]日第 146 号函中通知沙查诺夫,东省铁路局长霍尔瓦特在 2 月 4[17]日第 417 号电中向他报告说,中国革命党已占领傅家甸。由于傅家甸邻近铁路用地,霍尔瓦特将此举视为敌视俄国的示威,遂请求给予指示:"在我国承认新政府之前,是否应采取措施赶走傅家甸的革命党人,恢复当地原中国当局。"科科弗采夫在征询沙查诺夫的意见时表示,他认为俄国政府无权"将中国政权的任何代表从铁路用地以外的任何地方赶走",但认为,在铁路用地内必须"行动完全自主,不管当地中国当局是谁"。沙查诺夫在 2 月 8[21]日第 259 号电中通知波佩,科科弗采夫已按上述函件的精神向霍尔瓦特发出训令。

② 勃罗涅夫斯基是日第 28 号电中报称,他在本电中转述了日本驻美国大使对诺克斯照会(见第 456 号文件的附件)的复照本文。原件系用英文写成,现据俄译文转译。——译者

世清致沙查诺夫电

1912 年 2 月 7[20]日

第 178 号。

第 240 号电悉。

我将电告波佩：第 87 号电①悉。

照帝国外交部之原则性指示，我们既不宜干涉正在进行的斗争，亦不宜支持傅家甸冲突中的任何一方。因中国目前不存在任何合法政府，属于此派或彼派的政权并无任何区别。关于行政改变及官员更替的正式来文，暂且不要答复。如遇紧急事项，须同拥有实权的人物交涉，或以口头或以不具名文书致中国有关机关，要省去"帝国、大清"字样，我们应预先知照任何新政权，东省铁路严守中立，在该铁路范围内不能容许骚乱发生。务请将此电抄转霍尔瓦特将军及马尔蒂诺夫将军，并函告驻吉林及齐齐哈尔领事。

世清

《俄国外交文书选译(有关中国部分 1911.5—1912.5)》,第 291 页

科科弗采夫致沙查诺夫函

约于 1912 年 2 月 6—7 日[19—20 日]

第 145 号。秘密

谢尔盖・德米特里耶维奇先生阁下：

关东都督蓝天蔚在致外阿穆尔军区边防军司令马尔蒂诺夫中将函中发表一项正式声明。东省铁路局长于 2 月 4[17]日就此项声明发来一封电报②(第 420 号)。在随函抄送该电时，谨通知阁下，与此同时我

---

① 看来，波佩致沙查诺夫的第 88 号电是以第 87 号发往北京的。

② 据霍尔瓦特这封电报称，蓝天蔚在上述函中宣称："他奉命占领东三省，归附民国。"蓝天蔚继而表示："新政府将无条件承认所有借款及现行条约，所有外人及其财产，只要他们恪守中立，担保不受任何侵犯；如不守中立，违反一方将被视为敌方。"

已饬令马尔蒂诺夫中将,他如收到此类声明,应将其直接交与铁路局长处理。惟有铁路局长有权与地方当局交涉有关铁路事宜。同时致电铁路局长,向他重申:所有政治性问题,惟有我国领事代表有权处理;在我国政府承认中华民国之前,他——霍尔瓦特中将应避免采取任何重大步骤。

谨此报闻,顺致诚挚敬意

В·科科弗采夫

《俄国外交文书选译(有关中国部分1911.5—1912.5)》,第292页

日本驻彼得堡大使馆致沙查诺夫照会①

1912年2月8[21]日

绝密

一个稳固的、打算并有能力履行国际义务的中国新政府建立之后,列强的使命是承认新国家。鉴于中国目前形势,列强现在必须研究与此种承认有关的问题。在新形势下,保留目前外人在华享有的权利、特权及特惠是完全必要的。此等权利、特权及特惠大部分以条约义务为根据,但有一部分是由国家立法,或由惯例决定的。因此,希望列强在承认时,保证使新政府方面正式确认此等权利、特权及特惠作为补偿。同时,取得该政府对中国外债的正式许诺亦有裨益。在有资格得到承认的政府成立之前,列强遇有日常事务及地方性事务,必须由本国使节和领事与现有中国官员进行交涉。因此,帝国政府建议在上述问题上坚持一致行动原则(在目前危机中遵守该原则已收到明显成效),使列强在承认新政府问题上,同列强在迄今以前的活动问题上一样,能够一致行动。帝国政府还建议,在新政府担保完全保障列强在华共同权利和利益的条件下,才能予以承认。通过统一行动才能得到较为满意的保证,而且承认手续将相当简便。倘若列强接受上述建议,则帝国政府

---

① 打字件。原件系用英文写成,现据俄译文转译——译者。

建议在该问题上给驻北京使节以必要的权力及训示。

《俄国外交文书选译(有关中国部分 1911.5—1912.5)》,第 292—293 页

关于向各国提议承认中国新政府条件一事大臣致山座

1912 年(明治四十五年)2 月 21 日上午 10 时 10 分发

第 55 号。

回顾中国形势之推移,尚难确定承认新政府之时期何时临近。在此之际,应该陈述帝国政府关于承认新政府之见解,以征求各国政府之意见。至于交涉之顺序,应以英、美、俄三国政府为最先,然后才是其他国家。贵官应尽可能迅速会晤所在国当局,并秘密递交致驻俄大使电报之三十三号英文备忘录,以征求所在国政府意见,对方如何答复,望来电详细告知。上述将由驻俄大使转发之致该大使之电报三十三号,可作为训令,转发至驻美代理大使。对于驻俄大使以外之驻欧洲各国大使,可作为极密将密电码原封邮寄,并望转告他们:在接到本大臣电训之前,不得采取任何行动。

中国组成强有力之新政府,且中国政府显示其有意并有实力履行属于该国承担之各种国际义务之时,各国应对新国家予以承认。但鉴于中国现状,此际在承认上述事项时,需要加以慎重考虑。

各外国人现在中国享有之一切权利、特权及豁免,在新制度下仍然继续有效,这是极为重要的。这些权利、特权及豁免主要基于条约之规定,但根据中国及各国国法之规定或历来之惯例行事者,亦不在少数。故各国在承认之际,应使新政府正式承认这些权利、特权及豁免,方为上策;同时,应使新政府正式承诺,以前中国所负担之外债,由新政府继承之。

在组成一个有资格获得承认的政府之前,各国需要其代表及领事官与表面上代表中国政府之人进行交涉,以处理日常事务及地方事务。帝国政府提议:本次事变发生以来,各国恪守共同行动之原则,并由于恪守共同行动之原则而产生了显著效果。将各国共同行动之原则适用于上述问题,即承认新政府问题并在承认新政府之前采取任何行动时,

各国完全步调一致。帝国政府更希望进一步提议：以中国做出保证来充分保护各国在中国之共同权利及利益为条件承认新政府。帝国政府认为：如此一来，各国采取同一行动将比采取单独行动更能享受有利之保障，并可大大提高承认新政府之速度。如果上述提议承蒙各国政府采纳，则帝国政府殷切希望：各国政府对其驻北京代表给予处理这一问题之必要权限及训令。

《日本外交年表并主要文书》（1840—1921）（上），第367—368 页

内田致本野电

1912 年 2 月 21 日

第 34 号。

关于第 23 号、第 27 号来电以及本大臣前发第 20 号电所述问题，鉴于目前中国形势演变，迫使吾人承认新政府之时期迟早终必到来。按目前形势观之，在承认问题上，日俄两国与其它各国分离而采取单独行动，实欠妥当。因此，帝国政府认为应采取各国共同承认方针，即日俄两国与其它各国同时对新政府表示承认，较为妥善。本此宗旨，帝国政府希望与各国政府先就此事进行内部磋商。望我大使急速往访俄国外务大臣，向其说明上述意旨，并将另电第 33 号备忘录，作为帝国政府之设想秘密手交该大臣，藉以向俄国政府征询意见。如我大使认为有益，亦可同时向该大臣秘密透露下列情况：帝国政府基于以往与英美两国间之种种关系，认为此事既已与俄国政府商谈，即不得不同时告知英美两国政府。故另电所开备忘录，将经由我国驻英美两国代理大使提交各该国政府，藉以向英、美两国政府征询意见。又，此项备忘录，既经与俄、英、美三国政府先行磋商，将来难免有进一步与其它各国政府，至少与德法两国政府进行商谈之必要。此点，亦请俄国政府事先有所谅解。对方对此有何反应，希即详电告知。

另电第 33 号，希急抄转我驻英大使。

《日本外交文书选译——关于辛亥革命》，第396—397 页

日本国政府备忘录

1912 年 2 月 21 日

当中国建成巩固之新政府,而此新政府又能显示出具有履行该国所承担之各项国际义务的意志和实力时,各国即应对此新政府予以承认。但鉴于中国目前现状,各国政府应在此时先就有关承认之各项问题加以慎重考虑。

在新制度下,各外国人仍继续保持其在中国所享有之一切权利、特权及豁免权,至为重要。此等权利、特权及豁免权,其主要者虽均有条约可为依据,但以中国及各外国之国法规定或过去之惯例为依据者亦复不少。故各国在宣布承认时,为慎重起见,应使新政府对此等权利、特权及豁免权等明确表示正式承认。同时,应使新政府郑重言明:对于中国过去所负担之一切外债,新政府将继续承担责任。

在具有足以取得各国承认之资格的新政府成立以前,各国政府有必要指令其本国代表及领事与表面上可以认定为中国官员者进行接触,以处理日常事务及其它地方性事务。为此,帝国政府提议:各国政府在承认问题上,亦应遵循自此次变乱发生以来一直为各国政府所共同恪守、并已取得显著成效之共同行动准则——即在承认问题上以及在正式承认以前所应采取之步骤上,各国政府应完全保持统一步调。同时建议,各国政府应进一步促使新政府做出足以说明其真正维护各国在中国的共同权利及利益之充分保证。然后以此为条件予以承认。帝国政府认为:各国政府如能采取上述统一行动,当能取得较各国单独活动更为有利之保障,并能促进承认之早日实现。

上述建议,各国政府如肯采纳,即望各国政府向其驻北京外交代表发出训令,并授以处理此项问题所必需之权限。

《日本外交文书选译——关于辛亥革命》,第 397—398 页

内田致山座电
1912 年 2 月 21 日

第 55 号。

鉴于目前中国之形势演变,迫使吾人承认新政府之时机何时逼来,实难逆料。当此时机,帝国政府拟首先披陈所见,藉以向各国政府征询意见。关于交涉程序,拟首先与英、美、俄三国接触,然后渐及于它国政府。希我代大使尽快往访英国有关当局,秘密递交本大臣致我驻俄大使第 33 号电报内开之英文备忘录,藉以向英国政府征询意见。对方有何反应,希即详细电告。本大臣致我驻俄大使第 33 号电将由该大使转致。希以政府之训令形式即速将该电转发我驻美代理大使。对于驻俄大使以外之我国驻欧各大使,则做为绝密文件以密码邮送,并请在末尾附加一句:在接获本大臣另电指示以前,暂不采取任何措施。

《日本外交文书选译——关于辛亥革命》,第 398 页

本野复内田电
1912 年 2 月 22 日

第 38 号。

谨遵第 34 号来电指示,本职于二月二十一日往访俄国外务大臣,按尊电所示旨趣详加说明后,即将我政府之备忘录手交该大臣。该大臣仔细阅读后言明:俄国政府与日本国政府意见完全一致。

《日本外交文书选译——关于辛亥革命》,第 399 页

沙查诺夫上沙皇奏

日本大使告我,日本政府拟对列强表示在承认中国新政府时要提出若干条件,当中国新政府成立时,要它确认对外国债务的责任及担保,保持外国在中国所享受的共同权利及特权,这些权利一部分是条约所规定,一部分是由实施情况而规定的。

我认为列强发表此种共同意见是在突然事件中保卫外国人在中国

共同利益的最好方法,在此一国家建立新政制时可能因突然事件而威胁到共同利益,我认为可以答复本野男爵,我国方面对赞成日本政府上述假定时并无困难。

可是对我国而论,使中国政府尊重我国在华北的特权,是有同样重要意义的。因为其他列强如英、法、德、日在中国不同区域也有特权,那么似乎可以促使它们对中国新政府发表共同意见,以迫使中国政府必须承认列强的上述特别利益。对于此事和其他有关国家交换意见以前,我认为应当探询东京内阁的意见,由于我们在满洲的共同利益,我国和日本在有关中国目前情况的问题上特别接近——一定要确实认识到这样的建议在日本方面是否会遭遇到反对,因为如果遭遇到反对,就会破坏我们的一致行动。

最忠诚地将上述情况报告陛下,谨将我拟递给日本大使的适当备忘录的草稿呈请皇帝陛下御览。

沙查诺夫
1912 年 2 月 12[25]日于圣彼得堡

《红档杂志有关中国交涉史料选译》,第 374 页

袁世凯以新举临时大总统名义发布保护外侨的布告
1912 年 2 月 23 日

现在共和成立,人民程度日进文明,凡我友邦在华人士,尤宜诚悃相孚,益敦睦谊,以期邦交稳固,共享和平,获跻世界于大同,保我国民之名誉。值此大局初定,人心浮动,地方秩序诸待维持,所有旅华各国人民生命财产,应由该地方官及驻扎各军队切实保护。倘有疏虞,该地方文武将吏均难稍辞其责。本大总统谬承国民推举,勉担义务,所惓惓在抱者,尤以国利民福、辑睦邦交为重。望各地方长官及各将领转饬所属、所部,共悉此录,一律遵行,特此布告。新举临时大总统袁。个印。

《中华民国外交史资料选编》(1911—1919)(一),第 13 页

日本政府致美国政府照会

1912 年 2 月 23 日

列强将被请承认中国新政府,继续外人现所享有之权利利益及特权乃主要之点。此种特权系本条约产生,惟亦有法律成例或习惯者。因之,列强承认新政府时,须得到承认一切权利利益及特权之保证。同时应向新政府取得借用外债之预约。因此日本政府提议,列强采取共同行动主义,以上述为承认任何新政府之条件,如此必能获得满意之担保,较其他办法为优也(For. Rels. ,1912,p.68)

《六十年来中国与日本》第六卷,第4—5 页

山座复内田电

1912 年 2 月 24 日

第 35 号。

关于前发第 34 号电报所述问题,本职于二月二十四日面晤蓝格雷,蓝氏言称:英国外务大臣对我备忘录原则上已表同意,并已密告美国政府。但在细节问题上或有尚待另行商讨之处,本人特奉外务大臣之命先此奉答,云云。本职对此表明谢意后随即提问:关于密告美国政府一节,是否仅止于单纯通告,抑或另有其它? 蓝氏答称:仅属单纯通告。至于蓝氏所谓尚待另行商讨之处究系指何而言,本职尚不明确。为求万全,希将我备忘录中所述外国人依清国法律或惯例而享有之特权等,电示概要,以便在交涉中有所遵循。

《日本外交文书选译——关于辛亥革命》,第 399 页

珍田复内田电

1912 年 2 月 24 日

第 36 号。

谨遵阁下致我驻英临时代理大使第 55 号电训精神,本职于二月二十三日往访威尔逊,将阁下致我驻俄大使第 33 号电报内开之备忘录面

交威氏,并言明帝国政府希望尽早得知美国政府之意向。威氏答称:当尽快加以研究而后给予答复,云云。

谨此电复,即希钧察。

《日本外交文书选译——关于辛亥革命》,第 399—400 页

内田致珍田电
1912 年 2 月 26 日

第 16 号。

驻英代理大使已有电报前来,略谓:因英国外务大臣别有他故,遂面晤蓝格雷,已将帝国政府关于承认中国新政府之备忘录面交蓝氏,二月二十四日蓝氏向我代理大使宣称:英国外务大臣对我备忘录在原则上已表同意,并已密告美国政府。但对于细节问题,则认为或有尚待另行商讨之处,特奉命先此奉答,等等。我代理大使进一步询问:对于美国政府,是否仅止于单纯通告,抑或尚有其它? 蓝氏答称,纯属单纯通告,云云。

本电望转往我驻俄大使,并由驻俄大使转往驻英以外之其他驻欧各国大使。

《日本外交文书选译——关于辛亥革命》,第 400 页

内田致安达①电
1912 年 2 月 26 日

第 10 号。

关于承认中国新政府问题,日前发出之致我驻英代理大使第 55 号电及致驻俄大使第 33 号电,当已由驻英代理大使转致我代大使,想已收到。希我代大使即速往访驻在国有关当局,提出前发第 33 号电报内开之备忘录,并说明下列意旨,以征询对方意见。鉴于目前中国之形势

---

① 安达峰一郎,时任日本驻法使馆参赞,临时代理大使。

演变,必须承认新政府之时机何时逼来,颇难预料。因此,帝国政府愿预先表明自国态度,更愿得知驻在国政府之意见,对方如何应对,希即电告。

本电,希即做为帝国政府之训令转致我驻德、奥、意三国大使。在转致驻奥大使电文中应附加说明:所谓"驻在国",仅系指奥国而言。

《日本外交文书选译——关于辛亥革命》,第400—401 页

安达复内田电
1912 年 2 月 27 日

第 18 号。

二月二十七日晚,本职往访法国外长,向其陈明钧电第 10 号所示旨趣,同时将阁下致我驻俄大使第 33 号电内开之备忘录当面递交。潘格雷①氏反复热读之后言称:法国政府在原则上同意此备忘录精神,关于保障列国在中国之权益以及使新政府确认外债等节,法国政府与贵国政府意见完全一致。一俟与各国政府交换意见后再另行做出正式回答,等语。稍事踌躇后,该外长继续对我备忘录中所提列国共同行动原则进行指责,略谓:日本国尝有单独行动,实与上述共同行动准则不合,令人深为遗憾。本职询问:究系指何而言?该外长答称:专系指对中国中央之财政问题而言,对此,本职谨遵大臣阁下致我驻英代理大使电训精神,并做为本职之个人意见,向其仔细说明我国政府所持态度。该外长注意聆听之后,略微表示谅解。但又继续言称:据记忆,除汉阳铁厂及招商局两项借款外,似尚有其它类似问题。日本国政府此种单独行动已使法国财界人士在中国之活动受到压抑,惹起法国财界人士颇大不满,致使恪守列国共同行动准则的法国政府陷于极端困难境地,等等。潘氏继又指责谓:日本国政府在备忘录中既然提出列国共同行动主张,至少在理论上亦应极力制止此种单独行动发生,等等。对此,本

---

① 潘格雷(Raymond Poincaré)时任法国总理兼外长。

职再度进行辩解,略谓:凡与各国有关的共同问题,相信帝国政府必已尽到做为一国政府所能尽到之努力。

《日本外交文书选译——关于辛亥革命》,第 401—402 页

本野致内田电

1912 年 2 月 27 日

第 40 号。至急

二月二十六日,本职应外务大臣之邀,前往会晤,该大臣亲手交来另电第 41 号内开之备忘录一份,然后密谈如下:

对于日本国政府日前提出以保障列国既得之共同权益为条件而承认中国新政府之建议,俄国政府已经表示完全同意。但其后经过熟思,并考虑到目前清国形势与日俄两国在中国所享有之特殊地位,认为无论如何必须乘此时机迫使中国特别承认日俄两国所享有之特殊权利和利益。为此目的,俄国政府相信,在迫使中国新政府承认各国共同权益之同时,日俄两国政府还应该另行采取适当手段,以确保两国之特殊权利及利益。基此,俄国政府愿与日本国政府就此事再度进行磋商。

关于承认新共和政府问题与确保日俄两国之特殊权利及利益问题,日前日本国政府所提意见是打算分别加以处理。当时本大臣亦认为此乃理所当然,故即刻回答表示同意,但其后经过深思,认为日俄两国如不趁此时机巩固两国之特殊权利及利益,则日后实难再得如此良机。故切望日本国政府能赞成我国提案。此事本可由日俄两国单独处理,但鉴于英、法、德等国亦在中国各个方面分别享有各自特殊之权利和利益,故不妨先与此三国进行磋商,如各国政府对我国提案表示赞成,固然甚好;如不赞成,则希望由日俄两国做为承认中国共和政府之条件而单独提出,云云。

对此,本职答称:贵大臣所提各节,必即速电请本国政府考虑,一俟训令到来,自必即刻奉答。但有两点,须请阁下事先言明:第一,贵国政府是否已有决心在日俄两国所提条件未被接受之前,即使各国政府对

共和政府表示承认,日俄两国政府亦坚决不予承认?第二,方才拜阅阁下所交提案,据本使理解,其目的似仅止于迫使新共和政府承认我两国现时享有之特殊权利和利益,贵国意图是否仅止于此?抑或如阁下日前所言,尚准备进一步巩固并扩张日俄两国之特殊权利和利益?

对本职上述提问,外务大臣答称:

第一,将坚持不予承认。只要日俄两国政府能显示出强硬态度,对中国共和政府不予承认,其它列强恐亦不会急于承认。至少法国政府将同俄国政府采取同一立场。万一其它强国违反我两国意志而先予承认,日俄两国亦不必介意。而且,日俄两国若能坚持中国如不接受我方要求即坚决不承认其共和政府之坚定立场,相信最后中国亦必能接受我方条件。日俄两国政府如欲维持本国在满洲、蒙古之特殊权利及利益,并有意进一步加以巩固和扩张,则除此时机外将无其它良机可寻。即使委诸他日,此事亦必须坚决进行,一旦坚决进行,就必然要惹起列强不满,此乃意料中事,只是招致不满之时机迟速而已。况且,日俄两国政府若能乘此时机向各国公开表明其在满洲、蒙古等问题上紧密协作、不容它国置喙之坚定态度,对于日俄两国将来推行满、蒙政策极为有利。而且既经与各国政府进行磋商而不获同意,则日后日俄两国采取单独行动时,亦不致招来目无他国之责难。关于第二点,在向各国提案中,当然只能提出既得之特权和利益,但本大臣相信,日俄两国政府应进一步深入磋商,按前次所述条件〔请参看前发第 23 号电(此电原缺)〕采取措施,以进一步巩固日俄两国之地位。以上所述,仅系初步方案,在得知贵国政府意向后,当再进一步进行具体磋商,云云。

根据俄国政府此项提案以及该大臣上述说明之语气加以推察,可以看出俄国政府对于中国确有逐渐采取强硬政策之倾向。在上述谈话过程中,本职曾经询问:是否不惜诉诸武力以求贯彻我方要求?外务大臣答称:想不致有此必要。但语气中却流露出在万不得已时将不辞使用武力。

关于此事,本职卑见,早已禀陈,勿须赘述。俄国政府既已逐渐倾向于采取强硬政策，我国政府亦应毫不踌躇，表示赞成，以便乘此良机为将来采取断然措施打下基础，是所切盼。

另外，在谈话过程中，外务大臣在回答本职提问时还曾言及：如果日本国政府同意此案，愿由日俄两国政府同时向各国提议，并表明日俄两国政府在本问题上意见完全一致，且共同具有不可动摇之决心，等等。

窃以此案事关紧急，用特火急具报。如何处理，希即电示。

《日本外交文书选译——关于辛亥革命》，第 402—404 页

本野致内田电

1912 年 2 月 27 日

第 41 号。

二月二十六日俄国外务大臣手交本野大使之备忘录概要

对于日本国政府日前交来的关于劝说各国政府于各国在中国的共同权利和利益得到充分保障以前不承认中国新政府的建议，俄国政府已经表示赞成。但除此共同利益外，日俄两国及其它多数国家在中国各个方面还各自享有其特殊的权利和利益，鉴于中国已经发生政变，对于保护此等权利及利益，各国政府都不能不十分关切。基此，俄国政府认为：各国政府在回答中国新政府所提要求时，有必要迫使新政府发表正式宣言，以表明其对于各国在中国的特殊权利及利益具有尊重的意向。此项意见，在向各国政府发出通告以前，俄国政府希望尽先得知日本国政府对此有何意见。

《日本外交文书选译——关于辛亥革命》，第 404—405 页

杉村复内田电

1912 年 2 月 27 日

第 17 号。

我驻法临时代理大使转来尊电第 10 号，已悉。

本职于二月二十七日往访德国外交部,因外务大臣另有要公,故由副大臣出面接见。本职谨遵钧旨交出我国备忘录,该副大臣所谈颇为坦率,声称:关于本问题,德国政府完全同意日本国政府之意见。关于中国事态,德国政府乐于与日本国政府采取共同行动。并言明上述旨趣可以做为德国政府之声明而由本职电告日本国政府。该副大臣继称:今后,如对中国新政府提供借款时,德国政府希望与各国政府采取共同行动,云云。

谨此电复。

《日本外交文书选译——关于辛亥革命》,第405—406页

秋月①复内田电

1912 年 2 月 27 日

第 8 号。

关于承认中国新政府问题,本职于二月二十七日往访奥国外务大臣,面交我国备忘录,并向其征询意见。该大臣一读之后言称:本大臣就任伊始,对中国情况尚不尽详,碍难立即奉答,云云。谨复。

《日本外交文书选译——关于辛亥革命》,第406页

珍田向基德伦面递口头照会

柏林,1912 年 2 月 27 日

一旦中国建立起一个新的、稳定的、有履行其国际义务的愿望及能力的政府,以中国目前的事态,列强必将被邀给予承认。因此,在这个时候列强有必要考虑与承认有关的问题。

在新秩序下外侨能保持他们目前在中国所享受的权利、特权、豁免一点,极为重要。这些权利、特权、豁免主要是基于条约给与,但在某种程度上,依靠国家法令,或已经树立的惯例。因此,在承认时列强似应

---

① 秋月左都夫。

从新政府方面获得这些权利、特权与豁免的正式证实，是合适的。同时也应向该政府取得关于中国外债的一个正式保证。

在一个有权利要求承认的政府的建立时期，列强必须通过其代表和领事在日常和地方事务上同中国名义上的官员办交涉。

因此，帝国政府建议把共同行动的原则——该原则在目前事变中已经为列强所遵守且取得显著的成绩——扩大到上述问题，以便列强在这个期间内在承认新政府及在它们的行动上得协调进行。帝国政府也建议必须在新政府保证能完全保护列强在华共同权益的条件下，才能予以承认。

通过一致行动可取得更满意的保证。倘上述建议能为列强所接受，则将大大地有便于承认新政府。帝国政府又建议给予驻北京外交代表在这件事中所必需的权力和训令。

《德国外交文件有关中国交涉史料选译》第 3 卷，第 251—252 页

林①复内田电
1912 年 2 月 28 日

第 9 号。

关于承认中国新政府之备忘录（法文），本职于二月二十八日访晤意国外务大臣，当面交出。该大臣一读之后，首先表示极为赞成。继又言称：关于中国问题，意国政府事实上尚未做出任何决定，当先训令本国驻各国大使探明列强态度后，再经仔细考虑，另行奉答。

《日本外交文书选译——关于辛亥革命》，第 406 页

内田复本野电
1912 年 2 月 29 日

第 37 号。

---

① 林权助，曾两任驻华公使（1906—1909，1916—1917），其间曾任驻意（1913—1916）、驻英大使。

第 40 号及第 41 号来电均已阅悉。

关于承认中国共和政府问题,帝国政府特别重视俄国政府持何意见。因此,日前帝国政府就此问题向各国政府表明态度并征询意见时,首先与俄国政府进行联系。据前次第 38 号来电得知,俄国政府与帝国政府意见完全一致。基此,帝国政府才决定向俄、英、美三国以外之各国政府披陈所见,已以日前致驻英代理大使第 55 号电文分别向我驻外使节发出电训,并已向德、奥、法三国政府交出备忘录。其中,德国政府已声明完全同意我国意见。对于俄国政府此次提议,帝国政府自当充分加以考虑,但如上所述,帝国政府既已向各国政府陈明所见,而各国政府,或则已表赞成,或则正在考虑,当此之际,帝国政府若突然自行改变以往态度,而另与俄国政府共同提出新建议,实不免有碍难之处。故希我大使即速面晤俄国外务大臣,根据上述旨趣向其妥善说明:此时帝国政府在立场上碍难响应俄国政府提议,希望俄国政府对帝国政府之所以采取此种态度能够有所谅解。

《日本外交文书选译——关于辛亥革命》,第 406—407 页

外交大臣与本野谈话记录
1912 年 2 月 17 日［3 月 1 日］

1912 年 2 月 17 日［3 月 1 日］,日本大使在拜会皇室侍从长沙查诺夫后宣称,日本政府反对与承认中国政府的同时邀请列强向中国政府发表列强将捍卫其在华特殊利益的声明。日本政府建议列强:以保证尊重外国人共同权利及特权作为承认中国新政府的条件,并认为提出特殊利益而使该问题复杂化是不妥的。

皇室侍从长沙查诺夫对本野男爵答称,在此种情形下,他将选择其他途径提出俄国在华特殊权利和利益,并打算在一项声明中提出此种权利和利益,也许,他要在国家杜马中发表此项声明,并且打算指出俄日两国政府在满洲问题上意见是一致的。按他的意见,让日本外务大臣亦借机向日本国会申明,俄日两国在保卫其在满洲的地位问题上意

见一致很有裨益。

日本大使表示十分愿意建议本国政府如此行动，他也认为这十分及时而且有益。

《俄国外交文书选译（有关中国部分1911.5—1912.5）》，第315页

勃罗夫斯基致沙查诺夫函
1912年2月19日［3月3日］

秘密

谢尔盖·德米特里耶维奇先生阁下：

诺克斯先生已行文列强驻华盛顿使节，阐述美国政府对中国局势之看法。关于东京内阁对此文之态度，我在历次密电中已详细报告尊贵的阁下，目前我对此几乎没有任何补充。

我在今年1月31日［2月13日］第23号密电①中曾荣幸指出，内田子爵认为美国的表态并无重大实际意义，而且他根本就没有惊慌。我问，日本将作何答复？内田答称，照他的意见，他打算完全同意美国照会中的主要要求：倘必须保护在华共同利益，列强应坚持一致行动（concerted actions）。美国来文中有一部分谈及：因给中国贷款与对敌对双方的中立态度不合，故不容许给中国贷款，内田在复文中拟对这部分避而不谈，因他认为，无论在日本，或是在提出上述建议的美国，此种贷款是禁止不了的。日本政府的这种沉默是可以理解的，在此前不久已得知，一些日本资本家及洋行强烈要求将大批资金投入中国南方各种企业，而且不隐讳，部分贷款预定用以补充业已空虚的革命军金库。

关于在日本的复文中是否将指出其在华特殊利益的问题，外务大臣作了否定的答复，并顺便补充说明，他认为没有必要在自己的照会中

---

① 勃罗涅夫斯基在1月31日［2月13日］第23号电中报告沙查诺夫，日本外务大臣认为："美国此举并无重大意义，诺克斯所选定的形式本身——不是直接向有关各国发出呼吁，而只是将自己对德国大使的答复知照列强——为此提供了根据。"

谈论别人未曾问及的问题。日本给诺克斯国务卿的复照本文,我在今年2月6[19]日第29号密电中已作过报告。尊贵的阁下可从中发现,该复照与上述内田子爵的解释完全一致。

我很快得知,当其他外国使节问及:日本政府对美国的新步骤持何态度时,内田几乎总是答复说:他表示完全支持诺克斯照会所宣布的全部原则,但日本在其对华关系中不应忽略自己在南满有头等重要的特殊利益。他在私人谈话中甚至对一些人补充说:"there we ought to have a free hand①。"

尊贵的阁下在2月8[21]日第257号秘密电令中曾表示希望知道,日本政府在将其正式答复转告华盛顿、授命本国使节暗示诺克斯国务卿日本在满洲有特殊利益时,究竟是如何措辞的,外务大臣已秘密向我作出详尽的书面答复。该复文有一部分提及,日本驻华盛顿代办和驻柏林大使曾以个人名义谈到日本在满洲有特殊利益,我在2月13[26]日第37号密电中,并未忘记将这部分报告帝国外交部,兹将该文件抄呈钧览②。

三日前我曾有机会见到内田子爵,关于上述来文已解决的问题,他并未向我讲任何新内容,仅简单地告知说,日前已授命本野男爵向尊贵的阁下提出:当前所面临的承认未来中华民国政府问题,将由各有关大国在同一时间共同解决。他认为此项建议对诺克斯国务卿照会中不切实际的要求作了切实补充。我问,他的建议限于哪些国家,内田称,他目前仅将对华事务中利害最为攸关的国家,即俄、日、英、法、美、德列入此一范围。但他个人认为:倘若此等国家俱表同意,则应扩大此一范围,即使将在北京驻有外交使节的所有国家均包括进去亦无妨。

2月16[29]日,北京十分突然地发生了兵变,抢劫和纵火随之发生,这使日本报界再次反映出此间对袁世凯本人根本不信任,人们怀疑

---

① "我们在那里不应受任何约束"。

② 附件从略。

这突然发生的骚乱是袁氏策划的,其目的在于证明临时总统前往南京不能成行,并促使南京派往北京的使者变得通达一些。

今日,此间半官方刊物《中央公论》和半官方报纸《日本时报》已就北京骚乱事件发表社论,由于证据不足,并未对袁氏进行指责,但却得出结论,指出:中国突然发生意外事件,甚至中国精锐部队亦很不可靠,这使在华拥有重大利益之各国有责任预先自行采取措施,保卫此等利益。《中央公论》还更明确地指出:显然有必要加强外国驻华军队;而《日日新闻》今日甚至刊登一条消息,似乎 2 月 17 日[3 月 1 日]北京外交团会议业已决定,倘有必要,则吁请日本出兵中国北方,保护那里的外国人。

致诚挚敬意

A・勃罗涅夫斯基

《俄国外交文书选译(有关中国部分 1911.5—1912.5)》,第 320—323 页

山座致内田电

1912 年 3 月 3 日

第 37 号。

关于前电第 35 号所述问题,因外务大臣身兼煤矿工人联合罢工调停委员之职,近来忙迫不堪,迄今未获晤面之机。三月二日,本职与亚洲处长马克思・缪勒面晤,询问英国外务大臣对我备忘录是否已做出书面回答?缪勒答称:如日本国政府有此希望,自当别论,否则按目前情况,英国政府不准备另做书面回答。本职言称:日前蓝格雷氏在谈话中曾经提到,关于细节问题,或有须待另行商讨之处。既如此,自应根据实际内容,或者给予回答,或者另行商讨。本职还谈到需要确保外国人按中国法律及惯例所享有之权利等问题。该处长言称:自然有此必要,做为承认新政府之条件而提出之文书,应力求其范围广泛,并将过去外国人所享有之一切特权及豁免权等全部包括在内。且各国应以同文文书于同日递交新政府。关于承认中国新政府问题,既经日本国政

府倡议,本人认为上述文书亦应由日本国政府起草,等等。

该处长所述上列程序,看来可以认定为英国政府之意见。最后马氏又做补充谓:对于中国新政府之承认,不可如对葡萄牙国之迟迟拖延。

谨此电禀,以供参考。

《日本外交文书选译——关于辛亥革命》,第407—408页

山座致内田电
1912 年 3 月 4 日

第 38 号。(抄)①

三月四日本职再次与蓝格雷氏面晤,告以法德两国政府对我国备忘录原则上已表同意,并谈及日前亚洲处长与本职谈话中曾以其个人身份建议由日本国政府起草承认文书,等等。对此,蓝氏言称:本人亦有同感。各国政府既已在原则上对日本国政府之提案表示同意,则关于承认条件之文书起草工作,自应由本国政府承担,等等。(后略)

《日本外交文书选译——关于辛亥革命》,第408页

外交大臣致奥斯登·萨根、伊兹沃尔斯基、
本肯多夫及巴赫麦捷夫电
1912 年 2 月 22 日[3 月 6 日]

第 350 号②。

并转驻东京及驻北京代办:

日本方面大概已向您的驻在国政府提出建议,借承认中国新政府之机,保障所有外国人根据条约及惯例在华享有之权利、特权及特惠不受侵犯。因此,日本主张,列强应彼此商定,惟有其共同利益得到中国

---

① 两处之(抄)及(后略)字样均为原书所有。

② 载《法俄关系史料》,第 541 页。

新政府充分保证,予以保护时,始可承认该政府。

日本大使亦向我国提出此项建议,我国业表同意。

将上述情况知照外交部时,请暗示:俄国在北满、蒙古及中国西部享有特殊权利和利益,此等权利和利益均以俄中条约、专约为根据,由于列强共同行动的主旨是保护其在华共同利益,我们在对这一主旨表示赞同时,应保留于迫不得已时对我国在上述地区的特殊权利和利益采取预防措施之自由。

沙查诺夫

《俄国外交文书选译(有关中国部分1911.5—1912.5)》,第327—328页

萨根致沙查诺夫电

1912年2月23日[3月7日]

第20号。

根据尊贵的阁下第350号电示,业已行文外交国务大臣。基德伦接文后称,他个人已向日本大使表示,他同意东京内阁的建议,外交国务大臣补充说,照他的意见,切勿对承认中国新政府一事操之过急。

奥斯登·萨根

《俄国外交文书选译(有关中国部分1911.5—1912.5)》,第331页

山座致内田电

1912年3月8日

第40号。

关于前电第39号①所述问题,顷已接到英国外务大臣三月七日发表备忘录,内容如下:

英国政府,对于日本国政府所提关于承认中国新政府之建议,已在原则上表示同意,此事业已告知贵国临时代理大使。现英国政府已向

---

① 此电原缺。

本国驻北京公使发出训令,着其就承认之时机、程序及条件等问题与日本国公使保持密切接触。

《日本外交文书选译——关于辛亥革命》,第408—409页

伊兹沃尔斯基致沙查诺夫电
1912年2月26日[3月10日]

第32号①。

续我第31号电②。

顷接对我的备忘录的书面答复,内中表示,法国政府对我国根据俄中条约取得的特殊权利和利益一向极为关注,法国政府在该问题上与俄国意见完全一致,并认为中国目前事件不应损害此条约及地埋位置决定的邻国利益。答复本文将由信使送达③。

伊兹沃尔斯基
《俄国外交文书选译(有关中国部分1911.5—1912.5)》,第338—339页

世清致沙查诺夫电
1912年2月26日[3月10日]

第243号。

续第233号电④。

---

① 载弗里德里希·施梯夫:《伊兹沃尔斯基外交往来文书》,第2集,第56页,第223号文件。

② 伊兹沃尔斯基在2月25日[3月9日]第31号电中报称,他已向法国外交部长递交一份备忘录,转达沙查诺夫第350号电(见591号文件)的内容。

③ 伊兹沃尔斯基已将2月24日[3月8日]他给法国外交部长的备忘录副本和法国外交部2月25日[3月9日]复照抄件与3月1[14]日函一并送交外交部。复照内容见本文件。

④ 世清在2月23日[3月7日]第233号电中报称,关于不准中国军队进入天津周围十俄里以内地带一事,外交团业向袁世凯递交一份联名照会(见第603号文件),并补充说:"打算将从哈尔滨调来的军队(见第586号文件)部署在北京城下或天津城下,以便与我国卫队保持联系。该问题将按照与驻天津部队指挥官的协议解决。"

关于可让我国连队驻守的铁路地段，即天津至杨村段一事，今日才接到答复。英法两国长官实际上是在将一位年岁较大的日本将军解职之后，才解决这一问题的。英法两国公使又乐观起来了，大概在此种情绪影响下，我国建议才勉强被接受。这也许出于诚意，也许为鼓励四国银行团的活动。我个人仍然认为情况远未查明，还可能出现麻烦。我原则上认为，派遣部队太少不大妥当，因为我在此观察国际统帅部，特别是英国统帅部情形时，我担心，倘在日本人控制局势以前采取重大行动，则西摩尔①部队的悲剧将会重演。关于派遣连队及连队在此服役所需全部给养问题，明日我将详细电告马尔蒂诺夫将军，并联系用日中两国铁路运输的问题。

世清

《俄国外交文书选译(有关中国部分 1911.5—1912.5)》，第 339—340 页

北京外务部致中国驻外代表电

1912 年 3 月 11 日

中华民国统一临时政府，现已成立。袁大总统于三月十号举行受任礼，所有满清前与各国缔结各项国际条约，均由中华民国政府担任实行上之效力。凡已结未结及将来开议各项交涉案件，均即由驻在之临时外交代表继续接办等情。电令各外交代表，照会各驻在国政府，并由外交部直电荷兰万国保和会，预为立案。

《东方杂志》第 8 卷第 11 号，第 1 页

英国外交部致本肯多夫节略

1912 年 2 月 28 日[3 月 12 日]

日本政府关于承认中国新政府的建议，业已知照陛下政府，正如俄国大使本月 8 日致英国外交部节略所云，此等建议实际上即是俄国政

---

① 英国海军上将，义和团起义期间曾统帅欧洲联军。

府指出的那些建议。

陛下政府答复说：陛下政府原则上接受此等建议，且已饬令陛下驻北京公使，就承认新政府之时间、方式及条件问题与日本同僚保持密切联系①。

《俄国外交文书选译（有关中国部分 1911.5—1912.5）》，第 340 页

美国参议院通过祝贺中华民国成立案
1912 年 3 月 16 日

中国宣布共和，为世界上极大之事。吾人深知中国人有自治之资格，此案之通过，深望不日且正式承认中华民国。

《民立报》1912 年 4 月 17 日

库朋斯齐抵北京任事希定拜谒时日致袁世凯函
1912 年 3 月 20 日②

敬启者：本大臣于俄历四月四号抵京任事，兹拟拜谒贵大总统，即希择定时日示复，以便遵往。此布。祗颂时祺。

大俄驻华钦差全权大臣库朋斯齐
《中华民国史档案资料汇编》第三辑《外交》，第 40 页

内田致驻欧、美各国大使及驻中国公使函
1912 年 3 月 23 日

驻英、美、俄、法、德、奥、意各国大使：

---

① 后来本肯多夫声称，他于 3 月 16〔29〕日接到另一份节略，作为对他的照会的答复略，谓："陛下政府业已接到此照会，并认为俄国有权采取必要行动，以保护其在北满、蒙古及中国西部之特殊利益，因此等特殊利益均以俄中条约、协定为根据。"（3 月 16〔29〕日第 88 号电，载西伯特：《本肯多夫伯爵外交往来文书》，柏林、来比锡，华尔特·格吕特尔出版公司，1928 年版，第 2 集，第 334 页，第 579 号文件）。

② 原件无时间，据信封日期定为 1912 年 3 月 20 日。

驻北京公使：

关于承认中国新政府问题，日前帝国政府已向英、美、俄、法、德、奥、意各国政府提出建议，此事之经过情形已如所知。帝国政府准备在适当时机就承认条件之细节问题再一次向有关各国政府提出建议。建议草案现已拟就，详如附件所示，目下正在进一步研讨中。此草案在做为正式文件发出以前，还可能有若干变动和修改。

特此通告，即希察照。

附件：关于承认中国新政府之条件细目（草案）

帝国政府关于共同且附加条件承认中国新政府问题所提建议，已获得各国政府之同情。因此，帝国政府希望此项建议能发展成为一项具体方案。帝国政府认为，各国政府首先需要共同考虑的是承认的时机问题，即何时承认最适机宜。帝国政府提议，一旦中国建成一个巩固而且具有实力之新政府，并足以证明此新政府抱有履行中国所负担之一切国际义务之意志时，即可立即予以承认。帝国政府相信此项提议必与各国政府对此事所持之意见完全一致。

关于上述新政府之巩固与实力等有关问题，帝国政府建议：各国政府交由各国驻北京代表会同研究，关于承认之时机问题，各国政府亦应等候上述代表会议提出共同方案后考虑决定。

关于中国过去所负担之各项义务，不论该国政府发生何种变化，均应继续保持其约束力，此点毫无疑义。但考虑到该国所处之国际地位与国际关系之特殊性，各国政府在承认以前，要求新政府表明其抱有尊重各外国在该国所享权利、利益之意志，并正式做出保证，乃属当然必须采取之公正措施，亦系不可缺少之步骤。基此，帝国政府建议，要求新政府就下列各项问题发表声明。

（一）新政府确认旧政府与各国间所订之一切现存条约、协定以及为履行此等条约、协定而颁布之一切现存规章、条例（包括上谕）。同时约定，非经有关各国政府同意，对此等规章、条例一概不做任何改变或废除。

（二）关于旧政府或事实上曾经存在之临时政府以及各地方政府所借之外债，其中现实存在者，新政府一律继续承担其完全之责任与义务，并约定诚实履行上列政府为负担此等外债而缔结之各项契约及合同。

（三）凡各届旧政府或地方政府与外国政府、团体或个人间缔结或设定之上列债务以外的一切契约、合同、义务、特惠与转让等之现实有效者，新政府一律继续履行。

（四）各国在中国已被公众所理解且正在实行的治外法权或领事裁判权制度，以及外国政府、团体或个人在中国所现实享有的权利、特权及豁免权等，新政府一律继续承认。

关于如何最有效地向新政府递交各国政府在承认问题上所订之共同决议问题，帝国政府建议，各国政府在采取措施之时机到来之际，分别授权各国驻北京代表，以同文文书写明承认所必需之条件，通告新政府。最后，帝国政府还建议，各国政府将上述文书之起草任务赋与各国驻北京代表。

《日本外交文书选译——关于辛亥革命》，第 409—411 页

欧阳庚关于在美国各地演说力请承认中华民国事致外交部电
1912 年 6 月 16 日①

收旧金山欧阳副领事致本部颜次长电。由美国发。昨经各大城镇商会邀请领事，当经莅会演说，力请承认我中华民国，辞极恳切，承各会均表决呈请大总统塔厘②速行承认，现仍有有势力美人欲邀领事前赴他处大城演说，并经报纸允为相助，祈即电准照办为祷。欧阳庚。叩。回电祈寄巴萨多拿商会转。

《中华民国史档案资料汇编》第三辑《外交》，第 31 页

---

① 此件抄自北洋政府外交部民国元年七月至十二月收发密电簿，为收文时间。

② 即美国总统塔夫脱。

英国外交部关于承认中国新政府之前
须解决的若干问题致刘玉麟说帖①

1912 年 7 月 5 日

照译七月五号英外部面交说帖。

其一

我英政府对于承认中国新政府一事,雅不欲参入以鸦片问题,然望我英之承认中国共和,实端在中国政府之于我英条约权利能与以完全保护之证据,中国一日不能责令其各省尊重约章,则所谓保护之证据即一日不得谓之为满意,中国中央政府之号令,多不能行于其国,此其破坏一年前所自请签订之条约,特其端耳,长此不已,则英政府之承认中国共和一事,必致延缓。是非于承认期前,对于此等事大有进步之可见,盖不办也。

其二

自中国建立新政体以来,其云南西部之官吏常有仇外之象,又虐待其本国人,……照此情形,则所有关于干犯边界及在缅甸拘捕外商之人员,我政府务必索请惩办。其李根源一员如仍留于腾越,则中英两国在缅甸边界之交际至有可危,亦务请将该员降调。总之,政府苟不能号令其属员以遵守其与列国订定之条约,则将来须行承认中国共和政府之时,英政府对于如是之政府,殊不能承认,此外部大臣之所以不惮重言以相告也。

《中华民国史档案资料汇编》第三辑《外交》,第41页

临时大总统袁世凯关于建造共和愿与英国友好致英国皇帝书稿
1912 年②

谨拟大总统致英国皇帝书稿

---

① 此件为北洋政府外交部抄存的"禁烟问题"卷中第59页。

② 原件无时间,据有关文件判定为1912年。

大中华民国大总统致书于大英国大皇帝陛下：溯自中英两国通好以来，已七十余年，睦谊之敦，惟今为最。本大总统，实深嘉悦。比者本国顺从民意，建造共和，除旧更新，初非易易，幸赖贵大皇帝驻华之文武官员，遇事推诚维持，本大总统暨我中国国民同深铭感。惟本国政体初更，百端待理，提携赞助，端赖友邦，顾贵国人民秉性公正，本国人民乐与共事，本大总统愿以至诚巩固旧好，□□有俾两国政府与人民彼此日益亲密，共谋利益，区区微忱，谅为有加无已。贵大皇帝共赞此意，相与为助，两国邦交实利赖之。谨代表中华全国人民敬伸谢悃并备照片一纸亲手题名，敬以奉赠，聊志本大总统景仰之意，尚希惠存为盼。顺颂
贵大皇帝政躬提福
国运炽昌

《中华民国史档案资料汇编》第三辑《外交》，第42页

北京政府临时大总统令
1912 年 7 月 12 日

方今万国并峙，所赖以保持和平者，惟在信守条约，勿相侵越。民国肇造以来，迭经宣布列国，将从前条约继续遵守。幸赖各国坦怀相与，力赞共和，民国丕基，于焉永奠。大信所在，岂容或渝？现在国内秩序，虽有回复之象，而对于列邦，尤须讲信修睦，乃可巩固邦基。安危存亡，胥视乎此。须知我国此次脱离专制，改建共和，实千载一时之会。当此破坏已终，建议伊始，前途辽远，险象方多，自今以往，正国家祸福之所由分，亦吾人功罪之所由判。凡我国人，各宜履薄临深，互相告诫，著各省都督，各地方长官，督率所属文武军民，讲究约章，切实遵守，勿得稍有违犯，致失大信于天下，而陷国家于危险之途。特此通告，其各懔遵。此令。

《中华民国外交史资料选编》(1911—1919)(一)，第16页

英国驻日大使致内田函①

1912 年 7 月 14 日

径启者：兹奉本国外务大臣通知：英国总理大臣最近接获中国临时政府新任国务总理发来电报，告知就任总理，并希望共和国政府能在最近期内得到英国政府之承认，等语。本使奉命在此向阁下陈明，殊感光荣。

在上述通知中，爱德华·葛雷勋爵曾指示本使询问西园寺侯爵是否亦曾接到同样电报，并训令本使将下列安排告知西园寺总理阁下，以供参考。即：艾司葵斯②阁下预定指令英国驻北京公使对上述来电给予回答，在回答中将对中国临时政府国务总理所表达之友好愿望略表谢忱，同时告知该国务总理：在召开具有代表性之国民会议明确制定宪法，并根据宪法条文顺利选出大总统之前，关于承认中国共和政府问题，英国政府碍难加以考虑。

特此布达，即希察照。

在此谨向阁下再表敬意。

此致

内田外务大臣阁下

英国驻日本国大使

一九一二年七月十四日

《日本外交文书选译——关于辛亥革命》，第 411 页

内田致伊集院电

1912 年 7 月 22 日

第 209 号。

七月二十二日，美国驻我国大使根据其本国政府之电训，交来如另电第 210 号所示之秘密备忘录一件。据该大使说明，美国国会即将闭

---

① 此函原件用英文写成，由外务省译成日文。

② 艾司葵斯（H. H. Asquith），时为英国总理大臣。

会,关于承认中国新政府问题,因舆论界呼声甚高,政府如不采取某些措施,国会有可能在闭会之前亲自向政府施加压力,届时政府将陷于十分困难之境地,因此必须加以考虑。对此,本大臣回答如下:帝国政府将对备忘录加以研究,而后另行奉答。但据本大臣所见,最近中国局势依然未见稳定,不能认为中国现状已有改进,足以使各国政府改变其过去在承认问题上所持之态度,等等。

贵地有何消息,务希随时电告。

《日本外交文书选译——关于辛亥革命》,第412页

(另电)关于承认中国新政府问题美国大使交来之秘密备忘录摘要[①]

1912年7月22日

第210号。

美利坚合众国政府相信,各国对中国之最大希望是该国能建成一强有力之中央政府,而各国对此新政府之正式承认,必将有效地确保该政府之巩固与确立。美利坚合众国政府相信,就此问题,各国政府意见已完全趋于一致。

中国现时之临时政府,似已能够维持秩序,并已赢得人民拥护而正在行使其职权。因此,今后的问题,关键似在于时局是否仍存在不应给予承认之实质性理由。

未悉日本国政府是否认为中国现政府实质上已具有国际法上迄今为止已被公认之基础,从而准备考虑是否应予正式承认问题?

《日本外交文书选译——关于辛亥革命》,第412—413页

伊集院复内田电

1912年7月24日

第497号。

---

① 此备忘录之原件用英文写成,外务省按英文原件摘译如此。

关于第 209 号来电所述问题,迄今为止本地尚未获得任何消息。七月二十三日,英国公使为探问我天皇陛下病情而特来访问,本职乘机向其询问:关于承认问题,阁下是否获悉美国政府曾向贵国政府采取某种联系?该公使答称:迄今尚无所闻。于是,本职意识到要想引出对方意见,有必要将我方消息向其透露若干,并认为向英国公使稍微透露,当亦无妨,遂将尊电所示要点做为机密消息向其略述二三。该公使言称:据本使个人所见,按中国目前现状观之,各国予以承认,时机尚不成熟。必须再待两三个月,召开国民会议选出大总统以后,方能考虑承认问题,云云。

七月二十四日,本职又往访美国公使,谈及美国政府之备忘录问题,该公使言称:致日本国政府之备忘录,本国政府虽有抄件寄来,但未附任何嘱言。本职询问:阁下对此有何见地?该公使答称:若予承认,当然应在巩固之政府成立以后,但综合最近状况,本使认为以往之看法似应改变。现时之政府虽不能谓为十分巩固,但今后亦不致再有大变乱发生,如再迁延,将无止期。故此时予以承认,对促进新民国之安定当能产生良好影响,云云。对此,本职答称:阁下所见,虽有道理,但中国事态往往会发生与吾人预料相反之结果,故仍需加以研究。如果此时予以承认,则南方少壮派将必愈加得意,而以傲慢态度对待外国,反有可能贻误大局。该公使继称:先予承认,以示恩惠,然后善加诱掖,免生误解,当无不可。又称:对于中国问题,由当地观察与由外地观察,所见往往大不相同。如前此借款问题,驻当地代表认为须有前提条件,而英国国内则有人对团体之垄断加以非难,美国国内此种议论亦多。此种情况,固因各有所图而引起,然而惟因各有所图而制造舆论者亦复不少。尤其关于承认问题,日前美国参议院外交委员会业经做出决议,认为中国情况最近在外观上秩序已逐渐有所恢复,承认问题,已无必要再事迁延。国会颇有可能逼迫政府予以承认,且复有人企图利用此问题进行总统竞选。本使相信,迫于此种形势,美国政府乃向日本国政府征询意见。此外,一方面要视条件如何而欲向中国提供大借款,一方面又对其政府拒不承认,此间不免亦有矛盾。基于上述情况,本使个人认为此时应予承认。该公使旋又向本职探问:对于其它国家是否亦有同样联系?本职答以尚未得知。最后该公使言称:迄今已征询意见者,似仅止于日本一国政府。

特此电禀,以供参考。

《日本外交文书选译——关于辛亥革命》,第413—414页

珍田复内田电

1912年7月24日

第108号。

关于尊电第91号所示问题,目前此地尚未构成国会及新闻论坛之论题。自本年四月二十六日本职以第80号公函呈报以来,此间尚未发现任何事实足以说明形势在发生变化。为探索情况,本职于七月二十三日与此事之首倡者,美国众议院外交委员会主席沙尔萨氏会晤,在谈话中本职婉转触及此问题,探询沙氏本人意向以及国会情况。沙氏颇为热心,畅谈其个人意见,要点如下:

此次中国建成共和政体,乃近世最堪叹赏之一大进步,各国本应尽早予以承认,并尽可能给予援助与支持;然而迄今为止,各国不但计不出此,反而在借款问题上横生枝节,提出监督条件,纠缠不休。其目的无非为庇护欧美资本家之私利,不得不谓为横暴之举。然而承认问题,毕竟不属于国会之职权范围,只好等待政府行政部门予以解决,等语。本职遂进而探询:如果政府行政部门不迅速采取步骤予以承认,本届国会是否将在此次会议期间采取某种措施加以督促?沙氏答称:关于这一问题,国会本不愿使政府行政部门陷于困难境地,据本人估计,当不致发生此类情事,但总应及早予以承认,不仅国会有此议论,一般舆情也有此呼声,且总统已屡有诺言,相信政府行政部门绝不致再如以往之迟迟不前,云云。

根据沙氏上述谈话推测,在目前形势下,国会虽不致以此问题向政

府施加压力,但总希望及早予以承认,乃属无可争辩之事实,且总统亦有责任履行其诺言。如再长期迁延,则如沙氏所说,将被指责为庇护资本家之私利,而被当前美国政界限制资本扩张之时代思潮所利用,以致对总统再次当选之前景产生不利影响。沙氏内心似正为此而忧虑。

《日本外交文书选译——关于辛亥革命》,第 414—415 页

加藤①复内田电

1912 年 7 月 24 日

第 141 号。

第 193 号来电②敬悉。本职于七月二十四日往访英国外务大臣,该大臣略谓:英国政府亦曾接获同样照文,且已由外务副大臣向美国驻英大使暂做如下回答:英国政府尚不能认为承认中国新政府之时机业已成熟。鉴于中国现状,目前尚绝不能承认其新政府,等等。本职认为英国外务大臣上述意见与阁下第 193 号来电所述旨趣完全吻合。该大臣还表示将在近期内按上述意旨向美国驻英大使另作回答。但据其谈话口气推测,似无意于及早给予美国驻英大使以正式回答。

《日本外交文书选译——关于辛亥革命》,第 415—416 页

石井③复内田电

1912 年 7 月 24 日

第 95 号。

关于阁下致我驻英大使第 193 号电报所述问题,本职于七月二十四日往访法国外长,谨按来电所示意旨进行密谈,该外长所谈如下:关

---

①　加藤高明:时任驻英大使,后于桂内阁及大隈内阁期间两度出任外相,1924 及 1926 年又两度组阁。1915 年任外相期间曾向我国蛮横提出《二十一条要求》。

②　此电原缺。

③　石井菊次郎,于 1912 年 7 月 7 日继安达峰一郎任日本驻法大使。

于承认中国新政府问题,法国政府尚未接获美国政府之任何文告。中国驻法外交代表虽曾屡次前来交涉,该外长始终以如下一语反问:"按中国目前状况,是否果真已到必须考虑承认问题之地步?"该外长声称:关于中国情况,日本国较法国了解更深,故亟愿聆听贵大使之意见,等等。本职遂以个人身份并做为个人意见,就中国现状,尤其目前之中央政府与一个月前相比反而更不稳固等等情况,聊做较详细之陈述后,该外长答称:此点,从前本野男爵已曾谈及,日前及今日再听贵大使之所谈,足征日本国政府对于中国问题自始即有悲观论调,对照其后中国之形势演变,深感日本国之观察颇能中的。总之,美国政府此次既向日本国政府提出新建议,法国政府亦当尽速致电本国驻北京外交代表,征询意见。一俟法国政府意向确定后,自必另行告知贵大使。关于此事,日前既经日本国政府发起协商,本部长认为今后仍应与各国采取协同步调,等等。

《日本外交文书选译——关于辛亥革命》,第416—417页

本野复内田电

1912 年 7 月 25 日

第 156 号。

阁下致我驻英大使第 193 号来电已悉。本职为此特于七月二十五日往访俄国代理外务大臣,按尊电指示精神略作说明后,该代理大臣言称:关于此事,俄国政府尚未接获美国政府之任何文告。至于承认中国新政府问题,本代大臣与贵大使意见完全一致,云云。

《日本外交文书选译——关于辛亥革命》,第417页

外交部关于传闻美国等有联合

承认之意希乘机争取致驻美葡法等国代办电

1912 年 7 月 31 日

(1)外交部致驻美张代表驻葡林代办电(7 月 31 日)

发驻美张代表、葡林代办电

近日传闻美、法、葡有连合运动承认之意,驻俄美使亦曾微露其词,希乘机设法力图至盼。外交部。册一。

(2)外交部致驻法国戴代办电(7 月 31 日)

发驻法戴代办电

近日传闻美、法、葡有连合运动承认之意,驻俄美使亦曾微露其词,希乘机设法力图至盼。昨祥①亦有电致公,期当并望密探。外交部。卅一。

《中华民国史档案资料汇编》第三辑《外交》,第 31—32 页

石井致内田电
1912 年 8 月 3 日

第 101 号。(抄)②

八月二日,本职再度与法国外长会晤,谨按钧电第 96 号及第 100 号③所示旨趣表明谢意后,该外长所谈要点如下:

关于承认中国新政府问题,其后美国大使亦曾提出与致日本国政府备忘录同样之照文,本外长当即给予回答:此事当俟与日、英、俄等国政府交换意见后另行正式回答。但就目前形势观之:中国因不能接受六国银行团所提借款条件,财政状况依然十分窘迫,各地情况亦不稳定,故本外长认为此时似非商谈承认问题之适当时机,云云。该外长就此事进一步向本职征询意见,本职答称:本使尚未接到本国政府已就此事向美国政府做出正式回答之电报。有理由确信,内田子爵当与阁下意见完全一致。日前本使亦曾谈及,中国除财政总长外已有四五名内阁总长宣布辞职,故目前之中国似尚未建成一足获各国承认之政府,等

---

① 即外交总长陆徵祥。

② 此处"(抄)"字样为原书所有。

③ 内田致石井第 96 及 100 号两电均缺。

语。(后略)①

《日本外交文书选译——关于辛亥革命》,第417—418 页

珍田致内田电
1912 年 8 月 7 日

第 128 号。

关于前发第 119 号电所述问题,八月七日本职与国务卿会晤时再度谈及。国务卿所谈要点如下:

美国国内对于中国情况并不十分了解之各方面人士,曾有迅速承认中国共和政府之呼声,而政府行政部门并不认为此时为承认该政府之适当时机。但为上述舆论趋向所迫,曾于日前向各国政府提出磋商,实则并无强求各国同意之意。且各国政府之回答亦大体一致,俱认为为时尚早。故本人日前已与沙尔萨氏进行商谈,告以各国政府态度,并向其说明下列情况:关于承认中国共和政府问题,美国政府倘若采取单独行动,将使各国政府间一向保持之协同步调发生破绽,并进而给中国造成意外困难。经上述详细说明后,沙氏似已充分谅解,并言明将采取慎重态度。

基于上述情况,美国政府准备:除非遭到舆论压迫而处于万不得已情况外,关于承认问题必始终坚持与各国政府保持协同步调。本人坚信上述情况必不致发生,等等。

《日本外交文书选译——关于辛亥革命》,第418 页

加藤致内田电
1912 年 8 月 12 日

第 158 号。

关于前电第 141 号所述问题,英国外务大臣已接到美国驻英大使

---

① 此处"(后略)"字样为原书所有。

交来关于承认中国新政府之备忘录两件。其签发日期,一为七月二十二日,一为八月三日。英国政府已于八月九日以备忘录正式给予回答。该大臣现将英国政府回答美国政府之备忘录抄件送来,其要点如下:

美国政府备忘录认为:中国现状已臻良好,现时之临时政府亦逐渐取得政绩,等等。但英国政府所获之北京报告,则与此见地不相一致,且袁世凯本人已曾自行承认,中国某些地方实际上不能履行条约义务。英国政府不能相信此时予以承认将有助于现政府之永久巩固。关于承认中国新政府问题,有关各国如有采取单独行动者,英国政府认为颇不适宜。因此,英国政府将不受美国备忘录之任何约束,而欲首先得知各强国政府意向如何。英国政府认为:按照国际惯例,对于一国之政府,应俟其召开国会,制定宪法,根据宪法选出大总统,并使现时之临时政府成为具有宪法权能之永久政府,或由此种永久政府所代替时,方能正式予以承认。

此备忘录,已抄致我驻俄、法、美各国大使。

《日本外交文书选译——关于辛亥革命》,第 419 页

日本外务省关于承认中国新政府问题答美国大使馆备忘录
1912 年 8 月 14 日

帝国政府热切期望中国能够毫无滞碍地建成一个巩固而且具有实力之新政府,此点,与其它同中国有利害关系之各国政府毫无二致。但此时如对中国现时临时政府正式予以承认,其结果,不仅将延迟上述希望之实现,且必对中国之重大利益带来有害影响,以致损伤各国之权利、利益。此点又为帝国政府所不得不确信。

毫无疑问,中国现时之政治组织纯属临时性质,一切为永久性政府建立制度所必须依据之根本法规均未制定。且据来自中国各省之报道观之,更绝不能确信该国事态已趋向于永久稳定。在此形势下,若对其现时之临时政府正式予以承认,则将使该国几经周折方着手进行之行政改革事业得以继续向前推进之主要刺激因素为之消失。

　　基于上述原因,帝国政府在回答上月二十二日美国大使阁下递交我外务大臣之美国政府机密备忘录时,不得不十分遗憾地言明:按照一般国际法准则,此时帝国政府尚不能认为中国之现政府实质上已具有应予正式承认之价值。帝国政府将始终恪守今年二月二十三日由帝国驻美利坚合众国大使手交美国代理国务卿之帝国政府机密备忘录所述立场,一俟巩固且有实力之政府在中国确立时,帝国政府即愿尽速予以承认。但目前无论从任何角度观察,帝国政府均认为视中国现时之政治组织并非一时性质之观点,不仅不合时宜,而且有害。

日本外务省

《日本外交文书选译——关于辛亥革命》,第419—420页

本野致内田电

1912 年 9 月 10 日

　　第 175 号。

　　俄国政府已向中国政府发出通告,提出修改一八八一年所订条约①问题,其经过情形已如前电第 172 号②所述。据察,俄国政府之所以突然采取如此强硬政策,其原因在于看到英国政府已提出西藏问题做为承认新政府之先决条件而与中国开始交涉。前已屡经电禀,俄国政府亟欲乘中国此次变乱之机扩大其本国利益,种种形迹,已不容掩盖,其所以至今未敢过于造次,实因对其它强国有所顾忌。乃自中国事变爆发以来一直保持审慎态度之英国政府此次既有此举,致使俄国政府感到已毫无顾忌之必要,从而提出久议未决之修订条约问题,并单方面宣告继续十年有效。

　　如上所述,英俄两国政府为保护其本国利益既已如此肆无忌惮,分别施行手段,帝国政府即不应再事袖手旁观。尽管中国事态之发展前

---

①　系指 1881 年 2 月中俄《改订条约》,及《改订陆路通商章程》而言。

②　此电原缺。

途尚难逆料,但本职总以为亟应乘此时机,力图进一步巩固我国在满、蒙之地位。此种见地,前已再三禀陈。依本职所见,此时亟应按照日前俄国政府之建议,提出地方性问题——诸如延长辽东半岛租借年限以及南满洲铁道条约年限等,做为承认中国新政府之先决条件,以求乘机一举做出决定,实为避免将来发生困难之最有利的措施。

以上所见,帝国政府如无异议,本职即可做为个人意见在俄国外务大臣访英以前与其进行初步商谈。该外务大臣定于九月十八日启程访英。如何处之,希急电示。

《日本外交文书选译——关于辛亥革命》,第420—421页

海牙平和会议关于承认中华民国问题公决五条

1912年9月16日

海牙平和会对承认中华民国问题,特公决观察中国对于下开五点情形,再议承认。一、各省能否停止内战。二、从前条约是否继续遵守。三、蒙藏及东三省问题能否解决。四、人民生计能否独立。五、地方有无自治能力。

《中华民国外交史资料选编》(1911—1919)(一),第16页

德国外交大臣雅哥致屈乐尔公使(时在浑堡)电(译文)

柏林,1913年4月5日

八号。

驻华盛顿大使四月三日报告:

布赖安先生对我及一般外交同人作下列口头通知:

"总统要我对您,并通过您向您的政府宣布,他欲于四月八日国会开会之日承认中国政府①。他要我说,他极诚恳地希望并请贵政府合作同时采取同样行动。"

---

① 四月八日中国第一届国会开幕。

其他列强对美国行动的具体立场还不知道。日本似乎不倾向于承认,俄国和英国显然欲中国先承认其在蒙古与西藏的特权作为交换条件。法国可能将完全顺从俄国的指示。

延迟承认将使我们受到支援有特殊利益国家要求的嫌疑。美国单独承认中国将增加其在华的威信而使我们不利。我因此认为得计的是我们决定承认中国,倘使袁世凯在国会召集后立即举行之总统选举中能以大多数的票当选。因为他的威望也许能对国内秩序安宁提供保证。

请照这个意思对陛下报告并电告训令①。

雅哥

《德国外交文件有关中国交涉史料选译》第3卷,第260页

陆徵祥就巴西于4月8日首先承认中华民国致巴西外长电
1913年4月9日

昨接本国驻日本汪代表来电内称:巴西代办亲赍正式公文,巴西政府现承认中华民国等语,足征贵国厚意。从此中巴两国邦交日臻辑睦。特恳贵公使将敝国政府感谢之忱转达贵国大总统。一俟贵国驻东京使馆递到国书后,即当代为转呈大总统钧阅。特此电达。顺颂日祉。

《中华民国外交史资料选编》(1911—1919)(一),第19页

巴西政府致北京政府外交部的复照
1913年4月9日

接准贵总长本月九日来电,已由本总长转呈本国大总统钧阅,深望我两国邦交从此日益亲密。特此电谢。顺颂日祉。

《中华民国外交史资料选编》(1911—1919)(一),第19页

---

① 四月六日屈乐尔复电:"陛下同意提议。"

秘鲁政府承认中华民国致北京政府外交部电

1913 年 4 月 9 日

本日奉大总统命令：我友邦中华民国共和政体业已成立，本国政府即于今日正式承认并祝民国昌盛。特以奉闻。

《中华民国外交史资料选编》(1911—1919)(一)，第 19 页

北京政府外交部致秘鲁政府的复照

1913 年 4 月 10 日

接准(贵国)总长来电，藉悉贵国承认中华民国，足征贵国厚意。已由本总长转呈大总统钧阅。从此中秘两国邦交益臻辑睦。特此电复申谢。敬颂日祉。

《中华民国外交史资料选编》(1911—1919)(一)，第 20 页

雅哥致李绪诺维斯基、参事蒙格拉斯草稿

1913 年 4 月 21 日

我谨请阁下照下列意思答复本月十四日二三七号来文附来的英国政府关于承认中华民国的节略①。

象英国政府一样，帝国政府不能作出听从美国建议的决定，使承认中华民国仅仅依赖于中国国会的组成和它的决议能力。帝国政府宁可站在这个立场上即在承认问题可以密切接触以前，必须等待中国总统选举的结果。但是，倘使袁世凯以较大的多数当选为总统，帝国政府有意承认中华民国，因为他的人望似足以提供维持国内秩序与治安的保证。据我们的意见，总统选举举行后立刻承认不仅意味着袁世凯的权力实际增加，而将相当加强其反对中国南部分裂运动的地位。如果英国政府也愿附和这个意见，帝国政府将甚为

---

① 没有在这里发表，因为其内容从本公文上已显明。

欢迎。

至于有关正式承认在华外侨在条约上和习惯上的权利,那末按照国际公法的原则,新政府理应全部承认这些权利。因此,帝国政府相信可以放弃在承认的时候必须强调这个当然的要求①。

雅哥

《德国外交文件有关中国交涉史料选译》第 3 卷,第 262—263 页

俄、法公使在各国驻京公使会上提出承认中华民国的四项条件
1913 年 4 月 21 日—23 日

(一)不承认蒙藏为中国领土。(二)(要求)川滇特别权利。(三)(要求)付清本年赔款。(四)(要求)清偿借(到)期欠款。

《民立报》1913 年 4 月 24 日

外交部酌拟美国的承认及应办事项有关文稿
1913 年 5 月

(1)酌拟美国承认后应办事项

由大总统电谢美总统。

由大总统接见美使面谢,并留府午餐。

由外交部电驻美代表,谒美外部道谢。

由外交部电驻美代表,亲谒美总统陈谢。

由外交部电驻美代表,欢宴美国官绅。

由外交部电驻美各领馆接洽,并欢宴美国官绅。

---

① 德国政府四月二十六日以同样的意思答复四月二十二日日本的口头照会:"帝国政府对于日本政府愿尽速地考虑中国新政府承认问题,意见是一致的。帝国政府认为,在目前情况下等候中国总统选举的结果固属必要,但是,如果袁世凯以相当多数当选为大总统,它准备承认中华民国,因为他的人望足以提供维持国内秩序安宁之保证。倘日本帝国政府也欲附和这个意思,帝国政府将甚欢迎。"四月二十六日的口头照会由四月二十七日的七三号及八八号命令通知东京大使及北京公使。

由外交部正式照会驻京各使。

由外交部通电各驻使代办，照会所驻国政府。

由外交部通电各领馆接洽。

由外交部电交涉使、外交司、特派员等接洽，并欢宴美国官商。

由国会直接电美国上下议院致谢。

　　　以上为对外事项

由大总统咨告国会，并在开会时正式宣布。

由国务院登载公报，(因)〔用〕大号字登载首页。

由国务院通电各省，并转省议会知悉。

由内务部海陆军部传告军警周知。

由教育部通告各学校停课一天。

由教育部传知学界办提灯会，绕游美使馆前。

由内务部传知报界团体著论宣布，并将两国大总统照相刊列报端。

由内务部函请驻京美主教，传知各教堂开特别祷祝会为两国国民祈福。

　　　以上为内部事项

（2）美国公使馆晋谒人员名单

署理钦差

二等参赞

署理汉务参赞

头等书记官阚那

二等书记官莫尔干

翻译生秘克福

　　　马济南

　　　达为士

　　　米赫德

　　　柯理瑟

武参赞博理

卫队统带罗瑟乐

即授卫队统带魏礼谟

卫队医官李安瑞

武随员侯勒克

　　毕格乐

（3）美国驻华代办公使卫理的导辞（中译稿）

大总统阁下：本代办受国务卿委任，转呈美利坚合众国大总统致贵大总统之国书，本代办承此重任，得以践行，实为无上之荣施特殊之盛典焉。

美总统国书

（4）美国大总统威尔逊致中华民国临时大总统袁世凯国书（中译稿）①

中国大总统钧鉴：贵国国民手造共和，跻登自治，敝国政府与人民，尝屡表同情。兹者贵国国会，代表全邦，业已开幕，贵国国民景慕自治之志愿，自可以全偿矣。本大总统，谨以敝国政府与国民之名义，祝贺贵国改建之盛典，欢迎加入于列国之间。抑更有进者，贵国组织共和政府，日求完备，谅必能由此而登郅治之域。凡义务所在，昔归临时政府，而今归正式政府担负者，又谅能殚力为之，是本大总统深有厚望焉。

（5）美国驻华代办公使卫理的祝辞（中译稿）

大总统阁下：

现经赍呈美利坚合众国大总统所致贵大总统之国书，正式承认中华民国。本代办更欲为一己及代表本国侨华人民，对于美国政府此次之举动，表发其满意。诚以吾侪同为共和国之人民，对于一切事实有关中国民主政体之成效者，不能漠视，吾侪自当以同情之观感，注意于其进步，并深信致身革命诸先烈所期望者行将观成于现在所

---

① 原件注：译美总统函，陈文词句遗漏不鲜兹揣其大意译之。

组设之各自由制度也。吾侪所信仰者,为属于民始于民及为民而设之政府也。先哲格言,如自太古霞雾间文之乃得其响应(原文如此),其言曰:天视自我民视,天听自我民听。兹者吾侪与君等既同其欢庆,自确信此格言重复履行于今,并信此新政府者悉以民意为基本,为将永立平和,同等公道,自能致中国人民于最大幸福,而受上天之垂佑也。

(6)中华民国临时大总统袁世凯的答词(稿)

大总统答词

今承贵代办公使亲诵贵国大总统所惠颂词,及贵代办公使所表赞助中华民国之意,敬聆之下,实深钦佩。兹谨代表大中华民国政府以及国民,敬申谢悃,并恳贵代办公使转向贵国大总统为达谢忱。中华民国虽属幼稚,然亿兆国民早已醉心共和之真理,谓此最高政体永远成立之后,必能步尘先进。凡贵国一百四十年所享之神圣不可侵犯之生命自由幸福权利,亦能完全享受,更可证明中美两大国民族,虽远隔重洋,分居两地,而其政治思想,高等心理,则异流同趋,彼此一致。即贵代办公使所述中国古训,贵国前大总统所遗之词,亦可见中美两国之常能尊重民意而成立此共和之政体焉。溯自中美两国通好以来,邦交素称辑睦,本大总统既见两国对于共和政体均表同情,十分信用,则此后两国邦交之日加亲密者,可以深信无疑也。

(7)中华民国临时大总统袁世凯致美国大总统威尔逊电稿(5月2日)

复美大总统电稿

美利坚合众国大总统阁下:承认国书已由驻京贵国代表递传,其中亲爱之盛意,欢迎之至诚,流露言表,足征贵国互相扶助之美德,长存不衰,从此中美两国七十年来之邦交,益生光彩。本大总统以中华民国之名义,敬此致谢。共和政体于敝国虽属创举,然其精神之美备而为贵国所代表者,敝国之民已熟知之。以此敝国政府之目的,惟维持共和政体,完备行政机关,庶几合国国民得永享其泽,对内则调和法律自由,以增进国家之利益,人民之幸福,对外则履行所有之义务,以保国际之和平,列邦之睦谊耳。

中华民国临时大总统袁世凯

中华民国二年五月初二日

《中华民国史档案资料汇编》第三辑《外交》,第32—36页

威尔逊承认中华民国致袁世凯电

1913 年 5 月 2 日

大美国大总统致书于大中华民国大总统,当中华民国人民新负自治性质及主权之时,美政府与美国人民甚为表示同情,际兹代表全国国会业经召集以尽其最高最重责任,发表民国与情所希望者之得有圆满效果。是以美国政府及人民皆以余当代表美国政府及我美人民欢迎新中国加入万国一家内。余现因中华民国完全政体将欲成立,果能从此发展盛兴达于极点,且将来国会造成之新政府,对于临时政府之所续担责任亦能赓续担负,是诚余所冀望而深信者也。

《中华民国外交史资料选编》(1911—1919)(一),第21—22页

北京政府国务院发布全国悬中美国旗的通告

1913 年 5 月 2 日

顷准外交部函称:美国驻京卫署公使订于五月二日上午谒见大总统呈递美国大总统致大总统国电,代表美政府暨人民承认中华民国。是日各官署门首应树中美两国国旗,以敦睦谊而表谢忱,希查照办理。等因。除通电各省外,合行通告。

《中华民国外交史资料选编》(1911—1919)(一),第24页

墨西哥政府承认中华民国致北京外交部照会

1913 年 5 月 2 日

为照会事:本署大臣接奉本国外交部总长律师德拉瓦腊电,训令本

署大臣承认中华民国政府。本署大臣承此委托遵照奉行曷胜欢悦。从此与贵总长正式接洽,询为本署大臣庆幸之极。所有彼此交际之事本署大臣悉循我两民国已有敦睦诚忱和衷同情办理,相应照会贵总长查照可也。须至照会者。

《中华民国外交史资料选编》(1911—1919)(一),第24—25页

北京政府发布墨西哥承认中华民国的通告
1913 年 5 月 2 日

　准外交部函称:五月二日准驻京墨胡署使照称,奉本国外交部总长律师德拉瓦腊电令承认中华民国政府等语。函达查照,等因。除通电各省外,合行通告。

《中华民国外交史资料选编》(1911—1919)(一),第25页

古巴政府承认中华民国致北京政府外交总长电
1913 年 5 月 4 日

　本国外交总长奉大总统命令,将古巴承认中华民国及民国之政府一节于昨日照会贵国驻古使馆。本代办现奉本国政府之命,为贵总长转达此情。用特专电奉达。敬颂日祉。

《中华民国外交史资料选编》(1911—1919)(一),第25页

陆徵祥复古巴驻京代办电
1913 年 5 月 5 日

　接奉贵代办来电,忻悉贵国政府业经承认中华民国及其政府,除由本总长亟行呈报袁大总统外,用恳贵代办将敝国国民感谢之忱转达贵国政府。特此电复。顺颂日祉。

《中华民国外交史资料选编》(1911—1919)(一),第26页